倫理学原理

PRINCIPIA ETHICA

G・E・ムア
G.E.Moore

付録：内在的価値の概念／自由意志

Syuzaburou Izumiya
泉谷周三郎
Heiji Teranaka
寺中　平治
Tsutomu Hoshino
星野　　勉
［訳］

三和書籍

G.E.Moore
Principia Ethica, revised edition, with the Preface to the Second Edition, and other Papers, edited and with an introduction by Thomas Baldwin

はしがき

一九〇三年にはじめて出版されたG・E・ムアの『倫理学原理』(*Principia Ethica*)は、二十世紀における倫理学理論の出発を決定づけるものとなった。リットン・ストレイチーは、この本の出版をもって、「理性の時代のはじまり」にすると宣言した。メイナード・ケインズは、これは「プラトンよりすぐれている」と書いた。最初、この本の影響は、主としてブルームズベリー・グループにとどまっていた。ブルームズベリー・グループは、この本を芸術と愛の価値の賞賛のために取り上げたのである。しかし後になって、広く分析倫理学的理論の古典的なテキストとして認められるようになり、また今でもそうである。ムアの有名な議論は、これまでの倫理学理論は「自然主義の誤謬」を犯してきたというものである。この誤謬を避ける目的でなされたムア自身の理論には、内在的価値をもった種類のものについての議論と、われわれが行わなければならない種類の行為についての議論が含まれている。

ここに『倫理学原理』の本が再版されるが、この本には、計画されたが完成しなかった第二版のためにムアが書いた、これまで未公刊の序文が含まれている。完成はしなかったけれども、ここに彼自身の著作について再考した結果が述べられていることは明らかである。またこの本には、ムアの後期の倫理学上の著作から採られた、「自由意志」と「内在的価値の概念」という二つの重要な論文と、トーマス・ボールドウィンによる新しい序文が含まれている。この新しい版が、より広く、ムアの著作と倫理学理論を研究するすべての学者と学生に読まれることを期待する。

倫理学原理

目次

＊目　次＊

凡例

一、本書は、G.E.Moore, *Principia Ethica, revised edition, with the Preface to the Second Edition, and other Papers, edited and with an introduction by Thomas Baldwin*; Cambridge University Press, 2000. の全訳である。

一、原文の' 'で囲まれた語や句は「 」で表した。

一、原文のイタリック体の文字には、功利主義のように傍点を付した。

一、編者序文・第二版序文での『倫理学原理』本文からの引用箇所には、自然科学のように白傍点を付した。

一、原文では"Ethics"（倫理学）、"Intuition"（直覚）、"Casuistry"（決疑論）等の用語は、大文字で始まっているが、本訳書ではゴシック体等で他と区別することはしなかった。

一、原文の引用符は、「 」または『 』で表した。

一、著書は『 』で、また論文は「 」で表した。

一、翻訳の上で、訳者が［ ］で補ったところがある。

一、原著では、索引は初版の索引のみであるが、訳文では全体を通して索引を作成した。

編者序文

一九九二年の年頭にティモシー・ムアは、ケンブリッジ大学の図書館に、父親の膨大な量となる哲学原稿のコレクションを寄贈した。このコレクションには、「第二版序文」と題された重要な原稿が含まれている。この序文は、完成したものではないが、重要で、当然興味を惹くものである。この原稿の内容については、少し前にC・レヴィー博士が言及している（「G・E・ムアの自然主義の誤謬について」(1) という彼の講演）が、私はこの原稿を目にしたときケンブリッジ大学出版局に、いつか『倫理学原理』の新版にこれを入れることを考えるべきであると言った。出版局の人は、別の理由から、既に新版を出す見通しを立てていることが明らかとなった。それで幸いなことに、先には出版されなかった序文を付け加えることによって、新版に新しい意味づけがなされたのである。同時にルートリッジ社が、ムアの著作集から、形而上学に関する著作を中心とした、新しい選集を出す計画のあることが明らかとなった(2)。そこで、このままにしておくと印刷されないで捨て置かれたままになる、ムアの後期の重要な倫理学上の論文を二点加えることによって、『倫理学原理』の新版をムアの倫理学上の著作の遜色のない集成本へと大きくまとめることは、価値あることのように思われた――ここに加えたうちの一つは「自由意志」の章で、これはムアの『倫理学』から採られた。もう一つは、ムアの『哲学研究』から採られた「内在的価値の概念」についての論文である。未公刊の「第二版序文」と「内在的価値の概念」との間には、テーマ上の強い結び付きがある。そこでこの本に、この二つを一緒に入れることができたのは、大変価値がある。

ムアが、『倫理学原理』の第二版を出すために、新しい序文を書くつもりでいたことははっきりとしている。結局ムアはこの計画を断念し、同書が一九二二年にほんのわずかな字句上の訂正を加えて再版されたとき、この再版は第二版とは称されなかった。この序文の最初の段落から、実際のところムアが、もともとこのテキスト自体を改訂することを考えていたことが窺える。そしてこのことは、一九二一年の十一月にムアがケンブリッジ大学出版局に出した手紙によって確認される。そこでムアは、「自分は『倫理学原理』の第二版を出すつもりであったが、結局その考えを捨てた。その理由は、この本に私が現在考えていることを表すために必要な訂正を加えるとすると、それは大変な量になり、そのため満足がいくようにすると完全に新しい本になってしまうためである」(3)と書いている。私には、本書に印刷された序文に関する手紙類は一通も見つけられなかったが、一九二一年の末に、この本全体を改訂する仕事を断念してからすぐに、ムアの心にこの序文を書く計画が浮かんだに違いないと推察される。ムアは、この序文によって、『倫理学原理』における議論が不十分であると感じていた点を指摘したが、また一方依然として「大部分は真」であり、「強調する価値がある」と感じている命題を明確にすることを望んでいたに違いない。原稿は完成した状態にはないが、そこからムアは結局、この不十分な計画からは満足すべき結果を得ることができないと感じ、それで完全にこの計画を断念し、一九二二年に初版が再版されたとき、初版の序文に二つの文(訳注1)を付け加えるにとどめたことが窺える。したがって新しい序文を読むことによって、ムアははっきりとした形で、第二版を出版しない決心をしていたことが納得されるに違いない。この新しい序文は、倫理学理論に関するムアの後期の思想へのガイドとして貴重なものであるけれども、しかし、いわば彼の主張の方向といったものがはじめから見られるわけではない。

I

『倫理学原理』は、一九〇三年の十月に出版された。ムアの友達であったリットン・ストレイチーはすぐに読んで、興奮してしまい、ムアに次のような手紙を書いた。

> 君の本は、アリストテレス、キリストからハーバート・スペンサーやブラッドリー氏にいたるまで、倫理学について書いたあらゆる著者を破滅に追い込み、台無しにして、倫理学の真の基礎を築き、すべての近代の哲学を嘲弄した——これらのことは快刀乱麻を断つ方法の確立にくらべれば小さな功績のように私には思われる——だけではないと思われる。これは議論の道筋に対して、はじめて慎重に学問の方法を適用したものである。……私は一九〇三年十月を理性の時代のはじまりの日とする[4]。

今われわれは、ストレイチーのようにすっかり興奮してしまうようなことはありえないが、依然として『倫理学原理』は二十世紀の中心をなす倫理学上の著作の一つである——この本のもっている倫理学理論上の着想からだけでなく、芸術と愛の価値を賞賛していることでも重要である。最初この本の影響は、主としてムアの友人や研究サークルに限られていた。たとえばリットン・ストレイチー、レナード・ウルフ、メイナード・ケインズらで、彼らは既にムアの立場が大体どういうものであるかはよくわかっていた。しかしＦ・Ｈ・ブラッドリーやその他の観念論哲学の影響が急速に衰えた頃の一九二二年にこの本が再版されてからは、分析倫理学的理論の古典的な著作として認められるようになった。

この本が出版されたとき、ムアはちょうど三十歳であった。ムアは、ケンブリッジ大学のトリニティー・カレッジで受けていた成績優秀者に与えられる奨学金が切れるところであった。ムアはかつてここで学部学生として、古典とモラルサイエンス（つまり哲学）を学び、一八九六年にモラルサイエンスの優等卒業試験第二部において、第一優等学位を受けて卒業している。当時学者としての経歴を求める人々にとって開かれていた道の一つは、彼らのカレッジにおいて、試験成績優秀者「奨学金」を得ることであった。この奨学金は応募者によって提出された論文に基づいて選ばれた。そこでムアは、卒業してから一年後の一八九七年にトリニティー・カレッジに論文を提出した。このときはうまくいかなかったが、翌年にかけて彼の論文を書き直し、一八九八年にその訂正版を提出し、そのとき六年間試験成績優秀者奨学生に選ばれた。

この二つの論文の大部分のテキストがよみがえった(5)。この二つの論文に（共通した）――「倫理学の形而上学的基礎」――という題目が示しているように、これらの論文は『倫理学原理』で頂点に達する知的計画の出発点とみなすことができる。実際この二つの論文は、「善なるものについてのすべての経験論的定義に含まれている誤謬」とムアが呼ぶものを批判する序文から始まっている――「自然主義の誤謬」という用語で再び述べられるこの思想の方向は、『倫理学原理』の中心的なテーマの一つとなっている。しかしこれらの論文では、その中で経験論あるいは自然主義からする価値の理論についての批判に導かれる仮定が、根本的に異なっている。一八九七年の論文ではムアは、身近な経験的、つまり空間・時間的な世界は、われわれの知覚を超えている無時間的な実在に根拠をおく一連の現象であるとする観念論のテーゼの大部分を喜んで受け入れていた。そしてムアでさえこの超越的実在と価値の間には、必然的なつながりがあると考えていた。しかし一年後ムアは、そのような超越的実在に対する信仰を捨て、それでもって倫理学に対して形而上学的な基礎を与える道を捨ててしまった。しかしながらそうしたからといって、ムアはそこから、価値についての経験論的（あるいは自然主義的）実在論を持ち込むことになる、すべてを包括する経験論的実在論へと転向したのではない。実際少なくとも彼の倫理学理論において、ムアは経験的な実在からは離れているが、それにもかかわらず経験的対象と同じように実在的なものである、価値についての擬似プラトン的な概念を取り入れており、これによって、先に述べたムアの観念論の残滓が保持されている（『倫理学原理』第六六節を参照）。それ故この新しい立場によれば、倫理学についての経験論の理論と観念論の理論に共通する誤りは、倫理的価値をより包括的な非-倫理学的理論（経験的あるいは形而上学的理論）と関連づけようとすることによって、価値の独特な抽象的実在性を正当化することに失敗したところにある。

これら初期の論文では、ムアが『倫理学原理』において、価値についての形而上学を明確に述べることになる、その基礎となる仕事がなされたことになる。ムアの思想の発展の第二段階は、一八九八年の後半にロンドンで行った一連の講義でのテキストに見ることができる。これはムアが、「カントの道徳哲学評価への展望をもった倫理学の基礎原理」という題の論文で奨学金を得た直後になされた講義である。ムアは前以て各講義の原稿を書き、続いてそれを一冊の本に仕上げる目的をもってタイプを打った。このテキストは残存しており(6)、最近『倫理学の基礎原理（The Elements of Ethics）』の題目のもとに出版された(7)。一九〇二年ケンブリッジ大学出版局の理事たちが、この講義の改訂版を出版することに同意したが、『倫理学原理』は明らかにこの改定の作業の結果生まれたものである（関連する議事録には、「ムア―倫理学の原理」(8)として企画された本についての言及がある）。『倫理学原理』の最初の三章のテキストの大部分は、完全に先の講義録から一字一句採られている。しかし『倫理学原理』の最後の三章は、初期の講義録とは内容上異なっている。私は、この本の付録として、この二つのテキストの間の関連についての手引きを付け加えた。このことによって、『倫理学原理』のどの節が本当に新しいのかがわかる（第一三節の有名な「未決問題」の議論（open question' argument）(訳注2)が新しく入っているのは意義深い）。またムアが『倫理学原理』において、『倫理学の基礎原理』ではもともと異なった講義内容として出していた節を、どのようにして並置して書いているかがわかる——これが『倫理学原理』のテキスト、特に第一章の特徴であるが、しかしこのために疑いもなく難しくなっている。

ムアがケンブリッジの学部学生であったとき、ムアはヘンリー・シジウィックと定期的に会っていた。シジウィックはそのときケンブリッジの教授であり、またトリニティー・カレッジのフェローであった。ムアはシジウィックの講義に出席し、実際シジウィックに、「利己主義と利他主義」とか「理性の道徳行動に関する関係」(9)といった、ありふれた題の論文を書いている。しかし二人は決して親密な関係というのではなかった。シジウィックはそのとき高齢で(彼は一九〇〇年に亡くなっている)、ムアにはシジウィックの講義が「かなり退屈」(10)であるように思われた。それにもかかわらずムアは、シジウィックの主著である『倫理学の方法』(11)を大変詳しく研究しており、『倫理学原理』には、他のどんな本よりもこの本への言及が多くみられる。実際『倫理学原理』における二つの中心テーマは、既に『倫理学の方法』に存在していた思想方向の発展である(12)。これまでのほとんどあらゆる倫理学者は、善さ(good-ness)の定義を試みる中で「自然主義の誤謬」を犯しているというムアの主張は、シジウィックの実践理性の概念は独特で、しかし定義不可能な特徴であるとするテーゼ(13)の延長線上にある。同様にムアの非快楽主義的な「理想的功利主義」(14)は、結局われわれは常にわれわれの行動が、考えられうる最善の結果——しかしこの場合それらの結果がまさに快楽を最大限にする結果であるというのではない——をもたらすことを可能にするような仕方で行動しなければならないということであるが、これは次のシジウィックのことばの延長線上にある。シジウィックは、自分が認める責務についての功利主義的な説明は、行動についての理想的な目的を直覚主義の立場から詳細に述べることによって、補足される必要があるとしている(15)。

しかしながら、このように思想上密接な関係があるにもかかわらず、『倫理学原理』を既に『倫理学の方法』の中で示唆されている立場の単なる焼き直しにすぎないと見るのは誤りであろう。というのは二つの本のスタイルはまったく異なっているからである。ムアの第一の関心は、彼が倫理学理論にとってもっとも根源的な意味をもつと考えている、倫理的価値についての形而上学的テーゼを明確にすることにあったが、その点に関してシジウィックは、価値の形而上学についてはあまり興味をもっていなかった。シジウィックはわれわれの日常的で、常識的な道徳的確信と、反省的理性による体系への要求の両方を公平に扱うことのできる、概念的枠組みを提供することを望んでいた。さらにムアもシジウィックも、倫理学の概念が［他の概念に］還元不可能であることに関しては一致していたが、それらの概念と人間の目的との間の関係の問題については、二人は明らかに違っていた。ムアは善さのような概念が、人間の目標に対して何らかの本質的な関係をもつことを否定するが、この点に関してシジウィックは、考えられうる成果の善さというものを、理性的人間である行為者の目標に対してもつ意味でもって定義した(16)。この不一致は、悪名高い彼らの利己主義についての議論の中に現れている。そこでシジウィックは、利己主義と利他主義、自分にとって善であるものの追求とそれ自体としての善との間の葛藤は、「倫理学にとってもっとも根源的な問題」(17)の一つであると主張する。この点に関してムアは、単なる善それ自体については首尾一貫した概念的把握はないのであるから、すべての問題は混乱の固まりにすぎないという意見をもっていた（『倫理学原理』第五九—第六二節）。

II

ムアは、『倫理学原理』の最初の四章を、「自然主義の誤謬」という誤謬の確認に充てている。これまでのほとんどすべての倫理学は、この誤謬によって毒されている、とムアは主張する（但しシジウィックとプラトンの倫理学は例外である）。これら諸章にみられるムアの議論の方向は、大変大きな影響を与えたし、また今でもそうである。概してムアと同時代の人々やその後継者たちは、もっとも伝統的な「自然主義的」倫理学には、決定的な欠点（完全な「誤謬」ではないとしても）があることを、説得させられてしまったのである。ムアはこの自然主義の理論を否定した代わりに、抽象的で、プラトン主義的な価値概念を提案し、その価値概念それ自身は擁護できるとしたのであるが、このことに彼らすべてが同じよう形で説得させられたのではない。その形而上学的根拠と認識論的根拠の両面において、疑問があるように思われていた。かくして一つの共通する反応がみられた。それは、そこに保たれている、ムアとムアが批判する学者たちの両者がともに分けもっていると思われる前提、つまり倫理的判断は、それをもつことがその倫理的判断に真理条件を与えるような、ある一定の確定した事実を特徴づける主張をしているという前提を議論することであった。実際それに当たるものとして、倫理的判断は本来ある種の情感あるいは態度の表現とみなされるべきであるということが提唱された[18]。

この立場は、依然として広い支持を得ているが、ここはそれを議論する場ではない。私が唯一言いたいことは、そのような立場は、その起源がムアの著作、特に他の学者たちが誤謬——自然主義の誤謬——を犯してきたと言う彼の主張にみられる、弁証法的な過程の産物であるということである。しかしこの誤謬とは何であろうか。ムアが「第二版序文」ではっきりさせようと苦労しているように、この問いに対する単純な答えはない。というのは『倫理学原理』において自然主義の誤謬を議論する中で、ムアは三つの異なったテーゼの間を行き来しているからである。つまり次のようにして人は誤謬を犯していると言うのである。（一）「**善**（訳注3）（ムアは善さを根本的な倫理概念であるとする）を何らかの**善**以外の述語と同一視している」、（二）「**善**を何らかの分析可能な述語と同一視する」、（三）「**善**を何らかの自然的なあるいは形而上学的な述語と同一視する」（第二版序文、五七頁）。またムアも認めているように、これらの非難のうち最初の非難は、トリヴィアル［当然で、つまらない］な同語反復であることを認めないと、論争相手を非難することである。これは根拠のない非難であり、また自然主義の誤謬を非難する際にもたせようとするような意味をもつことはありえない。それ故自然主義の誤謬を主張する際に、それと結び付いているといわれている重要なテーゼは、善さは分析不可能であり、そして善さは「自然主義的あるいは形而上学的な述語」ではないということである。ムアはこれらのテーゼは独立していることを認めている（五三―五四頁）が、しかし彼はこれらのテーゼをまた、善が「自然主義的あるいは形而上学的な性質によっては完全には分析可能ではない」というテーゼと結び付けることができることに気づいている（五四頁）。そしてこのことを否定すると、結果的にあの自然主義の誤謬を犯すことになるとみなすことができる。

　ムアの立場を考察する際には、私にはこれらのテーゼは相互に独立しているのであるから、実際問題としてこれらのテーゼを分けておくのがもっともよいと思われる。しかし先に進む前に、このように「善さ」について語られる際に、全体として何が意味されているかを明らかにする必要がある。ムアは「第二版序文」（四〇―四二頁）で、『倫理学原理』そのものにおいては、このことに関する彼の議論は不十分であったことを認めており、そこでは、人はいかなる行動をすべきかを決める見通しと結び付いた可能な事態を評価することが、彼の第一の関心であったと説明している。ムアはそのような評価について議論する中で、事態が「善それ自体」あるいは「内在的に善」である場合の判断と、事態が「手段として善」および「部分として善」である場合の判断とを区別している。しかし彼は、この後者の判断は直接前者に還元可能であると考える。それ故ここで問題となるのは、善それ自体、あるいは内在的価値の概念であり、これがムアの事態を評価する際に取り上げたものであり、また主として関わっているものである。この概念に意を注ぎすぎたために、重要な倫理学上の仮定、つまり責務についての功利主義的な説明が抜け落ちてしまったように感じられるかもしれない。なおこの責務についての功利主義的な説明は、倫理的価値の分析不可能性に関するムアのテーゼの視野を功利主義理論へと狭める恐れがある。しかしながら、ムア自身彼の議論を、広い意味での功利主義のパースペクティブの中で行っていることには何の疑いもないけれども、ここでの議論の段階においては、私にはこの前提を括弧に入れることができるように思われる。というのは可能な事態を評価することによって義務を決定することについては、今のところ実際には何ら特別な説明が要求されていないからである。

　それ故善さは分析不可能であるというテーゼは、可能な事態の評価の本質に関するテーゼとなる。その結果これら評価の内容は、明示的にしろ、あるいは暗示的にしろ、その基礎的な原理において評価を採用しないより包括的な理論［五頁参照］においては、捉えることができない。第二版序文（五一―五四頁）においてムアは、このテーゼに挑戦する二つの方向を考察する。第一の挑戦は、これらの評価の内容は、主体の義務を説明することによって与えられるという主張である。第二の挑戦は、これらの評価は価値から自由な心理学的、社会学的、あるいは神学的な理論の中で与えられるという主張である。これらの挑戦のうち最初のものは、馬の前に荷車を置くように見えるかもしれない。なぜなら事態の内在的価値に関する判断によって、行為者は何をするかが決定できるように思われ、その逆ではないからである。しかしこの状況はある程度、明白な責務（これが内在的価値についての判断の内容を与えるように思われる）と全体的責務（これは関連する明白な責務によって決定される）の間を区別することによって救われるかもしれない。しかしながらわれわれは、このムアのテーゼへの挑戦に、そう悩む必要はない。なぜならムアは「第二版序文」（四二―四三頁）において、責務（あるいは正あるいは義務）の概念が倫理的概念であることが認められる限りにおいて、ムアはこの種の説明を彼のテーゼに対して重大な脅威をもたらすものとはみなしていないからである。というのはムアのテーゼは、主として倫理上の概念を非-倫理的概念に分析することが不可能であるということに関係しているからである。

　それでムアが最初に排除することに関心をもっているのは、第二の種類の挑戦である。つまりムアの善さは分析不可能であるというテーゼは、結局倫理思想の内容は還元不可能であるというテーゼのことであるというものである。ムアはそのようないかなる説明も可能であることを否定するのであるが、しかしながらその際ムアが挙げた理由を考察する前に、この問いは倫理上の判断の内容の特殊性に関連して出されていることを強調するのは意味がある。それは倫理的判断内容を、非-倫理的前提から導き出す可能性には関わらないということである。この後者の問いは、普通はヒュームと、そして「ある（is）」から「べし（ought）」を導き出すことが可能か可能でないかということと関係づけられる。重要な文献において、ヒュームがそのような導出の可能性を否定したことは、ときどき善さは分析不可能であるというムアのテーゼと同一視されている。しかしこのように同一視することは誤り、少なくとも議論を深めていくと誤りであることが、ムアの理論から明らかになる。というのはムアは内在的価値は分析不可能であると主張しているけれども、ムアはまた彼の責務についての理想的功利主義からする説明を、事態の内在的な価値が事態の自然的な性質に依存しているというテーゼと結び付け、さらにムアはこの依存性を自然的性質と内在的価値の間の必然的なつながりにおいているからである。それでムアにとっては、「べし」を「ある」から導出することが可能となる。

善さの分析不可能性についてのムアの有名な議論は、どのような分析が提示されても（たとえばあるものが善であると考えることは、それが人間の欲求を満足させると考えることである）、われわれはこの分析を満足させる事態が本当に内在的価値をもつのかどうか（たとえば、人間の欲求を満足させる状態はそれ自体善であるのか）という問いに関し、実質的な意味をもたせることが依然としてできるということである、――これに対してもし分析が正しければ、この問いはわれわれにとって同語反復の真理性についてのトリヴィアルな問いになるであろう(19)。この議論は、提示された概念分析の受容可能性の基準に関して、困難な問題を起こす――もしわれわれがそれを受け入れたら、人はこの分析はそれをトリヴィアルなものとしてわれわれを苦しめるに違いないという考えを抱こうとはしないからである(20)。しかしながら私には、一応この問題は触れないでおくことができるように思われる。というのはムアの立場に立てば、もしある概念分析が正しければ、たとえその分析が最初明晰でないと思われても、いったんその概念分析を目にしたとき、われわれをそれに対応した思考や判断に大変適切にも導いてくれるように思われるからである。そして提示された内在的価値についての分析に対するムアの反対は、われわれがそのような分析をこの反射的な同一化によって解消してしまうことへ移ることは見出せないということである。内在的価値の概念は、内在的価値についての深刻な問いを、内在的価値についての還元的な説明をすることになる理論の中に、根気よく再投入できるような概念であると思われる。

これまでの議論がもっぱら関わっていたのは、倫理思想の現象論であり、またムアも、彼の視点をこの問題点に置くことで『倫理学原理』に満足している。ムアの批判者が強調しようとしていることは、この現象論が単なる錯覚——多分宗教的信仰における承認されていない残滓——ではないことを示すためには、多くのことが言われなければならないということである。そして二十世紀の倫理学には、なぜムアのテーゼが正しいかを示すための倫理的概念の説明を与える試みがいくつかみられる(21)。内在的価値についての判断は還元不可能である、というのがムアのテーゼであり、私は今このムアのテーゼを具体的に論じる試みの中で中心となると思われる問題を簡単に指摘した。しかしここで私はこれらについて、これ以上の議論を試みるつもりはない。私にはこのような試みは、これらの判断が人間生活の本質についての判断と結び付いているのを認めるところから出発しなければいけないと考えている。ここで人間生活の本質とは、特に自分たち自身の同一性について、個人的感覚の要素や構造を与える、一般的な目的や関心に関するものである。私はこのテーゼが、ムア自身が内在的価値について考えていた方向に沿ったものではないことは、そのとおり認める。しかしあらゆる評価には、それによってものごとが評価される基準といったものが示されている、興味深い視点が想定されている。そしてムア自身は、彼の内在的価値についての判断を、人間という行為者が何をすべきかを決める判断として明示するので、このテーゼは、ムアの判断を活かす形で、自分たちの人生をいかにして導くかを知りたがる人間行為者のパースペクティブとなっている。かくして人間生活の目的に言及することによって、内在的価値の判断内容が明らかになるのであるが、この人間生活の目的（たとえば「最大の欲求の充足」が単純な例となるであろう）についての包括的で、完全に価値から自由な理解は何も得られないということが、主として還元不可能性のテーゼで主張されていることである。というのはもしそのような理解が存在するならば、それを完全に自分のものとした人間にとっては、内在的価値の判断（たとえばあるものを善と考えることは、まさにそれが欲求を満足させることができると考えることである）についての含意的分析には、ムアが不可避なものと主張する明白な意味を欠くであろう。さて私は、今のところは、われわれがそのような理解をもっていないと考える。というのは実際のところわれわれの自己理解は、大部分、社会による承認とそれ自身が価値判断を具体化する個人の社会への関わりによって達成されるからである。今のところ、ムアの現象論的議論によって注意されるようになったいわゆる分析に関して、内省によってそれだけを分離して捉える類いのことを可能にするのは、これらの判断である。しかし、これが今われわれに対していかにものごとがあるかという事実である、ということからは、これがいかにものごとがあるべきかということである、は出てこないのである（これはより重要なことであるが、これがいかにものごとが常にそうであったかということは出てこないのである）。このようにして私には、内在的価値の分析不可能性についてのムアのテーゼを、ムアがそう捉えていた概念的真理として打ち立てるには、思慮深い人間行為者のパースペクティブが、それ自身価値判断を具体化する自己-理解によって生気を与えられる必要がある、と思われる。これを示すことができるか、また示すことができるなら、どのような仮定のもとにおいてかという問いには、ここでは触れないままにしておく。

ムアが、これまでとは別の、それを否定すると自然主義の誤謬を犯すことになると述べる、重要なテーゼが存在する。そのテーゼとは、善さは「自然的でも形而上学的」性質でもないというテーゼである。「形而上学的」性質とは、神のような想定上の形而上学的存在への言及を含む性質のことである。これらの性質は脇におくことができる。なぜなら興味を起こさせ、また議論を呼ぶテーゼは、善さは「自然的」性質ではないということだからである。ムアは、性質が自然的であることについて、三つの異なった説明をしているように、私には思われる。既に述べたことであるが、ムアは『倫理学原理』において、彼の反自然主義をプラトン主義的立場と関連づける。プラトン主義的立場においては、善さに関する根本的真理は、算数の真理のように、その存在が空間－時間的なものには関係しない。そしてここから、自然的性質とは、自然的性質を含むあらゆる真理が空間－時間的な世界に関係する性質をもつようなものである、ということを意味しているように思われる。しかしここでムアは、また別の方向でこの問題に挑む。善さは、黄色とは違って、自然的性質ではないという方向で明らかにしようとする中でムアが直面した問題は、ムアがまた、抽象的、普遍的なものとしては、黄色という性質も、まさに善さのように非経験的あるいは非自然的なものであると考えていることである。したがってこの点に関しては、善さに何の特殊性も要求できない。同様にある自然的対象が黄色であるのとちょうど同じように、ある対象は善である。自然的実例を欠いているからといって、それが善さの印にはならない。ではどのような仕方で、善さは特殊なのであろうか。ムアの主張は、ある対象がもっている自然的性質とは、「それがもっているあらゆる実体をその対象に与える」（『倫理学原理』第二六節、また第七三節を参照）ものから独立した部分であるのに対し、ものの善さはこのような形でものから独立した部分ではないということである。そしてこれが、『倫理学原理』において、善さが自然的性質ではない構成要素であると考える善さについての事実である。これは特殊な見方であって、その場合ムアの別の部分－全体の形而上学へと導く（ムアはその後比較的早くこの見方を放棄する）。しかしながらこの見解は、これが善さの特徴であり、それは本質的に派生的な性質であり、善なる事態の別の性質に依存しているという見解として、再解釈が許される。そしてそれはそのようなものとして（われわれが後に見るように）ムアの後期の倫理的考察において顕著な位置を占めるようになる。しかしムアは、これら後期の考察においては、この特徴を善さは自然的性質ではないという事実にとって決定的なものとみなさない。そのかわり「第二版序文」においてムアは、『倫理学原理』で、ある性質が自然的であるとはいかなることかについて、十分な説明を与えていなかったことを認めた後で、自分が今提供できる最良の説明は、「その性質を扱うのが自然科学や心理学の仕事である」（五三頁）といわれるところでは、その性質は自然的であると述べる。

ムアも認めているように、この三番目の説明は、十分に満足のいくものではない。というのはこの説明は、科学を「自然的」とするのはいかなることかについての説明と、善さを扱うのは心理学固有の仕事ではないという証明――これは簡単な仕事のようには思えない――の二つによって、補われる必要があるからである。しかし、ある性質が自然的であるとは、それが因果的であること――つまり適当な条件のもとでは、その存在がある結果をもたらすようなものであること――というムアの提言の精神を忠実に守りながらも、簡単な修正を施すことによって、この難問を避けられる。現代の多くの哲学者は、このような方向で、あらゆる真正な性質は因果的であると論じている[22]。しかしここではこの問いに立ち入る必要はない。というのは、ある性質が自然的であるとはいかなることかを説明することによって、いかなる科学が自然的であるかを明らかにする必要はなくなるし、また心理学自体は善さ、あるいは内在的価値に関わらないことを議論する必要もなくなるからである。その代わりに、今や善さについてのムアの反自然主義のテーゼは、善さあるいは内在的価値は、因果的性質ではないというテーゼとして、説明されることになる。そしてこれは大事なことで、実際正しいと思われる。というのはムアが学んだのは、ケンブリッジの「精神科学優等卒業試験」[23]という名称にもかかわらず、それ自体内在的価値の因果的役割に関係する科学は存在しないから である。結局善には、悪に対して勝利を収める力があるという主張がみられるのは、せいぜいみられても、よくて神学においてである。しかしここにおいてさえ、ほとんど因果的主張はみられず、いずれにしろ悪についての伝統的な問題によって導入される、懐疑的な疑いを克服しなければならない。

それ故このような解釈のもとでは、善さについてのムアの反自然主義のテーゼは、私には正しいように思われる。しかしこのことは、反自然主義的テーゼについての別の解釈とどのように関係してくるのであろうか。最初にプラトン主義的解釈を考えてみよう。もし善さが抽象的なプラトン主義的性質であるならば、それは空間・時間的な世界に変化をもたらす力を欠いているに違いない。したがってプラトン主義的解釈は非因果的な解釈を意味している。しかしその逆は成り立たない。たとえば内在的価値は因果的性質ではないというテーゼは、内在的価値の判断はいかに行動すべきかを考えている行為者の関心や興味に関連してくるという見解（私は善さは分析不可能であるというテーゼを議論しているときにこの見解に言及した）と結び付けることができるからである。しかし今内在的価値について述べた見解は、事態の内在的価値についての問いが、プラトン主義的テーゼが要求する方向で、すべての事実に即したものから例外なく取り出されるのではないということを意味している。

ここから結論的に言えることは、ムアの反自然主義の二つの要素は、等価ではないということである。しかし第三の解釈が導入されると、問題は一層混乱してくる。その第三の解釈とは、善の内在的価値は、ものの自然的性質とはちがって、ものから独立した、実質的な「部分」ではないという、『倫理学原理』におけるテーゼから生じる。ここでは部分－全体の形而上学のイデオムが取り除かれているので、それは「第二版序文」（六三頁）と「内在的価値の概念」（三八九頁）で発展させられた立場とはそう変わっていないことになる。その趣旨は、事態の内在的価値は、この内在的本性に依存しているが、状態の内在的本性には属していないということである。それ故私はこの形式化に焦点を当てる。ここでのキー・タームは「内在的」であるが、このことばの用法についてのムアの説明ははっきりしていない（特に「第二版序文」において）。しかし、（特にムアがこのことばを「外的」および「偶然の」と対比しているところからすれば）、様相上の考察が大事で、それによれば「内在的」とは「本質的」を意味していることがかなりはっきりしている。「内在的」はまた、しばしば「非相対的」も意味している。したがってムアが言う、あるものの「内在的本性」という概念は、本質主義的意味と並んで非相対的という意味をもっているように私には思われる。事態が実際にこの意味において「内在的本性」をもっているかどうかは、疑わしいであろう。しかし事態の中に固有なものとしてある因果的力を、「内在的本性」を構成するものと考えることによって、ムアの立場に十分に近づくことができると考えられる。なぜならそれらは、あるとすれば、非相対的で本質的だからである。今や事態についてのこの内在的本性の説明によって、ムアによる状態の内在的価値はその内在的本性に属していないというテーゼは、内在的価値は因果的な性質ではないというテーゼとして解釈することができる——われわれは既に、このテーゼを受け入れるに十分な理由が存在することを目にし、また見てきた。

しかしながら内在的価値の内在性とは何であろうか。そして内在性とは、価値をもっているものの内在的本性にのみ依存しているというムアのテーゼとは何であろうか。もしわれわれがこの内在的価値の依存性を、状態の内在的本性の面と内在的価値との間の必然的な結び付きから生じるものと捉えるならば（ムアが「内在的価値の概念」三八二頁で主張しているように）、状態の内在的価値それ自体は、その内在的本性のように本質的で、非相対的であるということが出てくる。この結論によって、私が内在的価値は因果的性質であることの否定、つまり私が価値についての抽象的なプラトン主義的概念から分けようと腐心してきた、ムアの反-自然主義の要素に戻ることになる。なぜならこのように考えられる必然的なつながりや内在的価値それ自体に暗に含まれている必然性そのものは、事態の内在的価値がいかに行動するかを慎重に考えている行為者の関心や興味に依存しているというテーゼと矛盾するからである。少なくともこれらの関心や興味の同一性が偶然的なものと考えられるならばそうである。実際明らかにムア自身は、この立場を内在的価値についてのすべての「主観的」な概念把握に反対するために用いている（「内在的価値の概念」三八五—三八六頁）。そこで私は、ここにさらに選択肢があることを以下に示すが、これらの必然的なつながりに意味をもたせるために、価値についての抽象的な概念的把握を呼び起こすべきであると考え、こうして結局ムアの反自然主義は三つの要素——反因果主義、プラトン主義、本質主義——が一体をなしていると結論づけても理由のないことではない。

この結論は、ムアの倫理的自然主義に対する批判が首尾一貫したものであることを具体的に示す。しかしそれが達成される過程で、ムアが予想もしなかった問題が生じる――つまりムアが内在的価値の内在性に対して、彼の本質主義からする解釈を与えなければならないかどうか（あるいは同じことであるが、価値が自然に依存しているとは、［その間の］必然的結合に関する問題であると想定するのは正しいのかどうか）という問題である。なぜなら一見したところ、内在的価値については、このような仮定を必要としない別の考え方が存在するからである。この最初の分類にいかなる本質主義の思想も導入することなく、それ自身のために要求されるものと、その結果のためにのみ要求されるものとを区別することはまったく簡単である。それ故同様に、いかなる本質主義の仮定もすることなしに、われわれはそれ自身のために価値がありうるかあるいは内在的に価値がありうる状態と、その結果にとって価値ある状態とを区別することができる。というのはそれ自身のために要求されているものは、人の現在の欲求を満足させるのに合うと信じられているのと同じように、われわれは内在的に価値ある状態は、それらを価値あるものとする能力のある人々の関心に合う特徴をもった状態とすることができるからである。

　内在的価値についてのこのような概念的把握が許されるならば、状態の内在的価値は、それとは別の（「自然的」）特徴に依存しているということが依然として真であるということになる。しかしそうすると今度は、この依存性はその状態に価値を与えることのできる人間の関心や利益によって偶然的なものとなる。確かに、このことについてはっきりとした細かい説明が与えられれば、いかなる状態に内在的な価値があり、いかなる状態がそうでないかは偶然的ではなくなるであろう。しかしこれはムアが考えていたことではない。それにもかかわらず、人間の利益に関する真理はそれ自身必然的な真理であると仮定することによって、ここを出発点としてムアの本質主義のテーゼに到達することができる。そしてこのことによって、抽象的なプラトン主義の要素にコミットすることなく、ムアの反自然主義の二つの要素を融和させる道が開けることになる。しかしその際同時に、道徳心理学に暗に含まれている概念は、実際には強いプラトン主義であることを受け入れるであろう。しかしながらここでの重要なポイントは、ムアの反自然主義の立場の本質主義的な要素は、いくぶんパラドックス的ではあるが、人間の本性についての強い本質主義のテーゼに依るものとして解釈することができる。もちろんムアはこのようにして問題に到達したのではないので、彼は自分の立場をこのような表現で定式化してはいない。実際ムアはこのような形で問題を再構成することは認めないのは確かであろう。というのはそこには、ムア自身がカントの哲学の中で非難した、一種の合理主義的心理学が含まれているからである。しかし私は、そのような心理学がないとすると、ムアの内在的価値についての本質主義が擁護できるかどうかについて強い疑いを抱く。

III

ムアは、われわれは何をすべきかということについて説明を与えること（第五章）と、主要な種類のものの内在的価値について説明を与えること（第六章）によって、『倫理学原理』の最後の二章で、価値の形而上学から実質的な倫理学理論を示す仕事へと方向を転換していく。彼の意見によれば、それまでの諸章は、この仕事にとって避けることのできない予備的な仕事であった。というのはムアは、根本的な倫理概念を理解している者のみが、本来の「学問的」倫理学（『倫理学原理』第五節）を提供できる立場に立つことができると考えているからである――これは、ムアがニュートンに倣った書名（訳注4）が示しているように、ムアが強く望んでいるものを示している。しかし第五章と第六章の順序そのものは奇妙である。というのは、いかに行動すべきかを知るためには、われわれはまずいかなる種類のものが内在的価値をもっているかを知る必要があると考えられるからである。しかしながら後に見るように、ムアはこのことを基本的には認識していたかもしれないが、ムアは実践の場において何をすべきかを決める上では、いかなる種類のものが内在的価値をもっているかを知る必要はないし、またそれを用いることはできないと考えている。

ムアの責務についての説明は、根本的には功利主義的（または「結果主義的」）である。つまりいかなる状況においても、世界の最善の状態をもたらす行動は、われわれがそれを遂行すべきなのである（あるいは正しい行動、あるいはわれわれの義務である——ムアはこの二つの概念の間を区別しない）。『倫理学の基礎原理』においてムアは、この原理を必然的ではあるが、総合的な原理として提示しており、このような形で二つの根本的な倫理概念——内在的価値と責務——を認める(24)。しかしながら『倫理学原理』でムアは、功利主義の原理を用いて、内在的価値から義務を定義している（第八九節）。ラッセルは『倫理学原理』の書評において、これは誤りであると論じている。なぜならここに提示された義務の分析に対しては、ムア自身が示した内在的価値の分析不可能性の議論がそのまま適用されるからである。そしてムアも直ちにこの意見を受け入れた(25)。かくてムアは、それ以後の著作において、それまで採っていた立場に戻る(26)。

ムア自身の功利主義の原理についての議論は、率直に言えば、「われわれはある行動の結果が、それとは異なった行動をした場合の結果よりも、世の中を実際に全体として悪くすることを知ったならば、われわれがそのように行動をするのは悪いことは確かである」ことは自明である、というものである(27)。このことに関して、ムアの批判者たちはいろいろな形で応じた(28)。私は、もっとも説得力のある反論は次の議論であると考えている。つまり、功利主義の原理をムアの内在的価値の概念と結び付けることは、ある行為者が行った行為の道徳的な評価は、行為者の特別な責任とか名誉を考慮に入れないで、完全に中立的な視点からなされるべきであるということを意味しているという議論である。一方、反対の視点に立てば、義務と責務、正と不正（これらの間に意味上の区別ができる）の問題は主として、通常他人との個人的な関係（たとえば親権、市民権、管財人）から生じる行為者の特別な責任によって決定されるということになる(29)。しかしこの問題については、今なお盛んに議論されており、ここではこれ以上論じないつもりである(30)。

ムアはいかなる種類のものに内在的価値があるかを明らかにする前に、われわれは何をすべきかの大体の輪郭を述べることができると考えているが、その理由は懐疑論のテーゼから始まっている。彼はわれわれは何をすべきかを正確に知るには、人が取りうるあらゆる行動がもたらす結果についての詳細な知識が必要である、と考えている。ムアはまた、われわれはこの知識を欠くと考えるが故に、「われわれはある行動が義務であると考えるためのいかなる理由ももっておらず」(第九一節)ということが出てくる。それ故われわれが強く希望できるのは、どの行動が、「一般にどんな可能な選択肢よりも手段としてより善い」(第九五節)ということについての次善の理解である。そしてムアは、これら行動の大部分は、内在的価値についての細かい知識がなくても見分けることができると考えている。というのはムアは、大部分の慣習的な道徳上の規則について、「普通いかなる見解においても、これらの規則を不可欠とする文明社会の維持は、それ自体において善と見なされるものがどんな程度で存在するにしても、その存在に必要な条件であることは確実だと思われる」(第九五節)と論じているからである。そこでムアは、広範囲にわたる道徳上の懐疑主義から、むしろ議論の余地のない道徳上の保守主義へと移る。この思想の流れは、懐疑主義の伝統においては珍しいものではないが、パラドックス的である。

トム・レーガンが強調してきたように、この保守主義には例外がある(31)。実践上の問いが生じ、その問いが一般にその有用性が擁護されている慣習的な規則のもとに入らないところでは、ムアは考えられうる一連の行動がもたらす結果のもつ価値については、個人的な考察のほうを選ぶ。いったんこの立場を、内在的価値をもっている種類ものについてのムアの細かい説明と結び付けてみると、そこにまったく聞きなれない道徳上の立場を選ぶ可能性が出てくる。しかし守るにふさわしい一般的規則があるところではどこでも、ムアはすべての伝統的なモラリストと同じように厳格主義者である。「そこでわれわれは、一般に有用な規則に関しても、それは常に守られるべきであると主張できるように思われる」(第九九節)。しかしラッセルが述べたように、この原理によってムアの理論の中に矛盾が生じることになる。つまり一方では、そのような規則を守っても、それが最善といえるような結果をもたらさないことは確かにありうるし、そのようなケースでは、ムアの義務についての功利主義的説明からすれば、われわれはその規則を守るべきではないという意味になるからである。他方ムアはまた、それがどのようなケースであるかを前以ては決して知ることはできないのであるから、そのような場合でさえも規則に従うべきであるとも言う。この矛盾は、ムアが『倫理学原理』において義務についての「客観的な」な説明――これによるとわれわれの義務はわれわれの状況についての客観的な事実によって決定される――と「主観的な」説明――これによるとわれわれの義務はわれわれの状況についてのわれわれの信念によって決定される――という二つを支持しているという事実からきている。この信念が崩れたときはいつでも、この二つの説明は、別なものとなるであろう。ムアはこの矛盾に気づくとすぐに、一九一二年の『倫理学』では、客観的な説明のほうを選び、主観的な説明は、行為者の行動が賞賛に値するか、あるいは非難に値するかどうかについての説明であるとしている(32)。義務に関する判断を批判的に評価する場合、義務についての主観的な説明からするよりも、客観的な概念把握のほうがはるかに簡単なので、なぜムアがこの義務についての客観的な概念把握を維持しようとしていたかを見るのは簡単である。しかしこのムアの考えを受け入れたとすると、今度はほとんどいつもわれわれは何をすべきかがわからないという、懐疑論的な結論を避けることができなくなる。それにもかかわらずわれわれは、全体としては、いかなる行動が賞賛され、あるいはいかなる行動が非難されるかを述べることができるのだということを認めたとしても、それによってこの衝突が大いに和らげられることはない。ムアは「べし」判断を、実践上の結論それ自身が主題であることを示す形式として残し、一方いくつかの別の概念(たとえば正とか不正)を行動の客観的な評価として残したほうがよかったのではないか、と私には思われる。

少なくとも彼自身は満足した形で、この義務についての客観的-主観的論争を解決したので、ムアは彼の『倫理学』

において、自分の理論にとって、「きわめて重大で、根本的なものに関わる」反論、つまり意志の問題に対する議論へと移って行った。この章は、この主題についての古典的な議論となっており、それでここでも再現する。事実この問題は、一八九七年にムアが最初のフェロー論文で論じたテーマである(33)。そこにみられる内容のいくつかは、『倫理学の基礎原理』でも繰り返されている。この本には自由意志についての講義が含まれており、そこでムアは決定論が正しいということと、それは自由意志と両立しないということを論じている。しかし、『倫理学原理』にはこのような内容はみられない。これは多分、ムアが前には採用していた決定論に対するカント的な議論を否定するようになったからであろう。

『倫理学』においてムアは、奇妙な形でこの問題を扱い、決定論を彼の功利主義的理論に対する深刻な脅威であるとしてもち出してくる。事実功利主義者は、通常自分たちの立場は、この領域には何の関わり合いもないと考えている。なぜならただ一つの行動が行為者にとって可能ならば、その場合は事実上それが可能なものとしては最上であり、それ故行為者はそれを行わなければならないものだからである。ムアの心配は、自らの功利主義の立場を、もし行為者がそれを選ぶならば、行為者がそれを行うことが可能である種類の行動に関連して定義しているという事実から生じている。それでムアは、決定論の批判を、次の二つのことを主張しているものとして解釈する。一つ目はもし行為者がそれを選んだとしても、遂行することができたすべての行動が、行為者が絶対的に遂行することができた行動ではないということである（実際決定論者は、実際に遂行されたただ一つの行動がこの条件に合うと考えている）。二つ目は、功利主義の理論はムアの考えられうるより広い意味での種類の行動に適用されるべきではなく、絶対に可能であるという意味での、より狭い種類の行動に適用されるべきであるということである。今や決定論者とムアの功利主義の立場の間に対立があることが、完全に明らかとなった。しかしムアが功利主義者に押しつけた責任を、功利主義者が受け取る必要があるかということについてはあまり明らかではない。それにもかかわらず道徳に関する領域で、決定論についての不安が拭い去れないのは確かである。このことは賞罰の正当化の場面において、もっとも顕著である。なぜなら賞罰の正当性は、通常行為者が他の仕方で行動することが可能であったということに依存しているからである。ムアはこの場合この重大な問題に対して、躊躇することなく再度議論の矛先を向けることができ、簡単にこのことに言及する。

ムアは大変多くの章で、行為者が他の仕方で行為できたかどうかについてわれわれが関心をもつとき、その意味をもし彼女が別のほうを選んだならば、それをしたであろうという命題とする条件分析によって捉える方向へと向かう。そしてこの命題は、ある絶対的な意味において、行為者は他の仕方では行為できなかったであろうという決定論者のテーゼが真であることとも両立すると言われる。もしこれを正しいとすると、われわれは賞賛あるいは非難の正当性の問題と関連してこの見解に到達したにしろ、あるいは可能性のいかなる概念がわれわれの義務を決めるのに適切であるかというムアの問いに関連してこの見解に到達したにしろ、ムアは決定論が正しいとしても、それはわれわれの道徳理論にとって大きな脅威ではない、という両立論のテーゼを打ち立ててしまったことになるであろう。

ムア自身は、彼の条件分析が十分であるかどうか――特にこの条件が、行為者が他の仕方を選ぶことができたならというさらなる条件を必要としなかったのかどうかという点において――疑問を呈することができることは認めている[34]。というのはもしこの必要条件が認められると、決定論者による、行為者は他の仕方を選ぶことができなかったのではないのかという反論の道が開けてしまうように思われるからである。ムアはこの反論を、彼の条件分析を再導入することによって扱うことができることを示している――多分行為者が他の仕方を選ぶことができたであろうと述べた場合、そこで意味されていることのすべては、もし行為者がそれを選択することを選んだならば、行為者はそれを選んだであろうということである。しかしこれはわざとらしくみえるし、いずれにしても、(行為者はそのように選択することを選ぶことができたのか)という同種類の反論を受け易くなる。そこでもしこの方向で考えを進めるならば、フランクフルトの提案、つまり行為者は他の仕方を選ぶことができたであろうというさらなる条件の代わりに、行為者の選択は行為者がそうすることを望んだのであるという意味において自由であったということを要求すべきであるという提案を採用したほうがよくなる(35)。

ムアのこの章に対して、J・L・オースチンはよく知られた反応を示した。そこでオースチンは、ムアはそのように他の仕方で行為するというような能力の帰属性に伴う複雑さを誤解していると論じた(36)。多分オースチンは、能力一般のテーマについては正しかったであろう。しかしオースチンのテーゼが、ムアの立場に深刻なダメージを与えているかどうかは明らかでない(37)。さらにムアの立場に対するより新しい反論は、行為者が他の仕方で行為ができたかどうかは、(功利主義の理論あるいは賞罰の正当性にとって)決定的に重要であるというムアの前提は、誤りであると論じる人々から起きている(38)。というのはこの前提がないと、もはやムアの議論がいかなる一般的な意味をもってくるかは明らかではないからである。私自身の意見では、ムアの批判者は、行為者は他の仕方で行為ができたであろうというよく知られたテーゼは、(少なくとも責任の理論の中では)行為者の行為は彼自身の自由な選択によって生まれたものであるという因果的な条件によって置き換えられるべきであると論ずることにおいて正しいとはいえ、そこからはムアの議論がまったく的をはずれていたということは、実際には出てこない。というのはこれは、責任についての因果論の文脈の中では、われわれが実践の際に考慮する場合、それにとって本質的であると思われる実践的可能性の概念に対して正当性を与えるものとして再解釈することができるからである(39)。

IV

ムアは自伝の中で、「『倫理学原理』の最終章のプラン全体は、最初友人との会話の中で形成された」と述べている(40)。そこでの意見に述べられているように、この最終章はそれと比較することができる『倫理学の基礎原理』の最終章とは似ていない。この『倫理学の基礎原理』の最終章でムアは、「理想」――つまり内在的価値をもつ種のもの――の構成についてはほとんど述べていないからである(41)。その代わり最終章において発展させられた多くのアイデアは、当時ムアがまとめていた、ケンブリッジの私的な討論クラブである「使徒会（The Apostels）」(訳注5)での議論が下地となっていた。ムアがそこでの議論のために書いた論文が保管されており、それらの論文とその他の当時書かれたエッセイから(42)、ムアが『倫理学原理』の最後で一緒になるテーマを発展させていたことが読み取れる――そのテーマとは、キリスト教的価値観の批判、徳についてのアリストテレスの倫理学（第一〇三―第一〇八章）、および芸術と愛についての価値の賞賛である（第一一三―第一二三章）。

ムアの議論は、「われわれが知っている、あるいは想像することができる、もっとも価値のあるものは、たいていは人格間の交わりからくる喜びや美的対象の享受として記述されうる、ある一定の意識の状態である」（第一一三節）というテーゼで有名になっている。これは、ブルームズベリー・グループ(訳注6)でのムアの学生や友人らが心に留め、またそれによって生きようとしたテーゼであった――もっともときどきは、前章にみられるようなムアの慣習的な道徳の擁護は無視されたが。ケインズが述べているように、ムアの価値観は、彼およびその友人たちにとって一つの「宗教」――「地上における新しい天国の幕開け」――となっていた(43)。彼がこの「宗教」の限界を見ることができた一九三八年の展望からさえも、ケインズはまだ「『新約聖書』は、「理想」についてのムアの章の俗世間性と比較すれば、政治家のためのハンドブックであると書くことができた。私はこれに匹敵する文献をプラトン以来知らない。そして完全に空想から自由であるところから、プラトンよりすぐれている」(44)と書いている。

ムアの価値観は、実際のところ決してまったく新しいというのではない。芸術は内在的に価値があるというテーゼは、ロマン主義運動全体の中心にあったし、またかねてからマクタガートは、愛が至高の価値であると論じており、この価値観は、いずれにしてもプラトンやキリスト教における諸著作において目立っていた。新しいものとしてはムアが、これらの観念を、通常これらのものに反対していると思われていた功利主義倫理学の枠組みに挿入したことである(J・S・ミルの快楽の質についてのランクづけは、同じ方向における試みとして解釈することができるが)(45)。というのはこの状況においては、ムアはこれらの価値観を自らが唱導していることを、これらの価値観に通常伴う理想主義的形而上学から自由である」というのはこの理想主義的形而上学は、ムアの価値観を、望ましくないコミットメント(ケインズが、先に引用した「空想からまったく自由である」としてムアをほめるとき、彼の頭の中にあったものである)でもって困らせていたように思われる。その結果、イギリス帝国の権力と政治に、退屈かつ疑いの目をもって関わり、幻滅を感じていた人々は、皆ムアの中に生き方(form of life)、つまりその追求は人々の目をこれらへの関心から目を引き離すが、しかし完全に正当化できる生き方の主導者を見出した。というのはムアも述べているように、彼の理想は「人間の行為についての合理的な究極目的と社会の進歩についての唯一の基準を形成するからである」(第一一三節)。第一次世界大戦の前は、この福音書は主としてブルームズベリーの芸術家や知識人に訴えた。しかし多くの人にとっても、政治が救われないほど堕落したと思われた戦後の時代に、ムアのメッセージは――特にE・M・フォースターのような文筆家によって敷衍されたことによって――、大変広く訴えた。

ムアの理想は完全に新しいというのではないが、彼が理想を「意識の状態」として描いた事実は注目に値する。というのはここには、ロマン主義運動の内部における芸術の取り扱いとの意義深い対比が存在するからである。「美の享受」において、ロマン主義が創造的な芸術活動の価値を強調するところで、ムアは芸術作品の受動的な評価に焦点を当てているからである。ここでのムアの立場は、内在的価値をもった唯一のものは意識の楽しい状態であるという、広いテーゼとつながっている。われわれがこれから見るように、ムアは『倫理学原理』においては、この広いテーゼを受け入れない。それにもかかわらず彼の影響のもとに、ブルームズベリー・グループはこのテーゼを受け入れ、そして彼自身も『倫理学』においてこのテーゼを明確に支持した（同書、一一九頁）。ムアと彼の友人たちをして、この立場を採用せしめたのは何であろうか。私が思うに、ムアが『倫理学原理』の第一一三節において彼の理想的な善を導入したとき、まさに一回だけ用いたことばは、示唆的である。彼はそれを「純粋にそれ自体のためにもつ価値があるもの」と呼んでいる(47)。というのはこのことばは、いかなるものが内在的価値をもっているかを考察する際に、われわれはその評価は意識ある主体のパースペクティブからくることを心に留めておくべきであり、しかもこの主体の状態は（外界の状態とは異なって）、その主体が「もっている」ものを意味しているからである。そしてもし内在的価値に関してこの仮定を受け入れるならば、積極的な内在的価値をもつことができることが意識の唯一の喜ばしい状態であること——他の事態はこのような状態を享受する手段としてのみ価値をもつこと——が明らかとなるように思われるからである。さらに快楽の価値は、そこにおいて快楽が得られる価値に依存しているというもっともな理由からして、いったん純粋な快楽主義が否定されたとすると（第一一二節）(48)、友情や芸術鑑賞という高貴な快楽が特別な地位をもっていると考えたくなるのも当然である。

そしてこれが、ムアのいう理想的なるものへの道を私なりに再構成したものである。しかし直ちに、二つの異なった種類の条件が導入されなければならない。第一に、ムアは明らかに『倫理学原理』の中で、内在的価値をもつのは意識の状態だけであるという見解に反対する議論をしていることである（第五〇節）。ムアの議論は、彼の有名な思考実験の中に具体的に表わされている。その思考実験とは、もし美の世界についての「人間による可能な黙想（「君が想像できる限りの美しい世界を想像せよ」）からまったく離れて」、ありのままの存在を、「君が考えることのできるもっとも醜い世界」（「単純に不浄に満ちた世界を想像せよ」）の存在と比較するならば、われわれは醜い世界が存在すべきことよりも、美しい世界が存在すべきことを、内在的により善いと結論せざるをえなくなる、というものである――なおムアは、「醜い世界も」、美しい世界の存在にとっては「無視できる程度の小さな価値」ということだけは付け加えている（第一一三節）。この結論に対しては、思考実験そのものを提示する以上の議論はなされていない。それでムアが、多分ありのままの美しい世界の存在は、「純粋にそれ自体のために価値をもつ」ものではありえないというムアの認識を別であるとすれば、ムアが何によってその後この点についての考えを変えたかは明らかでない。

第二点は、積極的な内在的価値をもつのは、ある意識の快楽の状態のみであるという、ムアの後期のテーゼに関する議論（この議論はムア自身によって進められたものでないことを私は強調すべきである）についてなされたのであるが、これは実際のところそれと反対の結論へと導くムアの初期の思考実験以上に説得的ではない。というのはあの議論においては、結論は内在的価値の問題は意識ある主体のパースペクティブから考察されるべきであるという仮説からきているからである。そして私は、あの問題となっている結論は、この仮説からは出てこないということに反対するのは正しいと考えている。その結果出てくるのは、それを得ることが意識ある主体の構成的な利益を充たすことになる人間生活の諸特徴が、そのような主体にとって内在的に価値があるということである。しかしこれはまさに意識の状態である必要はない。実際人間生活を概念的にどのように捉えても、そこにはムアの受身的な「美の享受と人格間の愛情」以上の、人生のあり方における唯我論の形式を理想化する恐れのある芸術活動それ自体や他人との友情に満ちた関係が含まれがちである[49]。さらにこのパースペクティブからすると、他の多くの人に受け入れられている内在的価値を排除する理由はなくなる。それはＪ・Ｓ・ミルが高く評価した個性の達成や、民主主義という国家における市民権のような、本質的に政治の次元と関連した価値のことである。ムアの芸術と愛の理想は、まさに意識の状態のようなものではないけれども、その価値は大いに推奨されなければならない。しかしかかる価値のみを、「人間の行動の合理的な究極目的」とすることには何の理由もない。

V

この序文において私は、『倫理学原理』から、価値についての一般形而上学と、道徳的義務と個人の理想についての実質的な問いの両方に関して、依然として永遠に続く興味を惹く、いくつかのテーマを選び採ろうとしてきた。明らかにこの著作には、他にも彼の「形而上学的倫理学」、「有機的統一体」の原理および彼の倫理的直覚の概念についてのムアの取り扱い方のような、大変な注意と批判的反省を要求するテーマが多く存在する。私が論じているのは、私が倫理学に対するムアのもっとも重要な功績とみなしているテーマとして選んだものである——他の人ならば疑いもなく、異なった観点に立つであろう。私の議論内容からして、私が確認したテーマのいずれについても、要するに私がムアの立場に賛成していないことは明らかであろう。しかしながらこの事実は、誤解されてはならない。というのは他の哲学者の著作に批判的な態度を表明することは、その人の著作が重要ではないという判断を下すことではないからである。反対に、他の哲学者の著作について、何が正しく、何が誤っているように思われるかを詳細に示すことは、まさに人がその著作を深刻に取り上げていることを示しているのである。重要でないと判断したものについては、黙って通り過ぎる。というのは、哲学の本質からして、主題の発展は弁証法的になされるからである——そのとき他の立場をよく考えることによって、われわれが彼らの立場を乗り超えることができる議論の方向を発展させることができる。このかなりヘーゲル的なテーゼは、ムアの哲学に対しては奇妙なことのように見えるかもしれない。しかし実際は、明らかにいくどとなくムア自身が行っていることである。ムアが初期の著作において、もっとも強く批判したが、しかしもっとも多くを取り入れたのは、カントである。ムアは、明らかにカントが誤っているところに決断を下すことによって、彼自身の倫理学（および彼の初期の形而上学）を展開している。ムアの後期の著作においては、ラッセルが同様の位置を占めている。一方でムアはその自伝において、「他のいずれの哲学者よりも、彼の影響を受けている」(50)と述べる一方で、同時に「彼の書いたものについての私の講義は、常にある程度批判的であった」(51)ことを認めている。

それ故哲学への大なる貢献者は（仮にわれわれは実際にはいつもそうするとしても）、その見解に繰り返し言及している人間ではない。哲学への貢献者はまさに、これまではせいぜい半分しか表現されていなかったが、いったん完全に表現されると賛成することができるような立場や議論をはじめて明確に述べるような人間である（われわれ自身その人に賛同していない場合でさえもそうである）。この種の著作は、われわれがそれに反対する理由を見極め、またわれわれ自身の立場に対する、われわれの議論を見出すことを要求する。『倫理学原理』が不朽の価値をもっているのは、それがこの種の著作だということである。ムアはこの本で、倫理学の身分、倫理概念の還元不可能性、価値についての自然主義理論への反対、道徳的義務の本質と不確定性のもとにおける決断の基準、道徳理論における人間の理想の役割等に関し、それらに関連した立場の全領域について、古典的な形式化を与えている。今となっては、真摯な思索者は誰も、ムアの立場全体に賛成することはできないであろう。しかしこのことが問題なのではない――「第二版序文」は、ムアが初期の立場に対して彼自身いかに批判的になっていたかを示してくれる。むしろ二十世紀の倫理学の決定的な出発点を提供してくれたのが、ムアの業績である。

原注 I—V

（1） *Proceedings of the British Academy L* (1964), pp. 251-62.

（2） *G.E.Moore : Selected Writings*, ed. T. R. Baldwin (Routledge. London, 1993).

（3） この手紙は、ケンブリッジ大学出版局アーカイブに保存されている。

（4） 一九〇三年十月十一日付けのムア宛のストレイチーの手紙。この手紙は、ケンブリッジの大学図書館にあるムアの資料集の中にある。

（5） これらはケンブリッジのトリニティー・カレッジの図書館にある。ムアの初期の論文である'Freedom' (*Mind* n.s.7, 1898, pp. 179-204) は、一八九七年のフェロー論文からとられ、ムアはこの論文の出版を準備するに当たって、いくつかの変更を加えているけれども、彼のフェロー論文の内容を示唆している。彼の次の論文である'The Nature of Judgment' (*Mind* n.s.8, 1899,pp. 176-93) は、一八九八年のフェロー論文からとられたものである。'Freedom' と比較してみると当時のムアの形而上学が過激に展開されているのがわかる。この二つの論文とも、*G.E.Moore :The Early Essays*, ed. T. Regan (Temple University Press. Philadelphia, 1986) に再録されている。

（6） この本の写しが二部ケンブリッジ大学図書館のムアの資料集の中にある。これらの論文にはまた、それに続くムアのカントの道徳哲学についての講義のテキスト（一八九九年春）が含まれている。これらの論文は、ほとんど同じ仕方で、彼の一八九八年のフェロー論文と同じ基盤の上に立っている。

（7） G. E. Moore, *The Elements of Ethics*, ed. T. Regan (Temple University Press, Philadelphia, 1991).

（8） この問題は、一九〇二年の三月一四日に議題となり、再び一九〇二年の四月一二日に議題となった。理事会議事録は、ケンブリッジ大学図書館に保存されている。

（9） これらの小論文は、これらの小論文に対するシジウィックのちょっとしたコメントとともに、ケンブリッジの大学図書館にあるムアの資料集の中に保存されている。

（10） G.E. Moore, 'An Autobiography', p. 16 in *The Philosophy of G. E. Moore*, ed. P. A. Schilpp (3rd edn, Open Court, La Salle, 1968).

（11） この本は、最初一八七四年に出版された。シジウィックはこのテキストを繰り返し改訂し、最後の第七版は没後一九〇七年に出版された(Macmillan, London)。

（12） ボーザンケトは、『倫理学原理』についての、彼の鋭いが、しかしまったく好意がみられないわけでもない書評(*Mind* n.s.13, 1904, pp. 254-261)において、ムアがいかに多くをシジウィックに負っているかに注目している。

（13） H.Sidgwick, The Methods of Ethics, 7th edn, Bk. I, ch.Ⅲ.

（14） 「理想的功利主義(Ideal Utilitarianism)」という句は、実際にはムアと同時代の人であったヘイスティング・ラッシュダールの著作からきている―― *The Theory of Good and Evil* (Clarendon, Oxford, 1907), p. 84. を参照。ラッシュダールはまたシジウィックの弟子であり、『倫理学原理』にも短く言及している。彼は自分の見解が、ムアの見解と似ていたとしても、ムアとは独立に彼の立場に到達したことを明らかにしている。

（15） H.Sidgwick, *The Methods of Ethics*, 7th edn, pp. 400 以下。

（16） H.Sidgwick, *The Method of Ethics*, 7th edn, pp.109-12. この箇所を参照してみると、結局ムアがなぜシジウィックを自然主義の誤謬を犯しているという罪から放免したかは、そう明らかではない。

（17） H.Sidgwick, *The Method of Ethics*, 7th edn, p.110.n.1.

（18） ここでの古典的なテキストとは、C. L. Stevenson, *Ethics and Language*（Yale University Press, New Haven, 1944）である。また R. M. Hare, *The Language of Morals* (Clarendon, Oxford, 1952) を参照。

（19） ラッシュダールが指摘しているように(*The Theory of Good and Evil*, vol. I, p. 135, n. 1)、ムアがそう断わることなく採用した倫理概念の分析不可能性の主張は、シジウィックによってなされたものである。シジウィックはこの主張を、一八世紀のモラリストであったリチャード・プライスに帰している（Sidgwick's *Outlines of the History of Ethics* (Macmillan, London, 5th edn, 1902), pp. 224-6 を参照）。

（20） ムア自身は、彼の後期の著作において「分析のパラドックス」という定式化をして、これらの問題に焦点を当てている。「分析のパラドックス」とは実際には、分析が正しいならば、トリヴィアルなものに違いないということを意味しているように思われる。C.H. Langford, 'The Notion of Analysis in Moore's Philosophy' in *The Philosophy of G. E. Moore*, esp. p. 323, and Moore's 'A Reply to my Critics' in the same volume, esp. pp. 65-6. パラドックスに関する最近の議論については、cf. T. Baldwin.

G.E.Moore (Routledge, London, 1990), pp. 208-14. を参照。

(21) もっともよく知られているのは、R・M・ヘアの倫理的思考ははっきりいうと指令的(*prescriptive*)である、というテーゼである。*The Language of Morals*, p. 30 を参照。

(22) S.Shoemaker, 'Causality and Properties' in *Identity, Cause, and Mind* (Cambridge University Press, Cambridge, 1984)を参照。

(23) 「精神科学(Moral Science)」という用語は、事実上はJ.S.Mill's *System of Logic* (Book Ⅵ) からきており、実際まさに「人間科学(human science)」を意味している。

(24) G.E. Moore, *Elements of Ethics*, p. 118.

(25) ムアの 'Reply to my Critics' in *The Philosophy of G. E. Moore*, p. 558 を参照。

(26) G.E. Moore, *Elements of Ethics* (2nd edn, Oxford University Press, London, 1966), pp. 28-9 を参照。

(27) G.E. Moore, *Elements of Ethics*, pp. 93-4.

(28) W・D・ロス卿は、ムアの価値の形而上学全体には、大変好意的ではあるけれども、ムアの理論のこの面に関しては、有名な批判をしている。*The Right and the Good* (Clarendon, Oxford, 1930) を参照。

(29) T. Nagel, *The View from Nowhere* (Clarendon, Oxford, 1986), chs. IX, X を参照。

(30) 私はこの論争を、より十分な形では、Baldwin, *G.E,Moore*, ch.4. ボールドウィン『G・E・ムア』の第四章で議論している。最近の発言のよい例としては、J. Glover, ed., *Utilitarianism and its Critics* (Collier Macmillan, London, 1990) を参照。

(31) T.Regan, *Bloomsbury's Prophet* (Temple University Press, Philadelphia, 1986)。遺憾ながらレーガンは、この分類がムアの議論の方向にとって唯一の例外であることを見誤り、かくてムアを「個人の自由の急進的な擁護者」とする誤った説明をしている。

(32) G.E. Moore, *Ethics*, p. 100.

(33) ムアの一八九八年の論文である 'Freedom' には、「この初期の議論の大部分」が含まれている。

(34) 三〇九—三一〇頁（本書）。このタイプの反論は、R・チザムによって、効果的に強力になされている。R.Chisholm, 'Human Freedom and the Self' in *Free Will*, ed. G. Watson (Oxford University Press, Oxford, 1982) を参照。

(35) H. Frankfurt, 'Freedom of the Will and the Concept of a Person' in *Free Will*, ed. G. Watson を参照。

(36) 'Ifs and Cans', reprinted in Austin's Philosophical Papers (Clarendon, Oxford: 3rd edn, 1979) を参照。

(37) D. Pears, 'Ifs and Cans ' in his *Questions in the Philosophy of Mind* (Duckworth, London, 1975) を参照。

(38) この議論の古典的な展開は次にある。H. Frankfurt, 'Alternate Possibilities and Moral Responsibility ', *Journal of Philosophy* 66 (1969), pp. 829–39.

(39) Baldwin, *G.E Moore* ,pp. 142 以下。

(40) *The Philosophy of G. E. Moore*, p. 25. 友達とは、多分エインズワース (R.Ainsworth) のことであろう。

(41) 彼は短く愛と美の価値について触れているだけであるけれども—— *The Elements of Ethics*, p. 192.

(42) ポール・レヴィーは、*G.E.Moore and the Cambridge Apostles* (Weidenfeld&Nicholson,London, 1979) において、この協会とそこにおけるムアの役割について、生きいきとした説明をしている。

(43) J. M. Keynes, 'My Early Beliefs'in *Two Memoirs*, reprinted in his *Collected Writings X* (Macmillan. London, 1972), p. 435. また C. Bell, *Civilisation* (Chatto & Windus. London, 1928), esp. ch. Ⅳ ; P. Levy, *Moore and the Cambridge Apostles*. を参照。

(44) Keynes, 'My Early Beliefs ', p. 444.

(45) J. S. Mill, *Utilitarianism*, ed. M. Warnock (Fontana, London, 1962) ch. 2 .

(46) たとえば、Bradley's reference to the value of art in *Ethical Studies* (2nd edn. Clarendon. Oxford, 1927) , pp. 222–3 を参照。

(47) ムアは後に、この句を内在的善さを説明するために用いている。'Is Goodness a Quality? ' reprinted in Moore's *Philosophical Papers* (George Allen & Unwin. London, 1959) , pp. 94–5. を参照。

(48) このような方向で問題点を定めることは、ムアの思想を思い切って単純化することになるが、しかしムアをきわめて不当に扱っていることにはならない。

(49) ヴァージニア・ウルフの小説『波』を、このテーマの探究として読むことができる。

(50) P.A.Schilpp, *The Philosophy of G. E.Moore*, p. 16.

(51) P.A.Schilpp, *The Philosophy of G. E.Moore*, p. 16.

訳注

（1）本訳書八二頁の〔　〕で括られた部分である。

（2）「未決問題」の議論とは、善の分析不可能性に関連して出てくる問題である。「善は快楽である」と分析的に定義したとしても、善は本当に快楽であるのか、つまり善の意味は本当に快楽で尽くされているのか、あるいは快楽は本当に善であるのか、あるいは快楽の意味は本当に善ということで尽くされているのかという形で、そのような問いには未解決の問いが残るという議論である。

（3）ムアは、本訳書に収録されている『倫理学原理』の「第二版序文」で、ムアが問題とする「善(good)」を“**G**”で表している。そこからここでも「**善**」と表記した。

（4）言うまでもなくニュートンの主著の書名は、*Principia Mathematica Naturalis Philosophiae*（『自然科学の数学的原理』）である。

（5）使徒会(The Apostels)は、一八二〇年にケンブリッジ大学に設けられた、ケンブリッジのエリートからなる秘密結社のことである。ムア、ラッセル、ストレイチーらもメンバーであった。

（6）ブルームズベリー・グループ(Bloomsbury Group)とは、二十世紀のはじめに、ロンドンの大英博物館の近くのブルームズベリー地区に住んで活躍していた芸術家、知識人たちのグループのことである。その主張は当時の社会に対して、批判的、先鋭的であった。ヴァージニア・ウルフ、リットン・ストレイチー、バートランド・ラッセル、ジョン・メイナード・ケインズ、そしてムアらがメンバーであった。

第二版序文

編者解題

ここにこの未公刊の序文を、親切にもケンブリッジ大学図書館とティモシー・ムアが許可してくれたので、再録することにする。ムアの手稿の大部分がそうであるように、この手稿にも削除や書き入れが多くある。それで私はこのテキストを用意するとき、それらの書き入れに従った。ただし唯一の例外として、このテキストの注の中で説明されているものは除外した。この手稿が入っていた封筒には、このテキストのために早い時期に書かれたと思われる別の草稿が少数枚入っていた。それはここには再録されていない。というのはムアが多分それを没にしたのであり、それでこのメインテキストに付け加えても意味がないからである。ムアの書いたものの中には、また二つの別の手稿があり、それは序論のための手稿と思われるが、二編とも未完成で、表題もつけられていない。そのうちの一つでムアは、『倫理学原理』第六節から第九節（ここには「馬」の定義についての悪名高い議論が含まれている）における彼の定義についての議論を、徹底的な批判的分析のもとにおき、そこでムアは自分自身を矛盾、混乱、「ひどい誤り」の罪を犯しているとしている。もう一つの手稿は、より直接的な形で彼の倫理学理論に関したものである。ムアはここで、彼が主として『倫理学原理』で言及した種類の善さ(goodness)について議論している。そしてこの議論の中心テーマは、ここに再録したテキストのテーマと大体似ている。異なっている主な点は次のようである。(i)ここではムアは**善**(問題としている種類の善さ)を正と不正に関連した用語でもって明確に定義していること。(ii)ムアは**善**を、**善**である事態の内在的性質であると主張していること。ただしムアは、ここで問題としている**善**が、内在的善さであるといわれるものの唯一の種類の善さではないともしている。(iii)ムアは、**善**が内在的であるという彼のテーゼが、**善**がいろいろな意味において「主観的」であるという見解とは相容れないことを、ある程度詳しく論じている。

今回印刷に付した本書は、少数のミスプリントの修正、ほんのわずかなことばの変更、さらにこの序文を読む人のために少数の注を加えたことを除けば、初版本の単なる再録である。

今となって私には、本書がこのままでは誤りや混乱に充ちていることがわかっている。しかし私には、本書全体を書き改めることなしに――書き改めるには数年かかることは確かである――、ぜひとも訂正が必要なものすべてを直すことはできないように思われた。それで明らかに好ましくないために訂正が必要な他の箇所をそのままにしておいて、訂正のために一部を取り出すという代案も考えられるが、たとえそれがうまくいきそうだと思われたとしても、まったく不満足なものとなるであろう。それ故今の私としては、本書をあるがままの形で再録することに決めた。もちろん私は、このように決めたのは大変よくないことだと感じている。

本書を再版した理由について少し弁解すると、私が集めることのできる限りではあるが、この本で主として強調され、また大部分の読者が、そこから感銘を受けた主要な部分を形成している命題は、概して私が今でも真であり、強調する価値があると考えている命題である。しかし多くの場合それらの命題は、満足の行く形で明快に表現されてはおらず、また私が今でも偽と思ったり、あるいはかなり疑わしいと思っている命題から、それらが満足のいく形ではっきりと区別されているわけではない。そしてこれらの主要な命題に関して、私にとって本当に必要と思われるものについては、私はこの序文において、今の私にできる限り明快なものにするつもりであるし、また本文において相互に混同しているか、あるいは他の命題と混同している主なケースを指摘するつもりである。それらについては、今私は誤りあるいは疑わしいと思っているからである。これまでとは別の序文を書いて、そこで主要な命題についての簡単な検討を加える一方で、たとえ実行できそうであったとしても、本文にそれに対応する変更を加えるよりは、変更を加えないで、そのままの形で本文を残すことのほうが有益であることが証明できるであろうというプランに、一縷の望みをもっている。もし私が本文を変えることに着手したとすると、もとあった明快さよりも明確さや強調点が失われたかもしれないという恐れは十分にある。

それ故私は今、本書の主要な命題の中から、一層言明を明快にするか、あるいはより適切な修正を施すことが強く望まれると思われる命題を、順番に取り上げるつもりである。私はできるだけ短く、しかも明快に、私の論点を述べることに努めるつもりである。しかし成功しないかもしれないし、またある場合には、残念ながら、私が与えることができる以上のさらなる分析や明快な定義が必要となる観念を用いなければならなくなることを十分に承知している。また私は、私が扱うことになる論点は、決して本書が修正を必要としているものすべてを尽くしていないことも強調したい。本書の細部については、そのほとんどが、多少とも反論が加えられるものである。またある場合には私が修正しようとしたが、注意を怠ったに違いない細かいところは、倫理学との関係においてのみ些細と呼ばれるに相応しいものである。どちらかといえば形而上学に関しては、それらは決して些細ではなく、もっとも重要なものである。

I

最初に私は、第〇節から第一四節において、「『善［善い］』は定義不可能である("Good" is indefinable.)」と述べることによって言い表した命題を大いに強調したい。私がこの点に関し述べたことは、大変混乱しており、またその数が多すぎるので、それらすべてを洗いざらい示すことはできない。私が唯一望みうるのは、問題をよりはっきりさせることである。そのために少数の重要な問題点を扱い、できるだけ明確に、基本的に大事な命題は何であるかを示すことに努めたい。その命題は、この錯綜したやり方の中で私が狙っていたものであり、また依然として真であり、また重要であると私が考えているものである。

（一）最初に、この節で、私が「善」と呼ぶことができ、また定義不可能と宣言した述語は、「善」という語が普通に表している述語的表現のうちの一つだけであることは、いくら強調しても強調しすぎることはない。この語が曖昧であるのは、きわめて明らかであると思われる――つまりそれは異なった文脈において、異なった意味で使われている。それ故真にこの語の確定した意味であるということができる述語は、まったく存在しない。この本そのものの中で、これが私の意見であるというものについては、後のほう（たとえば一三〇頁）で明らかにする。しかし少なくとも二つの理由からして、今論点を強調することは重要である。第一の理由は、考察を進めている過程で、私はしばしば反対のことを言っているように思われることである。たとえば一一三頁において私は、「われわれはあるものが善であると言うとき、われわれはそのものに属していると主張されるあの性質（特性）」について、あたかも実際にそのようなただ一つの性質があるかのごとく語っているからである。そして第二は、もしいったん「善」の曖昧さがはっきりと見てとられたとすると、明らかにこの本の中で一つの選択をしなければならなくなるのであるが、私は明確な形ではこのことを決して正面から取り上げていないからである。つまり私は自分自身をして、単に「善」という語についてはーつの意味があると言わしめる――この場合私が作ろうと腐心している善についての一定の命題は真となる――か、あるいはある決まった仕方で、この語のどの意味が私が言及している一つの意味かを指摘しようと努めなければならないのである。ところで、少なくとも語のいかなる意味も、私がそれに帰す性質をもっているという、あまり重要と思われていない命題は、実はそれ自体がかなり重要であると思われる。なぜならこのことはきわめて一般的には、否定されているからである。しかし多くの理由からして、この命題には満足しないで、いずれがここで私が話題にしている意味かという疑問に目を向けてくれることが望ましい。実際私はこの本の中で、この問いについて一つの答えを示したが、今ではそれが間違っていると思っている。私は（一〇九頁）で、私の関心をもっている意味は、「この語を日常用いられていると考えられる意味において」確定したものであると考えていると述べている。今私は、これが正しいかどうか大変疑問に思っている。実際私は、この語のもっとも普通の用法は、ここで問題にしている意味への言及を含んでいること、つまりこの語はその分析の中に含まれている要素であることは、おそらく本当であると考えている。しかしこのことと、それがこの語のもっとも共通した意味と同一であるということとは、まったく別物である。またそれがこのようにしてもっとも共通した意味と同一であるということは（たとえいかなる意味が他の意味よりも共通したのであるとしても）、今の私にはほとんど誤っていることが確かなように思われる。

それ故私は、私が関心をもっている特別な意味を取り上げ、それが善という語が日常使われている確定した一つのものであると述べることによって、この特別な意味の明晰化を図ることはできない。しかし私には、これが倫理学にとって大変重要なこの語の確定した意味であると述べることによって、その特別な意味を簡単に明らかにすることができると思われ、私の今の目的にとってはこれで十分である。というのはこの語が「正」や「不正」の概念に対して、この語のもっている別の意味よりもきわめて重要な関係をもっているからである。私の立場からすれば、この私が関心をもっている意味が、これらの諸概念に対して、ユニークで根本的に重要な関係をもっていることは、もちろん本書の内容から十分に読み取れる命題であることは明らかである。本書では論じなかったが、今私が行おうとしていることは、この関係を手段として、この語の意味の明断化を図ることができるということである――このような仕方で、明晰化を図ることは、同時になぜ私が特にこの語の他の意味よりも、この語のこの意味に特に関心をもっているかという理由も明らかになる。この意味が、「正」や「不正」の概念に対してもつ精確な関係が何であるかは、実際のところ大変困難な問題であり、これから扱おうとする問題である。もちろんこれらの概念に対して、私が考えているような関係をもっている「善」という語に、何らかの意味が存在するということが否定されるかもしれない。しかし、そのような意味が存在することはきわめて普通に考えられてきている。そして私には、この考えが依然として正しいと思われる。それで実際のところ、もしこの考えが正しくないとすると、当然のこととして、私はこのような方向で私が意味してきた意味の明断化を図ることはできない。そしてこの場合、私が意味している意味は、私がそれに帰していているような重要性をほとんどもたなくなることを認めることにやぶさかではない。しかしながら私は今のところ、これが正しいと考えることに満足している。それ故私が意味している意味が、もしそうでないとしたらいかにして明確化を図れるかという問いは、先延ばしにする。

それで今のところ、私の関心のある述語は、「善」という語のあの意味であり、これは「正」や「不正」という概念に関係してくるのであり、この関係によって「善」は倫理学にとってもっとも根本的に重要な確定した意味を形成しているのである。この述語を**善**（訳注1）と呼ぼう。私が**善**について本当に言いたいことは何なのであろうか。

（二）私が実際に述べていることは、それは「定義不可能(indefinable)」ということである。私が「定義不可能」ということを、「単純(simple)」あるいは「分析不可能(unanalyzable)」と同一だとすれば、こう述べることによって、私が意味していることをかなりはっきりとさせたことになる。

それで最初に**善**は分析不可能であるということを考えてみよう。この命題は真であろうか。私はすぐに、今でもそれはほとんどそうであろうと考えていると言いたい。しかし私は決してそうであるとは確信していない。そうであるのか、それともそうでないかを疑う理由の一つを、後に**善**の「正」への関係を考察するときに挙げる。というのは本当を言えば、むしろ「正」が分析不可能な観念であり、**善**は「正」を要素として含んだ分析可能な観念であるということもありえるように思われるからである。

しかし**善**が分析可能か不可能かのいずれであろうと、この問いは私が**善**に帰する重要性とは違ったものであることを強調するのは、より重要である。私が**善**についてもっとも強く主張したい多くの命題は、実際のところそれが、**善**は「望まれている (is desired)」、「快である (is pleasant)」、「ある目的に役立つ (serve some purpose)」というような性質とは同一ではないという事実からきている。というのはこれらすべては明らかに分析可能だからである。たとえ読者が、「快である」を「快い状態である」に等しいと解釈し、そこにおける意味はかなり分析不可能なものに近いと言うとしても、厳密に言うとそうでないことは、やはりかなり明らかであるように思われる。しかし、**善**がこれらのどれとも同一ではないという事実が、結局のところ、それがまったく分析不可能であるという内容に基づいていると考えることは大きな誤りであろうということが私の意味しているところである。**善**がそれらと同一でないと考えることには、これとは別の、ほとんど議論の余地のない理由が挙げられる。そしてさらに、この私が述べたいと思っている重要な点は、**善**の単純性からくるのであろうけれども、他の、少なくともこれと同じ程度に重要な部分は、まったくそこからは出てこないであろう。つまり**善**は、それをもっているものの状態の内在的本性のみに依存している性質であるということは出てこないであろう。今私が詳しく述べようとしているこの命題は、多分私が**善**について主張しようと腐心していることのうち、もっとも重要なものであると私には思われる。そして、たとえ**善**が分析不可能であるとしても、私が見る限り、決してそこからこの命題が**善**について真であるということは出てこないであろう。一方逆にこの命題が正しいとしても、そこから**善**が分析不可能であるということは出てこないであろう。

それ故私は、今のところ、**善**が「分析不可能」であるという意味において**善**が「定義不可能」ということを強く主張するつもりは少しもない。でも私はおそらくそうであろうと思っている。しかし私がしたように、そうであるのかそうでないかという問題をあまりに強調することは、純粋に誤りであったと思っている。

(三) しかし私が、実際に関連する節（第六―第一四節）で述べている、二つの別のことがある。それらは、**善**は分析不可能であるという主張と決して一致しないことは明らかであるということ、またそれらは語のいかなる意味においても、**善**は「定義不可能」という主張と等価であるとして扱うことは内在的にできないということである。しかし私は、そう扱ってしまったのである。ここで私が意味しているのは、私が善は定義されえない（一一〇頁）と宣言したすぐ前とすぐ後に述べた主張のことである。つまり（a）「善とは善であり、これでこの問題は終わりである」という主張と、（b）「善であるものについてのこれらの命題は、すべて総合的［総合判断的］であって、決して分析的［分析判断的］（訳注2）ではない」という主張である。

これら二つの主張は、私が実際に**善**について述べようとしていることを表す近道なのであろうか。

（a）については、その意味はこのままではまったく明確ではない。しかしこれは明らかに、私の本の扉におけるバトラーからの引用句が言及している命題のことである。私は明らかに、バトラーがそこであらゆるものの真理性について主張していること、すなわち「それはあるところのものであり、他のいかなるものでもない」ことを、**善**についても主張するつもりである。あるいは少し違った言い方をすれば、私は明らかに一一七―一一八頁で私が「快楽」についてしたことに対応する命題、および一一九頁で「黄色」についてしたことに対応する命題を、**善**についても述べるつもりである。そして私は誤って、**善**についての私の命題を**善**は定義不可能という命題と同一であるとしたが、ちょうどそれと同じように私は誤って、この命題は快楽と黄色は定義不可能という命題と同一であるとしている。要するに私は、「**善**は**善**であり、それ以外の何ものでもない」ことを主張するつもりなのである。

そこで、「**善**は**善**であり、それ以外の何ものでもない」という主張を考えてみよう。私が理解できる限りでは、厳密に言ってこの言明が表現していると思われるのは、次の二つの命題だけである。つまり（a）**善**は**善**以外のいかなるものとも異なっているという命題、および（b）**善**は「善」という語以外の語あるいは語句によって表現されているもののどれとも異なっているということである。順番にこれらを取り上げてみよう。

（α）**善**が**善**以外のいかなるものとも異なっているという命題については、これは明らかに単に善が善と異なっているいかなるものとも異なっているということを告げているだけである。そしてこの命題は、たとえ厳密に言えば単なる同語反復（トートロジー）ではないとしても、ほとんど同語反復と区別できないのであり、確かに私がそれに与えようとしていると思われる種類の重要性をもたせることはできない。私はこの二つを同一としたけれども、**善**は**善**以外のいかなるものとも異なっているという命題は、**善**は分析不可能であるという命題とまったく異なっていることは明らかである。そして明らかに**善**が分析不可能であるということを、この命題から導き出すことは不可能である。というのは（バトラーの句が思い出させてくれたのかもしれないが）、それと異なっているあらゆる述語とは異なっているという性質は、例外なくあらゆる述語に、つまり分析可能と分析不可能の両方に属していなければならない性質だからである。それ故たとえ**善**が分析可能であるとしても、**善**については**善**が**善**とは異なっているあらゆる述語とは異なっているということは依然として真であろう。また明らかに同様の理由からして、「快の状態にある」あるいは「望まれている」というような特定の述語が**善**とは異なっていることを、これから導くことは何としてもできないと私には思われる。というのはここでまた、たとえ**善**が「快の状態にある」と同じであるとしても、**善**は**善**とは異なったあらゆる述語とも異なっていることは、**善**について真であろう。それ故この後者の命題が**善**について真であるという単なる事実からは、善が「快の状態にある」とは異なっているという推論を正当化することはとてもできない。

それ故明らかにこの命題は、私がそれに帰している種類の重要性をもたない。だがそれは何ら重要ではない、とは私は言いたくない。というのは、この命題は単なる同語反復であると宣言したとしても、それがときにはばかげたことでも、また無用でもないことが明らかだからである、と私には思えるからである。バトラーの格言それ自体は、私にはこの例であると思われる。しかしこれが真であるのは、次のような場合にのみそう言えるのであると思われる。つまり同語反復であると宣言することが、同一であると扱われている二つの述語に対して、本当のところ実際にそうなのかという問いに、人々の注意を向けたいという目的に資する場合である。この問いに注意を向けるや否や、人はそうでないと見ることができるようになるかもしれない。このように考えると、**善**は他のすべての述語とは異なっているという私の主張は、ことによると有益であると思われるかもしれない。しかしこのように述べることは、厳密に言えば、何か表現するに値しないものを実際に伝えている限りにおいてのみ、有益性をもつと述べることである、と私には思われる。厳密に言えばわれわれは、それはまったくトリヴィアル［当然で、つまらない］で、重要ではないということを認めなければならないと思われる。

（β）**善**は、「善」以外のどのような語あるいは句によって表現された述語とも異なるという命題に関しては、もちろん、それは単なる同語反復どころか、まったくその反対である。もしこれが本当だとすると、このことから**善**は「快の状態にある」あるいは「望まれている」というようないずれの述語とも異なっていることが出てくるであろう。なぜなら明らかにこれらの述語は「快の状態にある」あるいは「望まれている」という句によって表現されているのであり、まさしくこれらの句は「善である」という句とは異なっているからである。そしてさらに、もしこのことが本当だとすると、**善**は分析不可能であるという強い仮定は許されることになるであろう。なぜならある語が分析可能な述語を表現しているところでは、その述語は、一般的にいってしばしばいくつかの語から成る句によって表現され、その句はいかなる要素がその分析の中に入るかを示し、この意味においてその「分析を含んでいる」からである。その結果もし**善**が分析可能ならば、多分**善**はときにはある複雑な句——したがって単なる「善である」とは異なった句——のようなものによって表現されるであろう。実際この事実は、多分部分的にはいかにして私が「**善**は**善**であり、それ以外の何ものでもない」と「**善**は分析不可能である」というような明らかに異なった命題を同一とするようになったかを説明するであろう、と私は考えている。われわれは前者の命題を、今考察したような意味で、つまり**善**は「善」以外の句によって表現されるいかなる述語とも異なっていると主張するものとして理解するならば、この命題は、もし本当ならば、少なくとも善は分析不可能であるという強い仮定を許すことになるであろう、ということを見てきた。しかし私は逆に、**善**は分析不可能であるという事実から、**善**は「善」以外のいかなる句によっても表現されえないということが出てくると考えていたのかもしれない。というのはそれが分析不可能ならば、それはその分析を含んでいるいかなる句によっても表現できないことが私には見て取れる（これは本当である）からであり、またある用語の意味を、それについての分析を含んでいる別の用語でもって表現することと、その意味を単に同義語を与えることによって表現することの間にある区別に注意を払うことに失敗しているからである。というよりむしろこの区別は見逃しがちであると私は考えている。なぜなら一つの語の意味を「別の用語によって」表現するとき、われわれは普通それが伝えている観念の分析を含んでいるような別の語でもって意味を表そうとするからである。そしてこのことはもちろん問題となっている観念が分析可能であるところでのみ可能である。それ故ある観念が分析不可能なところでさえも、分析を含んでいるような語ではないけれども、その語を別の語によって表現することが可能となる、それもしばしば可能となることに注意を払うのは簡単ではないし、それ故ある観念が分析不可能であるということは実際には別の語によっては表現することができないことを含意していると結論づけることに注意を払うのも簡単ではない。

しかし私が見逃してきたことであるが、その意味の分析を含んでいる他の語によってある語の意味を表現することと、単に他の語によってその意味を表現することとの間に区別があるという事実は、このことが理解されるや否や、われわれが今考察している命題の真理性について決定的な意味をもってくることは明らかである。**善**が分析不可能であり、それ故その分析を含んでいる他の語によって表現することができないということは、多分本当であろう。しかしそれがまったく他の語によって表現できないかというと、それが本当でないことも確かである。他の言語においては、**善**を表現している語がわれわれの「善」という語と異なっているという明らかな事実は別としても、英語においてこの意味で「善」の同義語として他の語や句を決して使わないというのは、まったくありえないことである。たとえば明らかに、「望ましい」という語が、ときにはかかる形で用いられている。それ故また「内在的に価値がある」という句もそうである。私自身も後でこの句を用いる。それ故、**善**は、「善」以外の語や句によって表現されているいかなる述語とも異なっているというのは、単純に言って誤りである。

それ故私が見ることができる限り、「**善**は**善**であってそれ以外の何ものでもない」という主張は、厳密には、少しでもそれが何かを伝えることができているという意味に捉えるならば、それは単にトリヴィアルなことであるか、あるいは明らかに誤っていることになる。もしそれが真でありかつ重要なものを表現しているならば、このことができるのは、「**善**は**善**であり、それ以外の何ものでもない」が、厳密には、それが担うべきではない意味において捉えられる場合のみである。それ故もしそれが何か真でありかつ重要なものを表現しているならば、それを大変まずく表現していることは確かである。

次に（b）「善なるもの (the good) についての命題は、それらすべてについて総合的であり、決して分析的ではない」という言明について考察してみよう。この言明において私は、「分析的」によって単なる同語反復的を、また「総合的」によって単なる非‐同語反復的という意味をもたせてきたことは確かである。それ故私はこの言明を、単に「善なるものについてのいかなる命題も単なる同語反復的ではない」ということを主張していると捉える。

(α)この言明に対して出てくる明らかな反論の一つは、「善であるものは何でも善である」あるいは「望ましいものは何でも善である」(ここで「望ましい」を単なる「善」の同義語として用いる)のような言明を考察するならば、確かに同語反復であるが、しかしここにおいてわれわれはある意味において「善なるものについての命題」と思われる命題を得ているように思われる。私にはある意味において、そうであることはほとんど否定することができないように思われる。それ故語の一つの意味において、とにかく私の言明は、厳密にいえば、いずれにしても単純に誤りということになる。

(β)しかしわれわれは当然のことながら、あたかも「善なるものについての命題」という句を、いかなる同語反復も「善なるものについての命題」ではないという意味において用いてもよいように思われることも確かである。確かに「善なるものについての命題」について語るとき、当然いかなる同語反復も含ませるべきではない。それでここから、多分「すべての善なるものについての命題は非‐同語反復的である」ということは真である、という認識が存在することになる。しかしこの認識については、それ自身が単なる同語反復でないかどうかは、私にとって大変疑わしいように思われる。なぜ「善なるものについての命題」が単なる同語反復に当たるものではないということが明らかかというと、その理由は純粋にある命題を「善なるものについての命題」と呼ぶとき、実際にその命題に課している特徴の一つが、非‐同語反復的ということだからであろう――これはわれわれが実際に、それは善なるものについての命題である、ということによって意味していることの一部であろう。そしてこの場合、明らかに「すべての善なるものについての命題は非‐同語反復的である」というわれわれの原理は、何ら重要ではない。というのは、この原理自身が同語反復的だからである。実際これが問題であるとは確かに感じてはいない。私には、「善なるものについての命題」という句が、同語反復でない形で真であるかもしれないということが、まさに可能であるように思われる。しかし私は、この句がそのような意味をもっているかどうか大変疑わしく感じている。それ故たとえこの主張が、厳密にいって偽でも同語反復的でもないものを表現しているとしても、それが確かにそのようなことをはっきりとは表現していないということは、認められるに違いないと私は考えている。

それ故「**善**は**善**であって、**善**以外の何ものでもない」という命題と、「**善**という性質をもっているものに関するすべての命題は非‐同語反復的である」という二つの命題は、二つとも、もしそれらが厳密に担うべき意味において捉えられるならば、偽であるかあるいはまったく無意味であることは、かなり確かなことのように思われる。

それ故もし実際にはそれらの命題が、それらが厳密に言って伝えるべきものとは大変異なった命題を人々に伝えていることが事実でない限り、たとえ大雑把にしろ、**善**について私が実際に主張しようと腐心していることを表現するのを要求することは多分できないであろう。しかし私は、これらの命題が実際はこのことをしていると考えざるをえない。その際これらの命題がそうすることにおいて、私は**善**と同じではないとした述語に対して与えた実例や私が同語反復的ではないと主張した善についての命題に対して与えた実例がどの程度まで役立ったかは、私にはわからない。しかし私は、実際には大変多くの人々の心の中に、ある確定した種類の述語、つまり決して「**善**以外の述語」の種類とも同一でなく、また『善』以外の他の語や句によって表現されている述語」の種類とも同一でない種類を示唆していると考えざるをえない。また私が実際に主張しようとしていることは、**善**はこの特定の種類のいかなる述語とも同じではないこと、あるいはこの種類の述語を主張している命題、つまりこれらの述語をもっている命題は**善**をもっているということは、非‐同語反復的であるという考えを伝えていると考えざるをえない。実際これらの命題は、**善**がある点からして、「快の状態にある」および「望まれている」のようないかなる述語とも同一でないこと――つまり善はこの種のいかなる命題とも同一でないことを示している。そしてここに提示されているこの種の述語は、確かに分析可能であるという点からして、このようなものではないと私には思われる。実際に人々が考えているのは、まったく異なった点からして、このようなものなのである。私自身「快の状態にある」というような種類の述語は、ある点からして分析可能である述語とはまったく異なっていると考えているが、このことは次の事実によって明らかに示される。それは「快楽は善である」は「快楽は快楽である」を意味しないと強調した当の節において、それにもかかわらず私は「快楽」は分析不可能である（一一七頁）――今は私は誤っていると思っている――と述べている事実である。それ故私が善はそのようないずれの述語とも同一ではないと主張するつもりであった限りにおいて、私は「分析可能であるという点からしてこのような」意味を確かにもたせることはできなかった。というのは私はこれは分析不可能と考えていたからである（誤ってはいたが）。そして私は、多くの人が、実際のところ私が述べたことによって、このような述語の種類を、まったく同じ点からして、私自身が心の中に浮かべていたように考えるようになったと考えざるをえない。

しかしそれでは一体、私が心に描いている種類の述語で、それに関し、私が実際多くの人に伝えようと思っている「善は、（私の考えでは）あの種類のいかなる述語とも同一ではない」という種類の述語とは何であろうか。それは、私が第二五節と第二六節で述べたことも含めて、一一七―一二〇頁で述べたところにもっともはっきりと示されていると考えている。これらの節のはじめで、私は善がいかなる「自然的対象」とも同一ではないことを主張し、さらに二番目に（一）善は「いかなる自然的性質」とも同一ではないこと、あるいは「すべての自然的性質」が「自然的対象」に対してもつのと同じような関係を、明らかに「超感覚的対象」に対してもつような性質として考えられる種類の述語とも、善は同一ではないということを付け加えた（一五一頁）。それであたかも私が言おうとしていることは、善は（一）「自然的対象」でもなく、あるいは（二）「自然的性質」でもなく、あるいは（三）私が今

「形而上学的性質」と呼ぼうとしていること――形而上学的性質によって意味しているのは、「自然的対象」に対してもつのと同じような関係を、「超感覚的対象」に対してもつような性質のことである――でもないということであったと思われるかもしれない。しかし実際のところわれわれは明らかにこれら三つの種類のものを二種類に減らすことができる。というのは一一七頁から一二〇頁で、善は「自然的対象」ではないと述べたとき、私は自然的事実あるいは自然対象を、それらに属しているかもしれないある種の性質と混同していたが故に、単にそうしてしまったことが明らかだからである。実際私は、誰かが喜んでおり、それが「快の状態」にあると言われるとき、その独特な自然的出来事を、われわれがそれに帰する性質と混同していたのである。これは私が「黄色」について述べたとき（たとえば一一四、一一九、一五二頁）、私はまだらな黄色の斑点(patch of yellow)（これは正しくは「自然対象」と呼べるであろう）と、われわれがそれは黄色であると言うときそれに帰する性質とを混同したのとまったく同じである。それで私が実際に述べようとしていたことは、**善**は自然的性質あるいは形而上学的性質ではなかったということであったと言ってよいであろう。しかし「自然的性質」を定義しようとする私の試みは、どうしようもないぐらい混乱している。私は最初（一五一頁）自然的性質を、「自然的対象」に対してある関係をもつところにある、というような意味で捉えていた。そしてこの定義は、私が実際心に抱いていた一つの種類の性質にのみ適用できるものであろう。そして後になって一五三頁で、はっきりした形で「自然的性質」とは何かという問題に直面したとき(そしてこれは容易には答えられない問題であることを認める)、私の最初の定義と完全に矛盾する定義を示した。そしてこの定義は、「自然的対象」の「部分(part)」と「性質(property)」との間の混同を含んでいたがために、いかなる自然的性質にも適用されないであろう。私の心の中にあったあらゆる種類の述語をカバーするようになる「自然的性質」の定義にもっとも近いのは、一五三頁にある。そこで私は**善**を何かある自然的性質と同一であるとすることは、結果として倫理学を何か他の自然科学（心理学を含む）と置き換えることになると述べている。このことは、われわれが「自然的性質」を「それを扱うのは自然科学あるいは心理学の仕事であると言える性質」を意味しているものとして定義できるかもしれないということを示している。そしてもし自然的性質を、「それを扱うのは自然科学あるいは心理学の仕事であるような性質」、あるいはこれらの科学の用語でもって完全に定義されるような性質と置き換えるならば、われわれはついに「自然的性質」の定義を手に入れたことになり、この定義は私がこの語によって意味しているものを実際にカバーすることになるであろうと私には思われる。もしわれわれが「形而上学的性質」を、「(今定義されたような)自然的性質が自然的対象に対してとっているのと同じような関係において、ある超感覚的対象に対してとる性質」を意味しているという態度を取り続けるならば、「自然的および形而上学的性質」は実際にかなりはっきりと、私が**善**はそれらのいずれとも同一ではないと主張しようとするような種類の性質のことを指し示していると私は考えている。

このような命題、つまり**善**はいかなる自然的または形而上学的性質(今定義したような)とも同一ではないという命題は、私の心の中でも、多かれ少なかれ曖昧さが残っていることには何の疑いもないと考えている。そして私が述べたことは、そのような命題が実際に多かれ少なかれ大部分の読者にとっても曖昧であることを示していると思われる。明らかにこの命題は、**善**は分析不可能であることを意味する命題ではないし、また**善**は分析不可能であるという命題によって意味が与えられる命題でもない。なぜならたとえ**善**が分析可能だとし、また他方で**善**は分析不可能だとしても、この命題が真なのは明らかだろうからである。**善**は依然として何らかの自然的性質と同一であるかもしれない。なぜなら多くの自然的性質は分析不可能だからである。そして同様に**善**は、何らかの別の意味において「定義不可能」であると言ったところで、それを適切な形で表現することができないことは明らかである。その結果、私がこのような形の表現をしていたとき、心の中にこの命題を抱いている限り、私は明らかに大混乱に陥っているという罪を犯していた。しかしそれにもかかわらず私が心の中にこのような命題を抱いていることは、どうして私が**善**は分析不可能であるということを主張するようになったかを部分的に説明してくれていると思っている。というのはこのことから実際に二つの重要な命題が導出されるからであるし、私はこの命題に注意を向けたい。しかもこの命題は明らかに、**善**は分析不可能であるという命題と容易に混同されてしまうのである。この二つのテーゼのうち最初のものは、（一）**善**を自然的あるいは形而上学的な性質に分析することは、まったく不可能であるということである。それ故仮に**善**が分析可能ならば、その分析の中に、いかなる自然的あるいは形而上学的性質とも同一ではない、分析不可能な観念を含んでいなければならないことは確かである。確かに私は、一つの特定の方法では分析可能ではないという趣旨になる命題を、**善**をまったく分析可能でない命題と混同していたと思われる。そして第二は、（二）倫理的命題は、いかなる自然的あるいは形而上学的性質とも同一ではない、ある分析不可能な観念を含んでいるということである。私が**善**は分析不可能であると主張したとき、この種の分析不可能な観念が倫理学に含まれていることが、私が主張しようとしていたものの一部をなしていることは確かである、と私は考えている。私だけがこのことは、**善**それ自体が当の分析不可能な観念であるということよりも（私はあわててそう仮定してしまった）、はるかに大事で疑いの入る余地が少ない主張であると思っていたのではない。

また多分**善**はいかなる自然的あるいは形而上学的性質とも同一ではないという命題が心の中にあるという事実は、私が何度か**善**について述べてきたもう一つ別のこと――つまり**善**は「独特（unique）」であることについて説明を与えてくれることとは、注意する価値があるであろう。もちろんこの表現は曖昧である。それは単に「他のすべての性質とは異なっている」ということを意味してきたのかもしれない。この場合**善**が独特であるという命題は、「**善**は**善**であって、それ以外の何ものでもない」という同語反復的な命題ということになるであろう。しかしわれわれがものを独特というとき、決して単にそれらが他のものとは異なっているということを意味しているだけではないと思われる。つまりわれわれは、それが非常に異なっているという意味をもたせているのである。それ故**善**は独特であると述べることによって、私は**善**があらゆる他の述語とは非常に異なっていることを意味してきたかもしれない。そしてこれが私が大いに疑わしいと思っている主張である。たとえ**善**が分析不可能であるとしても、それとかなり似た別の分析不可能な述語が存在することもありうるであろう。そしてもしそれが分析可能だとしたら、そこに含まれている、同じように分析不可能な、倫理学固有の観念を包含している他の命題は、われわれがそれを独特と呼ぶことを躊躇することにおいて、この**善**に十分に似ていることはほとんど確かであろう。しかし私が実際に意味していたと思われるのは、**善**が他のすべての自然的あるいは形而上学的性質とは非常に異なっているということであり、そしてこれが私が今でも真と思っていることである。

そういうわけで**善**はいかなる自然的あるいは形而上学的性質とも異なるという命題は、私が今でも真と考え、また重要と考えている命題の一つである。そしてこの命題のほうが、**善**は分析不可能であるという命題よりも、私が今実際**善**について述べようとしていることに近い。前者の命題から出てくるであろうすべての重要な結論は、後者の命題から出てくるであろう。そしてこの命題は、前者の命題よりもはるかに疑いが少ないと思われる。しかしそれにもかかわらず、今私はこの代わりに、ややそれとは別のものをもってこようとしていることには、三つの理由がある。第一に、(一) **善**はいかなる自然的あるいは形而上学的性質とも異なるという命題は、期待されるほど明確ではないということである。その命題を理解するためには、読者は「自然的性質」によって何が意味されているかを理解しなければならない。そしてこのことを理解するためには、読者は何が「自然科学と心理学という研究が扱う性質」によって意味されているかを理解しなければならない。しかしこの後者の概念は、多くの人にとってかなり理解しやすいし、また明確に定義されうるであろうと思われるが、だからといって確かに定義するのがきわめて簡単というわけではない。たとえばいかなる意味において**善**それ自体は心理学の研究が扱うような性質ではないのかが、明らかにされなければならないのである。なぜなら**善**についてのわれわれの信念を扱うのは、確かに心理学の研究だからである。

この理由からして、もし可能ならば、この命題の代わりに他のより的確な命題をもってくることが望ましいのは確かである。第二に、（二）そう望むほどには、私はそれが真であると感じていないことも確かである。**善**がある限定された種類のいかなる自然的あるいは形而上学的性質とも同一でないということは、いかなる自然的あるいは形而上学的性質とも同一でないということよりもはるかに確かであるように私には思われる。それ故**善**はいかなる性質とも同一ではないという、かなり疑わしい命題を主張するよりも、私はある限定された（しかし依然として大変広い）種類の自然的および形而上学的性質を定義し、**善**はそれらのいかなるものとも同一ではないということだけを強調したい。そして最後に、（三）この命題は依然として欠点をもち、また、私が指摘したように、「善は分析不可能である」という命題もこの被害をこうむっている。つまりそれは、私が**善**について認めようと願っているもっとも重要なものの一つ——善はそれを有しているものごとの内在的性質にのみ依存しているという命題——を意味していないということである。私が知る限り、これらの性質をもっているものの内在的性質にまったく依存しない唯一の性質は、自然的あるいは形而上学的性質である。しかし善が自然的あるいは形而上学的性質でないにもかかわらず、**善**がそのような性質の別の事例であることは、依然としてありうるだろう。それ故これは、そこにおいて一つの大きな自然的および形而上学的性質とは異なっている事例であることをはっきりと主張することが大変大事である。

それ故私は、**善**はいかなる自然的あるいは形而上学的性質とも同一ではないという命題に関して、この命題とは三つの点において異なる命題を、その代わりとして出す試みを提案したい。しかしそれに向かう前に、この節の最初で導入し、われわれが考察の対象にし、間違いなく後で用いることになる、もう一つ別の句について少し述べるべきであると思っている。

（四）私が問題としようとしている句は、「自然主義の誤謬」である。明らかに私は、この句によって、私がこれまで考察してきた命題と大変密接に関連しているものを意味している。しかしこの関連とは、正確には何であり、「自然主義の誤謬」とは、正確には何であろうか。これらの問題については、私はこの本で大変混乱している。そしてこれらの問題について私が混乱していることに、私は責任を感じるが、それら混乱のすべてをさらけ出すことに取りかかることはできない。しかしいくつかの重要な点をはっきりさせようと試みることは有用であると考えている。

私が「自然主義の誤謬」について述べた中で、私が負うべき主要な誤謬は、既にみたように、私が**善**についての命題の中で犯した主要な混乱と正確に似た混乱を、自然主義の誤謬についても犯していると思われることである。**善**の場合、私は次の三つのまったく異なった命題を混同していることを見てきた。つまり「**善**はそれ自身以外のいかなる述語とも同一ではない」、「**善**はいかなる分析可能な述語とも同一ではない」、「**善**はいかなる自然的あるいは形而上学的な述語（あるいはこれらと似た命題）とも同一ではない」という命題である。そして同様に「自然主義の誤謬」に関しても、次の三つの主張を混同している。（一）「誰々は**善**をある**善**以外の述語と同一とする」、（二）「誰々は**善**をある分析可能な述語と同一とする」、そして（三）「誰々は**善**をある自然的あるいは形而上学的な述語と同一とする」である。私はときに応じて、誰かが自然主義の誤謬を犯しているというとき、あるときはその人は（一）の誤謬を犯しており、あるときはその人は（二）の誤謬を犯しており、あるときはその人は（三）の誤謬、あるいはこれらと似た誤謬を犯しているということを意味している。かくて私が、自然主義の誤謬を犯すことは誤りあるいは「誤謬」であると強く主張したいと思っていることは明らかであるが、（一）あるいは（二）あるいは（三）について別の言い方をすれば、「**善**を**善**以外のいかなる述語とも同一とすることは誤りである」、「**善**をいかなる分析可能な述語と同一とすることも誤りである」、「善をいかなる自然的あるいは形而上学的述語と同一とすることも誤りである」ということになる。そしてこれら三つの主張は明らかに相互に、同値である。つまり最初のは「**善**は**善**以外のいかなる述語とも同一ではない」という同語反復と同値であり、二番目は「善は分析不可能である」と同値であり、三番目は「**善**は自然的あるいは形而上学的述語ではない」と同値である。

明らかにこれらのうち最初に意味されているものを「自然主義の誤謬」とするならば、この誤謬を犯すのは誤りであるという命題は、単なる同語反復になるから、証明も要求されないし、またその余地もない。それ故私が「誤謬を排除すること」（一一五頁）について話し、誤謬に対する多くの議論を重ねているという事実は、私がこの表現を第一の意味でのみ理解していただけでなく、（二）あるいは（三）のような意味も心の中にあったことは疑いえない。しかし自然主義の誤謬の場合には複雑であり、**善**についての命題の場合よりも、混同することに申し開きが立つ。というのはまったく当然のこととして、もし「混同する」という語を上記の（二）および（三）における「同一とする」と置き換えるならば、「（二）という表現方式をとることは誤りである」、および「（三）という表現方式をとることは誤りである」という命題は、実際同語反復となるからである。こうなるのは、ある人についてその人は**善**を分析可能な述語と混同していると述べることは、その人は**善**を分析可能な述語と同一とし、またその人は**善**を**善**以外の述語と同一としているという、この両方をしているからである（というのはこれが「混同している」の意味しているところだからである）。そして明らかにこの両方を同時にすることは誤りであると述べることは、同語反復である。それ故「善をいかなる分析可能な述語と混同することも誤りである」という命題および「**善**をいかなる自然的あるいは形而上学的述語と混同してしまうことも誤りである」という命題は、「善をそれ自身以外のいかなる述語と同一であるとしてしまうことも誤りである」という命題と同じように、ほとんど証明する必要がないのである。証明を必要とするのは、善を分析可能あるいは自然的あるいは形而上学的述語と同一であるとすることは、いかなる場合でもそこに混同が見られることである。だがしかし私がこれらの同語反復的な命題を、「**善**をいかなる分析可能な述語と同一とすることも誤りである」、「**善**をどんな自然的あるいは形而上学的述語と同一とすることも誤りである」という非同語反復的な命題と同一としたことは大変自然であった。

私は「自然主義の誤謬を犯すことは誤りである」という命題を、「**善**をいかなる分析可能な述語と同一とすることも誤りである」という命題と混同していた。このことは、誤謬を「片づける」と思われる議論をした（第一一および第一二節）後で、突然（第一三節のはじめで）、あたかも私がはじめから議論してきたことは、**善**が分析不可能であるということであったと語っている事実から明らかである。そして同様に一五〇頁で、私は実際に「自然主義の誤謬は誤謬であるという事実」を「**善**は単純であるという事実」と同一であるとしている。さらにそれにもかかわらず、私は実際には、このことともう一つ「**善**を**善**以外のいかなる述語とも同一とするのは誤りである」という同語反復の両者とも完全に異なったある種の命題が私の心の中にあったし、また「**善**をいかなる自然的あるいは形而上学的述語とも同一とすることは誤りである」に似たいくつかの命題が心の中にあった。このことは、私が「快楽は**善**である」は同語反復ではないことを論じ、同時に「快楽」は分析不可能であると主張した両者の誤謬を「片づける」と思われる、まさに当の議論（第一一—第一二節）の中にみられるという事実によって示される。そして同じことがまた、一五二—一五三頁で私が**善**を「黄色」あるいは「緑色」あるいは「青色」と同じであると主張したいかなる理論も自然主義的理論であろうと宣言し、それに対して私が一一九頁で、「黄色」はまた分析不可能であると宣言したという事実によっても示されている。明らかに私がこのように考えるのは自然主義の誤謬を犯すことになるだろうと宣言するかという理由は、それが**善**を分析可能な述語と同一とすることになると考えているからではなく、**善**を自然的な述語と同一とすることになると考えているからである。

私はこれまで、「自然主義の誤謬」を犯すことは、実際には単に「**善**を何かある種の**善**以外の述語と同一とする」ことを意味しているだけであることを示す方法を知らなかった。しかし私には、私は自分が述べたことによって重ね重ねこのことを示していると思われる。それ故私はかなりはっきりした形で、実際に私が（一）、（二）、（三）の三つの主張をまさに混同していると言える。そしてこのことが、「自然主義の誤謬」に関して私が罪を負うことになる、もっとも重大な混同であるように私には思われる。

実際には、これら三つの点のうちのいずれか一つの点で自然主義の誤謬を犯している者は誰でも、また他の二つの点でもまたこの誤謬を犯していると思われる。というのは実際人がまさに**善**と混同してしまう罪を犯す唯一の述語は、実際には、分析可能であって、かつ自然的あるいは形而上学的述語だからである。これが先に述べたように、なぜ**善**が自然的あるいは形而上学的述語ではないという命題から出てくるもっとも重要な結論が、また善は分析不可能であるという命題からも出てくるのかという理由である。というのは私は重要な結論ということによって、それが実際に**善**と混同されやすいが、**善**とは同一ではない述語を主張しているが故に、その結論を重要と意味づけているからである。そして実際この三つのうちのどれか一つを犯すものは、また他の二つも犯しているという事実が存在するが、この事実によって、なぜ私がこの三つのものを混同していたかが部分的には説明されるであろう。しかしこれは混同することを正当化しているのではない。というのはある人に対して三つのうちの一つを犯していると述べたとしても、それはその人が実際に他の二つのどれかを犯しているということと決して同じではないからである。そしてこのように混同することはきわめて重大で深刻な意味をもってくる。というのはそこには「(一)のような種類のいずれの表現方式をとるのも誤りである」、「(二)のような種類のいずれの表現方式をとるのも誤りである」、「(三)のような種類のいずれの表現方式をとるのも誤りである」という三つの命題の混同が見られるからである。これら三つの命題のうち最初のものは、同語反復であり、それ故証明の必要はないし、また何か重要な結果をもたらすこともありえない。既に述べたように、第二のものは第三のものよりはるかに疑わしいものであると私は述べてきた。さらにたとえ第二と第三がともに真だとしても、第一のものを証明するのに必要な考察が、他のものを証明するのに必要な考察とは、まったく異なっているに違いないということは明らかである。多分少しでも私が「自然主義の誤謬」という名称を維持しようと願っているならば、今となってはこの名称を三つの表現方式のいずれに対しても同義語として用いるべきではないことは、ほとんど言う必要がないであろう。その代わりこの自然主義の誤謬を、**善**を私が今定義しようとしている種類の述語と同一であることの同義語として、そしてまた、私が述べたように、私は「自然的あるいは形而上学的述語」の種類に代わるものとして願っている同義語として用いるべきである。

それで上に述べたことは、私が「自然主義の誤謬」という用語を用いた際に、私が犯したもっとも重要な誤りであると考えている。しかし他にも誤りがある。それについても多分述べる価値があるであろう。

そのうちの一つは、次のことである。一二〇頁で、私があたかも「自然主義の誤謬を犯すこと」は、これまで述べた三つのいずれも意味しているのではなく、その代わりに次のこと、つまり「『これは善である (This is good.)』あるいは『快楽は善である (Pleasure is good.)』のような命題においては、『である (is)』という語は、第一の場合には常に『これ』と呼ばれるものと**善**との間の同一性を表現しており、そして第二の場合には常に、われわれがあるものが快楽の状態であると言うとき、そのものに属していると主張する述語と**善**との間の同一性を表現している」と思われることを意味していたとみられることである。述語的表現を表している「である」と同一性を表現している「である」との間、あるいはある種類に属しているものが別の種類に属しているものに包含されていることを表現している「である」と同一性を表現している「である」との間に見られるこの種の混同が、異なった三つの意味のいずれの場合にも見られる誤謬を犯すことの一つの源となっていることは疑いない。しかしそれは他の三つの意味と同一ではない。それ故あたかも誤謬を犯すことは混同しているという意味であると述べた場合、私は別の混同を招くという罪を犯していたことになる。

最後になるが、私が最初に「自然主義の誤謬」によって意味しているものを定義しようとしたところでは、他の箇所でもそうであるが、ある人について、その人が自然主義の誤謬を犯しているということは、あたかもその人がある種の述語について、その述語は**善**と同一であるという見方をしているかのように述べている。しかし別の箇所、たとえば一一八頁では、私は自然主義の誤謬とはその人がある種の述語を**善**と混同していることを意味しているかのように語っている。今や誰も、これまで**善**以外の述語について、その人が混同している場合を別とすれば、それが**善**と同一であったという考えは抱かないであろうことは、多分本当であろう。しかしそれにもかかわらず、二つの述語について、それらは同一であるという考えを抱くことと、この二つを混同することは、正確には同じ種類の心理的な表現方式とは思われない。それ故もしこの誤謬を犯すことが第一の種類の表現方式ならば、それは第二の種類の表現方式ではない。そしてその逆も成り立つ。確かに私はこの二つの表現方式を混同する罪を犯していたと思われる。そしてさらにこの二つのうちのいずれかが、本来的に誤謬を犯すことであると言いうるかについては、疑わしく思われる。というのは誤謬を犯す単純な理由は、本来ある種の推論をしていることを意味しているようにみえるが、それに対して、単に二つの述語を混同するかあるいはそれらに関してある見解を抱くことにはまったく推論が行われているようには見えないからである。それで私は、「誤謬」という用語をまちがって用いるという罪を犯していたように思われるであろう。これらの誤りは、私には大変重要な事柄とは思われない。しかしそれに対処するために、私が依然として「自然主義の誤謬」という用語を使いたいなら、「誰々は自然主義の誤謬を犯しているということ」を「その人は**善**を、定義される種類の述語と混同しているか、あるいはそれはそのような述語と同一であるか、あるいはそのような混同に基づいた推論をしているかである」を意味するものと定義することを提案する。そして「誤謬」という用語をこのように用いるとき、この語を広い意味において、したがって多分本来の意味からはずれた意味において用いているということを明確に指摘すべきである。

さて一つだけ言及してみたいと思っていることが残っている。それはできるだけはっきりとした形で、私が実際**善**について述べようと腐心していること——少し異なった命題であるが、私が今**善**が自然的あるいは形而上学的述語ではないという主張の代わりにしたいとして願っている命題とは何か——ということである。そして私はこの命題から始めることを強調したい。この命題は私にとって、**善**が自然的あるいは形而上学的述語ではないという命題よりは明断で、また疑わしい点が少ないと思われるが、この命題が述べるのに失敗している、いくつかの大変重要なことを述べるが、しかしこの命題は確かに私が願うほど明晰ではなく、一部にはこの理由のために、まったく疑いの余地がない命題とは私が思っていない命題である。この命題は、二つの別の命題からなる命題である。そしてこの二つのいずれについても、その正確な意味は私には完全にはっきりとしてはいないと思われる。そして私には、多分この二つとも、さらなる分析が必要になると思われる。私には最初に、この二つの命題を簡潔に述べたほうがいいと思われる。その際、この表現を私がそうしたいと考えることができる他のどんな短い表現よりも、私が意味していることを主張していると思われる仕方で述べることにする。次いで私は、できるだけ正確に、十分な字数をとって、これらの簡潔な表現によって私が意味していることを説明するつもりである。そこではなぜこの簡潔な表現では完全に適切ということにはならないのか、さらに一層詳しい説明をしても、なぜ私にとっては完全に明晰で満足なものとは思われないかを指摘する。それでこれらの命題から出てくると思われる重要な結論のいくつかを指摘することをしてみたい。そして最後に私がなぜそれらを真と考えているかを述べたい。

この二つの言明は、一緒になって、私が実際**善**について語ろうと腐心しているものについての最良の簡潔な表現になっているが、それは次のようなものである。

（一）**善**は、**善**をもっているものの内在的本性(*intrinsic nature*)にのみ依存している性質である。

これは、多分私が**善**について述べることを望んでいるもっとも重要なものであるところから、既にこの命題については二度言及した。この命題は、私がこの本の中で、「ある種のものはそれ自体で善である、ということを述べている判断」は、「もしいやしくも真であるならば、……それらの判断のすべてについて普遍的に真」（一三〇頁）であると述べ、また「あるものがそれ自体善であると主張している判断は……もし問題としているものの一例について真ならば、あらゆるものについて必然的に真である」（一三五頁）と述べることによって表現しようとした命題である。そしてまたこの命題は、**善**は一つの内在的な種類の価値であると述べることによって表現され得ると、私は考えている。人があるものは「内在的価値」をもっていると語るとき、彼らの意味していることの一部は、常にこの性質をもっているという種類の価値をそのものがもっているということである、と私には思われる。

私はときどきこの命題を、**善**は「偶然的な（contingent）」性質ではないと述べることによって表現するつもりである。

（二）このようにして**善**は、それをもっているものの内在的性質にのみ依存し、この意味で**善**は内在的な種類の価値ではあるけれども、しかし**善**それ自体は内在的性質ではない。

これが私がこの本の中で、「善の意味に関する限り、いかなるものでも善であるならば何でもよい」（一二七頁）と述べ、また「快楽は善である」あるいは「苦痛に対して快楽の優位を含むものは善である」は常に総合的であると述べることによって言い表したいと試みた命題である。というのはこのことによって私は、このような命題は、この命題が主張している事実に関して、ある内在的な性質、つまり**善**という性質をもっているものはいずれも決して同語反復的ではないということを主張しているからである。

〈かくて私は**善**について、**善**は偶然的な性質でも、まだ内在的性質でさえもないと述べていることになる。そしてこのように述べることは、**善**を直ちに私がこれまで「自然的」および「形而学上的」と呼んできたそれらきわめて多くの性質から区別し、また多分に**善**が同一視されがちであったそれらのすべての性質から区別することになる。すべてではないが、自然的あるいは形而上学的述語の大部分は〉（編者注）、私の見る限り、偶然的かあるいは内在的である。

そして実際私は、善および善とともにそれらの性質を私にとって偶然的でも内在的でもないと思われるものに帰することが、一種の価値をそれらのものに帰することになる特殊性を分けもっている他のいくつかの述語を除いては、いかなる述語も知らないのである。それ故このことを善について述べる際、私はこの善に諸々の述語の中で、大変特殊な位置を与えていると思われる――その位置とは、私が理解することができる限り、価値についてのある他の述語によってのみ、それに分け与えられるものである。しかし私が善に帰せようとしている位置が大変特殊であることは、私の見解に何ら反するのではなく、かえって好ましいことと思われる。なぜなら一見したところ、価値についての述語の本質は大変特殊と思われるからである。

しかし今これら二つの命題についてさらに説明を加えてみよう。もし私が「内在的性質」によって意味していることが理解されなかったら、これら二つの命題のいずれも理解することができないことはわかるであろう。それ故私は、はじめにこのことを説明するつもりである。まず私がはじめにただ一つ述べたいと思っていることは、大部分の人が読者に、それらの性質をもっているものの内在的本性 (intrinsic nature) について何事かを述べている性質について語っているとき、それらの人々が意味していることを、私は正確に述べることを考えているということである。このようなものの内在的本性についての表現のいくつかは、ほとんどすべての人にときに応じてなされていると思われる。そして私のしたいことは、できるだけそれに近い形で、この内在的本性が意味していることを説明することである。

このような説明をする上で、最初に強調したいことは、次のようなことであると私は考えている。私は、その性質に関して、あるもの A がその性質をもっており、別のもの B がその性質をもっていない場合、多分 A と B が正確に似る (exactly alike) ことはありえないであろうが、もしこのことが直接明らかでないならば、いかなる性質も「内在的」ではないという意味で、「内在的性質」という語を用いたいということである。

この命題が、直ちにわれわれが内在的価値を求めている領域が何であるかを、より一層明らかにしてくれると私は考えている。なぜなら「正確に似ている」という観念は、誰にとっても明らかに完全に理解されると思われるが、問題としている性質を、二つのもののうち一つはもっているが、別のものはもっていない場合、その二つのものが正確には似ていないということが直接明らかではないことがはっきりとしているような性質が、数多く存在するからである。それ故この命題によって、大変な数にのぼる性質に関して、直ちにそれらが内在的性質でないことを決めることはできない。たとえば誰にとっても、直接与えられた二つの色の斑点について、その色は正確に似ていると述べることが何を意味しているかはわかる。そして二つの色の斑点が、もし正確に同じ形をしており、正確に同じサイズであり、正確に同じ色合いをしていなければ、その色の斑点は正確に等しいということができないのは明らかである。それ故それらの形やサイズ、さらに色合いは、われわれのテストがわれわれに告げることができる限りにおいて、内在的な性質かもしれない。しかし他方では、二つの色の斑点について、そのうちの一つが私によって見られているが、しかしもう一つは私によって見られてはいないが、その代わりに読者によって見られているという事実があったとしても、それにもかかわらずその色の斑点が正確には似ていないかもしれないということも、同様に明らかでないことははっきりとしている。あるいは、そのうちの一つにはその周りに赤い円い環があるが、一方別のものの周りに赤い環がないという事実にもかかわらず、同様のことが言える。それ故われわれのテストによって、「私によって見られている」というような性質、あるいは「赤い環によって縁取られている」というような性質は、内在的な性質でないということが決定できるのは確かである。実際ある哲学者にとっては、いかなる関係も純粋に「外的」(訳注3)ではないという理論が好まれている。そしてそのような哲学者がこの主張によって意味している一つのことは、もしあるもののAが、別のものBがもっていない性質を何でももっているとしたら、AとBは厳密に似ることはありえないということである――つまりそれらの本性において内在的な違いが存在するに違いないのである。今やこの理論からして、もしこの理論が真ならば、当然のことながらそこから例外なくすべての性質は、もしあるものAがそれをもっており、別のものBがそれをもっていないとしたら、AとBは正確に似ることはありえないような性質であるということが出てくる。しかしこのことから、すべての性質が私が言う意味で「内在的」であるということは帰結しない。というのはこのことから、あらゆる性質に関して、あるものがそれをもち、他のものがそれをもたない場合、この二つのものは、正確に似ることはありえないということが直接明らかであるということは帰結しないからである。そしてこのことは、特定の人間によって見られている性質かあるいは赤い環によって縁取られているような性質に関して、その性質が直接的に明らかであるということは、私が知る限り、これまで誰も敢えて主張しようとはしなかったものであるし、またもし誰かが主張するならば、真実でないことが明らかであるように思われるものである。それ故多くの性質について、Aによってその性質がもたれているということから、Aはそのような性質をもっていない別のものであるBと正確に似ることはありえないという結論が演繹されることは、直接的には明らかでない、そういう多くの性質が存在するのである。こう主張することにおいて、私は明らかに真であり、上に定義された意味において、いかなる関係も純粋に「外的」ではないというドグマの否定を含んでいないあるものを主張しているのである。実際私は、このドグマの言明それ自体が、本性上「内在的」性質と呼ばれるものは、まさに私が今主張していることに関し、他の多くの性質と異なっているという事実を表現するもっともはっきりとした方法の一つであると考えている。このドグマに述べられているように、他のものに対して異なった関係をもっている二つのものは、内在的には大変異なっているに違いないと公言することは、大変はっきりとした観念を伝えていると私には思われる。そしてそれが伝えている主要な部分は、私が見ることができる限り、そのような二つのものは、自然にこれらのことばを用いる意味において、「正確に似る」ことはありえないということである。そして直ちに、それがわれわれに述べていることは、決して直接的には明らかではないが、もしそれがいやしくも真ならば、宇宙について大変重要で、驚くような一辺の情報を与えるものを述べていることは、誰でも見て取ることができる。私によって見られていない色の斑点のいずれも、私によって見られている色の斑点とは内在的に異なっているに違いないと述べるか、あるいはある時点において見られているものはいずれも、その時点ではなくて、別の時点に限れば、私によって見られていないものからは内在的に異なっているに違いないと述べたとする。するとわれわれは、ここで意味されていることは、誰も内在的とは呼ばないのであるが、あるものは私によって見られ、他のものはそうではないという事実によって構成される違いの上に、問題となっている二つの斑点はまた他の仕方でも異なっているに違いないということを直ちにわかる――これらはある点において正確に似ていないことが直ちに明らかになるような、影の違いや形の違いに類似したあるものなのである。そして、これは決して明晰でなく、直ちに証明を必要とするようなものであることがわかるのである。これに対して、異なった形や影をもった二つの色の斑点は、正確に似ることがありえないという命題は、直ちに明らかであり、証明の必要はない。それ故ある性質に関して、もしあるものがそれらの性質を有し、別のものがそれらの性質を有していないとしたら、その二つが正確に似ることはありえなくなる。そして、そのような性質が存在することは確かである。また同様に、このことが直接的には明らかでないような別の性質が存在することも確かである。たとえ（内的関係（訳注4）のドグマが主張するように）、何か二つのものがあって、そのうちの一方は後者の種類の性質を有するが、他方はそれを有しない二つのものの性質について真であるとしてもそうなのであり、一方のものは前者の種類の性質を有するが他方のものはその性質を有しないということがまた真であるに違いないとしても、そうなのである。

それ故二つのものがあって、そのうちの一つのものは問題となっている性質をもっているが、他のものはもっていない二つのものが正確に似ることはありえないことが直接明らかでないならば、私が意味している意味でいかなる性質も「内在的」ではありえないと述べるとき、私は無限に多くの性質に関し、それらは内在的ではないということが直ちにわかるある種のことを述べているのである。しかし私が「内在的性質」という用語を、このことが真である性質に限定しているというまさにその事実から、直ちになぜこの用語が私が意味しているものを表すのに完全には適切でないという一つの理由が指摘される。というのはわれわれが何か複雑なものについて、それはある特定な構成要素をもっているというとき、われわれがこのようにしてそれに帰している性質は、問題としているものの内的構成についてあることを告げている性質であるが故に、「内在的」性質であると考えるのは当然だからである。しかもそのような性質は、われわれのテストになじまないことも明白である。その理由は、別のものが、その特定の構成要素をもっていないという事実にもかかわらず、もしその代わりにそれに正確に似た構成要素さえもっていたら、問題となっているものに完全に正確に似ることがあるかもしれないからである。それ故ある性質について、あるものAがそのような性質をもつと主張しているとき、われわれはある他の特別なものであるBについて、BはAの構成要素であると主張するとする。このような性質について、もしAがそのような性質をもち、それとは異なったものであるCがそのような性質をもたなかったといって、AとCが正確に似ることはありえないということは明らかでない。それどころか、AとCが正確に似ることができることもまったく明らかである。それ故このような性質は、私が使おうと望んでいることばの意味において、「内在的」ではない。しかしこのような性質は、確かに当然「内在的」と呼ばれるべきであると思われるであろう。というのはこのような性質によって確かにこの性質をもっているものの内的構成について、あることを語っているからである。この理由のために、「内在的性質」という用語についての私の用法は、人を誤らせる傾向があるかもしれないと思われる。しかしそれにもかかわらず、私が今考察したような種類の性質を含むものとしてこの語を使った場合よりも普通の用法に一致するであろうと信じている。というのは人がものの「内在的本性」について述べるとき、常にこの語を、正確に似ている二つのものはいかなるものでも、同じ内在的本性をもっているという意味でこの語を用いていると思われるからである。しかしまさに見てきたように、二つのものが、複合的なものであるときでさえも、同じ構成要素をもつ必要はない。二つのうちのどちらでもそのすべての構成要素が、正確に他方のもっている一部の構成要素に似ていれば十分なのである。それ故「内在的本性」という句の普通の用法において、Ａがその性質をもっていると主張する場合、われわれはある特定なものであるＢについて、ＢがＡの構成要素であると主張するようないかなる性質も、Ａの内在的本性のいかなる部分も形成していないということが意味されている。というのはもしそうだとしたら、Ａに正確に似ているものはいかなるものもＡと同じ内在的本性をもっていなければならないということが真ではなくなるだろうからである。それ故私は、そのような性質を除外するために「内在的性質」という句を用いる私の用い方は、一見したところその反対が正しいように見えるけれども、実際のところ、それらを含んでいたであろうというものよりも、普通の用法に一致すると考えている。

それ故なぜ「内在的本性」という句が、私の意味するものを表現するのに完全には適切でないかというと、その一つの理由は、私がしているように、まさに述べてきたような種類の性質をすべて除外して、この句をあまりにも狭い意味で用いているように見えることである。さらに、なぜこの句がまったく不適切であるかということについてのもう一つ別の理由は、まさにこれとは正反対のものである。それは私がしているように、本来は内在的とは考えることのできないようなある種の性質を含ませようと願うところから、この句を大変広い意味で用いようとする事実に関するものである。実際のところは、もしあるものが複合的でなければ、——つまりもしそれが構成要素をもっていないと言えるならば——内在的にどのようなものについても、内在的構成要素について語ることはできず、それ故単純なもの、つまり構成要素をもたないものは、どれも本来的にはまったくいかなる内在的性質ももたないと思われるかもしれない。しかし私は、「内在的性質」という句を、すべての単純なものも内在的性質をもつであろうという意味で用いたい。私はそうするつもりである。というのはもしそうしないと、内在的性質がＡに属すると主張するとき、ある性質φについて、Aはφをもっているというような仕方で内在的性質をもっているところでは、φそれ自体もまた内在的性質に違いないということは、常に真であるとは限らないからである。このような種類の内在的性質については、私には次のように述べたほうが便利だと思われる。つまりこの種の内在的性質は、ある内在的性質について、その性質をもっているとわれわれが言明するものが、この性質をもっている構成要素をもっていると主張するところにあると語ることができるべきであるということである。しかしもしこのようにすると、われわれは「内在的性質」を、単純なものも内在的性質をもつことができるという意味で用いなければならないということは明らかである。

編者ボールドウィンによる注

ムアは、この〈 〉の形をした括弧に囲まれているパラグラフの部分を削除している。この手稿ではこのパラグラフは、一つの頁の一番下にある。しかし次の頁の最初の本文は、削除されることなく、その前のパラグラフにつながっているので、削除された内容を再録した。

訳注

(1) ムアはこの序文で、本書で問題とする用語としての「善(good)」を大文字の"G"で表している。そこから本訳書でも、「**善**」と太字で表す。

(2) 「総合的」と「分析的」とは、「総合命題的」および「分析命題的」のことである。述語が主語に含まれている命題(判断)を「分析命題(判断)」と言い、述語が主語に含まれていない命題(判断)を「総合命題(判断)」という。

(3) ここで「外的」とは外的関係のことであるが、外的関係および内的関係は、形而上学・論理学の用語である。xがyに対して

Rという関係にあるとき、xの本性がyに対する関係Rに依存している場合は、内的関係(internal relation)にあると言われる。たとえば「結婚」という関係の場合、xとyが夫と妻であるということは、xの本性がyに対する「結婚」という関係に依存しているから内的関係にある。一方xの本性がyに対する関係Rに依存していない場合は、外的関係(external relation)にあるといわれる。たとえば「結婚」という関係の場合でも、xがyより背が高い関係は、xの本性が「結婚」という関係Rに依存していないから外的関係にある。ムアの時代、イギリスでもヘーゲル哲学の影響のもとに、すべてのものの関係を内的関係でとらえる理想的観念論が唱えられ、はじめムアもこの立場に立っていたが、後にラッセルとともに、外的関係を認める立場に立った。

（4）　内的関係については、上の訳注（3）を参照。

すべてのものは
それがあるところのものであり
他のいかなるものでもない

——バトラー主教

敬愛するケンブリッジ大学の教授諸賢に
ケンブリッジ大学の親愛なる門弟が
初の研究成果を捧げる

——著者

初版序文

倫理学においても、哲学研究における他のあらゆる分野にみられるように、その歴史上充ちみちている難問や意見の不一致は、主として同じ単純な原因によるものと私には思われる。つまり答えようと望んでいる問いがいかなるものであるかを最初にはっきりと捉えないで、その問題に答えようとすることである。哲学者が、それに答えようとする前に、自分たちはいかなる問いを問題としているかを見出そうと試みたとしても、どこまでこの誤りの源を取り除けるかは、私にはわからない。というのは分析や区分の仕事は、しばしば大変困難だからである。確信をもって試みたとしても、必要な発見をするのにしばしば失敗するかもしれないのである。しかし私は、多くのケースにおいて、断固として試みれば、成功は十分保証され、その結果この試みが遂行されさえすれば、哲学における多くの大変目立つ困難や不一致は消えるであろうと考えている。いずれにしても哲学者たちは、一般的に言ってこの試みを行っていないように思われる。このことをしなかった結果かどうかは別にしても、哲学者は常にこれらの問いに対して、「イエス」あるいは「ノー」で答えを出そうと努力してきた。しかしいずれの答えも正しくないのである。このことは、彼らの心の中にある問いが、一つの問いではなく、いくつかの問いから成り立っており、ある問題に対して真である答えは「ノー」であり、別の問題に対する真である答えは「イエス」であるという事実からくるのである。

私は本書において、二種類の問いをはっきり区別しようと努めた。道徳哲学者は、常にこの問いに答えたと明言しているが、しかし道徳哲学者は、私が示そうと努力してきたことだが、問いを相互に、あるいはある問いを別の問いと混同してきたのである。この二つの問いとは、次のように表せるであろう。第一は、「いかなるものがそれ自身のために存在すべきか」という形をとっている。第二は「いかなる種類の行動をわれわれはとるべきか」という形をとっている。私は、われわれがあるものについて、それがそれ自身のために存在すべきか、それ自体で善なのか、あるいは内在的価値をもつのかを問うとき、そのものについて問うていることは何であるかを正確に示そうとしてきた。またある行動について、われわれはそれをすべきか、それは正しい行動なのか、あるいは義務なのかを問うとき、それは何であるかを正確に示そうとしてきた。

　しかしこの二つの問いの本質についてはっきりとした洞察が得られると、そこから第二の、もっとも重要な結果が出てくるように思われる。つまりそれによってのみあらゆる倫理的命題が証明できたり、あるいは証明できなかったり、さらには確証できたり、あるいは疑わしいとすることができる、証拠の本質は何かということである。いったんこの二つの問いについての正確な意味が認識されるならば、この問いに対するいかなる特定の答えに対しても、賛成あるいは反対を示す論拠として、いかなる種類の理由が適切であるかが正確に明らかになると思われる。第一の問いの答えに対しては、適切な証拠を何も挙げることはできず、またその証拠が真か偽かは、その証拠のみを別とすれば、他の真理から推論することができないことは明らかである。この誤りに対しては、この種の問いに答えるとき、この問いの意味を心の中に置き、他のいろいろな問いを考えないということに注意を払うことによってのみ、われわれは誤りから身を守ることができる。しかしこのような混乱から生じる誤りを犯す大なる危険があり、そのことについて私は示そうと努力してきたし、またそれを用いることによって、誤りから身を守るために用心しなければならない主たるものは何かにも、注意を払わなければならないことも示してきた。第二の問いについては、それに対するいかなる答えにも、証明あるいは反証することが可能であるのは明らかである――しかし実際には、それが真であるか偽であるかを決めるのに適切なものはいろいろと考えられるので、そこに蓋然性をみてとることも大変困難であるし、また確実性を得るのも不可能である。それにもかかわらず、このような証明や反証にとって必要でかつそれのみが適切であるような証拠の種類を、正確に定義することができる。そのような証拠は二種類の、そしてこの二種類だけの命題を含まなければならない。それは第一に、問題としている行動の結果に関する真理――因果的真理――から成り立っていなければならない。しかしそれはまたわれわれの第一のあるいは自明な倫理的真理を含んでいなければならない。いかなる行動であれ、それがなされるべきであることを証明するためには、この二つの種類の命題に関する多くの真理が必要であり、他のどのような種類の証拠も不適切である。もし倫理学者が、第一の種類の命題に対して何か証拠を出すとか、あるいは第二の種類の命題に対して、因果的および倫理的真理を与えるのに失敗しているか、あるいはこのいずれでもない真理を挙げたならば、彼の推論は、結果として、その結論を確立する方向を少しももたないことになる。しかし彼の結論が、まったく重要でないというだけではない。さらにその人が結論を間違っていると疑う理由が存在するのである。というのは不適切な証拠を提示することは、一般にそれを提示した哲学者が答えたと公言している問いではなく、何かそれとは違ったものを心の中に描いて抱いていることを示しているからである。これまで倫理学の議論は主として、このまったく不適切な推論から成り立っていた。

それでこの本の主たる目的は、カントの有名な本の題名の一つを少し変えることによって、言い表されるであろう。私は「学問的と称しうる将来のあらゆる倫理学へのプロレゴーメナ」（訳注1）を書こうと努力してきたのである。言い換えれば私は、倫理的推理の根本的な原理は何かを発見しようと努めてきたのである。そしてこの原理の確立が、この推理を使って得られるどんな結論よりも、私の主たる目的とみなすことができるであろう。しかしながら私は、また第六章において、「何が善それ自体か」という問いに関する正当な答えについて、いくつかの答えを出そうと試みた。この答えは、哲学者たちによって一般に提唱されているもののいずれとも異なっている。私はあらゆる重要な善と悪とが含まれる種類（クラス）を定義しようとしてきた。そして大変多くの異なったものが、それ自身善でありまた悪であるかを主張してきたし、またこれらのものごとの種類は、そのすべてのメンバーにとって共通でありかつ特殊であるような、いかなる他の性質ももたないことを主張してきた。

私の言う第一の種類の倫理的命題は、証明することもできないし、証明しないこともできないことを言い表すために、私はときどきそれらを「直覚」と名づけるシジウィックの用法に従った。しかし私はこの用語の普通の意味において、私は「直覚主義者」でないことに注意していただくことを願っている。シジウィック自身は、当時一般に直覚主義と呼ばれていた理論から、自らの直覚主義を区別する相違点が大変重要であることを、まったくわかっていなかったように思われる。本来の直覚主義は、私のいう第二の種類の命題――ある行動は正しいか義務であることを主張している命題――は、そのような行動の結果についてのいかなる探究によっても、証明することも反証することもできないと主張することにおいて、他から区別されるのである。これに対して私は、私のいう第一の種類の命題が直覚であると主張するのと同じように、この第二の種類の命題は直覚でないと主張したい、と強く考えている。

またそのような命題を「直覚」と呼ぶことができるとき、私が言おうとしていることは、単にそれらの命題が証明不可能であることを主張していることに気づいて欲しい。私は、それらの命題についての認知の仕方や起源について、何も言及していないのである。言うまでもなく私は、いかなる命題についても、特別な仕方で、あるいは特殊な能力を行使することによって、それを認識するが故に、それは真理である（多くの直覚主義者がそうしたように）、というつもりはない。反対に私は、真なる命題を認識することが可能なあらゆる仕方において、また偽なる命題を認識することも可能であると考えている。

この本が既に完成したとき、私はブレンターノの「正と不正の知識の起源」(1)の中に、私の知っている他のどんな倫理学者の書いたものよりも、私に強く似ている見解を見出した。ブレンターノは、次の点において完全に私と一致しているように思われる。(一) あらゆる倫理学の命題は、それが一つの独特な客観的概念を述語としてもつという事実によって定義されるとしていること、(二) そのような命題は、二つの種類に明確に分けられること、(三) 第一の種類のものは証明不可能であると考えること、(四) この証明は第二の種類の命題の証明にとっては必要であり、かつ妥当である種類の証拠に関してであること、である。しかしブレンターノは、根本的な倫理概念を、私が「善」によって示している単純な概念ではなくて、私が「美しい」を定義するときにとる複雑な概念としている。さらにブレンターノは、私が有機的統一体の原理と呼んでいる原理を認めず、暗に否定さえしている。この二つの異なる結果として、いかなるものごとがそれ自体において善なのかということに関して、彼の結論はまた実質的に私の結論とは大変異なってくる。しかしながらブレンターノは、善なるものには多くの異なったものがあり、また善なる対象と美しい対象を愛することは、それらにおける重要な種類のものを構成していることには賛成している。

私は一つ見落としたことに触れておきたい。既に訂正するには遅くなってからやっと気づいたのであり、ある読者には不必要な混乱をもたらすことを危惧するものである。それは、すべて「目的」という語によって表現されているのであるが、そのうちのいくつかの異なった観念間相互の関係を直接論じなかったことである。この議論を省いたことにより生じた結果については、部分的には、ボールドウィンの『哲学・心理学事典』における、私の「目的論」についての箇所をみることによって、避けられるであろう。

もし私が、いま私の本を書き直すとしたら、大変異なったものになるであろうし、私ははるかによい本を書けるであろうと思っている。しかし私自身を満足させることを試みたところで、それがうまく行くかどうかは疑わしいであろう。私がもっとも伝えたいと腐心している考えを、それに相応しい完全性と正確さが得られることなくして、単に一層曖昧にしてしまうだけであったということがありうるかもしれない。しかしながら、私がこのままの形でこの本を出版するが、多分私のできる最良のことであると私が信じていたとしても、それによってこの本が欠点に満ちていることを痛切に感じていることに変わりはない。

ケンブリッジ大学　トリニティー・カレッジ
一九〇三年八月

〔本書は今ここに、少数のミスプリントと文法上の誤りを訂正した以外は何の訂正も加えないで再版される。私はまだこの本の主旨と結論に賛成しているので、再版することにするが、私はこの本の中で、訂正が必要と思われるものを訂正し始めたならば、本全体を書き直さざるをえないことがわかったからである。

ケンブリッジ、一九二二年

G・E・ムア〕

原注

（1）フランツ・ブレンターノ著、セシル・ハーグ英訳『正と不正の知識の起源』、コンスタブル、一九〇二年——私はこの本の書評を書いたが、これが一九〇三年の十月発刊の *International Journal of Ethics* に載ることを期待している。私がブレンターノに賛成しない理由すべては、この書評にゆずりたい。

訳注

（1）カントの通常『プロレゴーメナ』と略称される書名の原題は、『学として現れるべきあらゆる将来の形而上学へのプロレゴーメナ (*Prolegomena zu einer jeden künftigen Metaphysik, die als Wissenschaft wird auftreten können*)』(1783) である。

初版　内容目次

第一章　倫理学の主題

節

A

1　倫理学を定義するためには、われわれは正しい倫理的判断すべてに共通しているものと、そうでない特有なものとを見出さなければならない。……一〇三

2　しかしこのことは、それらの判断が、人間の行為を扱うのではなく、行為と同時に行為以外のものごとにも適用できる、「善（善い）」というある種の述語、あるいはその逆である「悪（悪い）」という述語を扱うということである。……一〇四

3　学問としての倫理学の判断で主題となるのは、一部の学問における主題のように、「特殊なもの」ではない。……一〇五

4　しかし学問としての倫理学は、その主題が何であれ、その主題に「善さ」が関係していることを主張している普遍的な判断すべてを含んでおり、したがってそこには決疑論も含まれる。……一〇六

B

5　しかしながら学問としての倫理学は、いかなるものが善さに普遍的に関係しているかを探究するだけでなく、そのものが関係している、この善さという述語とは何かを研究する。……一〇八

6　そしてこの問いについての答えは、それが定義不可能ということである。……一〇九

7　あるいは単純ということである。というのはもし定義によって、思考の対象の分析ということが意味されるならば、複合的な対象のみが定義できるからである。……一一〇

8　そして「定義」という語は、三つの意味をもたせて用いることができるが、今述べた意味こそもっとも重要である。……一一一

9 このようにして定義不可能なものは、「善なるもの」、あるいは、すべての「善い」という述語を常にもっているものではなく、この善という述語それ自体である。…………一二

10 「善」は、それ故その他の無数の思考の対象の中で、一つの独特で、単純な思考の対象を指しているが、この対象はしばしば、善とは別のある種の対象と同一視されてきた——これが「自然主義の誤謬」と呼ばれる誤謬である。…………一三

11 そしてこの自然主義の誤謬は、倫理学の根本原理として用いられているものを、同語反復かあるいは語の意味についての言明へと還元してしまう。…………一五

12 この誤謬の本質は容易に認められる。…………一七

13 そしてもしこの誤謬が避けられれば、「善」は定義不可能ということを承認した場合、そこでの選択肢は、善が複雑なものか、あるいは倫理学に特有な観念は何もないということしかないことは明らかである——このどちらの選択肢も、詳しく考えてみることによってのみ否定することができるのであり、またそのように否定することができるのである。…………二〇

14 「自然主義の誤謬」がベンサムの例で示される。そしてこの誤謬を避けることの重要性が指摘される。…………二三

C

15 倫理的判断において、「善さ」とそれ以外のものとの間に普遍的にみられると主張されている関係には、二種類のものがある。あるものが善それ自体であると主張してよい場合と、あるいはそれが、それ自体善であるが、それとは別のものに因果的に関係している——「手段としての善」——と主張できる場合とである。…………二七

16 後者の種類の関係を調べたところで、ある種の行動には、一般的に、最善の可能な結果が伴うこと以上のことは望めない。…………二八

17 しかし前者の種類の関係は、いやしくも真ならば、あらゆる場合に当てはまるであろう。あらゆる日常の倫理的判断は因果関係を主張している。しかし普通の倫理的判断は、あたかも因果関係を主張していないかのように扱われている。なぜならこれら二つの種類の関係は、区別されないからである。…………三〇

D

18 内在的価値の研究は入り組んだものとなるが、それは全体の価値が、その部分の価値の総計とは異なるという事実からきている。……一三四
19 この場合、部分は全体に対して一つの関係をもつが、その関係は、目的と手段の関係と、相違するところと類似するところがあるが、この二つとも等しく重要であることを明らかにする。……一三七
20 「有機的全体」という用語は、全体がこの性質をもっていることを示すために用いてよいであろう。というのは、この用語は普通二つの意味をもつものとして使われるからである。……一三九
21 そのうちの一つは、部分の間相互に因果的な依存性が存在する場合であるが、これは、今述べた性質との間に必然的な関係がないからである。……一四〇
22 そしてまたこれまで大変強調されてきた、もう一方のものは、いかなる全体にとっても真ではありえず、混同しているために自己矛盾している概念となっているからである。……一四二
23 本章の要約。……一四六

第二章　自然主義的倫理学

24 本章とそれに続く二つの章は、それ自体において善であるものは何であるか、という倫理学の第二の問いに対して提出されているいくつかの回答を考察する。提出されているこれらの回答は、（1）一つの種類のものごとだけをそれ自体において善であると断言する事実によって、また、（2）そのように断言するのは、この一つのものごとが「善」の意味を定義すると考えるからであるという事実によって、特徴づけられている。……一四九
25 このような理論は、（1）形而上学的、（2）自然主義的という二つのグループに分類することができる。そして、第二のグループはさらに二つ、すなわち、（a）快楽以外の何らかの自然的対象のみを善であると断言する理論、（b）快楽主義に分類することができる。この章では、（a）を取り扱う。……一五一

26 「自然主義」の意味の定義。……一五三
27 それらが「自然的」であるが故に、ものごとは善であるという普通の議論は、(一)「正常な」ものはそれ自体で善であるという虚偽の主張を含むか。……一五四
28 それとも、(二)「必要〔必然的〕な」ものはそれ自体で善であるという虚偽の主張を含むか、のいずれかである。……一五七
29 しかし、今日、自然への組織立った訴えが、「進化」という用語と結び付いてきわめて広く流布している。ハーバート・スペンサー氏の倫理学の考察は、この形の自然主義の例証となっている。……一五九
30 ダーウィンの科学的な「自然淘汰」説は、「進化」という用語の現代における流行の主要な原因ではあるが、この進化という用語に通常結び付けられているある種の思想とは注意深く区別されなくてはならない。……一六〇
31 スペンサー氏による進化と倫理学の接合は、自然主義の誤謬の影響を示していると思われる。……一六一
32 しかし、スペンサー氏は「快楽」と「進化」との倫理学的関係については曖昧である。そして、彼の自然主義は大部分自然主義的快楽主義である。……一六三
33 『倫理学の諸事実』の第三章についての考察は、この二点を説明するのに役立ち、また、スペンサー氏が倫理学の基本原理に関してまったく混乱していることを示すのに役立つ。……一六四
34 進化と倫理学の関係に関する三つの可能な見解は、「進化論的倫理学」という名称をそれに限定して用いようと考えている自然主義的見解とは区別される。これら三つの見解のどれによっても、進化と倫理学の関係は重要ではないであろう。そして、この関係を重要視する「進化論的」見解は二重の誤謬を含んでいる。……一六八
35 本章の要約。……一七二

第三章　快楽主義

36 快楽主義の普及は、主として自然主義の誤謬に基づく。……一七五
37 快楽主義は、「快楽が唯一の善である」という説として定義できるだろう。この説は、普通他の説と混同されてき

たけれども、常に快楽主義者たちによって信奉され、基本的な倫理的原理として用いられてきた。……一七七

38 本章で用いる方法は、快楽主義が真であることを示すために普通提示されてきた諸理由をあらわにし、J・S・ミルとH・シジウィックの説を批判することによって、快楽主義が真でないことを十分に示す諸理由を明らかにするであろう。……一七九

A

39 ミルは「幸福が目的として望ましい唯一のものである」と断言し、「究極目的に関わる問題は、直接の証明に服するものではない」と主張する。……一八一

40 それにもかかわらず、ミルは（一）「望ましい」を「欲求される」と誤って混同することによって、……一八三

41 （二）快楽以外のいかなるものも欲求されないことを示す試みによって、第一の命題に一つの証明を与えている。……一八五

42 快楽以外のいかなるものも欲求されないという理論は、主として欲求の原因と対象との混同によると思われる。快楽は確かに欲求の唯一の対象ではないし、たとえ快楽が常に欲求の諸原因の一つであるとしても、誰もその事実によって快楽を一つの善なるものと考えないであろう。……一八六

43 ミルは、幸福の手段であるものは幸福の「一部」であるという不合理な言明によって、快楽が欲求の唯一の対象であるという自らの説と、他のものも欲求されるということについての彼の承認とを調和させようと試みている。……一八九

44 ミルの議論と私の批判との要約。……一九一

B

45 われわれは今や、一つの「直覚」としての快楽主義の原理を考察しなければならない。その原理は、シジウィック教授のみによって明瞭に認められたものである。その原理がこのように証明できないということは、それだけでは何ら不満の理由となるものではない。……一九三

46 われわれはこうして、どのようなものがそれ自体において善であるかを考察し始めることで、自然主義への論駁をあとまわしにして、倫理学の問いの第二の分野を考察する。……一九六

47 ある快楽は他の快楽よりも「質において」優っているというミルの説は、（一）目的に関する判断は、「直覚」でなければならないということ、……一九六

48 および（二）快楽が唯一の善ではない、ということを含意している。……一九八

49 シジウィック教授は、ミルが犯したこれらの混同を回避している。それ故われわれは、彼の議論を検討するにあたって、「快楽は唯一の善であるか」という問いだけを考察するであろう。……二〇一

50 シジウィック教授は最初に、人間存在とは無関係にいかなるものも善ではありえないことを示そうとする。このことを疑うための諸理由が挙げられる。……二〇一

51 次に彼は、快楽以外に人間存在のいかなる部分も望ましくないというはるかに重要な命題を考察する。……二〇六

52 しかし快楽は、快楽の意識から区別されなければならない。そして（一）そのように区別されるとき、快楽が唯一の善でないことは明らかであり、……二〇九

53 （二）もしわれわれが同じように快楽の意識を、通常快楽に伴うものから注意深く区別するならば、快楽の意識が唯一の善ではないことも、同じように明らかになるであろう。……二一三

54 その反対の見解を主張するシジウィック教授の二つの議論のうちで、第二の議論は、快楽は正しいものの単なる基準にすぎないという想定と、同じように両立する。……二一四

55 そして反省的直覚に訴える第一の議論において、彼は次の点で、その問題を明らかに設定することに失敗している。（一）彼が有機的統一の原理を認めていないこと、……二一五

56 および（二）彼が示そうとしている快楽主義の判断と常識の判断との一致は、単に手段に関する判断について成立するだけであって、目的についての快楽主義の判断は、まぎれもなく逆説的である、ということを強調していないこと。……二一七

57 こうして、反省的直覚は、適切な用心がとられるならば、単なる快楽の意識を唯一の善とみなすことは、不合理であるという常識と一致するであろう、と私は結論する。……二一八

C

58 残っているのは、利己主義と功利主義とを考察することである。「私自身の快楽のみが善である」という説としての利己主義を、私自身の快楽をもっぱら追求することだけが、手段として正しいという、利他主義に対比される説から区別することが重要である。……二一九

59 本来の利己主義は、まったく支持できないし、自己矛盾にすぎない。それは、私があるものを私自身の善であると断言するとき、私は、そのものが絶対に善いか、それともまったく善でないと断言しなければならない、ということに気づいていない。……二二〇

60 この混同は、シジウィック教授の反対意見を検討することによって、さらに明らかにされる。……二二三

61 そしてこの混同の結果、彼が「合理的利己主義の合理的仁愛に対する関係」を「倫理学のもっとも深遠な問題」と表現していること、および、ある仮説が「倫理学を合理的にする」ために必要であるとみなしていること、この二つがひどい誤りであることが示される。……二二六

62 同じような混同は、通常行われており、心理学的快楽主義から功利主義を推論しようとする試み、たとえば普通ミルによってなされている試みにも含まれている。……二二九

63 本来の利己主義がもっともらしいと思われるのは、それがまた手段に関する説としての利己主義と混同されるためである。……二三〇

64 功利主義の概念にはある曖昧さが認められる。そして（一）追求されるべき目的に関する説としての功利主義は、快楽主義を論駁することによって最終的に論破されるということ、および（二）功利主義を支持するためにごく一般に主張される議論が示すことができるのは、せいぜいそれが正しい行動についての正しい基準を提供することであろうが、それらの議論は、この目的に対してさえもまったく不十分なものである、ということが指摘される。……二三二

65 本章の要約。……二三四

第四章　形而上学的倫理学

A

66 「形而上学的」という用語は、第一義的には自然の一部ではない知の対象——知覚の対象のように時間のうちに存在するのではない知の対象——と関係をもつことと定義される。しかし、形而上学者たちは、そのようなものについての真理を指摘することでは満足せず、自然のうちに存在しないものがそれにもかかわらず存在するに違いないと常に考えてきたから、その用語はまた想定上の「超感覚的実在」とも関係をもつ。……………二三七

67 そして、「形而上学的倫理学」によって私が意味しているのは、「善であるものは何であるか」という問いに対する答えが「超感覚的実在の本性は何であるか」という問いに対する答えに論理的に依存すると主張するかあるいは示唆している体系である。そのような体系はすべて、自然主義を定義するのに用いられたのと同じ誤謬——「自然主義の誤謬」——を明らかに含んでいる。……………二四〇

68 形而上学は、「超感覚的実在」を取り扱うものであるが、（一）その超感覚的実在がわれわれの行動の影響が及びうる未来の何かあるものであると考えられる場合、並びに、（二）形而上学は実践的倫理学のすべての命題が虚偽であることを証明せんとするから、永遠の実在が唯一実在するものであるか、それとも唯一善なるものであるか、を示すことができる場合、実践倫理学に対して関係をもちうる。たいていの形而上学者は、後者の種類の実在性を信じており、それによってあらゆる実践的命題の完全な虚偽性を示唆する。けれども、こうして自分たちの形而上学が自分たちの倫理学と矛盾することに気づいてはいない。……………二四二

B

69 しかし、それによって私が形而上学的倫理学を定義した理論は、形而上学が「私の行動がどういう結果をもたらすか」という実践倫理学に含まれる問いに対して論理的関係をもつという理論ではなく、それが「それ自体において善であるものは何であるか」という倫理学の基本的な問いに対してそのような論理的関係をもつという理論

である。この理論は、自然主義の誤謬は虚偽であるという第一章の証明で論破されている。そこで、その理論にもっともらしさを与えたと思われるいくつかの混同を考察することだけが残されている。……二四六

70 このような混同の一つの源泉は、「この存在しているものは善である」を意味する「これは善である」という命題と「この種類のものが存在するならばそれは善であろう」を意味する「これは善である」という命題を識別できないことにあると思われる。……二四七

71 そして、もう一つの源泉は、真理を示唆するもの、または、われわれが真理を知る原因であるものと、真理が論理的に依存するもの、または、真理を信じる理由となるものとを識別できないことにあると思われる。前者の意味においては、虚構のほうが形而上学よりも倫理学に対してより重要な関係をもっている。……二四九

C

72 しかし、この混同のより一層重要な源泉は、「善であること」がある超感覚的性質を所有することと同一であるという想定にあると思われる。そして、この超感覚的性質の所有は「実在性」の定義にも含まれている。……二五〇

73 この想定の一つの原因は、すべての命題がもっともよく知られたタイプ――主語も述語もともに存在するものであるというタイプ――のものである、という論理的偏見であると思われる。……二五二

74 しかし、倫理学的命題は、このタイプに還元することができない。とりわけ、次のものからははっきりと区別されうる。……二五五

75 (一) 自然法則からの区別である。カントのもっとも著名な学説の一つが、倫理学的命題をこれと混同している。……二五六

76 そして、(二) 命令からの区別である。カントもそれ以外の人々もともに倫理学的命題をこれと混同している。……二五七

D

77 後者の混同は、「善であること」は「欲せられること」と同一であるという現代流行の学説の諸源泉の一つである。しかし、この学説の流行は主に他の原因によると思われる。それに関して私が示そうとしているのは、(一) この学説を受容させたと思われる主要な誤りが何であるか、そして、(二) この学説を別とすれば、意欲の形而上学は

78 倫理学に対して論理的関係をいささかももちえない、ということである。……二五八

（一）カント以来一般に、「善」は、「真理」または「実在」が認識に対してもつのと同じ関係を、意志または感情に対してもつと考えられている。すなわち、カントによれば、形而上学に固有の方法は認識のうちに含まれているものを発見することであったが、それとまったく同様に、倫理学に固有の方法は意志または感情のうちに含まれているものを発見することである。……二五九

79 この誤った学説がそこから導出されるところの、「善」と意志または感情との間の現実の諸関係とは、主として（a）われわれが倫理的区別に気づくようになるのは意志や感情の経験を反省することによってのみであるという事実に存する因果的関係であり、（b）善の認識はおそらく常にある種類の意志と感情に含まれており、そして、一般にそれらに伴われているという事実であると思われる。……二六〇

80 しかし、この二つの心理学的事実のいずれからも、「善であること」はある一定の仕方で欲せられることあるいは感じられることと同一であるということは帰結しない。そのようなことが帰結するという想定は、現代認識論の基本的な矛盾の一例である――すなわち、思考の対象と作用とを、また「真理」それ自体と想定された真理の基準とを、区別するとともにまた同一視するということに含まれている矛盾の一例である。……二六一

81 そして、意欲と認識の間のこの類推がいったん受け入れられると、倫理学的命題が意志または感情に対して本質的な関連をもつという見解が、認識の本性に関する別の誤りによって強められる――すなわち「知覚」は単に対象を認識する一定の仕方を表しているにすぎないのに、対象が真でもあるという主張をそれが現実に含んでいると想定する誤りによって強められる。……二六四

82 すぐ前の三節の議論が要約される。そして、（一）意欲と感情は認識と類似してはいないということ、（二）たとえそうであっても、なお「善であること」は「ある一定の仕方で意欲される、もしくは感じられること」を意味することはできないということ、が指摘される。……二六六

83 （二）「善であること」と「意志されること」とが同一でないならば、後者はただ前者の基準でのみありうる。し

かし、後者が前者の基準であるということを示すためには、我々は多くのものが善であることを独立に確立しなければならない――換言すれば、意欲の形而上学は我々にほんのわずかの力も貸すことができず、我々はそれに先立って倫理学的結論のほとんどを確立しなければならない。……二六八

84 グリーンのように、倫理学を意欲に基づけようとする形而上学者たちが、この独立の研究を試みようとさえしないという事実は、彼らが善は意志されることと同一であるという誤った仮定から出発していることを示している。したがって、彼らの倫理学的推論にはおよそいかなる価値もないということを示している。……二六九

85 本章の要約。……二七一

第五章　倫理学の行為に対する関係

86 本章で論じられる問いは、これまで論じられた二つの問いからはっきり区別されなければならない。その二つの問いとは、すなわち、（一）「これはそれ自体において善であるか」という命題の本質は何であるか、……二七五

87 および、（二）どのようなものがそれ自体において善であるか、というものである。われわれは、後者の問いに対して、快楽はそれ自体において善である唯一のものではないことを解明した際に一つの答えを与えた。……二七八

88 本章において、われわれは倫理研究の第三の対象、すなわち、「どのような行為が善なる諸結果の手段であるか」あるいは「われわれは何をすべきか」という問いに対する答えを扱うだろう。これは実践倫理学の問いであり、その答えは因果的結合についての主張を含んでいる。……二八〇

89 「この行動は正しい」あるいは「この行動は私の義務である」という主張は、問題の行動の全体の諸結果は可能な限り最善のものであろう、という主張と等しいことが示される。……二八〇

90 そして、本章の残りでは、この事実によって解決の光が当てられたいくつかの結論を扱うだろう。それらのうちで最初の結論は、（一）直覚主義は誤りであるというものである。なぜなら、義務に関するいかなる命題も自明ではありえないからである。……二八三

91 (二) 明らかにわれわれは、あらゆる場合に行うことが可能な行動のうちで、どの行動が全体として最善の諸結果を生み出すかを証明することを期待できない。この厳密な意味で、われわれの「義務」が何であるかを知ることは不可能である。しかしながら、われわれが行いそうな行動のうちでどの行動が最善の諸結果を生み出すであろうかを示すことは可能であるかもしれない。……二八三

92 前節でなされた区別がさらに説明される。そして倫理学がこれまでしてきたこと、またはすることができるすべては、絶対的な義務を決定することではなくて、ある状況のもとで可能ないくつかの選択肢のうちで、どれがよりよい諸結果をもたらすかを示すことであると主張される。……二八五

93 (三) この後のほうの仕事でさえ、はかりしれないほど困難であって、ある行動の全体としての諸結果が他の行動の全体としての諸結果よりも優っていることの十分な証明は、決して与えられない。というのは、(a) われわれは、比較的近い未来の範囲においてのみ実際の諸結果を計算することができるからである。それ故、無限の未来におよぶ同じ行動の諸結果が、悪を差し引いた善の残量を悪に逆転することはないだろうと仮定しなければならない——これはおそらく正当化されうる仮定であるが、確かにこれまで正当化されていない仮定である。……二八七

94 そして (b) 任意の二つの行動のうちで、ごく近い未来に一方の行動が他方の行動よりも全体として善なる結果をもつことを決定することさえ非常に困難である。しかも何らかの一つの行動があらゆる場合にそれに代わりうる他の行動よりも手段としてより善であるということは、きわめて起こりえないことであり、そのことを証明することはまったく不可能である。義務の諸規則は、この限られた意味においてさえ、せいぜい一般的な真理であるにすぎない。……二八九

95 しかし、(c) 常識によってもっとも普遍的に是認されているたいていの行動が、それに代わりうる他の行動よりも一般に手段としてより善なるものであることは、おそらく次のような諸原理によって示すことができるであろう。(一) いくつかの規則については、それらが一般に守られることは、生命を維持し増殖し財を所有する本能が、常にそうであるとみえるほど強い社会状態において、有用であることを示すことができるであろう。そしてその功

利は、何がそれ自体において善であるかに関する正しい見解とは独立に示されるであろう。というのは、それらの法則の遵守は、かなりの量の何らかの非常に善なるものの達成にとって必要な条件となるものへの手段だからである。……二九一

96 (二) 他の規則は、それらを一般に遵守することが、多かれ少なかれ一時的条件のもとで、社会を維持するための手段として有用である、としか示すことができないものである。もしそれら規則のどれかがすべての社会において有用であることを証明しようとするならば、そのことは、それ自体において善なるものかあるいは悪なるものであって、一般にはそのようなものとして認められないものに対して、それらの規則が因果関係をもつことを示すことによってのみ可能である。……二九四

97 明らかに(一)の種類の規則は、(二)の種類の規則を正当化するような一時的条件の存在によってもまた、正当化されるであろう。そしてそのような一時的条件の中にいわゆる強制力も数えられなければならない。……二九四

98 さてこのようにして、われわれの社会で一般に義務として認められているとともに実行されている行動については、さしあたりそれらの一般的功利を証明することは可能であろう。しかし、どのようなものがそれ自体において善であるか悪であるかについての独立した研究をせずに、社会慣習における変化がもち出された場合に決定的な言い分を確立できるかどうかはきわめて疑わしいように思われる。……二九五

99 そして(d)一個人がいかに行動すべきかという別個の問いを(α)問題の行動の一般的功利が確実である場合と(β)それ以外の場合に分けて考えるならば、(α)に関しては、一般に有用な規則が一般に遵守されている場合には、彼は常にその規則に従うべきであると、考える理由があるように思われる。しかし、それらの理由は、もし一般的遵守か一般的功利のいずれかが欠けているならば決定的ではない。……二九八

100 そして(β)それ以外のすべての場合には、まったく行動の規則に従うべきではない。だがその個人は、自分が、特定の状況において、積極的に善なるものをもたらすことができそうであるか、あるいは悪いものを回避することができそうであるかを考察すべきだ、と考える理由があるように思われる。……三〇一

101 (四) さらに「義務」と「便宜」という用語によって示される区別は、第一義的には倫理的なものではない。われわれが「これは本当に便宜であるか」と問うとき、「これは私の義務であるか」つまり、「これは可能な限り最善なるものに対する手段であるか」と問うときと正確に同じ問いを問うているのである。「義務」は主として次の非倫理的指標によって識別される。すなわち、(一) 多くの人がしばしばそれらを避けたいと思っていること、(二) それらのもっとも著しい結果が行為者よりも他の人々に及ぶこと、(三) それらは道徳的感情を引き起こすこと。義務が倫理学的特性によって区別されている限り、このことは、義務とは果たすことが特に有用であるということではなく、それらを強制力によって行うことが特に有用であるということである。……三〇四

102 「義務」と「利益」との区別もまた概して同じ非倫理的区別である。しかし、「自分の利害にかかわる」という用語は、明瞭な倫理的述語を指示する――すなわち、ある行動が「私の利害」になるということは、それは、全体としての諸結果が可能な限り最善なるものであろう、ということではなく、一つの特定の種類の可能な限り最善の結果をもたらすだろう、ということのみを主張している。……三〇七

103 (五) われわれはさらに、「諸徳」がそれ自体において善なる性向として定義されず、一般に手段として善なる行動を行う性向以上のものではなく、またその大部分は (四) にしたがって「義務」として分類された性向であることを知る。それ故、ある性向が「有徳」であるかそれとも「有徳」でないかを決めることは、(三) で論じた困難な因果的研究を含んでいる。またある社会状態において徳であるものが、他の社会状態ではそうでないということになる。……三〇八

104 したがってわれわれは、普通想定されているように、「義務」を果たす際の徳の行使が、それ自体において善であると想定するいかなる理由も持っていないのである――ましてやその行使が唯一の善である、と想定する何の理由も持っていないのである。……三一〇

105 そして、もしわれわれがそのような行使の内在的価値を考えるならば、明らかに (一) たいていの場合、それは何の価値ももっていないし、(二) それが何らかの価値をもっている場合でさえ、唯一の善を構成するにはほど遠い

のである。後者の命題が真理であることは、それを否定する人々にとって、つじつまの合わないことだが、一般に含意されている。……三二一

106　しかしわれわれは、徳の内在的価値を公正に決定するためには、三つの異なった種類の性向を区別しなければならない。それらはそれぞれ普通徳と呼ばれ、その名に値する唯一の種類であると主張されてきたものである。こうして、（a）義務を果たす単なる無意識的な「習慣」は、もっとも普通のタイプであるが、それは何ら内在的価値をもっていない。キリスト教のモラリストたちは、単なる「外的な正しさ」が何ら内在的価値をもたないことを主張した点では正しいが、外的な正しさが「有徳」でないと主張した点では正しくない。なぜなら、このことは、外的な正しさが手段としても何の価値ももっていないことを含意するからである。……三二二

107　（b）徳がある行動の真に善なる諸結果への愛と真に悪なる諸結果への憎しみという感情をもつ性向、そしてその感情によって動かされる性向である場合には、徳はいくらかの内在的価値をもっているが、その価値の程度は大いに変動しうるのである。……三二五

108　最後に（c）徳が「良心的であること」、すなわち、われわれはある場合に自らの行動が正しいと信じ、そう感ずるまで行動しないという性向であるときには、徳はいくらかの内在的価値をもつように思われる。この感情の価値は、キリスト教倫理によって特に強調されてきた。しかしそれは、カントがわれわれにそのように考えさせようとしたが、確かに価値ある唯一のものではないし、手段としても常に善であるとは限らない。……三二六

109　本章の要約。……三二八

第六章　理想

110　「理想的」事態ということが意味しうるのは、（一）最高善または絶対的に最善のもの、（二）自然法則がこの世界に存在することを許容する最善のもの、（三）それ自体において高度に善なるもののうちのいずれかである。本章では主に、（三）の意味において理想的であるのはどのようなものであるか――倫理学の基本的な問いに答えるこ

とに従事する。……三二三

111 しかし、この問いに対する正しい答えは、（一）および（二）の意味において「理想的」であるのはどのようなものであるかに関する正しい見解に向けての本質的な階梯である。……三二四

112 「何がそれ自体において善であるか」という問いに対する正しい答えを得るためには、絶対的にそれだけで存在するとすれば、ものごとはどのような価値をもつであろうかということを考察しなければならない。……三二七

113 そして、この方法を用いるならば、人格間の愛情と美の享受が、われわれのよく知っている、並外れて最高の善なるものを含むことは明らかである。……三二八

114 I．美の享受を考察することから始めるならば、（一）多様な異なる情感のどれもが、それだけではほとんど価値をもちえないにもかかわらず、美の享受にとって常に本質的であるということが、明瞭となる。……三三〇

115 そして、（二）実際に美しい諸性質の認識も、同様に本質的であるが、同様にそれだけではほとんど価値をもたないということが、明瞭となる。……三三一

116 しかし、（三）これらの二つの要素の適正な結合が、常にかなり善なるものであり、そして、きわめて善なるものでありうるならば、これに認識対象が存在するという真なる信念が加えられた場合、このようにして形成された全体ははるかに価値がありはしないか、問うことができる。……三三二

117 この問いは肯定的に答えられると私は思う。しかし、この判断が正しいということを確実にするために、われわれはそれを次の二つの判断から注意深く区別しなければならない。……三三四

118 二つの判断とは、（a）知は手段として価値があるという判断と、（b）認識の対象がそれ自体善なるものである場合、その存在はもとより事態の全体の価値を増大させるという判断である。……三三六

119 しかしながら、これら二つの事実によって偏向をきたさないようにしようとするならば、単なる真実の信念が大きな価値にとって本質的な条件であるように思われる。……三三七

120 こうして、多くの大きな善なるものの第三の本質的な構成要素を手に入れる。そして、このような仕方で、われわれ

われは、(一)知識に対してその手段としての価値を超えた価値を帰属させることを正当化することができる。また、(二)実在する対象の適正な鑑賞が単に想像上の等価な対象の鑑賞に対して内在的に優越することを正当化することができる。かくして、実在する対象に向けられた情感は、たとえその対象が劣っていようとも、想像上の最高の快楽との[価値の]同等性を主張しうるのである。……三三九

121 最後に、(四)これらの善なる全体にとって本質的である認識の諸対象に関して、それらの本性を分析することは美学の仕事である。ここで一言しておく必要があるのはただ、(一)それらの対象を「美しい」と呼ぶことによってそれらが善なる全体に対してこのような関係をもっていることを意味するということであり、そしてまた、(二)それら自身はたいてい複合的な全体であって、その全体の賞賛的な観照は諸部分の賞賛的な観照の価値の総量を価値の点で大いに凌ぐということである。……三四〇

122 Ⅱ．人格間の愛情に関して、ここでの対象はただ単に美しいだけではなく、それ自体において善でもある。しかし、このようにそれ自体において善なるもの、すなわち、ある人格の心的諸性質の理解は、確かにそれだけでは、身体的な美の理解との結合によって形成された全体ほど善ではない。それが身体的な美の単なる理解と同じほど善なるものかどうかも疑わしい。しかし、両者の結合はそれぞれの単独よりもはるかに大きな善であることは確かである。……三四三

123 以上のことから、次のことが帰結する。すなわち、物質的な諸性質の認識は、さらに、それらの実在性でさえも、理想もしくは最高善の本質的な構成要素であると想定するべき理由が十分にある。ただし、それらの物質的な諸性質がそれ[理想、最高善]に含まれていないという可能性がまったくないわけではない。……三四六

124 積極的な悪と混成善の考察がまだ残っている。Ⅰ．悪は三つの種類に分けることができる。……三四八

125 (一)悪なるものまたは醜いものを愛すること、賞賛すること、あるいは、享受することに存する諸悪。……三四九

126 (二)善なるものまたは美しいものを憎悪すること、あるいは侮辱することに存する諸悪。……三五二

127 そして、(三)激しい苦痛の意識。これは、その対象に向けられた認識と情感とを両方ともに含んではいない唯一

のものであって、大いに善いか大いに悪いかのいずれかであるように思われる。したがって、それはその内在的価値に関しては快楽と類似してはいない。というのも、苦痛の意識はそれがそこで別の悪なるものと結び付いている全体の悪を全体として増大させないように見えるのに、快楽はそれがそこで別の善なるものに結び付いている全体の善を増大させるからである。……三五三

128 しかし、快楽と苦痛は次の点ではまったく類似している。すなわち、それが含まれているところのある全体の価値全体を、快楽は決して常に増大させるとは限らず、また、苦痛は決して常に減少させるとは限らない。その逆がしばしば真である。……三五五

129 Ⅱ. 混成善を考察するために、われわれは、第一に（一）全体としてのある全体の価値と、（二）全体的に見たその全体の価値または価値全体とを区別しなければならない。（一）は（二）と部分の諸価値の総量との差に等しい。この区別に関しては、次のようであると思われる。……三五五

130 （一）二つまたはそれ以上の悪の単なる結合は、決して全体的に見て積極的に善であるわけではない。もっとも、全体としては大きな内在的価値をもつことは確かであるが。……三五七

131 しかし、（二）何らかの悪なるものまたは醜いものの認識を含む全体は、全体的に見て大きな積極的な善でありうる。何であれ内在的な価値をもっているたいていの徳は、この種のものであるように思われる。たとえば、（a）勇気と同情、そして（b）道徳的善である。これらはすべて悪なるものまたは醜いものの憎悪または侮辱の事例である。……三五八

132 しかし、悪なる対象が存在している場合、悪の存在が全体としてそれの価値を増大させようとも、だからといって事態の全体が全体的に見て積極的に善であると考える理由はないと思われる。……三六一

133 それ故、（一）現実に存在している悪は理想にとって必要ではない。（二）想像上の悪の観照は理想にとって必要である。そして、（三）諸悪が既に存在している場合には、混成的諸徳の存在は、それの諸帰結からも、それが想像上の悪の適正な理解と共通にもつ価値からも独立の価値をもつ。……三六一

第一章　倫理学の主題

1

われわれが日常行う判断の中で、疑いもなく倫理学(Ethics)がその真理性に関係している判断をいくつか指摘することは非常に簡単である。「誰々は善い人である」とか「あいつは悪い人間だ」と言うとき、あるいはわれわれが「私は何をすべきか」とか「私がこのようなことをするのは悪いことだ」と言うとき、あるいは思い切って「禁酒は美徳で、飲酒は悪徳である」と言うときは、いつもそうである――われわれが正しい行為とは何かと問うときの真なる答えは何かと議論すること、人の性格や行為の道徳性についてわれわれが言明したことについて、それが真あるいは偽であると考える理由を示すこと――このような問いや言明について議論することは、疑いもなく倫理学の仕事である。「徳(virtue)」、「悪徳(vice)」、「義務(duty)」、「正しい(right)」、「べし(ought)」、「善い(good)」、「悪い(bad)」といった用語のいずれを含むにしろ、そのような言明をするほとんどの場合、われわれは倫理的判断をしている。そしてもしわれわれがそれらの真偽について議論しようとするなら、われわれは倫理学の問題点を議論することになるであろう。

このことに関する限り、議論の余地はない。しかしこれでは倫理学の領域を定義するのにきわめて不十分である。実際のところ、倫理学の領域は、そのような判断すべてに共通であると同時に特有であるものについて、その真理性全体に関わるものとして定義されるかもしれない。しかしわれわれはさらに、「そのように共通で特有であるものとは何か」と問わなければならない。そしてこれが、世に有名な哲学的倫理学者たちによって大変異なった答えが与えられた問いであり、多分彼らの誰もが完全な満足すべき答えを与えられなかった問いである。

2

もし右に挙げた例を取り上げるならば、これらの例は、そのすべてが「行為（conduct）」の問題――われわれ人間の行為において、何が善（訳注1）であり、そして何が悪であり、何が正しく、何が悪であるかという問題――に関係していると言って、そう間違いないであろう。というのはわれわれがある人間は善であると言うとき、われわれは普通彼が正しく行為するということを意味しているからであり、われわれが飲酒は悪癖であると言うとき、われわれは普通お酒を飲むことは悪いあるいは不道徳な行いであることを意味しているからである。そして実際この人間の行為についての議論が、「倫理学」という名称がもっとも密接に関係してくる議論である。そしてこの関係は倫理学の起源からくるのであり、行為は疑いもなく倫理的判断のもっとも普通の、またもっとも一般的な興味の対象である。

したがって多くの哲学的倫理学者が、人間の行為において、何が善であり、何が悪であるかという問いを扱うものであるという言明を、「倫理学」の十分な定義として受け入れる傾向にあることがわかる。彼らは倫理学の研究はもっぱら「行為（conduct）」あるいは「実践（practice）」に限定されると考えている。彼らは「実践哲学（practical philosophy）」という名称が倫理学が扱わなければならない事柄をすべてカバーしていると考えている。今や私は、倫理学という語の固有な意味を議論しないで（というのは言語上の問題は、本来辞書の執筆者や文献に興味をもつ別の人に残されているからである。哲学はこれからみるように、これらの問題とは何の関係もない）、私は「倫理学」をこれ以上のものをカバーする意味をもたせて――私には十分に根拠があると思われる用法である――使うつもりであることを述べたい。とにかく私は、この研究を表す別のことばがないのであるから、倫理学を「何が善であるかについての一般的な研究」を扱うものとして用いる。

倫理学は疑いもなく善なる行為（good conduct）は何かという問いに関わる。しかしこのことに関わるといっても、もし善とは何であり、行為とは何であるかということを述べる用意がなければ、明らかにその緒につくこともできない。なぜなら「善なる行為」は複合観念（complex notion）だからである。あらゆる行為が善なのではない。というのはある行為は確かに悪であり、またある行為は善悪とは無関係であろう。そしてもう一方では、行為以外のものも善でありうるであろう。もしそうであるならば、「善」はそれらのものや行為に共通の、ある性質（property）を指示すであろう。それでもしわれわれが善と言われるあらゆるものの中で、善なる行為のみを調べるならば、この善という性質に対して、行為以外のものはもっていないある性質と誤って捉えてしまう危険を犯すことになるであろう。その結果われわれはこの限られた意味においても、倫理学を誤ってしまうであろう。というのは本当のところ、何が善なる行為であるかを知らないからである。これは、その探求を行為に限定してきた多くの著者が実際に犯してきた誤りである。したがって私は第一に、善一般が何であるかを考察することによって、この誤りを避けるつもりである。望むらくは、もし私がそこで何か確実なものに到達することができたならば、善なる行為についての問いを解くことがはるかに容易になるであろうということである。というのは、われわれはかなりよく何が「行為」であるかということを知っているからである。そこでわれわれの第一の問いは、善とは何であり、悪とは何であるかということであり、この問い（あるいはこれらの問い）についての議論に対して、倫理学という名を与える。なぜならこの学問は、いずれにしても、この問いを含まなければならないからである。

3

しかしこの問いは、多くの意味をもちうる。たとえばもしわれわれがめいめいに「今私は善いことをしている（I am doing good now.）」あるいは「昨日おいしい夕飯を食べた（I had a good dinner yesterday.）」と言うならば、これらの言明の一つひとつは、多分誤りであろうけれども、われわれの問いに対するある種の答えをなすであろう。そしてまたＡがＢにどの学校に息子を入れるべきかと聞くならば、そのときのＢの答えも確かに倫理的判断となるであろう。同様に過去、現在あるいは将来存在するであろう有名人や人物を賞賛したり批難するとき、そのいずれも「何が善であるか」に対する何らかの答えになる。そのような場合すべてを通して、ある特定なものが善あるいは悪と判断される。「何が」という問いには「これです」ということによって答えられる。しかし学問としての倫理学（a scientific Ethics）は、この意味において問題を問うているのではない。この種の答えが無数に得られ、またその答えが真に違いないとしても、そのどれ一つとして倫理学の体系の一部となるのではない。しかもかかる学問は、そのすべての答えが真であるかどうかを決定するのに値する、十分に確実な理由と原理を含まなければならない。この世界には過去、現在、未来を通してあまりにも多くの人間やものごと、出来事があるので、いかなる学問においても、そこに含まれている個々の価値について議論することは不可能である。それ故倫理学は、歴史学、地理学、天文学のような学問が、少なくとも部分的には扱わざるをえないような、かかる性質をもった事実、つまり独特で、個的で、絶対的に特殊な事実はまったく扱わないのである。そしてこの理由からして、個人的な忠告をしたり、勧告をすることは、哲学的倫理学者の仕事ではない。

4

しかし「何が善であるか」という問いには、別の意味が与えられるかもしれない。「本というものは善い（Books are good.）」もこの問いについての一つの答えであろう。もちろん答えとして誤っていることは明らかであるが。というのはある本は実際大変悪いからである。そしてこの種の倫理的な判断は、ここで私はそれらをあまり多く扱うことはしないが、実際倫理学に属している。そのようなものとしては「快楽は善である」という判断がある——これは倫理学が真であるかどうか議論すべき判断である。しかしこの判断は、やがて大いに論じるようになる——「快楽のみが善である」——という別の判断と同じように重要なのではない。「徳」のリストを含むような本——たとえばアリストテレスの『倫理学』がそうである——でなされているのは、この種の判断である。しかし一般に倫理学とは異なっており、重要とは思われていない研究——決疑論（Casuistry）（訳注2）の研究——の本質をなしているのも、明らかにこれと同じ種類の判断である。決疑論は、倫理学よりも細かく、特殊なものであるという点において、倫理学とは異なる。倫理学ははるかに一般的であると言ってよいであろう。しかし決疑論は絶対的に特殊なもの——特殊なものと一般的なものの間に完全な線が引けるという唯一の意味での特殊なもの——を扱うのではないことは大変重要である。しかしここで特殊といっても、それはこの本は特殊である、Aの友人の忠告は特殊である、という意味での特殊でないことは注意されなければならない。決疑論は実際より特殊的であり、また倫理学はより一般的であるだろう。しかしこのことは程度においてのみ異なっているのであり、種類において異なっているのではないことを意味している。そしてこのことは、「特殊的」と「一般的」ということが、この普通の、しかし不正確な意味において用いられたときに、一般的には真とされる。倫理学に徳のリスト、あるいは理想の構成要素の名さえも挙げるのを認める限りにおいては、倫理学を決疑論から区別することはできない。物理学や化学は一般的なものを扱うが、それと同じ意味において、倫理学も決疑論も同様に一般的なものを扱う。化学は酸素について、あらゆる場合にわたって、その性質は何かを発見することを目指すのであり、あの場合、この場合といった特殊な事例を扱うのではない。同様に決疑論も、あらゆる場合にわたっていかなる行動が善であるかの発見を目指す。この点において倫理学と決疑論も同様に、物理学や化学や生理学のような学問であり、歴史や地理学のような種類のものからは絶対的に区別される。そしてその細かい性質をみれば、決疑論の研究は通常倫理学に入るとされるが、実際にはそれよりも物理学や化学に近い。というのは物理学はまさに、光がエーテル波によって伝播されるという発見によって満足しないで、色の各々に対応するエーテル波の特殊な性質の発見に進まなければならないのと同じように、決疑論は、慈善は一つの徳であるという一般的な法則だけでは満足しないで、さらにあらゆる異なった形の慈善の相対的な価値を見出そうと努めなければならないからである。それ故決疑論は、理想的な倫理学の一部を形成する。倫理学は決疑論なくしては完全なものにはならない。決疑論の欠点は、原理上の欠点ではない。決疑論の目的や対象についていかなる反対もできない。決疑論が失敗したのは、ひとえにその主題がわれわれの現在の知識の状態からしてあまりにもむずかしすぎるからである。決疑論者は、それが扱う事例において、その事例が依存している価値が成立している要素を識別することができなかった。このため決疑論者はしばしば二つの事例について、本当のところは他の点においてだけ似ている場合でも、価値の点において似ていると考えてしまうのである。このような研究がもたらす影響は有害であるけれども、正当であるとされたのは、このような種類の誤りからきている。というのは決疑論は倫理学研究の到達点だからである。問題なくこの種の研究を試みることができるのは、われわれの研究のはじめではなく、終わりにおいてである。

5

しかし「何が善であるか」という問いは、また別の意味をもちうるであろう。われわれは三番目に、いかなるものあるいはいかなる複数のものが善であるかではなくて、いかにして「善」が定義されるべきかという意味の問いを発することができる。これは倫理学のみに属する研究であって、決疑論に属する研究ではない。そしてこれがわれわれが最初に従事する仕事である。

この探究には、最大限の特別な注意を払わなければならない。なぜならいかにしてこの「善」は定義されるべきかという問いは、倫理学全体においてもっとも根本的な問いだからである。「善」によって意味されているものは、実際その反対語である「悪」を除けば、倫理学に固有な唯一の単純な思考の対象だからである。それ故その定義は、倫理学の定義において、もっとも本質的な問題点である。さらにそれを誤るとすると、他の判断を誤るよりも、はるかに大きな誤った倫理的判断を伴うことになるからである。もしこの最初の問いが十分に理解されず、その真なる答えがはっきりとした形で認められないとすると、体系的知識という観点からして、倫理学の残りの部分は無効になったも同然である。実際のところ、この問題に対する答えを知っている人と同様に、答えを知らない人によっても、先に扱った二つの問いについては真なる倫理的判断がなされるかもしれない。そしてこの二種類の人間が、同様に善なる生活を送ることができるのは言うまでもない。しかしこの問題に対する真なる答えが存在しないところでは、もっとも一般的な倫理的判断が同様に妥当性をもつことはまったくといっていいほどありえない。ここで私は、もっとも深刻な誤りが、多くは誤った答えを信ずることからきていることを示してみたい。そしていかなる場合でも、この問いについての答えが知られるまでは、誰もどんな倫理的判断に対しても何がその証拠であるかを知ることは不可能である。しかし体系的な学問としての倫理学の主要な対象は、これが善である、あるいはあれが善であると考えることに対する正しい理由を与えることである。この問いが答えられなければ、そのような理由を与えることはできない。それ故偽なる答えは偽なる結論に導くという事実は別としても、今行っている研究は倫理学という学問にとってもっとも必要で、もっとも重要な部分となっている。

6

一体善とは何であろうか。いかにして善は定義されるべきか。今のところこれは言語上の問いのように考えられるかもしれない。実際のところ、定義とはしばしばある語の意味を別の語で表現することを意味している。しかし私が求めている種類の定義はこのようなものではない。かかる定義は、辞書の編集を除けば、いかなる研究においても決して究極的に重要なものとなることはできない。もし私がこの種の定義を望んでいるなら、私はまず最初に人々が一般にどのようにして「善」という語を使用しているかを考察しなければならない。しかし私の仕事は、習慣によって確立されたような意味で、この語を正確に用いることではない。なるほどもし私が、この語の一般的な意味からはずれたものについてこの語を使用したとすると、私は愚かであろう。たとえばもし私が「善」という語を用いるときはいつでも、通常「テーブル」という語によって意味されているものを考えるように理解されなければならないと言ったとすると、私は愚かであろう。それ故私は、この語を日常用いられていると考えられる意味において用いるであろう。しかし同時に私は、私がこの語をそのように用いるとき私は正しいかどうかを議論したいとは思っていない。私の仕事は、私が正しい場合も、誤っている場合もあるが、もっぱらこの語が通常表すために用いられる対象とか観念のみに関わるのである。私が見出したいと望んでいることは、そのような対象や観念の本質であり、このことについて私は同意に達することを強く望んでいる。

しかしもしわれわれがこの問いをこの意味において理解したとするならば、私のこのことに対する答えは大変な失望を招くもののように思われる。もし私が「善とは何であるか (What is good?) 」と問われるならば、私の答えは善とは善である (Good is good.) ということであり、これでこの問題は終わりである。あるいは私が「善はいかにして定義されるべきか」と問われるならば、私の答えは善を定義することはできないということであり、そしてこれが善について私が言わなければならないすべてである。しかしこれらの答えは失望を招くもののように思われるけれども、この答えは決定的に重要である。哲学用語に精通している読者にとっては、このことは結局次のようになるということで、その重要性を述べることができる。つまり善であるものについてのこれらの命題は、すべて総合的［総合判断的］であって、決して分析的［分析判断的］ではないということである。そしてこのことは明らかにトリヴィアルな［当然で、つまらない］ことではない。そして同じことをもっと普通の言い方で表すと、もし私が正しければ、誰もこれこそ「正にこの語の真の意味である」という口実のもとに、「快楽が唯一の善なるものである」とか「善は望まれているものである」のような公理を押し付けることはできないということである。

7

次にこの立場を考察しよう。私の見解は、「善」は単純 (simple) な観念であるということであり、これは正に「黄色」が単純な観念であるのと同じである。つまりいかなる手段によっても、まだ黄色を知らない人に黄色が何であるかを説明できないのとちょうど同じように、善は何であるかを説明できない。私が求めているこの種の定義は、語によって指示されている対象あるいは観念の真なる性質を記述しており、単にその語が何を意味するのに使われているかを述べているだけではない定義であり、かかる定義は、問題となっている対象あるいは観念がある複合 (complex) したものである限りにおいて可能である。馬の定義をすることはできる。それはわれわれがそのすべてを数え上げることができる多くの異なった性質や特性をもっているからである。しかしそれらをすべて数え上げ、馬をもっとも単純な項にまで還元したとき、もはやそれらの項を定義することはできない。それらの項は、考えたり、知覚したりするもっとも単純な項であるが、それを考えたり、知覚することができない人には、いかなる定義によってもそれらの本質を知らせることは決してできない。これに対しては多分、その人が一度も見たり、考えたりしたことのないものを、われわれは他人に述べることができると反論されるかもしれない。たとえばキマイラのことを一度も聞いたり、見たりしたことのない人にも、キマイラが何であるかを理解させることはできる。その人にキマイラは、雌のライオンの頭と胴をもち、背中の中央からヤギの角をはやし、尻尾のところがヘビになっている動物であるとして説明することができる。しかしここで述べている対象は、複合した対象である。それは完全に、われわれが皆よく知っている部分――ヘビ、ヤギ、雌のライオン――から成り立っている。そしてまたこれらの部分が結合される仕方を知っている。というのは雌ライオンの背中の中央、またその尻尾が通常生えるところを知っているからである。そしてこのことは、これまで知られていなかったが、定義できるすべての対象に当てはまる。それらはすべて複合されたものである。それらはすべて部分から構成されている。これら諸部分も、はじめのうちは類似による定義をすることができるが、最後はもはや定義することのできないもっとも単純な部分に還元されるに違いない。しかしわれわれは、黄色や善は複合的ではないと言う。黄色や善はかかる単純な種類の観念であって、そこから諸定義が形成されるが、そこでもって定義することができなくなる単純な種類の観念である。

8　ウェブスターの辞書に書かれてあるように、「馬の定義は『ウマ属のひづめのある四足獣である』」と言うとき、実際われわれは三つの異なったことを意味しうるであろう。(一) われわれは単に、「私が『ウマ』と言うとき、私がウマ属のひづめのある四足獣のことを話していることをあなたがたは理解している」ということを意味しうるであろう。これは任意な言語上の定義と呼ぶことができるかもしれない。そして私は善がこの意味において定義不可能と言うつもりはない。(二) ウェブスターで適切に意味が記されているように、「大部分のイギリス人が『馬』と言うとき、彼らはウマ属のひづめのある四足獣を意味している」と言うことができる。これが本来の言語上の定義であると言うことができ、私はこの意味においても善は定義不可能と言っているのではない。というのは人々がいかにして語を使うかを見出すことは確かに可能だからである。さもないとわれわれは決して'good'がドイツ語においては'gut'によって翻訳され、フランス語においては'bon'によって翻訳されるのを知りえなかったであろう。しかし(三) われわれが馬を定義するとき、もっと重要なことを意味しているのであろう。われわれ皆がよく知っている対象がある仕方で形成されていること、つまりそれが四足、頭、心臓、肝臓等々をもち、それらすべてが相互に一定の関係において配列されていることである。私が善が定義されないというのは、この意味においてである。私は、われわれが善について考えるとき、われわれの頭の中で善に代えることができるいかなる部分からも形成されていないことを述べているのである。われわれは全体を考える代わりに、そのすべての部分とその配置を考えるならば、馬についてまさに明晰に、正しく考えることができるであろう。つまりそう簡単ではないが、今したようにわれわれは馬がロバと異なることをうまく、正確に考えることができることを、私は述べているのである。しかし善に代えることができるものは、何も存在しない。そしてこれが、私が善は定義不可能と言うとき、私が意味していることである。

9

しかし私は、善は定義不可能という命題を受け入れるのを拒んでいるかもしれない、主たる困難を取り去っていないのではないかと恐れている。私は善である善なるもの (*the* good) が、このようにして定義不可能と言うつもりはない。私がそう考えるならば、私は倫理学について書くべきではない。というのは私の主たる目的は、定義の発見を助けることだからである。私が今善は定義不可能であると主張するのは、まさに私は「善なるもの」の定義を求めることにおいて間違いを犯すリスクが少なくなるであろうと考えているからである。私はこの二つの間にある違いを説明するように努めなければならない。「善い」が形容詞であることは認められると思う。それ故「善なるもの」、つまり「善であるもの」は、「善い」という形容詞が適用される名詞でなければならない。それは形容詞が適用されるものの総体でなければならず、形容詞は常に正確にそれに適用されなければならない。しかし善なるものが、それに対してこの形容詞が適用されるものだとすると、それは形容詞自体とは何か別のものでなくてはならない。それが何であれ、その異なったものが善なるもののわれわれの定義である。このあるものは「善い」とは別に、それに適用される別の形容詞をもつであろう。たとえばそれは快楽に充ちたものであるかもしれない。それは知性的であるかもしれない。もしこれら二つの形容詞が本当にこの定義の部分ならば、快楽と知性が善であるのは確かに真であろう。そして多くの人々は、もしわれわれが「快楽と知性は善である」と言ったり、あるいは「快楽と知性のみが善である」と言うならば、われわれは「善」を定義していると考えるようになると思われる。もちろん私もこの種の命題がときには定義と言われるのを否定することはできない。どうしてこの定義という語が一般にこの点を決定するのに用いられるかは、私には十分わかっていない。私はただ、それは私が善について定義することは不可能であると言うとき、私が意味していることではなく、またもし私がこの語を再び使うとしても、私はこのことを意味していないことを理解してもらうことを願っているだけである。「知性は善であり、知性のみが善である」という形のある真な命題が発見されることは十分に信じている。もし何も見出されないのであれば、善なるものについてのわれわれの定義は不可能となるであろう。実際のところ私は、善なるものが定義できることは信じているが、しかしそれでもなお善それ自体 (good itself) は定義不可能であることを言っているのである。

10

それでわれわれがあるものが善であると言うとき、われわれはそのものに属していると主張されるあの性質（特性）を意味するならば、「善」は、この語のもっとも重要な意味において、定義不可能である。「定義」のもっとも重要な意味は、その定義において、ある全体を構成している不変な部分が何であるかを述べることである。この意味において「善」は単純で部分をもたないところから、いかなる定義もなされない。善は限りなく存在する、それ自身定義不可能な思考の対象の一つである。というのはそれらは究極的な項であり、定義可能であるものすべては、それに言及されることによって定義されなければならないものだからである。よく考えてみれば、そのような項が数限りなく存在するに違いないことは明らかである。なぜならいかなるものも分析による以外には定義することができず、可能な限り分析を進めると、それは単純に他のいかなるものとも違ったものに行きつき、この究極的な違いによってわれわれが定義している全体の特殊性を説明するからである。というのは全体的なものはすべて、他の全体にも共通する部分を含んでいるからである。それ故「善」は、単純にして、定義不可能な性質を指示しているという主張には、本来的に困難はない。このような性質の事例は他にも多数存在するのである。

たとえば黄色を考えてみる。われわれは黄色をそれと物理的に等価なものを記述することによって定義しようとするであろう。われわれが黄色を知覚できるためには、どの振動が正常な目を刺激するに違いないかを述べるであろう。しかし少し考えただけで、その振動がわれわれが黄色によって意味しているものそのものでないことが示される。それらの振動はわれわれが知覚しているものではない。実際われわれはもし最初に、異なった色の間にある独特な性質の違いによる刺激を受けなかったとしたら、決してその存在を見出すことはできないであろう。われわれがその振動に対してせいぜい言いうるのは、振動はわれわれが実際に知覚している黄色に、空間的に対応しているということである。

しかしこの種の単純な誤りが一般に「善」に対してなされてきたのである。黄色であるすべてのものが、光においてある種の振動を生み出すのが真であるのとちょうど同じように、善であるものすべてが、またそれとは別のものであることが真かもしれないのである。そして倫理学が、善であるすべてのものに属している、それら別の性質とは何であるかを発見することを目指していることも事実である。しかし非常に多くの哲学者が、それら別の性質の名を挙げたとき、自分たちは実際に善を定義したと考えてきた。つまり、それらの性質は、実際のところ、単純に「別のもの」ではなくて、絶対的にまた完全に善と同じなのである。かかる見方を私は「自然主義の誤謬（naturalistic fallacy）」と呼ぶことを提唱し、これからこの自然主義の誤謬を排除することに努めたい。

11

そのような哲学者が述べることを考察してみよう。そしてはじめに彼らが、お互いの間で意見の一致が得られていないことに注意しなければならない。彼らは善とは何かについて、自分が正しいと言うだけでなく、他の人が間違っていることを証明しようと努める。たとえばある人は善が快楽であることを証明しようとし、また別の人は多分善とは望まれているものであることを証明しようとする。そして各人が他の人は間違っていることを証明しようと、熱心に議論する。しかしどのようにしてこのことが可能となるのであろうか。彼らのうちの一人は、善は欲求以外の何ものでもないと言い、また同時に善は快楽ではないことを証明しようと試みる。しかし善はまさに欲求の対象であるというその人の最初の主張からして、その人の証明に関して、次の二つのもののうちのどちらかになるに違いない。

（一）彼は欲求（desire）の対象が快楽（pleasure）ではないことを証明しようと試みるかもしれない。しかしこれがすべてならば、倫理学はどこに存在するのであろうか。彼が主張している見解は、単なる心理学的見解である。欲求はわれわれの心の中に起こるものである。そして快楽もそれとは別に心の中に起こるものである。そして自称哲学的倫理学者は、単に快楽は、欲求の対象ではないことを主張しているだけである。しかしここで議論されている問題と何の関係があろうか。彼の論敵は、快楽は善なるものであるという倫理学的命題を主張していた。そして彼は快楽が欲求の対象ではないという心理学的命題を数え切れないほど証明しようとしてきたのであるけれども、彼の論敵が誤っていることを証明するのに少しも近づいていないのである。問題状況は次に似ている。ある人が、三角形は円であると言う。相手は「三角形は直線であり、そして私はあなたに私が正しいことを証明するつもりである」と答え、「なぜなら直線は円ではないからである（これこそ唯一の論証である）」と言うかもしれない。「まったく正しい、しかしそれにもかかわらず三角形は円なのであり、あなたはそうでないことを証明するのに何も言ってこなかった。証明されているのは、われわれのうちの一人が誤っているということである。というのはわれわれは、三角形が直線であって同時に円であることはありえないことに同意しているからである。しかしどちらが誤っているかを証明する手段はまったくない。なぜならあなたは三角形を直線と定義し、私は円と定義したからである」と相手は答えるかもしれない。――そう、これがどんな自然主義的な倫理学も直面しなければならない二者択一の問題である。もし善がそれとは何か別のものと定義されたならば、他のいかなる定義も誤っていることを証明することもあるいはそのような定義を否定することさえも不可能である。

(二) もう一つの選択肢も、前以上に歓迎されることはほとんどない。結局その議論は、言語的なものである。Aが「善は快いを意味している」と言い、Bが「善は望まれるを意味している」と言うとき、彼らは多くの人が、各々この語を快いものあるいは望まれているものに対して使ってきたということを単に主張したがっていることだけかもしれない。そしてこれはかなり議論するのに値する主題である。ただこれも先の議論と同じように、少しも倫理学的な議論ではない。私には、いかなる自然主義的倫理学を代表する者も、これが彼が意味していたことすべてであると、このことを喜んで認めるとは思われない。彼らは皆、自分たちが善と呼ぶものはわれわれが実際にそうすべきであるということをわれわれに説得しようと苦心している。「このようにし、このように祈り、このように行為せよ、なぜなら『善』という語は一般にこの種の行動を指し示すために用いられているからである」、この立場からすれば、これが彼らの教えの内容であろう。そして彼らがわれわれにどのように行為すべきかを語る限りにおいて、彼らが意図しているように、彼らの教えは真に倫理的である。しかし彼らが与えようとしている理由は何と馬鹿げたことであろうか。「ほとんどの人がある語をこのような行為を指し示すために使っているのであるから、あなたもこのようにすべきである」、「ほとんどの人がそれは嘘をつくことであると呼んでいるから、そうでないことを言うべきである」

ということだからである——皆さん、われわれがあなたがた倫理学者から知ろうとしていることは、どのように人がある語を使うかということではない。知ろうとしていることは、この善という語を使用する際に、確かに含意されているいかなる種類の行動を彼らが是認しているかということでさえない。われわれが知ろうとしていることは、単に善とは何であるのかということである。実のところわれわれは多くの人々が善と考えていることについては、実際にそうであるということに賛成するであろう。いずれにしても彼らの意見を知ることは嬉しいことである。しかし善とは何であるかということについての彼らの意見をわれわれが話題にするとき、われわれはわれわれが述べていることを意味しているのである。彼らが意味していることを「馬」あるいは「テーブル」あるいは「いす」、'gut'あるいは'bon'あるいは'ἀγαθόσ'と呼ぼうと、そのことには関心がない。彼らがそう呼ぶときそれが何であるかをわれわれは知りたいのである。彼らが「快楽は善である」と言うとき、彼らは単に「快楽は快楽である」、そしてそれ以上のことではない、ということを意味しているだけであるとは信じられないのである。

12

ある人が「私は快い」と言ったとし、それが嘘や誤りではなく本当であると想定してみよう。ところでもしそれが本当であるとすると、このことは何を意味しているのであろうか。彼の心、つまり他のすべての人とは違う確かな特徴によって区別された、ある特定な心がこの瞬間的な快楽と呼ばれる特定な感情をもっているということを意味しているのである。「快い」は、快楽を得ている以外の何ものも意味していない。そしてより快い、あまり快くないということもあるかもしれない。また快楽に種類があることさえも、今のところ認めてよい。だがそれがわれわれのもっている快楽である限り、程度の差があるにしろ、またいろいろな種類があるにしろ、われわれがもっているのは、一つの確定したもの、つまり絶対的に定義不可能であるが、あらゆる程度の差を超えて、またあらゆる種類の差を超えて同じものとして存在するある一つのものである。われわれはそれが他のものにどう関係するかを述べることはできるであろう。たとえばそれは心の中にある、それは欲求を引き起こす、われわれはそれを意識している等々である。われわれはそれと他のものとの関係を述べることができると言えるが、しかしわれわれはそれを定義することはできない。そしてもし誰かが快楽をわれわれのために何かある自然的対象であると定義しようとするならば、つまり誰かがたとえば快楽は赤の感覚を意味し、そしてこのことから快楽は色であるという導出を行ったとするならば、われわれは彼を笑い、今後彼が快楽について述べることを信用しなくなるのは当然であろう。ところでこれが私が自然主義の誤謬と呼ぶ誤謬と同じなのである。「快い」は「赤という感覚をもっている」、あるいはそれに類するものを意味しているのではない。しかしこう述べたからといって、それによって善が何を意味しているかを理解するのに妨げとなるのではない。われわれにとっては、「快い」は「快楽という感覚をもっている」を意味していることを知るだけで十分であり、さらに快楽は絶対に定義不可能であり、また快楽は快楽であり、それ以外の何ものでもないけれども、われわれは快いと言うことに何の困難も感じないのである。もちろんその理由は、「私は快い」と言うとき、私は「私」と「私は快い」とが同じものであることを意味しているのではないということである。そして同様に私が「快楽は善である」と言い、しかし一方でこのことは「快楽」が「善」と同じものであること、つまり快楽は善を意味し、かつ善は快楽を意味しているということを意味しているのではないと言うことに何の困難も見出せない。もし私が、「私は快い」と言うとき、私は私が正確に「快い」と同じであることを意味しているのであると想像してみるならば、私は実際のところそれを自然主義の誤謬と呼ぶべきではないであろう。もちろんそれは、私が倫理学に関して自然主義の誤謬と呼ぶのと同じ誤謬ではあるが。この理由は十分に明らかである。ある人が二つの自然的対象を相互に混同し、一方を他方によって定義したとき、たとえばもしその人が一つの自然的対象である彼自身を、それとは別の自然的対象である「快い」あるいは「快楽」と混同しているならば、この誤りを自然主義の誤謬と呼ぶ何の理由もない。しかしその人が自然的対象ではない「善」を、それが何であれ自然的対象と混同したならば、自然主義の誤謬と呼ぶ理由が存在することになる。これが「善」についてなされるのは、善が特別なものであり、この特殊な誤謬はよくみられるからであり、この呼び名がふさわしいのである。なぜ善は自然的対象と考えられるべきではないかという理由に関しては、別の箇所での議論にゆずりたい。しかし今のところは次のことを注意するだけで十分である。仮に善が自然的対象であるとしても、この誤謬の本質は変わらないであろうし、またその重要性を少しも減じることはないであろう。私が誤謬について述べたことは、まったく同様に真理として残るであろう。私がそう呼んだ名称は、私が考えるほど適切でないかもしれない。そして私は名称のことは気にしない。私が気にしているのは誤謬のことである。われわれがこの誤謬に出会ったとき、この誤謬を認めるならば、それをどう呼ぼうと大したことではない。倫理学に関するほとんどすべての本で、この誤謬に出会う。しかしこの誤謬は認められていない。そしてこれがなぜ何回となく実例を示し、またそれに名前を与えることが便利であるかの理由である。実際これは大変単純な誤謬である。われわれはオレンジが黄色であると言うとき、その表現によって、「オレンジ」は「黄色」以外の何ものでもないことを意味しているとか、黄色であるのはオレンジ以外に何もないことを強制されているのではない。またオレンジは甘いと想像してみよう。こう言ったからとして、「甘い」は正確に「黄色」と同じであるとか、「甘い」は「黄色」として定義されなければならないということを強制されているのであろうか。そしてオレンジは黄色であると考えることが何かむずかしくなるのであろうか。そのようなことはまずありえない。その反対に、もし黄色が結局のところまさに「黄色」を意味するのではなく、またそれ以外の何ものでもないことが否定されるならば――もしそれが絶対に定義できないというのではないとすると――、オレンジは黄色であるということは絶対に無意味となるであろう。われわれは黄色であるものについて、明確な観念をもてないであろう――もしわれわれが黄色であるすべてのものは正確に黄色と同じものを意味すると考えるように強制されるとしたら、われわれの学問が大きく進歩することはないであろう。われわれはオレンジが正確に腰掛け、一枚の紙、レモン、その他何でも好きなものと同じであると考えるべきであるということに気づくであろう。われわれは多くの馬鹿げていることを証明できたかもしれないのである。しかし真理により近づいているのであろうか。ではなぜ「善」の場合それとは違っているのであろうか。もし善が善であって定義不可能ならば、快楽が善であることを否定すると考えるようになるのか。この両者とも同時に真であることに、何か困難が存在するのであろうか。反対にもし善が快楽とは異なったものでないならば、快楽が善であると言うことに何の意味もないことになる。倫理学を問題にしているとき、もし善が生あるいは快楽とは異なったものであることを意味しないならば、スペンサーが試みたように、快楽の増大が生の増大と一致することを証明するのはまったくもって役に立たない。スペンサーはその上、オレンジがいつも紙で包まれていることを示すことによって、オレンジが黄色であることを証明したほうがよかったであろう。

13

実際のところ、「善」が何か単純で、定義不可能なあるものを指し示していることが真でないとするならば、二つの選択肢だけが可能となる。一つは善は複合的な、特定の全体であるが、しかしその正確な分析については意見の一致がみられないかもしれないということである。もう一つは善はまったく何も意味しておらず、したがって倫理学という学問領域は存在しないということである。しかしながら一般には、哲学的倫理学者は善を定義しようと試みてきたが、その際かかる試みが何を意味していなければならないかを認識していなかった。彼らは、第一節で考察されたパラドックスのうちの一つ、あるいは両方を含んだ議論をしているのである。それ故われわれは、主として定義というものがもつべき本質をはっきりとした形で捉えていないのに、善を定義しようと試みたのであると結論づけて差し支えない。実際「善」は単純で、定義不可能な観念を指しているという結論を確立するためには、考察されるべき選択肢としてはわずか二つの重要なものがあるだけである。多分「善」は、「馬」の場合のように複合したものを指しているか、あるいはまったく意味をもたないかであろう。しかしながらこの二つの可能性はどれも、善を定義したと自認している人々によって、それ自体が明確な形で考察され、また熱心に主張され続けてくることはなかった。そしてこの二つの可能性は、両方とも簡単な事実に訴えることによって、却下されうる。

（二）善の意味について一致が得られないのは、特定の全体の正確な分析に関して、一致が得られないことであるという仮説が成り立つ。しかしこの仮説は、いかなる定義が提示されようと、そのように複合的に定義されたものについてはそれ自身善であるかと問うことが常に有意味であるという事実を考えてみると、明らかにほとんど正しくないことがわかるであろう。たとえば、これまで提示された定義のうち、それがより複雑なものの一つであるところから、そこから比較的もっともらしいものの一つをとってみよう。一見したところ善であることは、われわれが望むことを望んでいることを意味しているように思われるかもしれない。かくしてわれわれがこの定義を個的な事例に適用し、「Aが善であると言うとき、Aはわれわれが望むことを望んでいるものの一つである」と言うならば、われわれの命題はまったく妥当性をもつように思われるかもしれない。しかしわれわれがさらにこの考察を進めていき、「Aを望むことを望むのは善なのか」と自らに問うならば、少し考えるならばわかることだが、この問いは「Aは善であるか」というもともとの問いと同じように理解されることが明らかとなる——つまり実際には、われわれが先にA自身に対して問うたのであるが、それと正確に同じ知識をAを望むことを望んでいることについて問題としているのである。しかしこの第二の問いの意味を、「Aを望むことを望むのは、われわれがそれを望むことを望んでいるものの一つであるか」という形で正しく分析できるかというと、明らかにそうではない。われわれは先には、「われわれはAを望むことを望むことを、望んでいるのか」のような複雑な問いは頭のなかにはなかったのである。さらに誰でもよく調べることによって、容易に、この命題の述語——「善」——はこの命題の主語のところに入っている「望むことを望んでいる」という観念とは明確に異なっていると確信することができる。「われわれはAを望むことを望むべきであることは善である」は「Aは善であるべきは善である」とは単なる同値ではない。実際常に望むことを望むのはまた善であるかもしれない。多分この換位命題さえも真であるかもしれない。しかしこのことが真であるかは、大変疑わしいのである。そしてわれわれはそれを疑うことによって意味されているものが大変よくわかるのであり、この単なる事実は、われわれの心の中に二つの異なった観念を思い描いていることをはっきりと示している。

（二）そして同様に考えると、満足のいく形で、「善」はそれだけでは何の意味ももたないという仮説を退けることができる。普遍的に真なるものとは、それを否定することが自己矛盾に陥るという性質をもったものと考えてしまうのは、まったくもって自然な誤りである。哲学の歴史の中で、分析命題に帰せられる重要性は、このような誤りがいかに容易になされるかを示している。かくて簡単に、普遍的な倫理的命題と思われるものは、実際は同一命題であるという結論に達してしまう。たとえばもし「善」といわれるものが快楽と思われているとすると、「快楽は善なるものである」という命題は、二つの異なった観念の間の結び付きを主張しているのではなく、快楽という観念のみを含んでいるのであり、この快楽はそれが明確な存在であることが容易に認識される。しかし「快楽（あるいはそれが何であろうとも）は結局善なのか」という問いを発するとき、彼の心に何が現前しているかを自ら注意深く考察しようとする人は誰でも、その人自身単に快楽は快楽であるかを自問しているのではないということを確認するのは容易である。そしてもしその人が、提示されたあらゆる定義についてこの実験を続けていこうとするならば、あらゆるケースにおいて独特な対象が彼の心に現前しており、そしてまたこの独特な対象と他の対象との関係についてはっきりとした問いが立てられるであろうことは、十分に認識されるであろう。実際誰でも「これは善か」という問いは理解している。人がこのことを考えるとき、彼の心の状態は「これは快楽か、あるいは望まれているのか、あるいは是認されているのか」と問われた場合とは異なっているのである。彼にとっては、どの点において明確なのかは認識できないけれども、それは明確な意味をもっている。彼が「内在的価値（'intrinsic value' または 'intrinsic worth'）」を考えるか、あるいはあるものが「存在すべきである（ought to exist）」と言うとき、彼の心にはまず第一に私が「善」によって意味している、独特な対象——複数のものがもつ独特な性質——が存在している。人は誰でも常に、この善の観念に気づいているが、しかし決してこの観念が彼がまた知っている他の観念とは違ったものであることには気づいていないのかもしれないのである。しかし正しい倫理的推論をするためには誰も、人はこの事実に気づくことが大変重要である。そして問題の本質がはっきりと理解されるや否や、それ以後の分析を進める上での困難はほとんどなくなるであろう。

14

それで「善」は定義不可能である。しかも私の知る限り、はっきりとこの事実を認め、それを述べた倫理学者はヘンリー・シジウィック教授だけである。実際われわれは、いかに多くの大変よく知られた倫理学体系が、ここに述べた認識から出てくる結論を導き出さなかったかをこれから見るであろう。今のところ私は、この「善」は定義不可能であるという原理、あるいはシジウィック教授が「善」は「分析不可能な観念」であると言うときのこの原理の意味と重要さを示すのにふさわしい、一つの事例を引用するにとどめよう。それはシジウィック教授が、「べし」は分析不可能であることを論じている章の注で、彼自身言及している事例である(1)。

シジウィックは、「ベンサムは彼の根本原理を『その利益が問題となっているすべての人の最大幸福が、人間行動の正しく、本来の目的であると言明している』ことを含意している」と述べている。「しかし同じ章の別の箇所の語は」、彼が「正しい」という語によって、「一般的幸福に導くこと」を意味しているとも述べている。シジウィック教授は、もしこの二つの言明を一緒にするならば、「最大幸福は人間の行動の目的であり、この行動は一般的幸福に導くのである」という馬鹿げた結果になることがわかっているのである。そしてベンサムがそう呼んだように、この結果を「道徳体系の根本原理」と呼ぶことは大変馬鹿げているので、シジウィックもそのような意味をもたすことはできなかったのではないかということを示唆している。しかしシジウィック教授自身は別のところで(2)、心理学的快楽主義 (Psychological Hedonism) は「往々にして利己主義的快楽主義 (Egoistic Hedonism) と混同されて」いると述べている。われわれがこれから見るように、この混乱は主に、ベンサムの言明の中に含まれているのと同じ誤謬、つまり自然主義の誤謬からきている。それ故シジウィック教授は、どんなに馬鹿げていようと、この誤謬がときどき犯されることを認める。そして私はベンサムが実際にこのような誤謬を犯した一人であると思っている。ミルも、これから見るように、この誤謬を犯していたことは確かであろう。ベンサムがこの誤謬を犯していたにしろそうでないにしろ、いずれにしても、右に引用した彼の理論がこの誤謬についての大変よい実例として、またその反対命題である善は定義不可能という命題の重要性を示す実例として役立つであろう。

　この理論を考えてみよう。ベンサムは「正しい」という語は、「一般に幸福といわれるものに導く」を意味していることを含意しているようにみえる、とシジウィック教授は述べる。ところでこのこと自体は、必ずしも自然主義の誤謬を含んでいると言う必要はない。というのは「正しい」という語は、善であるものを手に入れることへと導く行動に対してきわめて一般的に用いられるからである。そのような行動は、理想への手段 (*means*) とみなされ、目的 (end) それ自体とはみなされないからである。この「正しい」についての用法は、手段として善であるものを指し示し、それがまた目的としての善であるかそうでないかは別として、実際のところ私もこの語の用法をこのような意味に限定するつもりである。もしベンサムが「正しい」をこの意味で用いていたとしたら、彼が既に一般に幸福といわれるものが善なるものであり、（これと同義であるが）一般的幸福のみが善であるということを証明したかあるいは公理として設定した条件のもとでのみ（そしてこの条件に注意すべきである）、彼が「正しいを一般に幸福といわれるものへと導く」と定義することに、完全な整合性が得られたであろう。というのはこの場合彼は既に善なるものを一般に幸福といわれるものとして定義したからである（この立場は、既にみたように、「善」は定義不可能という主張と完全に両立する）。そして正しいは「善なるものへ導く」として定義されたならば、正しいは実際に「一般的幸福に導く」を意味するであろう。しかしこの自然主義の誤謬を犯しているという批難から逃れる方法は、ベンサム自身によって閉ざされている。というのはわかるように、彼の根本原理は、それに関係したあらゆる者の最大幸福が正なるものおよび人間行動の固有な目的ということだからである。それ故彼は、「正しい」という語を単に目的に導く手段としてだけでなく、目的そのものにも適用する。このようになるので、問題となっている誤謬を含むことなく、正しいを「一般的幸福に導く」として定義することはもはやできないのである。それ故今となっては、一般的幸福へ導くものとして正しいを定義することは、それ自身一般的幸福とは正しい目的のことであるという根本原理から導かれるのではなく、この原理を支持するために、ベンサムによって用いられうることは明らかである。そしてこの場合、「正しい」が定義によって一般的幸福に導くことを意味するならば、一般的幸福は正しい目的であることは明らかである。今や最初に、正しいが一般的幸福に導くものとして定義されるが、その前に一般的幸福は正しい目的であることを証明したりあるいは主張したりする必要はないのである――これは完全に妥当な手続である。しかしそれに反して、一般的幸福に導くものとしての正の定義は、一般的幸福が正しい目的であることを証明する――これは完全に妥当性のない手続きである。なぜならこの場合、「一般的幸福は人間の行動の正しい目的である」という言明は、まったく倫理的な原理ではなく、われわれがみたように、語の意味についての命題か、あるいは一般的幸福の本性についての命題であって、その正しさあるいは善さについての命題ではないからである。

ところで私は、この誤謬に帰した重要性が誤解されないことを望んでいる。この誤謬が発見されたからといって、ベンサムの最大幸福は人間の行動の本来の目的であるという主張が、もしそれがベンサムが疑いもなく意図したように倫理的命題として理解されるならば、まったくもって否定されることはない。この原理はやはり真であるかもしれないのである。われわれは以下の章でそうであるかどうか考察しよう。たとえこの誤謬がベンサムに対して指摘されたとしても、シジウィック教授がそうしたように、彼の原理を主張し続けたかもしれない。私が主張していることは、ベンサムが実際に彼の倫理的命題に与えた理由は、それが正の定義に根拠をおく限り、誤謬である。私が示唆しているのは、ベンサムがそれらの命題が誤りであると感じていないこと、つまりもしベンサムが誤謬を感じていたならば、ベンサムは彼の功利主義を支えるために別の理由を探したであろうこと、そして他の理由を求めたとしても、彼が十分であると考える理由を何も見つけられなかったかもしれない、ということである。この場合、ベンサムは全体系を変えたであろう——これはもっとも重要な結論である。またベンサムがその別の理由を十分であると考えていたであろうということも疑いもなくありうることである。そしてその場合彼の倫理学体系は、その主要な結論において、依然として成立していることもありうるのである。しかし後者の場合、誤謬を犯すことは、哲学的倫理学者としてのベンサムにとって、深刻な欠点となるであろう。というのは倫理学の仕事は、真なる結果を得るだけでなく、それに対する妥当な理由を見出すことである、と私は主張しなければならないからである。倫理学の直接の対象は、知識であって、実践ではない。そして自然主義の誤謬を犯すものは誰でも、その人の実践的な原理がいかに正しかろうと、この第一の目的を達成していないのである。

それで私が自然主義に対して第一に反対するのは、自然主義がいかなる倫理的原理に対しても、まったく何の理由も、ましてや妥当な理由を何も与えていないことである。この点において自然主義は学問的研究としての倫理学の要求を満足させることに失敗している。しかし第二に私は、自然主義はいかなる倫理的原理に対して何の理由も与えないにもかかわらず、自然主義はこの偽なる原理を受け入れる一つの原因になっていること——自然主義はわれわれの心をこの偽なる倫理的原理を受け入れるように仕向けること——を強く主張する。そしてこの点において自然主義はあらゆる倫理学の目的に反するのである。もしわれわれが正しい行為を一般的幸福に導く行為として定義するならば、正しい行為は普遍的に善なるものに導く行為であることを知ることによって、われわれは善とは一般的幸福であるという結論に到達するのを容易に見てとれるのである。他方もしわれわれは定義なしでわれわれの倫理学を始めなければならないことをいったん認めたならば、いかなる倫理的命題も採用する前に、われわれは大いに慎重になるであろう。われわれが慎重になればなるほど、偽なる原理を採用することが少なくなるであろう。このように言うと次のような答えが得られるかもしれない。そのとおりである、しかしわれわれは定義を設定する前に今述べたように慎重になり、それ故それだけに正しいのであると。しかし私はこれは正しくないことを示すことに努めたい。もしわれわれが善の定義は発見されうるという確信から出発するならば、善はあるものの性質以外の何ものをも意味することはできないという確信から出発することになる。そしてわれわれの唯一の仕事は、何がこの性質であるかを発見することになるであろう。しかしもしわれわれが善の意味に関する限り、いかなるものでも善であるならば何でもよいことを認めるならば、われわれは寛大で公平な心をもって出発することになる。さらにわれわれは定義をもっていると考えると、いかなる形にしろ、倫理的諸原理を論理的に守ることはできないが、この事実はさておき、まして非論理的にそれら倫理的諸原理をうまく守ることもほとんどありえないであろう。というのは善はかくかくのことに違いないという確信から出発し、そこからわれわれの反対者の議論を誤解するか、あるいは「これは未決問題 (open question) ではない。まさにこの語の意味がそれを解決している。混乱を招かない別の仕方で考えることは誰もできない」といって、答えを打ち切るかということになるからである。

15 それで倫理学の主題に関するわれわれの最初の結論は、この主題がそれに関連して定義されなければならない単純で、定義不可能で、分析不可能な思考の対象が存在するということである。われわれがこの独特な対象は何であり、それが他の対象とは異なることをはっきりと認める限り、この独特な対象をどう呼ぶかは大したことではない。一般に倫理的判断であることを特徴づけるものとして得られる語は、すべてこの対象に関連づけられる。そしてそのような語は、まったくもってこの対象と関連づけられるが故に、倫理的判断のしるしとなっている。しかしそれらの語は、二つの異なった仕方においてこの対象に関連づけられる。したがって、もしわれわれが倫理的判断の範囲を完全に決めるつもりならば、これを区別することが大変重要である。私は倫理的判断にはそのような定義不可能

な観念があるという議論を進める前に、私はそれが起こるところではどこでも、これこれの対象は善であるということを述べているすべての真で普遍的な判断を列挙することが倫理学にとって必要であることを述べた（第四節）。しかしかかる判断のすべては、私が「善」と呼んでいる独特な観念に関連づけられているけれども、それらすべてが同じ仕方で関連づけられているのではない。それらの語は、この独特な性質が常に問題となっているものに属していることを主張しているか、あるいは問題となっているものが、それとは別の、しかしこの独特な性質が属しているものが存在する原因となるか、あるいは必要条件であることを主張しているのである。普遍的な倫理的判断に含まれるこの二つの判断は、その本性上、まったく異なっている。日常の倫理的考察において出会われる困難の大部分は、この区別をはっきりさせるのに失敗したところからきている。実際この区別は、日常の言語においては、「手段としての善 (good as means)」と「善それ自体 (good in itself)」、「手段としての価値 (value as a means)」と「本来的価値 (intrinsic value)」を対比する表現として受け取られてきた。しかしこれらの用語は、より明白な事例においてのみ、正しく適用される傾向がある。そしてこのことは、それらの語が指示している概念間における区別が、別々の探究の対象になっていないという事実からきている。この区別は、簡単には次のように指摘できる。

16

あるものが「手段としての善」であると判断するときはいつでも、われわれはその因果関係 (causal relation) について判断している。それは特別な種類の結果をもつであろうということと、この結果はそれ自身善であるということの両方を判断している。しかしその真であることが普遍的に認められる因果判断を発見することが、極端に困難なものであることは、周知の事実である。大部分の物理科学が精密になったのは最近であり、今でも物理科学が確立するのに成功した法則が比較的少数であるのは、この困難さを物語る十分な証拠となっている。それでよくなされる倫理的判断の対象、つまり行動に関しては、われわれの普遍的な因果判断のいずれも、科学法則におけるような意味でさえ真であると、満足できる形で言うことはできないのである。「厳密な意味で、この行動は常に、これこれの条件下では、正確にあの結果を生み出すであろう」という形の仮言法則さえ発見できない。しかしある行動の結果について、正しい倫理的判断をするには、二つの点においてこれ以上のことが要求されている。（一）われわれは、ある一定の行動がある結果を生み出し、しかもその結果がいかなる状況下でも起こるのであるということを知りたいという要求をもっている。しかしこのことは、確かに不可能である。同じ行動が、異なった状況下では、その結果のもたらす価値が決まってくるあらゆる点において、まったく異なった結果を生みうることは確かだからである。したがってわれわれは、一般化といっても、「この結果は、一般的に、この種の行動から起こる」という形式の命題以上のことを言う資格は決して与えられていない。そしてこの一般化さえ、その行動がなされる条件が一般的に言って同じである場合にのみ真となる。実際ある特定の時代とか特定の社会状態においては、このことは大体正しい。しかし別の時代を考えると、多くの重要なケースにおいて、ある特定の種類の行動にとって当たり前であった状況が異なってくるので、ある時代には真であった一般化が他の時代に対しては真でないということになるであろう。それである種の行動はある種の結果への手段として善であるということを主張している倫理的判断に関しては、どれも普遍的には（universally）真ではない。そして多くの倫理的判断は、一つの時代においては一般的には（generally）真であるけれども、別の時代においては一般的に偽であろう。しかし（二）われわれは、一つの善なる結果が生じることだけでなく、それに続く、問題としている行動から影響を受けたことによって生じたあらゆる出来事の中で、悪を差し引いた善の残量を、それ以外のあらゆる可能な行動がなされた場合よりも大きいことも知りたいのである。言い換えれば、ある行動が一般的に善への手段であると判断することは、その行動が一般的にいくらかの善をもたらすということだけでなく、それが状況の許す中で最大の善をもたらすと判断することである。この点において、行動の結果に関する倫理的判断は、科学法則の確立の際に含まれている困難や複雑さよりもその度合いが高い。後者において必要なのは、一つの結果を考察するだけであるが、前者においては一つの結果の考察だけでなく、その結果がもたらす諸結果を考察することが本質的に大事となってくるのであり、このことはわれわれの将来への見通しを立てられる限り続くからである。実際のところわれわれの見通しは、われわれがすべての行動が最善の可能な結果を生むことを確信するほど遠くまで及ばないのは明らかである。われわれは、ある限られた期間内に、悪に余りある善が生まれると思われるならば、それで満足しなければならない。しかしわれわれが普通の判断において、かなりの長さの期間にわたる結果の全系列と言った場合、われわれは実際には、ある行動は手段として善であることを考慮すること、それ故ここに加わった複雑さが、科学の法則を打ち立てるよりも倫理的一般化をはるかに困難にしているのであり、この複雑さが、実際の倫理上の議論に含まれており、実践上の重要さをもつものであることに注意することが大事である。もっとも一般的にみられる行為の規則には、将来健康を害することによって生じるマイナス面とのバランスをとって、当面得られるものを考慮するということが含まれている。そしてたとえわれわれは決して確実には最大の可能な善の全体量を獲得することはできないとしても、少なくとも将来起こるかもしれない悪も、当面の善よりは大きくはないであろうと、少なくとも自分自身は確信しているのである。

17

それである種のものが善なる結果をもっていることを述べている判断は存在するが、そのような判断は今述べた理由からして、次の重要な特徴をもっている。(一) もしそのような判断が、問題としているものが常に善なる結果をもっていることを述べているとすると、それらの判断は真でありそうもない。(二) たとえそれらの判断が、単に一般的にそれらが善なる結果をもっていることを述べているのだとしても、それらの判断の多くは世界の歴史の中のある時代についてのみ真であるだろう。他方、ある種のものそれ自体が善であることを述べている判断が存在し、そしてそれらの判断は、いやしくも真であるならば、それらはそれらすべてについて普遍的に真であることにおいて、前の判断とは区別される。それ故判断としては、二つの可能なものがあることを区別することがきわめて重要となる。両判断とも、同じ言語で表現されうる。つまり両者の場合とも、われわれは普通に「これこれのものは善である」と言う。しかし第一の場合、「善」は「手段としての善」、つまり単にそのものが善への手段であること――善なる結果をもつこと――を意味するであろう。もう一方の場合は、それは「目的としての善」を意味する――ここでは、第一の場合にはその結果に属するだけであると主張してきた性質を、ものそれ自体がもっていると判断するであろう。明らかにこれらの判断は、ものごとについての大変異なった主張である。これらの主張の一方あるいは両方ともに、あらゆる種類のものについて両方とも真であったりあるいは偽であったりすることも明らかである。そして確かに、この二つの判断のうちいずれに関して主張しようとしているのか明らかでない場合には、われわれの判断が真であるのか偽であるのかを正しく決定する見込みがほとんどないのである。これまでの倫理学上の考察において、はっきり言ってほとんどまったくといってよいほど欠けていたのは、この問われている問題の意味を明晰にすることであった。倫理学は、主として常に限られた種類の行動について考察してきた。そのような行動については、どの程度までそれ自身において善かということと、どの程度までそのような行動は善なる結果を生み出す一般的な傾向をもっているかの両方を問うことができる。そして倫理学においては常に、二つの種類、つまり問題としている行為がそれ自体善であることが証明されるのか、あるいはその行為が手段として善であることが証明されるのかが議論されてきた。しかしこれらの問いのみが、いかなる倫理学も解くことができる問いであるが、また一方の問いを解くことが他方の問いを解くことと同じではないという問い――哲学的倫理学者は一般にこれら二つの根本的な事実を見逃してきた――である。一般に倫理学上の問いは、曖昧な形でなされることが多い。「このような状況下での人間の義務とは何か」、あるいは「このような仕方で行動をすることは正しいのか」あるいは「われわれは何を獲得することを目指すべきなのか」が問われる。しかしすべてこれらの問いは、さらに分析することができる。つまりこれらの問いのいずれに対する正しい答えも、善それ自体であるものについての判断と因果判断の両方を含んでいる。このことは、われわれが絶対的な正や義務について、直接、瞬時に判断をするのであると主張する人々によってさえ、暗に認められている。かかる判断は、問題としている一連の行動がなされるべき最善のものであること、つまりそのように行動することによって、確保することができるすべての善を確保できているであろうということだけを意味しうるのである。今われわれは、そのような判断が常に真であるのかどうかという問題に関わりあっているのではない。問題は、もしその判断が真であるなら、その判断は何を含意しているのかということである。そしてそれに対する唯一可能な答えは、それが真であろうと偽であろうと、この判断は他のものに比べて問題としている行動の善の程度に関する命題と、さらに多くの因果的命題の両方を意味している、ということである。というのはその行動によって種々の結果が生まれるのは否定できないことであり、そしてその結果が重要でないとするのは、行動それ自体と対比した、それら諸結果の内在的価値について判断を下すことだからである。われわれがその行動がなされるべき最善のものであると主張することは、そのもたらす結果とともに、それに代わって考えられる他のいかなる行動よりも大きな内在的価値の総量を示していることを主張しているのである。そしてこの条件は、次の三つのうちのいずれの場合にも実現されるであろう——（a）その行動自体が、それに代わって取りうるいかなる行動よりも高い内在的価値をもち、それに対しその行動の結果とそれに代わって取りうる行動がもたらす結果の両者とも内在的価値と内在的価値のいずれかを絶対的に欠いている場合、あるいは（b）その行動のもたらす結果は内在的には悪であるが、内在的価値の差し引き残量がそれに代わって取りうる行動によって生み出されるものよりも高い場合、あるいは（c）その行動のもたらす結果が内在的に善であり、この内在的価値とその結果に属する価値の程度が、他の一連のそれに代わる行動がもたらす価値よりも高い場合である。要するに、ある一連の行為が、一定のときに、絶対的に正しいとか義務的であると主張することは、その代わりにこの行為とは別の行為がなされた場合よりも、この行為がなされたほうが、この世界にはより多くの善とより少ない悪が存在するであろうことを主張しているのである。しかしこのことは、その行為がもたらす結果の価値とそれと代わることが可能であった行為の結果がもたらす価値の両方に関する判断を意味している。そしてある行為がこれこれの結果をもたらすであろうということの中には、多くの因果判断が含まれている。

同様にして「われわれは何を獲得することを目指すべきか」に答える中にも、再び因果判断が含まれているが、それはいくぶん異なった仕方である。この問いは獲得できるものの名を挙げないと、決して正確には答えられないことがあまりにも明白なために、このことを忘れがちである。あらゆるものが獲得されるのではない。そしてたとえわれわれが得られないものがどれも得られるものと同じ価値をもつものではないと判断するとしても、得られないものの可能性は、その価値と同様に、それが行動の本来の目的であるということにとって本質的である。したがっていかなる行動を遂行するかということについてのわれわれの判断、さらにその行動が生み出すべき目的についての判断さえも、ともに内在的価値についての純粋な判断なのではない。前者に関しては、絶対的に義務的なものである行動は少しも内在的価値をもたないかもしれないのである。つまり完全に有徳なものは、単にそれが最善にして可能な結果をもたらすということを意味するだけかもしれないのである。後者に関しては、われわれの行動を正当化する可能な最善の結果は、いずれにしろ、自然法則がわれわれに獲得することを許すのと同じ程度の内在的価値をもつだけである。同様にそのような行動は、少しも内在的価値をもたないかもしれないが、（なお将来において）そのような価値をもっているものを手に入れる手段であるかもしれないのである。それ故われわれが「われわれは何をすべきか」あるいは「何を得ようと試みるべきか」と問うときはいつでも、その種類において他から完全に区別される二つの異なったものに対する正しい答えを含んでいる質問をしているのである。われわれはこの異なった各々が、どの程度の内在的価値をもっているかということと、またそれらがいかにして得られるかという両方を知らなければならない。しかし倫理学において実際に議論されてきた問題の大多数には——実際のところあらゆる実践的な問題には——、この二つの知識が含まれている。そしてこれらの問題は、そこに含まれている二つの別の問題を何らはっきりと分けることなく、議論されてきた。倫理学において広く見られる不一致の大部分は、分析におけるこの失敗に帰することができる。内在的価値という概念と因果関係という概念の両方を含んでいる概念を、あたかもそれらの概念が内在的価値のみを含んでいるように使うことによって、二つの異なった誤りがほとんど普遍的といっていいほどに見られるようになった。つまり可能でないものは何も内在的価値をもたないと考えるか、あるいは必然的なものは内在的価値をもつに違いないと考えてしまうのである。それ故いかなるものが内在的価値をもち、またそれはいかなる程度においてか、ということを決める、倫理学の第一のそして独特な仕事は、まったくといっていいほど十分に取り扱われてこなかった。そして一方、手段についての十分な議論もまた、ほとんどなされなかったというのは、その議論が内在的価値の問題にとってはまったく無関係であるという真理が曖昧にしか捉えられなかったからである。しかしこのことがどうあれ、また特定の読者が、相互に矛盾している体系のどれか一つが、何が内在的価値をもつかという問い、あるいはわれわれは何をなすべきかという問い、あるいはこの両方の問いに対して、正しい答えを与えたといかに強く確信したとしても、少なくとも何がそれ自身において最善であるかという問いと、何が最善の可能なものをもたらすかという問いが完全に区別されることは認められなければならない。両方の問いとも倫理学の実際の主題である。そしてこの問いがより明確に区別されればされるほど、この両方の問いに正しく答える機会が多くなる。

18

倫理学が答えなければならない種類の問いをすべて挙げてみると、ここに省いてはならないもう一つの問題が残っている。既に述べてきたように、この問いは主として二つの問いに分けられる。いかなるものがそれ自体善であるかという問いと、それ自体善であるものが、結果として他のいかなるものと関係しているかという問いである。この問いのうち第一のものは、倫理学上基本的な問いであり、もう一方の問いの前提ともなっている。この問いのうちには、多様なものがもっている価値の程度という観点からして、そのような多様な内在的価値をもっているもの（もしそのようなものが多く存在するならば）を正確に比較することも含まれている。そしてかかる比較をする中に、われわれは、はなはだ簡単に内在的価値を単なる「手段としての善」と混同してしまう方向をとってしまうという、原理上の困難が含まれている。あるものがそれ自体善であると主張している判断と、それは善への手段であると主張している判断の間にある違いの一つは次の事実からきている。つまり最初の判断は、もし問題としているものの一例について真ならば、あらゆるものについて必然的に真であるということであり、それに対して、ある状況下で善なる結果をもたらすものは、別の状況下では悪である結果をもたらすかもしれないということである。ところであらゆる内在的価値についての判断は、確かにこの意味からして普遍的であることは本当である。しかし私がこれから述べなければならない原理からして、それらの判断は、普遍的ではなく、あたかも単に一般性があるにすぎない手段としての判断に似ていると思えてしまう。やがて主張することであるが、その各々が内在的価値をもっているものには多くの異なったものがある。また積極的な意味で悪であるものも存在する。そしてそれより多くの種類のものが、善悪に関係ないように思われる。しかしこれら三つの種類のいずれかに属するものにしても、それは全体のうちの一部として生じるかもしれない。これとは別の他の部分の中に、これと同じ種類とそれ以外の二つの種類の両方に属している、他のものが含まれているかもしれない。そしてこれら全体は、そのようなものとして、また内在的価値をもつかもしれない。ここに注意しなければならないパラドックスが存在する。それはかかる全体の価値と、その部分の価値の総和との間には、一定の比例関係が保たれてはいないことである。このようにして形成される全体の価値は、二つの善なるものの価値の総和よりもはるかに大きいが、そのような仕方で、ある善なるものは他の善なるものに関係して存在することは確かである。善なるものと善悪に関係ないものから形成されている全体が、その善なるものそれ自体がもっているものよりもはるかに大きな価値をもつことも確かにありうる。二つの悪なるものあるいは一つの悪なるものと、善悪に関係ないものとが、その部分の悪の総計よりもはるかに悪なる全体を形成するかもしれないことも確かである。そして善悪に無関係なものもまた、積極的［善］にしろ消極的［悪］にしろ、大なる価値をもっている全体のただ一つの構成要素であるかもしれないようにも思われる。悪なるものを善なる全体に付け加えることが、全体の積極的な価値を増大させることになるかもしれないか、あるいは悪なるものを悪なる全体に付け加えることが積極的な価値をもった全体を生み出すかもしれないということは、さらに疑わしいことのように思われるかもしれない。しかし少なくともそのようなことはありうるし、この可能性はわれわれの倫理的探求の中で考察しなければならない。しかしながらこれらの問いのうちどれを取り上げようと、次の原理は明らかである。全体の価値は、その部分の価値の総計と同じであると考えられてはならないことである。

一つの例を挙げれば、問題としている種類の関係を説明するのに十分であろう。美しい対象を意識することが、偉大な内在的価値をもつものであることは本当であるように思われる。それに対して同じ対象が、誰にも美しさを意識させないとしたら、それがほとんど価値をもたないことは確かであり、通常は何ら価値をもたないと考えられている。しかし美しい対象を意識することは、確かにある種の全体であるが、その中で、われわれはその部分として、一方で対象、そして他方で意識していることを、区別することができる。ところで何かを意識しているとき、常にこの意識しているという要因は、ある別の全体の部分としても生じている。そしてこれら全体のうちのあるものは、まったくといってよいほど価値をもたないように思われることもあるし、また価値に無関係か、積極的な意味で悪かもしれないのである。しかしわれわれはいつも、この価値がほとんどないことを、美の意識から区別されたものである、対象にみられる何らかの積極的な欠点に帰すことはできない。対象それ自体は、可能な限り、絶対的な中立性に近いのかもしれない。それ故単なる意識は、常に意識がその一部を形成している全体に、大なる価値を与えることはない。もっとも意識の対象は大なる欠点をもたないのかもしれないが。したがって美しいものの意識が、美しいものそのものに対して大いに優位に立っていることを、単に美しいものの価値に意識の価値を付け加えることに帰すことはできない。意識の内在的価値が何であろうと、それが部分を形成している全体に対して、その価値とその対象の総計に比例した価値を与えることはない。もしそうなら、ここにその部分の価値の総計とは異なった内在的価値を有している全体の事例を一つもったことになる。そしてそうであれ、そうでないにしろ、このような相違によって意味されているものは、このケースによって説明されるのである。

19　それ故、そのもっている価値がその部分の価値の総計とは異なっている性質をもった全体が存在することになる。そしてこれまで、そのような部分と、その部分がその全体の部分を形成している全体との間に存する関係は、はっきりと区別して認識されないか、あるいはこのことを区別する特別な名を与えられることはなかった。二つの点は特に注意するに値する。（一）善は全体によって形成されているところから、善の存在にとって、明らかにそのような部分が存在することは必要な条件である。そしてまさに同じことばがまた、手段とその結果である善なるものとの関係を表すであろう。しかしこの二つのケースの間に存在する違いは、大変重要である。この相違は、部分は善なるものの部分であり、この部分の存在は善なるものの存在にとって必要条件であるが、それに対して手段はそうではないという事実からくるからである。もし当の善が存在すべきならば、必然的にその善なるものへの手段が存在しなければならないが、その必然性は、単純に言えば、自然的必然性かあるいは因果的必然性である。もし自然法則が異なるとしたならば、現在善なるものが存在するための必然的な条件が存在しなくなったとしても、まったく同じ善なるものが存在するかもしれないのである。手段の存在は何ら内在的価値をもたない。そしてその手段がまったくないとしても、現在獲得するのに必要な価値はまったく変わらないで残るであろう。しかしわれわれが今考察しているような、全体の部分である場合には話は別である。このケースでは、もしまた部分が存在しないとするならば、問題としている善なるものは存在することができないと考えられる。この二つを結び付けている必然性は、自然法則とはまったく無関係である。内在的価値をもつと主張されているものは、全体の存在である。そして全体の存在はその部分の存在を含んでいる。部分を取り除いたとしてみよう。すると残っているものは内在的価値をもっていると主張されているものではない。しかしもし手段が取り除かれたとしても、残っているものはまさに内在的価値をもつと主張されていたものである。そしてしかも（二）部分の存在それ自体は、手段の存在が価値をもたないのと同様に、内在的価値をもたないかもしれないのである。われわれが議論してきた関係のパラドックスを形成しているのは、この事実である。まさに言われてきたことは、内在的価値をもっているものは全体の存在であるということである。そしてこの全体の存在は部分の存在を含んでいる。さらにこのことから、部分の存在が内在的価値をもっていることは、推論されて当然のように思われるであろう。しかしこの推論は、あたかも二つの石の数は二であるから、石の一つひとつはまた二であるという結論を出すような誤りであろう。価値を有する全体の部分は、全体の一部であるときも、そうでないときと同じように正確に同じ価値を保っているのである。もしそれが他の状況下で価値をもつとしても、それよりはるかに価値のある全体の部分であるときは、その価値はより大きくなるかというと、そのようなことはない。そしてもしそれがそれ自身何ら価値をもたないならば、現在ある部分を形成している全体の価値がいかに大きくとも、依然として何ら価値をもたないのである。われわれは、同一のものがある状況下では内在的に善であり、他の場合にはそうではないと主張することに正当性をもたすことはできない。それに対して、手段については、あるときは善なる結果を生みだし、また別のときは善なる結果を生み出さないということには正当性がある。そしてしかもわれわれが、あるものはある状況下にある方が、別の状況下にあるよりもはるかに望ましいと述べることにも正当性がある。つまり他のものが、そのものに対して、より価値のある全体を形成するような形で存在する場合のことである。それが、これらの状況下にある方が、他の状況下におけるよりも、より大きな内在的価値をもつということはないであろう。それは必ずしもより多くの内在的価値が存在するための手段でさえもないであろう。しかしそれは、手段と同様に、より大きな内在的価値をもつものにとって必然的な条件であろう。だがそれは手段とは異なって、それ自身このより価値のある存在の部分を形成するであろう。

20

私は、まさに私が定義しようとしてきた部分と全体の特殊な関係については、特別な名称が与えられていないことを述べてきた。しかしながらそれに一つの名称を与えることは有益であろうし、またその現在見られる不適切な用法から逃れることができるだけだとしても、それには当然ふさわしい名称がある。哲学者、特にヘーゲルの著作から大きな恩恵をこうむったと明言している哲学者たちは、最近「有機的全体（organic whole）」、「有機的統一体（organic unity）」、「有機的関係（organic relation）」という用語を多用している。これらの用語が先に示された用法に大変適切であると言える理由は、今明らかにされたように、部分の全体に対する特殊な関係は一つの性質であって、その性質は、実際に大変しばしばこれらの語が適用される全体というものの特徴を表しているからである。そしてそれらが現在の用法から分離されることが望ましいとされる理由は、現在の用法では、それらが何ら明確な意味をもたず、反対に混乱の誤謬を含みかつ広めているからである。

あるものが「有機的全体」であると言うとき、一般に部分相互間の関係およびその部分と全体との関係が、手段の目的に対する関係であることを意味していると解される。そしてこのことはまた、部分は「全体と離れては何の意味や意義ももたない」という表現で表される性質をもっているということを意味していると解される。そして最後にそのような全体の扱いについてはまた、あたかもその全体という名は制約を付けて用いられるべきことを提案している性質をもっているかのように取り扱われている。しかしこの語を用いる人は、一般に、これら三つの性質が相互にどのような関係にいると考えているかに関して何のヒントも与えていない。一般にこれら三つの性質は、同一と考えられていると思われる。また少なくともこれら三つの性質は一般に、常に必然性をもって相互に関係しているように思われている。私は既にこれらの性質は同一でないことを示そうとしてきた。それを同一と考えることは、前節で指摘した大事な区別を無視することになる。それでこの用法は、単にこのような無視を助長するという理由からしても、引き続き用いることはやめたほうがよいであろう。しかしいうまでもなくこのつながっていないという理由は、第二の性質は必然的なつながりがないどころか、なにものにもつながっておらず、自己矛盾した概念であるという性質をもっているからである。反対に第一の性質は、そのもっとも重要な意味を強調するならば、第三の性質を適用する何の理由も見出せない多くのケースにも当てはまるのであり、さらに第三の性質は第一の性質が当てはまらない多くのケースに確かに当てはまるからである。

21

右に区別した三つの性質間の関係は、「有機的」という名が導かれた種類の全体――科学的意味における有機体である全体――つまり人間の身体を参考とすることによって説明されるであろう。

（一）われわれの身体の多くの部分の間には（すべての部分の間ということではないが）、メネニウス・アグリッパに帰せられる、胃袋と手足についての寓話（訳注3）によって、よく知られた関係が存在する。われわれはこの身体の中に、一方が継続して存在することが、他方が継続して存在することにとって必要条件であり、また後者が継続して存在することが、前者が継続して存在することの必要条件であるような部分というものを理解することができる。これは身体においては、相互に依存する相互的な因果関係――「相互関係（reciprocity）」――をなして、二つのものがある時間存在し続けるという事例をもつということに他ならない。よく身体の各部分は「有機的統一体」を形成するとか、相互に目的と手段の関係になっていると言われるが、その意味しているところはこのことに他ならない。そして確かにこのことが生物体の著しい特徴となっている。しかしこの相互にみられる因果的依存性が生物体においてのみ見られ、それ故これが生物体の特殊性を定義するのに十分であると主張するのは、軽率のそしりを免れない。そしてこの相互依存性の関係をもっている二つのもののいずれも、内在的価値をもたないか、あるいは一方がそれをもち、他方がそれをもたないということもありうることは明らかである。それらは、「目的」が「結果」を意味する場合を除いて、いかなる意味においても必然的に相互に「目的」であるということはない。そしてさらにこの意味において全体は、そのいかなる部分に対しても目的ではありえないことも明らかである。われわれは実際には、その残りの部分ということだけを意味している場合でも、ある一つの部分に対比して、それを「全体的なもの」と話しがちである。しかし厳密に言えば、全体はそのすべての部分を含まなければならず、そしていかなる部分も全体の原因ではありえない。というのは部分はそれ自身の原因とはなりえないからである。それ故この相互の因果的依存性という関係は、この関係をもっているいずれのものの価値についても何も意味していないのである。またたとえその両方がまたたまたま価値をもっていたとしても、両者におけるこの関係は、部分と全体との間にはもたせることのできない関係である。

　しかし（二）全体としてのわれわれの身体は、その部分の価値の総計よりも大なる価値をもつということもまた本当であろう。これが部分は全体への手段であると言われるとき意味されていることであろう。もし「なぜ部分はそれが現にあるようなところのものであるべきなのか」という問いを発するならば、明らかに「部分が形成している全体が大なる価値をもっているからである」が正当な答えとなるであろう。しかし同様に、われわれがこのように部分と全体との間に存在すると主張する関係は、「この部分は存在する。なぜならこの部分が存在しなければあの部分は存在することができないからである」と言うときの、部分と部分との間に存在すると主張される場合の関係ともまったく異なっていることは明らかである。後者の場合われわれは、二つの部分が因果的につながっていることを主張している。しかし前者の場合、部分と全体が因果的につながっていることはありえない。そして部分と全体の間に存在すると主張する関係は、たとえ諸部分が相互に因果的につながっていなくとも、存在するかもしれないのである。絵画のあらゆる部分には、身体のある一定の部分がもっているような、相互に因果的に依存しているという関係は存在しない。しかしこの相互の因果的依存性という関係をもっていない部分の存在が、全体の価値にとって絶対的に欠くことができないものなのかもしれない。この二つの関係は、その種類においてまったく別である。そしてわれわれは一方の存在から、他方の存在を推論することはできない。それ故この二つの関係を同じ名のもとに含ませることは、何ら益のあることではない。そしてもしわれわれが全体は、全体の部分が全体に対して手段である（この意味において）が故に有機的であると言うとしても、全体の部分が相互に因果的に依存しているが故に全体は有機的であると言ってはならないのである。

22

しかし最後に、（三）「有機的全体」という用語についての最近の用法でもっとも目立っている意味は、全体を構成している部分は、全体を構成していない部分ではもつことのできない性質をもっている、と主張することである。全体は、諸部分が存在しなければ、まさに今あるようなものではないであろう。それとちょうど同じように、部分は全体が存在しなければ、今あるようなものではなくなるであろう。そしてこれは単に、いかなる特定の部分も、もし他の諸部分がまた存在しなければ、存在することができないという（これは（一）の関係が、部分の間に存在する場合である）ことだけでなく、実際には部分は明確な思考の対象とはならないこと——部分が全体の部分である全体は、今度は逆に全体がその部分の部分であること——をも意味しているのである。この想定が自己矛盾していることは、少し反省してみれば、まったくもって明らかであろう。実際われわれは、ある特定なものが全体の部分であるとき、その特定なものは他の場合にはもちえないような本性をもっていること——つまりそれは全体の部分であること——を認める。しかしこの本性がこの本性をもっているものの性質を変えること、あるいはこの本性をもっているものの定義の中に入ってくることは認められない。われわれが部分それ自体を考えるとき、まさにわれわれが主張していることは、この場合、それが全体の部分であるという述語をもつということである。そしてそれが単に全体の部分であるという主張には、その主張それ自体は、われわれがそれについて主張しているものから区別されるべきであるということが含まれている。さもなければわれわれは自己矛盾を犯すことになる。なぜならその部分ではなくて他のもの——つまり部分についてわれわれが主張するところのものと一緒になった部分——が、われわれがそれについて主張する述語をもつことになるからである。要するに、いかなる部分も分析的には、それが属している全体を含まないこと、あるいは全体のいかなる他の部分も含まないことは明らかである。部分の全体に対する関係は、全体の部分に対する関係とは同じではない。そしてまさに後者の定義には、それが分析的にその部分について言われるものが含まれているということである。しかしこのまさに自己矛盾した学説は、ヘーゲルが近代の哲学に与えた顕著な影響を示す特徴となっている――ほとんどすべての正統的な哲学は、この影響を受けている。これが抽象化により誤りが生じたことに反対する叫び、つまり全体は常に全体の部分の一部分であるという叫びによって、一般に意味されているものである。われわれは、「もしあなたが部分についての真理を知りたいと望むなら、あなたはその部分を考察してはならず、何か別のもの――つまり全体を考察しなければならない、部分については何も真ではなく、全体についてのみ真がある」と言われる。しかし明らかに、少なくとも部分についても、それが全体の部分であることは真であるに違いない。そしてわれわれがこのように言うとき、単に全体はそれ自身の一部分であるということを意味しているだけでないことは明らかである。それ故「部分はその全体を離れてはいかなる意味や意義ももたない」というこの学説は、完全に否定されなければならない。この学説自体に、「これは全体の一部である」という言明が意味をもっていることが含まれている。そしてこの言明が意味をもつためには、主語と述語の両方が明確な意味をもたなければならない。そしてこの誤った学説が、実際には全体の本性でありうる（一）と（二）の二つの関係を混同するところからいかにして生じているかは容易に見て取れる。

（a）ある部分の存在は、自然的必然性あるいは因果的必然性によって、その全体の他の部分の存在と結び付けられていることがありうるし、さらに全体の部分であるものとそのような部分ではなくなったものが、内在的には相互に異なっているとしても、まったく同じ名称によって呼ばれていることもありうる。このようなところから、典型的な例をとるならば、腕は人間の身体から切り離されても依然として腕と呼ばれる。しかし疑いもなく、身体の一部であるときの腕は、死んだ腕とは異なっている。そのためわれわれは容易に、「身体の一部である腕は、もしそのような部分であることをやめたならば、それは今あるものではない」と言うようになるし、またこのように矛盾した形で表現されることが、実際のところ、ものの特徴であると考えるようになるであろう。しかし実際には、死んだ腕は決して身体の一部ではなかったのである。死んだ腕は、生きている腕と部分的にのみ一致している。生きている腕の諸部分と一致している死んだ腕の諸部分は、それが身体に属していようがそうでなかろうが、正確に同じである。そして、あるときは想定された「有機的全体」の一部を形成するが、別のときはその一部を形成しない場合でも、それらは同一のものであるということに関し、疑いもない事例を得たことになる。他方生きた腕には所有されているが、死んだ腕によっては所有されていない性質は、形を変えて死んだ腕の中に存在するのではない。そのような性質はそこにはまったく存在しないのである。そのような性質の存在は、因果的必然性によって、身体の他の部分――これはわれわれがそのような性質が身体の部分を形成していると述べることによって表現されるものである――への関係をもっていることに依存している。しかしもしそれらの性質が決して身体の部分を形成していなかったとしても、その性質は厳密には、その性質が身体の部分を形成する場合の性質であろうということはまったく確かである。それらの性質が、内在的に死んだ腕の性質とは異なるという命題と、それらが身体の部分を形成しているという命題とは、分析的には相互に関係していない命題である。それらの性質がそのような内在的な差異を保持するが、しかし身体の一部分を形成していないと想像することには、何の矛盾も存在しない。

しかし（b）生きた腕はそれが属している身体から離れては何の意味や意義もないと言うとき、また別の誤りが心に浮かぶ。意味や意義があると言うとき、通常は「重要である」という意味で使われている。そしてこのことはまた「手段としてかあるいは目的として価値をもつ」ことを意味している。ところで腕がその一部である全体は、腕が存在することによってその大なる内在的価値をもつのであるけれども、生きた腕でさえ、その身体から離されたら、何の内在的価値ももたないことは、十分にありうることである。かくて簡単にわれわれは、腕は、身体の一部として、その大なる価値をもち、それに反して腕それだけでは何の価値ももたない、したがって腕の場合の全体という「意味」は、腕の身体への関係の中にある、と言うようになる。しかし実際は、ここで問題としている価値は、明らかにまったく腕に属していない。単に部分として価値をもつということは、それが何ら価値をもたないということではなく、単に価値をもっているものの一部であるということである。しかしながら、この区別を無視すると、次のようになってしまう。つまり部分は部分として、部分ではなかった別の場合にはもちえないような価値をもつという主張をしたとすると、そこから、容易に、それは部分として、部分でなかった場合とは異なったものになるという推測が導かれる。というのは実際に異なった価値をもつ二つのものはまた、その他の点においても異なっていなければならないということは本当だからである。それ故まったく同じものが、あるとき［Aのとき］のほうが、別のとき［Bのとき］よりも価値ある全体の部分であるが故に、別のとき［Bのとき］よりもあるとき［Aのとき］の方が大なる内在的価値をもつという推測が成り立つ。ここからまったく同じものが二つの異なったものとなりうることがあり、そしてその形式の一つにおけるときのみ、それが真に現にあるところのものであるという自己矛盾した信念を生み出す助けとなってきたのである。

これらの理由からして、そのほうが便利と思われるところでは、特別の意味をもたせて自由に「有機的」という語を用いることにしよう。私はこの語を、全体は量的には、その部分の価値の総和とは異なった内在的価値をもっているという事実を指すために用いる。私は有機的ということばをこのことを指すために、そしてこのことだけを指すために用いよう。この語は、問題としている全体のどの部分の間にも、何らかの因果関係があることを意味しないであろう。そしてそれは、部分はその全体の部分として以外は考えられえないとか、あるいは部分がその全体の部分を形成しているとき、形成していない場合にその部分がもつであろうものとは異なった価値をもつということを意味しないであろう。この特別で完全に規定された意味において理解された場合、有機的全体のその部分に対する関係は、倫理学が認めなければならないもっとも重要なもののうちの一つである。［倫理学という］学問の主要な部分は、種々の善なるものの相対的価値を比較することに従事すべきである。二つのものが一つの全体を形成するところではどこでも、その全体の価値は単なるそれらの二つのものの価値の和であると想定するならば、そのような比較の中にもっとも大きな誤りが犯されるであろう。今や「有機的全体」の問題でもって、倫理学の仕事として扱わなければならない問題の種類を完全に数え挙げたことになる。

23

本章で私は、以下の結論が強調されるように努めてきた。（一）倫理学の特殊性は、倫理学は人間の行為についての主張を研究するのではなく、「善」という用語によって指し示されているものの性質、逆に言えば「悪」という用語によって指し示されている性質についての主張を研究するところにある。倫理学は、この結論を確立するために、この性質が単に個別な存在に関係していることを主張している場合は除いて、かかる主張すべての真理性を探究するのである（第一―第四節）。（二）それと関連して倫理学の主題が定義されなければならない［善という］性質は、それ自体単純で定義不可能である（第五―第一四節）。そして（三）この性質の他のものへの関係を述べているすべての主張は二種類、しかも二種類だけである。それはどの程度ものそれ自体がこの性質をもっていることを主張しているか、あるいは他のものとこの性質をもっているものとの間の因果関係を主張しているかである（第一五―第一七節）。最後に（四）この性質をもっているものそれ自体において、どの程度それが異なっているかを考察する際には、全体はこの性質を、その部分がもっている程度を総和することによって得られるものとは程度において異なっていることを考慮に入れなければならないということである（第一八―第二二節）。

原　注

（1）H.Sidgwick. *Methods of Ethics*. Bk. I. Chap. iii, §I (6th edition).

（2）H.Sidgwick, *Methods of Ethics*, Bk. I, Chap. iv, §I.

訳　注

（1）ムアが問題とするのは、'good'は何であるかという問題であり、この場合の'good'は'good'という性質を表す述語（形容詞）であり、したがって訳語としては「善い」が適切である。しかし日本語の表現上「善い」と訳すと文章表現上不自然な場合があり、また日本語で「その行為は善である」と言った場合、この「善」は形容詞として使われている。したがって本訳書では、'good'の訳語として「善い」と「善」の両方を用いた。なお同様のことは、'right'（正、正しい）等についても言える。なお'good'は、'goodness'とも言えるが、'goodness'の訳語は、基本的には「善さ」とした。

（2）決疑論とは、倫理学において、普遍的な道徳法則を具体的な事例について当てはめる研究のことである。

（3）古代ローマ共和制初期の執政官であったメネニウス・アグリッパ (Menenius Agrippa) は、手足が胃袋に対して食物を独り占めにするなと反乱したが、それに対して胃袋は栄養を分けているではないかと弁解した寓話を出して、平民の貴族への反乱を鎮め、和解させたと言われている。

第二章　自然主義的倫理学

24

第一章の結論から、倫理学の問いはすべて三種類のいずれかに分類される。第一の種類は――それと他のものごととの関係があらゆる倫理学研究の対象となるような特別の述語［「善い」］の本性は何であるか、言い換えれば、「善い」によって何が意味されているか――というただ一つの問いを含んでいる。この第一の問いは既に回答済みである。倫理学の領域がそれに照らして定義されなければならない特別の述語［「善い」］は、単純で、分析不可能で、定義不可能である。この述語の他のものごとへの関係について、二種類の問いが残っている。すなわち、（一）この述語が直接属しているのはどのようなものごとにであるのか、どのような程度においてであるのか、そして、それ自体において善であるのは何であるか、もしくは、（二）世界に存在するものをできるだけ善くすることができるのはどのような手段によってであるか、それ自体において最善であるものと他のものごととの間にどのような因果関係が成り立つか、とわれわれは問うことができる。

本章とそれに続く二つの章において、それ自体において善であるものは何であるか、という問いに一つの答えを与えているいくつかの理論を検討しようと思う。私はあえて言う――一つの答え、と。というのも、これらの理論はすべて、もしそれらが真であれば、倫理学の研究をきわめて単純化するであろうという事実によって特徴づけられるからである。それらはすべて、その存在がおよそ価値をもつそのような種類の事実は一つしかないと考えている。しかも、それらの理論はもう一つの特徴をそなえているが、この特徴の故にそれらを一まとめにして最初に取り扱うことにする。その特徴とは、それらが挙げる一つの種類の事実が唯一の善を定義すると考えられてきた主要な理由は、その一つの種類の事実が「善」それ自体の意味を定義すると考えられてきたことにある、というものである。換言すれば、それらはすべて目的もしくは理想に関する理論であるが、それらが採用されてきたのは主として私が自然主義の誤謬と呼ぶ誤りを犯すことによってである。つまり、それらはすべて、倫理学が問いうる三つの可能な問いのうち、第一の問いと第二の問いとを混同している。実際、ただ一つの種類のものごとだけが善いという、それらの主張はこの事実によって説明される。あるものごとが善いとは、それがこの一つの性質をもつことを意味すると考えられてきた。それ故、この性質をもつものごとだけが善い（と考えられている）。この推論はごく自然のようにみえる。しかし、その推論が意味することは自己矛盾に陥っている。というのも、このように推論する人々は、「この性質をもつものごとは善い」という彼らの結論がいわく付きの命題であることを理解していないからである。この結論が「この性質をもつものごとがこの性質をもつ」を意味するのでも、「『善い』という語はあるものごとがこの性質をもつことを表示する」を意味するのでもないことを、彼らは理解していない。しかし、もし彼らの結論がこれらの二つのいずれをも意味していないとすれば、この推論はそれ自身の前提と矛盾する。

　それ故、それ自体において善であるものは何であるか、に関するいくつかの理論を検討しようと思う。ちなみに、これらの理論は、広く受容されたのが主として自然主義の誤謬を犯すことによってであったという意味で、この誤謬に基づく。以下の議論の狙いは、（一）自然主義の誤謬が誤謬であるという事実を明らかにすること、換言すれば、われわれはある単純な性質に気づいており、それが「善い」という用語によって主に意味しているものであるという事実を明らかにすること、並びに、（二）一つではなく、多くの異なったものごとがこの「善い」という性質をもっているということを示すことである。というのも、諸々の善いところのものが善いのは他の何らかの性質を共有することによるわけではないという説を推奨しようと望むならば、これと対立する主要な諸説を批判しておかなければならないからである。もっとも、これらの諸説が支持されているのは、広く流布しているという事実によってでしかない。

25

私が検討しようと考えている諸理論は便宜的に二つのグループに分けることができる。自然主義の誤謬が常に含意しているのは、「これは善い」と考えているとき、当のものごとが他の何らかの一つのものごとに対して一定の関係をもつと考えている、ということである。しかも、それに照らして善が定義される、この一つのものごとは自然的対象と呼びうるもの——その存在が経験の対象であると認められているもの——か、それとも、超感覚的実在界に存在するとただ推論されるだけの対象か、そのいずれかである。この二つのタイプの倫理学理論を私は別々に取り扱おうと思う。第二のタイプの諸理論は便宜的に「形而上学的」と呼んでよいが、それらの考察は第四章に譲る。他方、本章と次章では、自然的対象に照らして善が定義されうるという考えによって流布している諸理論を取り扱う。そして、これらの諸理論こそ、この章のタイトルである「自然主義的倫理学 (Naturalistic Ethics)」という名称が意味するものである。私が「形而上学的倫理学 (Metaphysical Ethics)」をそれに照らして定義するところの誤謬も、［自然主義的倫理学におけるのと］同じ種類の誤謬であることが認められる。したがって、私はこの誤謬に自然主義の誤謬というただ一つの名称を与える。しかし、この誤謬によって推奨される倫理学理論を考察するとき、善さが今ここに存在するあるものとの関係のうちに存すると考える諸理論と、そうは考えない諸理論とを区別することが有益だと思われる。前者によれば、倫理学は経験科学または実証科学である。したがって、その結論はすべて経験的な観察と帰納によって立論されうる。しかし、これは形而上学的倫理学には当てはまらない。それ故、同じ誤謬に基づく二グループの倫理学理論の間には著しい差異があることになる。また、自然主義的諸理論の内部でも便宜的な区別がなされうる。しばしば、一つの自然的対象すなわち快楽が、他の全部が束になってもかなわないほどまでに唯一の善であると見なされる。しかし、快楽主義を単独に扱う理由はこれだけではない。この理論が広く普及したのは自然主義の誤謬による。これは他のどの理論とも同様に明らかである。しかし、快楽が唯一の善であることを証明しようと企てる自然主義的議論の誤謬をはじめて明快に暴いた学者が、にもかかわらず快楽が唯一の善であると主張している。この点で、快楽主義はある奇妙な運命をたどってきた。それ故に、快楽主義についての議論を他の自然主義的理論についての議論から区別したい。したがって、本章では自然主義的倫理学一般を取り扱い、快楽主義については特別に次章で取り扱う。

26 本章の主題は、快楽以外のある一つの自然的性質の所有にのみ内在的価値が見出されうると断言する倫理学理論である。この倫理学理論がこう断言するのは、「善い」ということは当該の自然的性質をもつことを意味すると考えるからである。そのような理論を私は「自然主義的」と呼ぶ。このように、私は自然主義という名称を倫理学研究の特定の方法に適用する。――もっともこの方法は、厳密に解するならば、およそいかなる倫理学も成り立ちえなくする。この方法は「善い」をある自然的対象の一性質、または自然的諸対象のある集合の一性質に置き換えるが、このようにして倫理学を自然科学のどれか一つと取り換える。一般に、このように置き換えられた科学は、倫理学の問題が人間の行動に限定されると見なす一般的な誤りのために（それを私は誤りだと考える）、とりわけ人間に関わる諸科学の一つとなる。かくて、倫理学は、J・S・ミルによって心理学に、あるいはクリフォード教授やその他の現代の学者によって社会学に置き換えられた。しかし、他のどんな科学にも同じように置き換えることができる。ティンダル教授が「物質の法則に従う」ことを勧めるとき、含意されているのは同じ誤りである。そこで倫理学に置き換えられようとしているのは物理学にほかならない。その際、名称はまったく多様である。ただ、善いが意味するとされるものが何であれ、その理論は依然として自然主義である。黄色、緑色もしくは青色、高い音もしくは低い音、丸もしくは四角、甘いもしくは辛い、生気に溢れているもしくは歓びに溢れている、さらにまた、意欲され

る、望まれるもしくは感じられるなど、善いをどのように定義しようが、つまり、これらのどれを、あるいは世界における他の対象のどれを善いが意味していると考えようが、善いがそういったものを意味していると考える理論は自然主義的理論となる。私がそれらの諸理論を自然主義的と呼ぶのは、これらの用語のすべてが、単純であれ複合的であれ、自然的対象のもつ諸性質を表示しているからである。そこで、それらの理論の考察に先立ち、「自然」並びに「自然的対象」が何を意味するかを定義するのがよいと思われる。

　さて、「自然」によって私は、自然科学の主題、そしてまた心理学の主題となるものを意味しており、また意味してきた。「自然」は、これまでに存在したか、現に存在するか、あるいはそのうち存在するであろう、すべてのものを含むと言ってよい。どんな対象であれ、それがいま存在するとか、これまでに存在したとか、あるいはまさに存在しようとしているとか言いうる本性のものかどうかを考察すれば、その対象が自然的対象であるかないかを知ることができる。それ故たとえば、われわれの心について、それが昨日存在していた、今日も存在している、そして、おそらく二、三分後も存在しているであろうと言う。また、その効果はなお残存しているが今は存在しない、そのような考えを昨日抱いていたと言う。そして、そのような考えも、存在していた限りにおいて、また自然的対象である。

　たった今その用語を用いた意味での「対象」それ自体については何の困難もない。それらについては、どれが自然的であり、どれが自然的でないか（そういう場合があるとして）を言うのはたやすい。しかし、自然的対象の諸性質の中でどれが自然的性質であり、どれがそうではないかというように、対象の性質を考察し始めると問題はより難しくなると思う。というのも、善いはいくつかの自然的対象の一性質であることを私は否定しないが、それ故自然的対象のいくつかは善いと考えるが、しかし「善い」それ自体は自然的性質ではないと私は言ってきたからである。なるほど、対象の諸性質についての私の吟味もまたそれらの時間のうちでの存在にかかわる。しかし、「善い」が何らかの自然的対象の一性質であるばかりでなく、またそれだけで時間のうちに存在すると想像することができるであろうか。私自身はそのように考えることはできない。とはいえ、対象の比較的多くの諸性質——いわゆる自然的諸性質——に関しては、それらの存在はその対象の存在から独立していると私には思われる。事実、それらの諸性質は対象に付着する単なる述語であるというよりは、むしろその対象を作り上げている諸部分である。それらがすべて取り払われるならば、どんな対象も、むき出しの実体でさえも残らないであろう。というのも、それらの諸性質はそれ自体において実体的であり、対象がもつあらゆる実体性を対象に与えているからである。しかし、これは善いに関しては当てはまらない。実際、ある人々がわれわれにそう信じ込ませようとしているように、善いが感情であるならば、それは時間のうちに存在することになろう。しかしだからこそ、善いを感情と呼ぶことは自然主義の誤謬を犯すことになる。感情それ自体が善いかどうかを問うことは、常に適切であり続ける。しかし、もしそうであれば、善いそれ自体はどんな感情とも同一ではありえない。

27

唯一の善が時間のうちに存在する諸々の事物のある一性質に存すると主張する倫理学理論は「自然主義的」である。これらの理論がそのように主張するのは、「善い」それ自体がそのような性質に照らして定義されうると考えるからである。そこで、このような理論の考察に取りかかる。

最初にまず、もっとも有名な倫理原則の一つは「自然に従う生活」を勧めるものである。それはストア学派倫理学の原理であったが、この倫理学は形而上学的と呼ばれる資格があるからここでは取り扱わない。しかし、同じ言い回しがルソーのうちに再び見出される。しかも、われわれのなすべきことは自然のままに生きることであると今日でさえしばしば主張される。そこで、この主張をその一般的な形式において検証する。第一に、おそらく後に取り扱う形而上学的理論を拠り所とする場合以外は、自然的なものがすべて善いと言うことはできない。これは明らかである。自然的なものがすべて一様に善いのであれば、そのときには一般に理解されているような倫理学は確実に消滅する。なぜなら、倫理学的観点からすれば、あるものが悪であり、他のものが善であるということほど確かなことはないからである。実際、倫理学の目的は主としてそれによって一方を回避し他方を確保することができる一般規則を与えることにある。ところで、自然のままに生きるべしということの忠告において、「自然的」とは何を意味しているのであろうか。その語は自然的であるすべてのものに当てはめることができないことは明らかである。

この言い方は、自然的善というようなものがあるという漠然とした観念を示しているように思われる。つまり、自然は、存在するものを確定し決定するのと同じように、善なるものを確定し決定すると言うことができる、という信念を示している。たとえば、「健康」は自然的定義が可能であり、健康が何であるかを自然が確定していると考えられることがある。また、健康は明らかに善いと言われる。したがって、この場合、自然がその問題を決定しているからこそ、われわれは自然のもとに赴いて健康が何であるかを尋ねさえすればよい。そうすれば、善が何であるかを知ることになり、倫理学を科学に基づかせることになる。しかし、この健康の自然的定義とは何であろうか。私が考えうるのは、健康が自然的用語によって有機体の正常な状態であると定義されるべきである、ということだけである。というのも、疑いもなく、病気もまた一つの自然的産物だからである。健康とは、進化によって保存されるものであり、生存競争においてそれを保有する有機体を保存する傾向のあるものである、と言っても同じである。というのは、進化論の要点は、なぜある生命形態が正常で他の生命形態が異常であるかを因果的に説明しようとすることにあるからである。つまり、それは種の起源を説明する。したがって、健康が自然的であると言われるとき、それは正常であることを意味していると推測しうる。そして、健康を自然的目的として追求するべしと言われるとき、含意されているのは正常なものは善いに違いないということだと推測しうる。しかし、正常なものは善いに違いないということがそれほど自明であろうか。たとえば、健康が善いということは本当に自明であろうか。ソクラテスやシェークスピアの優秀さは正常であったであろうか。それはむしろ異常で、並外れてはいなかったであろうか。第一に明らかなのは、善いものがすべて正常であるとは限らず、反対に異常なものがしばしば正常なものよりも善いという事実である。つまり、特有の優秀さは、特有の邪悪さと同様に、明らかに正常ではなく異常であるに違いない。しかし、それにもかかわらず、正常なものは善いと言ってよい。そして、私自身、健康が善いということに異論を唱えるつもりはない。私の主張は、これを自明であると受け止めてはならず、未決問題と見なされなければならないということである。それが自明であると断言するならば、自然主義の誤謬を犯すことになる。最近のある書物で、天才が病んでいて異常であるということが、天才は推奨されるべきではないことを提唱する論拠とされているのと同じことである。そのような論法は誤っており、しかもはなはだしく誤っている。事実、「健康」と「病気」という語そのものに、われわれは通常一方が善であり他方が悪であるという観念を含ませている。しかし、それらのいわゆる科学的定義、すなわち自然的用語で定義が試みられる場合、唯一可能な定義は「正常」と「異常」による定義となる。ところで、普通にすぐれていると考えられているものが異常であることを証明するのはたやすい。とすれば、それらは病んでいることになる。しかし、自然主義の誤謬によるのでなければ、普通に善いと考えられているものが悪いということにはならない。これまで示されたことは、天才は善いという普通の判断と健康は善いという普通の判断の間には対立する場合があるということだけである。その判断が真であるとの正当な理由が、前者よりも後者に多くあるということはまったくないこと、両者ともにまったく未決問題であること、このことが十分に認められてはいない。なるほど、われわれが「健康である」でもって普通には「善い」を含意しているのは事実である。ただし、その語をそのように使用するとき、医学で意味するのと同じことを意味しているのではない。健康という語が何らかの善いものを表すために用いられるときの「健康が善い」は、それが何らかの正常なものを表すために用いられるときの「健康がよい」を示すことはない。それは、「bull」という語がアイルランド人をネタにした冗談を、そしてまたある動物（雄牛）をも表示するから、冗談と雄牛とは同じものでなければならないと言うようなものである。それ故、あるものが自然的であるという主張に驚かされて、それが善いということを容認してはならない。善いは定義上、いかなる自然的なものも意味しない。したがって、自然的なものが善いかどうかは常に未決問題である。

28

しかし、「自然的」という語には、それが何らかの善いものを表示するという含意を伴って用いられる、もう一つの微妙に異なる意味がある。これは、われわれが自然な感情、あるいは不自然な犯罪や悪徳について語る場合である。ここでの意味は、当の行為または感情が正常であるか、それとも異常であるかということよりも、それが必要［必然的］であるということのようである。未開人や獣を模倣するように勧告されるのは、この文脈においてである。確かに、奇妙な勧告ではある。しかし、もちろん、それにはいわくがありそうである。ここで私は、われわれがどのような状況下で雌牛から教えを受けるのが有益であるかを探究することには関心がない。そのような状況が存在することを私は疑わない。しかし、私が関心を抱くのは、この説を支持するためにときどき用いられるように思われる、ある種の理由——自然主義的理由——である。この教義を説く人々の心底に時としてある観念は、われわれは自然に改良を加えることはできないというものである。この観念は、われわれのなしうることは何であれ、たとえそれが現状を改善するものであっても、自然の産物であるという意味では確かに真理である。しかし、それは自然の産物という語によって意味されていることではない。自然が再び自然の単なる一部分を意味するために用いられるのである。ただし今度は、この意味される部分は、正常な部分というよりは、生きるのに必要なものの任意の最小限である。そして、この最小限が「自然的」であるとして——自然が指し示す生き方として——勧告されるとき、自然主義の誤謬が犯される。この立場に対して、私はただ次のことを指摘しておきたい。すなわち、それ自体において望ましくないある行為の遂行が生命の保存に必要な手段として許容されうるとしても、そのことは、生命の保存という意味では不必要なことをするという犠牲を払ってでもわれわれの状況を改善することができる場合には、その行為を賞賛する理由にも、必要である単純な行為へとわれわれ自身を制限するように勧告する理由にもならない、ということである。自然はなるほど可能なものを制限している。それは善なるものを獲得するためにわれわれが自由に用いることのできる手段を制約している。そして、後で見るように、実践倫理学 (practical Ethics) がこの事実を考慮しなければならないことは確かである。しかし、自然が必要なものを選ぶと想定されるとき、その必要なものとは最高善として前提されるある目的を獲得するために必要なものだけを意味する。そして、最高善が何であるかを自然は決定することができない。ただ生存のためだけに必要なものが、無用に見える形而上学研究にとって必要なものよりも事実上より善いと、なぜわれわれは考えるべきなのであろうか。生命が生きるに値するのは、ただそれがわれわれに形而上学研究を可能にするからにすぎない——形而上学研究に必要な手段であるからにすぎない——ということもありうるのではないか。この自然からする論証の誤謬は、古代のルキアノスの時代から既に知られていた。カリクラティダスは、彼のものとされる対話編の一つでこう言っている(1)。「たったいま、カリクレスが理性のない野獣やスキタイ人の野蛮さを称賛していたとき、私はもう少しで笑い出すところだった。彼は議論の最中に、自分がギリシャ人に生まれたことを後悔しているかのようだった。ライオンや熊や豚が、私の思うように行動しないとしても何の不思議があろう。推理によって人が適切に選ぶものを、推理しない被造物が選ぶことができないのは、ただひどく愚鈍であるからである。プロメテウスもしくは他の神が、それら動物の各々に人間の知性を与えていたならば、それらは砂漠や深山で生きることも、お互いに喰らい合うこともなかったであろう。それらは、ちょうどわれわれがそうしたのと同様に寺院を建立したであろう、各々が家族を中心に生活したであろう、また、共通の法によって結合された国家を形成したであろう。推理によって得られる善を不幸にも思いをめぐらして手にすることのできなかった野獣が愛もまた失ったからといって、それは驚くべきことであろうか。ライオンは愛さないが、哲学することもない。熊は愛さないが、それは友情の楽しみを知らないからである。人間だけが、何度も試して得られた知恵と知識によって、最善のものを選んだのである」。

29

その用語の通常の意味において、あるものが「自然的」であるから善い、もしくは「不自然」であるから悪いと論じることは、確かに誤っている。それにもかかわらず、そのような議論がきわめて頻繁になされる。しかし、普通それらは倫理学の組織立った理論を与えようとしているわけではない。自然への訴えを組織化する試みの中で現在もっとも優勢なものは、「進化（Evolution）」という用語の倫理学の問題への適用のうちに――「進化論的」と呼ばれている倫理学説のうちに――認めうる。これらの学説は、「進化」の過程がわれわれの発展している方向を示していると同時に、そのことによって、しかもそれ故に、われわれの発展するべき方向を示していると主張する。このような学説を支持する学者は今日きわめて数多く、きわめて受けがよい。そこで、彼らすべてのうちでおそらくもっともよく知られている学者――ハーバート・スペンサー氏――を例に取り上げようと思う。もっとも、スペンサー氏の学説は進化論的倫理学（Evolutionistic Ethics）の擁護に用いられる自然主義の誤謬のもっとも明白な例を示しているわけではない。このことは認めなくてはならない。より明白な例は、スペンサーほどには知られていないが最近フランスでかなりうけている、ギュイヨーの学説（2）に見出すことができる。ギュイヨーはスペンサーの弟子と呼んでよい。彼の学説は明らかに進化論的であり、明らかに自然主義的である。そして、彼は自分が自然主義を採っているからスペンサーと違っているとは考えていないようである、と言ってよい。彼のスペンサー批判の要点は、「快楽」という目的と「生の増大」という目的とが理想的なものの達成への動機や手段としてどの程度一致するかという問題に関わっている。ギュイヨーは、理想的なものとは「長さと幅で測られる生の量」、あるいは彼のいわゆる「生の広がりと強度」であるという基本原理の点でも、またこの原理に与える自然主義的理由という点でも、自分がスペンサーと違っているとは考えていないようである。私も彼がこれらの点でスペンサーと違っていると確信しているわけではない。これから示すように、スペンサーは細部で自然主義の誤謬を犯している。しかし、彼の基本原理に関しては次の疑問が生じてくる。すなわち、彼は基本的に快楽主義者であるのか。もしそうであれば、自然主義的な快楽主義者であるのか。その場合には、彼は次章で扱うほうがよかったであろう。また、彼は、生の量を増大する傾向だけが善い行為の基準であると考えているのであろうか、あるいは、生の量的増大がわれわれの目指すべき目的として自然によって設定されていると考えているのであろうか。

さまざまな箇所での彼の言い回しは、そのいくつかは相互に矛盾してはいるが、これらの憶測すべてを本当らしく見せていると私は考えている。その主要な点を検討してみよう。

30

「進化」の現代における流行は、主として種の起源に関するダーウィンの研究に負っている。ダーウィンは、動物のある形態［形質］が定着する一方、他の形態が死滅し消滅する、そのあり方に関して厳密に生物学的な仮説を立てた。彼の理論は、この仮説を次の仕方である程度までは説明することができるというものである。（原因の大半はなお不明であるが）ある変種が出現すると、親の種もしくは既に生存している他の種とは異なるいくつかの点によって、それは与えられた環境の中でより有利に生き残ることができる――より絶滅しにくくなる。たとえば、その変種は、寒暑や気候変動により耐えることができる、自分の周囲からより上手く食物を見つけることができる、自分たちを餌とする他の種からより首尾よく逃れたり抵抗したりすることができる、異性を引きつけたり支配するのにより適している。こうして死をより回避するようになれば、この変種の数は他の種に比べて増大する。そして、この数の増大が他の種の絶滅に向かう。ダーウィンが「自然淘汰 (Natural Selection)」と名づけたこの理論は、最適者生存 (survival of the fittest) の理論とも呼ばれる。この理論がこのように記述する自然過程が進化と呼ばれる。そして、進化とは低次のものから高次のものへの進化を意味すると考えるのはごく自然な成り行きであった。事実、普通にはより高次だと呼ばれている一つの種――ヒトという種――は、このようにして生き残ってきたと考えられている。進化学説は、いかにして高次の種が低次の種よりも生き延び生き残るか、その説明として提出される。たとえば、スペンサーは終始「より進化している」を「より高次である」と等価な言い回しとして使用している。しかし、この言い回しがダーウィンの科学理論のどこにもないことに注目しなければならない。ダーウィンの理論は、環境の変化（たとえば、地球の寒冷化）によって、人間とはまったく異なる種、たとえばきわめて低次だとわれわれの考える種がわれわれより生き延びうる事情を同様にうまく説明する。最適者生存は、善い目標を実現するのに最適なもの――善い目的にもっともよく適合するもの――の生き残りを意味すると考えられているが、実はそうではない。それが意味するのは、生き延びるのに最適のものが生き残るということだけである。ダーウィンの科学理論は大きな価値をもつが、その価値はある生物学的な結果を生む原因が何であるかを示すことにある。これらの結果が善いか悪いかを判定するなどということはありえない。

31　しかし、ここで、スペンサー氏が進化の倫理学への適用について語っていることに耳を傾けることにしよう。

スペンサー氏は次のように言う(3)。「私はこれまでの二つの章で述べられた主要な命題に立ち帰る。その命題は完全に正しいと考える。ところで、倫理学の扱う行動は行動全般の部分であるから、この部分を理解しうるには行動全般を一般的に理解しておかなければならない。さらにまた、行動全般を理解するためには行動の進化を理解しておかなければならない。この真理に導かれて、倫理学は一般的行動がその進化の最終段階でとる形態を主題とすることが明らかとなる。われわれはまた、行動の進化におけるこれらの最終段階は数の増大によってますます仲間たちと共存することを余儀なくされた生物の最高の(4)類型によって示される段階である、という結論に達する。そこから、諸々の活動が、ますます平和的になり、ますます産業化して、相互に侵害したり妨害したりする必要をなくし、協同と相互扶助と両立し、それによって推進される活動となるのに比例して、行動は倫理的是認を得るという系(5)が導出された」。

「われわれは今や、進化‐仮説のこのような含意が、人々が別の仕方で到達した指導的な道徳的諸理想と調和するのを認める」。

さて、最後の文章を厳密に受け取るならば——この文章に先行する諸命題が進化‐仮説の含意であるとスペンサー氏が本気で考えているとするならば——、彼が自然主義の誤謬を犯していることに疑いの余地はない。進化‐仮説が語るのは、ある種類の行動が他の種類の行動よりも進化しているということだけである。事実、スペンサー氏が当該の二つの章で証明しようとしたのはこのことだけである。それにもかかわらず、この仮説が証明したことの一つは、ある特性を示すのに比例して行動は倫理的是認を得るということであると語る。しかし、彼が証明しようとしたのは、そのような特性を示すのに比例して行動はより進化しているということだけである。そうであれば、スペンサー氏が倫理的是認を得ることをより進化していることと同一視していることは明らかである。彼の言葉を厳密に読み取るならばそうなる。しかし、スペンサー氏の言い回しはきわめて不正確である。ほどなくして、その言い回しがここで含意している見解を誤りと見なしているらしいことが判明する。したがって、「より善い」の意味が「より進化している」にほかならないという見解も、また「より進化している」ものはそれ故に「より善い」という見解さえも、スペンサー氏の確かな見解と見なすことはできない。しかし、彼がこのような見解に左右されており、それ故、自然主義の誤謬に影響されていると主張することはできる。このような影響を想定することによってのみ、われわれは、彼が実際に証明したことに関する彼の混乱を説明することができる。また、彼が証明したと言っていること、つまり、より進化している行動がより善いということを証明した形跡がないことも説明できる。それ故、「倫理的是認」が「進化」に比例するとか、もっとも進化した行動を示すのは生物の「最高の」類型であるとかということを提示する試みを探してみても無駄である。しかし、スペンサー氏の結論はそうしたことが真実だというものである。彼は、これらの命題がどれほどの証明を必要とするか——「より進化している」が「より高次である」や「より善い」といかに異なっているか——、ということに十分気づいていない。もっとも、より進化しているものがより高次でもあり、より善くもある、ということが真であることもある。しかし、スペンサー氏は、一方を主張することが他方を主張することとどんな場合でも同じであるわけではない、ということに気づいていない。彼はある種類の行動が「より進化している」ことを詳細に論じている。そして、それらの行動が進化の程度に比例して倫理的是認を得るということを証明したと告げる。しかし、そのとき、この証明におけるもっとも本質的な過程を省略していることに何の注意も払っていない。これが、その過程がいかに本質的であるかについて彼が無知であることの十分な証拠である。

32　スペンサー氏自身の非がどの程度のものであるにせよ、たった今述べたことは、倫理学が進化に「基づく」と明言する人々によって絶えず犯される、その種類の誤謬を説明するのに役立つであろう。だが、スペンサー氏が別の箇所でもっとも強く推奨している見解はまったく違った見解である。これを急いで付け加えなければならない。スペンサー氏を誤解しないために、簡単にこの見解に触れておくことが有益であろう。それが有益なのは、一つには、この見解と先ほど述べられた「進化論的」見解との関係について、スペンサー氏の言明には明晰さが欠けているからであり、もう一つには、この見解においても彼は自然主義の誤謬に影響されているという嫌疑がかけられる理由があるからである。

スペンサー氏が、彼の著書の第二章の終わりで、自分は既に行動のいくつかの特性がその行動の倫理的価値の基準となることを証明したと述べているらしいということはわれわれの知るところである。ただし、行動の進化を考察することだけでこれを証明したと考えているらしい。しかし、「より進化している」が「倫理的により善い」のまったくの同義語であるとわれわれが理解することができなければ、そのような証明が与えられたことにはならない。彼が請け合うのは、「人々が別の仕方で到達した指導的な道徳的理想とそれが調和する」ということを示すことによって、この確定した結論を確認することだけである。しかし、第三章に目を転ずると、彼が実際にはまったく違った主張をしているのがわかる。そこで彼は、「行動がより進化している程度に比例してより善い」という結論を立証するためには、まったく新しい証明が必要であると言う。しかし、この結論は、ここではじめて提出される命題が真でなければ――生が全体として快いという命題が真でなければ――偽となる。しかも、人類の「指導的な道徳的諸理想」が支持するとされる倫理的命題とは、結局のところ「(不快な感情に)余りある快い感情をもたらすかもたらさないかに応じて、生は善いかそれとも悪いか、そのいずれかである」(第一〇節)というものである。とすれば、ここでのスペンサー氏は、倫理学に関しては、進化論者ではなく快楽主義者であることになる。いかなる行動も、それがより進化しているからより善いのではない。進化の程度は、せいぜい倫理的価値の一つの基準でありうるということでしかない。しかも、より進化しているものが全体から見て常により快いものであるというきわめて困難な一般化を証明することができる場合に限って、それは一つの基準となる。ここで、スペンサー氏が「より善い」と「より進化している」との自然主義的な同一視を拒否していることは明らかである。しかし、彼は別の自然主義的な同一視――「善い」と「快い」との同一視――に影響されていることはありうる。多分、スペンサー氏は自然主義的な快楽主義者なのである。

33

スペンサー氏自身の言葉を吟味してみよう。彼はこの第三章の冒頭で、「自分においてであれ他人においてであれ、生に寄与する行為を善い、特殊的であれ一般的であれ、直接もしくは間接に死へと向かう傾向のある行為を悪い」(第九節)とわれわれが呼んでいることを示そうと試みている。そして、それらの行為をそう呼んでいるとき「何らかの仮定が立てられているか」と彼は問う。そして、「然り」と彼は答える。「きわめて重要な仮定――あらゆる道徳的評価の根底にある仮定――が立てられている。いかなる倫理学的な議論であれ、それを始める前に明確に提起され答えられるべき問いは、最近大いに人々の関心を呼んでいる――人生は生きるに値するかという――問いであり、われわれは厭世主義者の見解を採るか、それとも楽天主義者の見解を採るか、という問いである。……行為の善悪に関するすべての決定は、この問いに対する答えに懸かっている」。だが、スペンサー氏はすぐにはこれに答えないで、もう一つ別の問いを立てる。「しかし、この相容れない(厭世主義者と楽天主義者の)見解には何か共通なものがあるであろうか」。この問いにはすぐに次のように答える。「然り。厭世主義者たちと楽天主義者たちが一致する一つの仮説がある。両者とも、(不快な感情に) 余りある快い感情をもたらすかもたらさないかに応じて、生は善いかそれとも悪いか、そのいずれかであることが自明である、と考えている」(第一〇節)。三章の残り部分は、この言明の弁護に当てられる。そして最後に、スペンサー氏はこの結論を次の言葉で定式化する。すなわち、「どの学派も、満足、享楽、幸福など、どのような名称で呼ぶにせよ、感情の望ましい状態を究極の道徳目的と見なさざるをえない。ある所で、ある時に、ある生物にとって生じる快楽こそ、その概念［道徳目的］にとってなくてはならない要素なのである」(第一六節最後の箇所)。

さて、以上に関して注意を促しておきたいことが二つある。第一は、スペンサー氏が結局のところ、倫理学理論において快楽と進化の関係をどう考えているかを明確には語っていないということである。明らかに、快楽が内在的に望ましい唯一のものであり、それ以外の善いものは快楽が存在するための手段であるという意味でのみ「善い」ということを彼は意味しているはずである。快は「究極の道徳目的」である、もしくは彼が引き続き述べているように(第六二節最後の箇所)、「究極の最高目的」である、という主張の正確な意味はこれ以外ではありえない。そして、もしそうであれば、より進化している行動がより進化していない行動よりもより善いのは、ただより多くの快楽をもたらすからにすぎず、より多くの快楽をもたらすのに比例してのことにすぎないということになろう。しかし、スペンサー氏は、より進化している行動がより善いことを証明するのに次の二つの条件が同時に充たされれば、それで十分であると言う。二つの条件とは、(一) より進化した行動はより多くの生を生み出す傾向がある、(二) 生は生きるに値する、もしくは、苦に余りある快を含んでいる、というものである。そして、私が強調したいのは、この二つの条件で十分であるならば、快楽が唯一の善ではありえないということである。というのも、スペンサー氏の第二の命題が正しければ、より多くの生をうみ出すことは、より多くの快楽をうみ出す一つの仕方ではあっても、唯一の仕方ではないからである。より濃密でむらなく現存する少量の生が、「苦に余りある快を含んでいるという意味で」「生きるに値する」だけでしかない生の最大量よりも、より多くの快楽をもたらすということは大いにありうる。そしてその場合、快楽がもつに値する唯一のものであるという快楽主義の立場を採るならば、われわれは比較的少量の生を、それ故また、スペンサー氏によれば、比較的進化していない行動を選択しなければならない。したがって、スペンサー氏が真の快楽主義者であるならば、生が苦に余りある快をもたらすという事実は、彼の思惑とは違って、より進化している行動がより善い行動であることを証明するのに十分ではないことになる。もしスペンサー氏がその事実で十分であることをわれわれに理解させようとするならば、快楽についての彼の見解は、快楽が唯一の善もしくは「究極の最高目的」であるということではなく、生が苦に余りある快をもたらすという事実が最高目的に必要な要素であるということでしかありえない。要するに、スペンサー氏が主張していると思われるのは、生が苦に余りある快をもたらしさえすれば、より多量の生はより少量の生よりも決定的に善いということである。そして、この主張は快楽が「究極の道徳目標」であるという立場と矛盾する。しかしながら、スペンサー氏の含意は、等量の快楽をもたらす二つの生のうち、量の多い生が量の少ない生よりも好ましいであろうということである。もしそうであれば、彼は生の量あるいは進化の程度がそれ自体で価値の究極的な条件であると主張しなければならない。それ故、より進化しているものはより進化しているという理由だけでより善いという進化論者の命題を、より快いものはより快いという理由だけでより善いという快楽主義者の命題とともに、依然として彼はもち続けているのではないか、という疑いが晴れないのである。

しかし、われわれが問わなければならない第二の問いは、スペンサー氏には、彼が快楽に指定する地位を快楽に割り当てるどのような理由があるのか、というものである。既に見たように、厭世主義者と楽天主義者の議論はともに「(不快な感情に)余りある快い感情をもたらすかそれとももたらさないかに応じて、生は善いかそれとも悪いか、そのいずれかであることが自明であると考えている」と彼は語っている。しかも、後に「公然たると否とを問わず厭世主義者と称される人々と様々な種類の楽天主義者たちとを一緒にすればすべての人々を網羅することになるから、この仮説は普遍的に受容されることになる」（第一六節）と言って、仮説なるものを補強している。もとより、これらの言明が絶対的に偽であることは明らかである。しかし、なぜスペンサー氏はこれらの言明が真であると考えるのであろうか。しかも、より重要なことだが、なぜ彼はこの仮説それ自体が真であると考えるのであろうか。スペンサー氏自身がわれわれに語っているところでは、彼が「証明している」のは、善いと悪いの「語の適用を逆転する」と──その「結果の集合」が苦痛である行動に「善い」という語を適用し、その「結果の集合」が快適である行動に「悪い」という語を適用すると──、「不合理が生じる」（第一六節）ということである。これは「善い」という語の意味する性質が苦痛なものに実際に当てはまると考えることが不合理だからであるかどうかを、彼は述べていない。しかし、彼がそう言おうとしていると考えるにせよ、また不合理がこのようにして生じると考えるにせよ、明らかに彼が証明しているのは、苦痛なものはその限りで悪く、快適なものはその限りで善いと適切に考えられている、ということだけである。それは、快楽が「最高目的」であることを少しも証明するものではないであろう。しかも、スペンサー氏が言おうとすることの一部は自然主義の誤謬である、すなわち、彼は「快い」もしくは「快楽を生み出す」がまさしく「善い」という語の意味だと見なしており、「不合理」はこのことによると考えるべき理由がある。いずれにせよ、彼が「善い」のこの可能的な意味［「快い」］を、「善い」が独自の定義不可能な性質を表示するとされる意味から区別していないことは確かである。いや実のところ、自然主義的な快楽主義の学説が、「徳」は「幸福という言葉以外では定義することができない」という彼の言明のうちにきわめてはっきりと示されている（第一三節）。既に述べたように、スペンサー氏の言葉が何らかの明確な意味に達するための手がかりになると主張することはできないが、それはひとえに彼が一般にこれらの言葉によっていくつかの矛盾する選択肢を言い表しているからである

――自然主義の誤謬はそのような選択肢の一つである。快楽は最高目的であり、かつまたそうであると普遍的に認められている、という彼の確信に対して、スペンサー氏の与える理由をこれ以上見出すことは確かに不可能である。彼は終始、善い行動は快楽を生み出すものを意味しなければならず、悪い行動は苦痛を生み出すものを意味しなければならない、と考えているようである。したがって、快楽主義者であるとすれば、彼は自然主義的な快楽主義者であると思われる。

スペンサー氏については、このくらいにしておこう。もとより、彼の倫理学の論述が多くの興味深くかつ有益な所見を含んでいるという可能性はある。はっきり言えば、スペンサー氏がきわめて明瞭にしかもしばしば意識していた主要な見解は、快楽が唯一の善であり、進化方向を考察することが快楽の最大量を獲得する方法の最良の基準である、ということのようである。その際、もし快楽の総量が進化の総量と常に比例しているということ、かつまたどのような行動がより進化しているかということが明らかであるということを彼が立証することができるならば、この理論は社会学にとってきわめて貴重な寄与をなすことになろう。また、仮に快楽が唯一の善であるならば、それは倫理学にとってさえもきわめて貴重な寄与をなすことになろう。しかし、上述の議論で明らかになったのは、次のことである。すなわち、もしわれわれが倫理学者に求めているものが「科学に基づく」と称される倫理学であるだけではなく、学問的で組織立った倫理学であるならば、つまり、もしわれわれの求めているものが倫理学の基本的な諸原理の明晰な理論であり、なぜ一つの行為の仕方が別の行為の仕方よりも善いと考えられるべきかについての究極の理由の提示であるならば、――そのとき、スペンサー氏の『倫理学の諸事実』はこれらの要求を充たすことからは遥かに遠ざかっているということである。

34　進化論の倫理学への関係に関する有力な諸見解において何が決定的に誤っているかをはっきりと述べることが唯一残されている。――もっともスペンサー氏がどれほどそれらの見解を奨励しようとしているかは、それほ

どはっきりしない。私は「進化論的倫理学」という用語を、われわれが進むべき方向を発見するためには「進化」の傾向を考察しさえすればよいという見解に限定したい。この見解は、よく混同される他の諸見解と注意深く区別されなければならない。(一) たとえば、生物がこれまで発展してきた方向は、事実の問題として、進歩の方向であると主張される。「より進化している」は、事実の問題として、またより善いとも主張される。このような見解に誤謬は含まれていない。しかし、将来われわれがいかに行為すべきかに関する何らかの指針を与えようとすれば、より進化しているものの優越性が正確にはどの点に存するかについての長くて困難な研究が必要とされる。進化は全体的に見て進歩であるということを理由に、より進化しているものが、より進化していないものと異なるどの点においても、より善いと考えることはできない。それ故、この見解によれば、進化の過程をただ考察するだけでは、われわれの従うべき過程を知るのには不十分である。進化の異なる諸帰結の正しい評価に到達するためには――より価値のある帰結をより価値のない帰結から区別し、両者をもとの原因と変わらないか、おそらくより悪くさえある諸帰結から区別するためには――、厳密に倫理学的な議論のあらゆる手段が講じられなければならない。事実、この見解によるならば――それが進化は全体的に見て進歩であるというだけのことを意味しているならば――、いかにして進化論が倫理学にとって役立ちうるかを理解することは難しい。進化が進歩であったという判断はそれだけで独立の倫理的判断である。そして、たとえその判断が確認のために論理的に依存しなければならない詳細な諸判断のどれよりも確かで自明であると見なされようとも、詳細な諸判断をそこから導出する与件としてそれを用いることはできない。いずれにせよ、これが進化と倫理学の間に存在すると見なされる唯一の関係であったとすれば、われわれが現実にそれに認めているような重要性を進化の倫理学に対する関係に与えることはなかったであろう。(二) 既に述べたように、スペンサー氏の主要な見解であると思われるものも、誤謬を犯すことなく考えうるかもしれない。より進化しているものは、それ自身ではより善いものではないが、それに付随するものであるから、より善いものの基準となると主張しうるかもしれない。しかし、この見解にもまた、明らかに、結局何がより善いかという倫理学の基本的な問いに関する徹底した予備的な議論が必要とされる。スペンサー氏は、快楽が唯一の善であるという自分の主張を裏づける、このような議論をすっかり省略している。これを私は既に指摘しておいた。そして、このような議論を試みるならば、そのような単純な結論には達しないことをまもなく示すことになる。しかし、善いものが単純ではないならば、進化が善の基準となることを認めることができるということにはなりそうもない。われわれはひどく込み入った二組の与件の間に一つの関係を確立しなければならない。さらに、善いものが何であり、それら善いものの相対的な価値が何であるかをいったん決めてしまえば、最上のものを獲得する仕方の基準を進化論に求める必要がある、ということには到底なりそうもない。そこで再び明らかなことだが、この見解が進化と倫理学の間に存在すると考えられる唯一の関係であるとすれば、それが倫理学における進化論の重要性を正当化するとは、ほとんど誰も考えることができなかったであろう。最後に、(三) 進化はわれわれの努力のどのような結果が最善であるかを発見するのには何の助けにもならないが、何を獲得することが可能であるか、そして何がそれを獲得するための手段であるかを知るのには助けになると主張しうるかもしれない。進化論が実際にこのような仕方で倫理学に役立つかもしれないことを否定することはできない。しかし、この目立たない付随的な関係がはっきりと倫理学にのみ指定されていることが普通には認められていない。そして、進化の倫理学への関係についての誤りない諸見解ならば、それらはこの関係をほとんど重視しないであろうが、この事実だけでも二つの名称をつなぎ合わせる典型的な見解が誤った見解であることを立証することになる。私は「進化論的倫理学」という名称をこの誤った見解に限って用いようと思う。これは、それが進化の方向であるからというだけの理由で、われわれが進化の方向を進むべきである、とする見解である。自然の諸力が進化の側に加担していることが、進化が正しいことの推定根拠と解される。このような見解は、やがて取り扱う形而上学的な諸前提は(ここでは取り上げないから)除外するとしても、端的に誤っているということを私は示そうとしてきた。この見解を基礎づけることができるのは、善なるものとは自然が加担している側を意味するにすぎないという混乱した信念だけである。そして、この見解には、スペンサー氏の進化についての論述全体の中できわめてはっきりと示されているもう一つの混乱した信念が含まれている。しかし結局、進化とは自然が加担している側であろうか。スペンサー氏がその言葉に与えている意味においても、また、より進化したものがより高次であることが事実とみなされうるという意味においても、進化とは一時的な歴史過程を示すにすぎない。諸々の事物が将来も永遠に進化するであろうことを、もしくは、それらが過去において常に進化してきたことを、われわれが信じるべき理由はまったくない。というのも、このような意味での進化とは重力法則のような自然法則を表しているわけではないからである。ダーウィンの自然淘汰説はなるほど一つの自然法則を述べている。ある条件が与えられるならば、ある結果が常に起こるであろう、と。しかし、スペンサー氏が理解し、一般にも理解されているような進化は、きわめて異なったものを示している。それはただ、ある与えられた時の初期条件がたまたまある性質のものであったが故に、そのときに実際に起こった過程を示しているにすぎない。そのような条件が常に与えられるであろうとか、常に与えられてきたと、考えることはできない。全体的に見て進歩であると思われるのは、自然法則に従って、他の諸条件からではなくこれらの条件から生じるに違いない過程だけのことである。まさしく同じ自然法則——たとえばダーウィンの法則——が、他の条件のもとでは、進化ではなくて——低次から高次への発展ではなくて——退化（Involution）と呼ばれる逆の過程を必然的なものとするであろう。それにもかかわらず、スペンサー氏は絶えず、人間の発展において具体化される過程について、あたかもその過程が普遍的な自然法則の威厳をすべて持ちあわせているかのように語る。だが、その過程は一定の普遍的な自然法則をだけではなく特定の時における特定の事態の存在をも必要とする一時的な偶然事とは別物である、と信じるべき理由はない。特定の状況と関わる唯一の法則は、他の状況のもとではわれわれに人間の発展ではなく人間の絶滅を推論することさえ許すであろうことは、確かである。そして、状況が常にさらなる発展に有利であろうということ、自然が常に進化の側に加担するであろうということ、このことを信じるべきいかなる理由もない。かくして、進化が倫理学に重要な光を投ずるという考えは、二重の混乱によっていると思われる。われわれが進化の過程を尊重しがちなのは、それが自然法則として提示されているからである。しかし、他方で、われわれが自然法則を尊重する姿勢は、この望ましい過程が自然法則の一つであると考えることがなければ、たちまち消え去ることであろう。自然法則が自然法則であるが故に尊重に値すると考えることは、自然主義の誤謬を犯すことである。しかしおそらく、もし尊重に値する何かあるものが一つの自然法則として提示されることがなければ、誰一人自然主義の誤謬を犯したいなどという気にはならないであろう。自然が善なるものの味方をすると想定するための証拠などはないということがはっきりと認められるならば、おそらくそのような証拠が必要とはされないという他の根拠によれば明白に偽である意見を抱くような傾向は減少するであろう。そして、両方の誤った意見がともに偽であることがはっきりすれば、進化が倫理学に対して言うべきことが、本当のところほとんど何もないことが明白となるであろう。

35

本章で私はいくつかの倫理学説の批判に着手したが、それらの倫理学説はその影響力を主として自然主義の誤謬――われわれが「善い」によって意味する単純な観念を他の観念と同一視［混同］することに由来する誤謬――に負っていると思われる。それらの学説は、何がそれ自体において善であるかをわれわれに提示すると断言する。それらの学説に対する私の批判が主に目指したのは、（一）それらの見解が唯一の善であると言明するものが本当にそうであると考えるべき理由がないという否定的帰結を引き出すことであり、（二）倫理学の基本原理はどのようなものがどの程度「内在的価値」もしくは「善さ」と呼ばれうるような単純で分析不可能な性質を所有しているかを言明する総合命題でなければならないという既に第一章で立証されている肯定的帰結をさらに敷衍することである。本章は、（一）批判されるべき諸見解を、（a）「善い」が何らかの超感覚的実在に照らして定義されると考えて、唯一の善はそのような実在のうちに認められるべきであると結論づける見解、それ故に「形而上学的」と呼ばれうる見解と、（b）類似の地位を自然的対象に割り当てる見解、それ故に「自然主義的」と呼ばれうる見解とに分類することから始められた。自然主義的な諸見解の中で、「快楽」を唯一の善と見なす見解は、もっとも詳細にかつ本格的に論じられてきているので、改めて第三章で取り扱うことにする。自然主義の他の形態はすべて、典型的な例を取り上げることによって、簡単に片付けることができる（第二四―第二六節）。（二）快楽主義以外の自然主義的見解の典型として、第一に通俗的に推奨される「自然的」なものが取り上げられた。「自然的」によってここでは「正常」か「必要［必然的］」かのいずれかが意味されていること、並びに「正常」なものも「必要［必然的］」なものも常に善いともそれだけが善いものであるとも本気で考えることができないということが指摘された（第二七―第二八節）。（三）しかし、体系たりうると主張するが故により重要な典型が「進化論的倫理学」に認められうる。「より善い」が「より進化している」を意味するという誤った見解の影響が、スペンサー氏の倫理学の検討によって明らかにされた。そして、この見解の影響がなければ、進化が倫理学に対して重要な関係をもつことなどほとんど考えられなかったであろうということが指摘された（第二九―第三四節）。

原注

（1）『愛について』(Erotes, 436-7)。

（2）次の文献を参照。M.Guyau, *Esquisse d'une Morale sans Obligation ni Sanction*, 4me édition. Paris: F.Alcan, 1896.

（3）H.Spencer, *Data of Ethics*, Chap. II, §7, ad fin.

（4）傍点（原文イタリック）はムアによる。

（5）同上。

第三章　快楽主義

36

本章では、あらゆる倫理学原理の中でもっとも有名であり、もっとも広く主張されている原理——快楽以外のいかなるものも善ではないという原理——を考察しなければならない。私がここで、この原理を扱う主な理由は、既に述べたように、快楽主義（Hedonism）は概して自然主義的倫理学の一形態であるようにみえるからである。言い換えると、快楽が唯一の善であると非常に一般的に主張されてきたのは、ほとんどまったく、快楽が何らかの形で「善」の定義に含まれる——まさにその語の意味そのものによって示される——と思われたからである。もしそうであるとすると、快楽主義の普及は、主として私が自然主義の誤謬と呼ぶもの——善によって意味される独特で定義不可能な性質を明瞭に識別できなかったこと——に基づいている。われわれは、このことを強力に支持する証拠を、次の事実のうちに見出すのである。すなわち、すべての快楽主義者の中で、シジウィック教授だけが、「善い」によって、われわれが分析できないあるものを意味していることを明瞭に認め、快楽主義が真であるならば、その主張はこの自明性にのみ基づかなければならないこと——「快楽（pleasure）が唯一の善である」は、直覚（*intuition*）によって直接に把握されなければならないこと——を強調したという事実である。シジウィック教授にとって、彼が直覚主義の「方法」と呼ぶものは、功利主義（Utilitarianism）や利己主義（Egoism）の「方法」と並んで、その基礎として正しいものとして保持されなければならないということは、新しい発見であるように思われた。このことが新しい発見であったということは、ほとんど疑いようがない。彼に先立つ快楽主義者たちの中で、彼らの基本的命題には、ある独特な述語が存在者の中では快楽だけに属していることが直接に見出される、という想定が含まれるという事実を、首尾一貫して認めた人はいない。彼らは、この真理があらゆる他の真理から完全に独立していなければならないことに気づいていたならば、必ずそのことを強調したであろうが、実際にはそうしていないのである。

さらに、この独特な地位が、先の想定を意識することなく、快楽にいかにして与えられたかを知ることは容易である。快楽主義は、十分に明白な理由により、倫理学について思索し始める人が自然にたどりつく最初の結論である。われわれがいろいろなもの（ものごと）に快楽を感じるという事実に気づくことは容易である。人間が享受するものと享受しないものとは、明らかに二つの種類をなしている。われわれの注意は絶えずそこに向けられている。しかし、あるものを是認する (*approve*) という事実とそのものに快楽を感じるという事実を区別することはかなり困難である。その二つの心の状態を考えてみると、われわれはそれらが一般には相伴うにもかかわらず、異なることを知るに違いない。だが、それらがどのような点で異なっているか、あるいはその相違が、さまざまな種類の享受の間で生じ、非常に明白であるにもかかわらず分析することが難しい他の多くの相違よりも、どのような点で一層重要であるかを知ることはきわめて困難である。われわれは、あるものを「是認すること」によって、そのものがある述語——すなわち、倫理学の特有の領域を規定する述語——をもつと感じることを意味するが、あるものの享受には、そのような独特な思考対象が含まれないということを知るのはきわめて困難である。最近の倫理学の書物[1]の中に見出される通俗的な誤謬ほど自然的なものはない。すなわち、「第一次的な倫理的事実とは、既に述べたように、あるものが是認されるか、または否認されるということである。言い換えれば、感覚、知覚、観念によるある出来事の観念の表示には、快楽ないし苦痛の感じが伴うということである」。日常の会話では、「私はこれを欲する」「私はこれを好む」「私はこれに関心がある」と言うことは、常に「私はこれを善いと思う」と等価なものとして用いられている。

このようにして「享受されるもの」という種類以外に、倫理的判断の異なった種類はないと考えるようになるのは、非常に自然なことであろう。このことは、われわれが享受するものを常に是認するわけではないという、普通ではないが非常に明白な事実にかかわらず、そうなのである。もちろん、「私はこれを善であると考える」が「私はこれに快楽を感じる」と同一であるという想定から、快楽のみが善であるということが論理的に推論されないことはきわめて明らかである。しかし他方において、そのような想定からどのようなことが論理的に推論されるかを知ることは、非常に困難であるが、そのような推論を思いつくことは、ごく自然なことだと思われる。この主題について普通に書かれたものを、ほんの少しでも吟味すれば、このような論理的混乱は、非常によくあることがわかるであろう。さらに、自然主義の誤謬を犯すということは、その誤謬を犯す人々が「これは善である」という命題の意味を明瞭に認識していないこと――彼らはこの命題をこれに類似しているようにみえる他の命題から区別することができないということ――を含んでおり、この場合にはもちろん、その命題の論理的関係を明瞭に把握することは不可能である。

37　それ故快楽主義は、一般に自然主義の一形態である――それが受け入れられるのは、一般に自然主義の誤謬による――と考えるのには、十分な理由がある。確かに、われわれが快楽主義に対して先に述べた「快楽以外のいかなるものも善ではない」という厳密な定義を与えることができるのは、われわれが「善」によって意味される独特な対象にはっきり気づくようになり、この自然主義の誤謬を見抜いたときだけである。それ故、私が快楽主義の名称のもとにこの説を攻撃すると、今まで実際に主張されたことのない説を攻撃していると反対されるかもしれない。しかし、自分がどのような説を述べているのかをはっきり意識しないで、その説を主張することは非常によくあることである。快楽主義者たちが快楽主義を支持して論ずるときに、私は、彼らの議論を正当と考えるためには、彼らは私が先に定義した説とは違ったものを心の中に思い描いていなければならないことを認めるけれども、彼らの結論を引き出すためには、彼らは私が先に述べた説をもまた心のなかに思い描くことが必要なのである。事実、私が「快楽以外のいかなるものも善ではない」という命題を論駁するならば、歴史上の快楽主義を論駁したことになると考えてよいかと言えば、快楽主義者たちが彼らの原理をこの形で述べたことはめったにないし、この形では確かにその原理が真であることは、彼らの議論から導かれない。しかし、彼らの倫理学的方法は論理的にはこの原理以外のものからは導かれないであろう。快楽主義の方法が、他の方法では知ることのできなかった実践上の諸真理を明らかにすると主張するには、それは、悪を差し引いた善の最大の残量をもたらす一連の行動が、確かに正しい行動であるという原理に基づいていなければならない。そして一般には与えようと試みられない証明であるが、悪を差し引いた善の最大の残量は常に他の善の最大量に合致するという絶対的な証明はできないので、その原理は快楽が唯一の善であるときにのみ正当化されることになる。確かに、快楽主義者たちは論争中の実践的諸問題において、あたかも快楽が唯一の善であるかのように論ずるという特徴をもつことは、ほとんど疑いようのないことである。諸理由のうちで、とりわけこの理由によって、これを快楽主義の倫理学的原理とみなすことが正当化されることは、本章の全体の議論によって一層明らかにされるであろう、と私は思うのである。

　こうして私は、快楽主義によって、快楽のみが目的として善である――私が定義不可能なものとして示そうとしてきた意味において「善」――という説を意味する。他のいろいろなものの中で、快楽が目的として善である、という説は快楽主義ではない。私はそれが真であることに異議を唱えるつもりはない。さらに、快楽と並んで他のものも手段として善であるという説は、快楽主義と何ら矛盾するものではない。つまり、快楽主義者は善なるもののうちに、一般に行われているように、目的それ自体としての善だけでなく、目的への手段としても善を含ませるので、「快楽のみが善である」と主張する必要はない。それ故私は、快楽主義を攻撃するとき、「快楽のみが目的として、またはそれ自体として善である (Pleasure *alone* is good as an end or itself.)」という説を攻撃しているだけである。私は「快楽が目的として、またはそれ自体として善である」という説を攻撃しているわけではないし、快楽あるいはそれ以外の目的を得るために、われわれが取りうる最善の手段は何か、ということに関する何らかの説を攻撃しているわけでもない。一般に快楽主義者たちが勧める行為は、私が勧めるはずの行為と非常によく類似している。私は、彼らの実践上の諸結論の多くについて争うつもりはない。彼らがそれらの結論を擁護しうると考えている諸理由についてのみ、異議を唱えるのである。彼らの結論の正しさが、その原理の正しさを推論する何らかの根拠となる、ということをきっぱりと否定する。正しい結論は誤った推論によっていつでも得られるであろう。快楽主義者がよき人生を送り、有徳な処世法をもつからといって、彼の哲学的倫理学も善であるという確信を絶対に与えるものではない。私が関心をもつのは彼の倫理学だけである。つまり、私が問題にするのは、人間として、あるいは道徳の教師としての彼の品性の卓越性ではなくて、彼の推論の卓越性である。私の主張は、取るに足らないものと考えられるかもしれないが、そのことは、私の言うことが正しくないと考える根拠とはならない。私が関心をもつのは知識のみである――すなわち、われわれは正しく考えるべきであって、そうすれば取るに足らないことであっても、何らかの真理に達する――ということである。私は、そのような知識がわれわれを一層社会に役立つ成員にするであろうとは言わない。もしある人が知識のための知識を好まないならば、私はその人に何も言うことはない。ただし、私の言うことに関心がないということは、私の言うことを真でないとみなす根拠になる、と考えられるべきではないのである。

38

そこで、快楽主義者たちは、行為であれ徳であれ知識であれ、また生命であれ自然であれ美であれ、快楽以外のすべてのものは、快楽への手段としてあるいは快楽のためにのみ善であり、決してそれ自体のために、あるいは目的そのものとして善ではないと主張する。この見解は、ソクラテスの弟子であるアリスティッポス、および彼が創設したキュレネ学派によって主張された。それはエピクロスとエピクロス主義者に結びついている。またその見解は、近代では主として自らを「功利主義者」と呼ぶ哲学者たちによって――たとえば、ベンサムとミルによって主張された。既にみたように、ハーバート・スペンサーもその見解を抱いていると述べている。そして後にみるように、シジウィック教授もまたその見解を主張している。

しかし、既に述べたように、これらの哲学者たちは、快楽主義によって何を意味しているかということについても、またそれを真なる説として受け入れる理由についても、お互いに多かれ少なかれ、意見を異にしている。それ故明らかに問題は、最初に思われたほど単純なものではない。私の目的は、その理論が厳密なものとされ、その概念から混乱と矛盾がすべて取り除かれたとき、その理論がどんなことを含意しなければならないかを明瞭に示すことである。このことがなされるとき、私は、その理論を真であるとみなすために、与えられるすべての理由が、本当はまったく不適切であることが明らかになると思う。つまり、それらは快楽主義を支持するための理由ではなくて、それと混同されている他の説を支持する理由でしかないことが明らかになると思う。この目的を達成するために、私は、最初に『功利主義論』の中で述べられているミルの説を考察することにしたい。われわれは、ミルの思想のうちに快楽主義の一つの概念とそれを擁護する諸議論を見出すであろう。それらは大多数の快楽主義者の快楽主義の概念と議論を公正に代表するものである。それらの代表的な概念と議論に対して、重大な反論、すなわち、私には決定的であるように思われる反論がシジウィック教授によってなされている。私は、それらの反論を私自身のことばで述べるように努め、次に、シジウィック教授の一層厳密な概念と議論を考察して、それらを論駁するであろう。このことによって、われわれは快楽主義の全範囲を詳細に考察したことになる、と私は思う。この議論から、何がそれ自体において善であり、何がそうでないかを決める仕事が決して容易なものでないことが明らかになるであろう。こうして、この議論は、第一次的な種類の倫理的原理に関して、真理に到達しようと試みる際に従わなければならないよい例を与えるであろう。とりわけ、方法に関する二つの原則が絶えず心に留めておかれなければならないように思われる。すなわち、（一）自然主義の誤謬を犯してはならないこと、（二）手段と目的との区別が守られなければならないこと、である。

39

次に私はミルの『功利主義論』の検討から始めようと思う。この書では多くの倫理的原理と方法に関して、ことのほか明白で公正な議論がなされている。ミルは、あらかじめ多くの反省をすることなく倫理の諸問題に取り組む人々が簡単に犯しがちな単純な誤謬を少なからず暴いている。しかし、私がここで関心をもつのは、ミル自身が犯したようにみえる誤謬であり、しかも快楽主義の原理に関する限りでの誤謬である。その原理がいかなるものであるかを繰り返し述べることにしたい。その原理とは、既に述べたように、快楽こそわれわれが目指すべき唯一のものであり、目的としてあるいはそれ自体のために善である唯一のものであるということである。そこでわれわれは、ミルの立場にもどって、争点となっている問題を、次のように述べることを、彼が承認するか否かを検討してみよう。ミルは最初に「快楽および苦痛の不在が目的として望ましい (desirable) 唯一のものである」（一〇頁）[2]と述べ、さらに、議論の最後のところで「あるものを（そのもののもたらす結果のためではなく）望ましいと考えることと、そのものを快いと考えることは同一のことである」（五八頁）と言っている。この二つの言明を一緒に考え、しかもそこに現れている若干の混乱を問題にしないとすれば、これらの言明は、私が先に述べた原理を含意しているように思われる。したがって、もし私が、これらの言明に対して、ミルの与えた諸理由がこれらの言明を証明していないことを示すことに成功するならば、少なくとも私が影と戦ったり、あるいはわらの人形を壊すために戦ったのではないことが認められることであろう。

ミルは、第一の言明において、「快楽」ということに「苦痛の不在」をつけ加えているが、第二の言明においては、つけ加えていないことが目につくであろう。この点で一つの混乱が見られるが、われわれはこの点を問題とするつもりはない。私は、議論を簡単にするために、「快楽」についてのみ述べることにしたい。しかし、私の議論は「苦痛の不在」にも、なおさらよく当てはまるであろう。必要な置き換えをすることは容易である。

さて、ミルは「幸福は目的として望ましいものであり、しかも望ましい唯一のもの[3]であり、他のものはすべてその目的への手段としてのみ望ましいだけである」（五二頁）と述べている。そして幸福を既に「快楽および苦痛の不在」（一〇頁）と定義している。だが、彼はこの定義を任意的なことばの定義以上のものであるとは述べていない。そうである限り、私はそれに反対するつもりはない。そこで彼の原理は、もし私が「快楽」と言うとき、その語の中に「苦痛の不在」を含めること（必要である限り）が許されるならば、「快楽が望ましい唯一のものである」ということになるであろう。それでは、ミルがこの原理を真であると考えた理由は何であろうか。彼は、先に（六頁）次のように述べている。「究極目的にかかわる問題は、直接の証明を行うことができない。善であると証明されるものは、証明なしに善と認められるものへの手段であることが示されなければならない」。私はこのことについてはまったく同じ意見である。実際、第一章の主な目的は、このことがそうであることを示すことであった。目的として善であるものはすべて、証明なしに善として認められなければならない。ここまでは、われわれは意見が一致している。ミルは、私が第二章で用いたのと同じ例を用いてさえいる。彼は「健康が善であるをどうすれば証明できるか」、「快楽が善であるということに、どんな証明を示すことができるか」と言っている。さらに、功利主義の原理の証明を扱っている第四章において、ミルは上述の言明を、次のようなことばで繰り返している。「究極目的に関わる問題は、その語の普通の意味では証明できないことは、既に述べられた」（五二頁）と言っている。同じ段落の中で、「目的に関する問題は、言い換えれば、どのようなものが望ましいかという問題である」と続けている。私がこれらの言明を繰り返し引用したのは、もしそうしなかったならば、疑われたかもしれないこと、すなわち、ミルが「望ましい」あるいは「目的として望ましい」という語を「目的としての善」という語とまったく同等なものとして用いていることが明らかになるからである。そこでわれわれは、次に快楽のみが目的として善であるという説を支持するために、ミルがいかなる理由を提出しているかを考察しなければならない。

40 「目的に関する問題は、言い換えれば、どのようなものが望ましいかという問題である。功利主義とは、幸福が目的として望ましいものであり、しかも望ましい唯一のものであり、他のものはすべてこの目的の手段としてのみ望ましいものである、という説である。この説の主張を信ずべきものとして立証するためには、いかなることが必要であろうか——この説の充たすべき条件としては、いかなるものが必要であろうか——」、とミルは言う（五二—五三頁）。

「あるものが見える (visible) ということに対して与えられうる唯一の証明は、人々が実際にそれを見る (see) ということであり、ある音が聞こえるということの唯一の証明は、人々がその音を聞くということである。そしてわれわれの経験の他の源泉についても、同じことが言える。同様に、あるものが望ましい (desirable) ということを示す唯一の証拠は、人々が実際にそれを望んでいる (desire) ということでしかない、と私は思う。もしも功利主義が提示する目的が、理論上も実際上も、目的として認められないならば、何をもってしても、それが目的であることを誰にも確信させることはできないであろう。なぜ一般的幸福が望ましいかについては、誰もが獲得できると信じている限り、自分自身の幸福を望むという以外には、どんな理由も挙げることができない。しかし、このことは事実であるから、われわれは幸福が善なるものであること、すなわち、各人の幸福はその人にとって善なるものであり、したがって、一般的幸福はすべての人の総体にとって善なるものであるということについて、事情の許す限りの証明だけでなく、要求できるすべての証明をもっているのである。幸福は、行為の諸目的の一つとして、したがって、道徳の基準の一つとしての資格があることを立証したのである」。

これでもう十分である。これが私の第一の論点である。ミルは誰もこれ以上に望むことができないほど素朴にまた無邪気に自然主義の誤謬を犯している。彼の言うところによれば、「善い」とは「望ましい」ということであり、何が望ましいかということは、実際にどんなものが欲求されているかを知ることによってのみ、見出すことができる。

もちろん、このことは快楽主義を証明する一つの段階にすぎない。というのは、ミルが続けて述べているように、快楽以外の他のものも欲求されるかもしれないからである。快楽が欲求される唯一のものであるかどうかは、ミル自身が認めているように（五八頁）心理学的な問いであり、われわれはまもなくこの問題を考察するであろう。倫理学にとって重要な段階は、今まさに提示された段階、すなわち、「善」とは「欲求される」を意味することを証明しようとする段階である。

さて、この段階でのミルの誤りはきわめて明白なので、ミルがどうしてそれに気がつかなかったのかまったく不思議である。「望ましい (desirable)」ということは、実は「見える (visible)」ということが「見られうる (able to seen)」を意味するように、「望まれうる［あるいは欲求されうる］(able to be desired)」という意味ではない。望ましいものとは、単に望まれるべきもの (what *ought* to be desired) あるいは望まれるに値するもの (what *deserves* to be desired) を意味する。それはちょうど、嫌悪すべきものが嫌われうるものではなくて、嫌われるべきものを意味し、憎むべきものが憎まれるに値するものを意味するのと同じである。ここで、ミルは「望ましい」という語にかこつけて、彼が明白に理解しておくべき観念そのものをひそかに導き入れたのである。なるほど、「望ましい」とは「欲求することが善であるもの」を意味する。しかしこのことが理解されるとき、それについてわれわれがなしうる唯一の吟味は、何が実際に欲求されているかという主張は、もはやそのもっともらしさを失うであろう。祈禱書には善い欲求 (desires) について述べられているが、それは単に同語反復にすぎないか。また悪い欲求もありうるのではないか。それどころか、われわれはミル自身が「欲求のより善く、より高尚な対象」（一〇頁）について、あたかも結局欲求されるものは、事実それ自体としての善なのでなく、欲求される量に応じて善であるかのように語っていることを見出すのである。さらに、望まれるものが事実上善なるものであるとすれば、そのとき善なるものは事実上われわれの行為の動機であることとなり、そこでは、ミルが苦労して行っているような、善なることをする動機を見出すという問題は生じないことになる。もし「望ましい」についてのミルの言明が真であるとすれば、行動の規則は、その動機と混同されることがありうるという彼の言明（二六頁）は真でないことになる。というのは、彼によれば、その場合、行動の動機は、事実上まさにそのことによって行動の規則となるはずだからである。この二つの間には区別がありえず、それ故、混同も生じえないはずである。したがって、ミルは明らかに自己矛盾を犯していることになる。以上、私が示そうとしてきたのは、自然主義の誤謬を犯すことから生じるに違いない矛盾の実例である。私はこの問題についてこれ以上述べる必要はないと思う。

41

　こうして、ミルが彼の快楽主義を確立しようとする試みの第一段階は、まったく誤りである。ミルは善なるものと欲求されるものとが同じであることを立証しようとしたが、それは、「望ましい」という語について、そこでは欲求することが善であることを指し示しているその語の本来の意味と、もしもその語が「見える」のような語と類似するとすれば、それがもつであろう意味とを混同することによってなされているのである。もし「望ましい」が「善い」と同じである場合と、それが「欲求される」と同じである場合とでは、その意味は異ならなければならない。しかも欲求されるものは必然的に善であるというミルの主張が成り立つためには、「望ましい」という語のこの二つの意味が同一であることが絶対に必要である。もし彼がこの二つの意味が同じであると考えるならば、彼はどこかで自己矛盾を犯していることになるし、もし同じではないと考えるならば、快楽主義についての彼の証明における第一段階は、まったく価値のないことになってしまうのである。

　しかしわれわれは、次に第二段階について考察しよう。ミルは、善なるものとは欲求されるものという意味であることを証明したので、さらに快楽のみが善であるということを証明しようとするならば、快楽のみが実際に欲求される唯一のものであることを証明しなければならない。「快楽のみがわれわれのすべての欲求の対象である」という説は、シジウィック教授が心理学的快楽主義（Psychological Hedonism）と呼んでいるものである。今日では多くの著名な心理学者が一致してこの説を否定している。しかしこの説は、ミルの自然主義的快楽主義(Naturalistic Hedonism)の証明においては必要な一段階である。しかもそれは、心理学や哲学を専門としない人々によってごく普通に認められているので、私はこの説をかなり詳しく考察することにしたい。ミルは、この説をこのようなむき出しな形で主張しているわけではない。彼は快楽以外の他のものも欲求されることを認める。このことを認めることが直ちに彼の快楽主義に矛盾することになる。彼がこの矛盾を避けようとする方策の一つを、われわれはのちに考察するだろう。しかし若干の人々は、そのような方策は必要でないと考えるかもしれない。すなわち、ミルがこのような致命的なことを認めてしまったのは、逆説的に見えるかもしれないというまったく取るに足らない恐れのためである。他方彼らは、真理とみなすものを守るために、自らの確信を貫く勇気をもち、どのような逆説におちこもうとも恥じることはない、と言うかもしれない。

42

さてわれわれは、快楽がすべての欲求の対象であり、人間のあらゆる活動の普遍的目的であると主張されていると想定してみよう。人々は普通快楽以外の他のものも欲すると言われていることは否定できない、と私は思う。たとえば、われわれは通常食べものや飲みものを欲するとか、さらに金銭、賞賛、名声を欲するとか言う。そこで問題は、欲求および欲求の対象が何を意味するのかということである。欲求と呼ばれるものと快楽と呼ばれるものとの間には何らかの必然的ないし普遍的関係があると主張されていることは明らかである。問題は、この関係がどのような種類のものであるか、この関係は先に述べた自然主義の誤謬と結び付けられた場合、はたして快楽主義を正当化するか、ということである。さて、私は快楽と欲求との間に何らかの普遍的関係があることを否定するつもりはない。しかし、そういう関係があるとしても、それは快楽主義に有利になるよりは不利になるような種類の関係であることを私は示したい。快楽は常に欲求の対象であると主張されている。そして私は快楽が常に少なくとも部分的には欲求の原因であることを認める。しかし、この対象と原因との区別は非常に重要である。この二つの見解はともに同じことばで表現されるであろう。いずれの見解も、われわれが欲するときはいつでも、何らかの快楽の故に欲するとみなしていると言われるであろう。もし私が想定上の快楽主義者に向かって「なぜあなたはそれを欲するのか」と問うならば、彼は、彼の主張になんら矛盾なく「そこに快楽があるから」と答えるであろうし、もし彼が私に同じ問いをするならば、私も同様になんら矛盾なく「そこに快楽があるから」と答えるであろう。だがしかし、この二つの答えは、同じことを意味しないであろう。まったく異なる事実を示すのに、同一のことばをこのように用いることこそ、ミルの自然主義の誤謬の原因であったし、それと同様に、心理学的快楽主義がしばしば主張される主な原因である、と私は思う。

「欲求（desire）」と呼ばれる心理状態を分析してみよう。その名称は、通常いまだ存在していない何らかの対象あるいは出来事の観念がわれわれの心のうちに浮かんでいる状態を指している。たとえば、私がコップ一杯のポートワインを欲していると想定しよう。私はまだそれを飲んでいないけれども、一杯のワインを飲むという観念を思い浮かべている。それでは、快楽はどのようにしてこの関係に入ってくるのか。私の説では、それは、次のようにして入ってくる。すなわち、それを飲むという観念が私の心の中に快楽の感情を生じ、その感情が「欲求」と呼ばれる初期の活動の状態を生み出すのである。それ故、私がまだ飲んでいないワインを欲するのは、私が既にもっている快楽——単なる観念によって引き起こされた快楽——のためである。私はこの種の快楽、すなわち、現実の快楽が常にすべての欲求の原因の中にあり、しかもすべての欲求のみならず、意識的なものであれ無意識的なものであれ、あらゆる心の活動の原因のうちにあることを認めようと思う。私は、このことを認めようと言ったが、それが真なる心理学説であると断言できないからである。しかしともかく、それは一見したところまったく不合理だというようなものではない。それでは、他の説、すなわち、先に主張されていると私が想定したところの、またミルの議論に欠くことのできない説とは、どのようなものであろうか。それは、私がワインを欲するとき、私が欲するのは、ワインではなく、ワインから得られると期待する快楽である、という説である。言い換えれば、その説は現実のものではない快楽の観念が欲求を起こすのに常に必要であるというものである。これに対して、私の説は、快楽以外のあるものの観念によって引き起こされる現実の快楽が、欲求を起こすのに常に必要である、というものである。心理学的快楽主義者たちは、この二つの異なる理論を混同している、と私は考える。ブラッドリー氏の表現(5)によると、その混同は、「ある快い思考 (a pleasant thought)」と「ある快楽についての思考 (the thought of a pleasure)」との混同である。事実後者、すなわち、「ある快楽についての思考」が存する場合にのみ、快楽は欲求の対象あるいは行動への動機であると言われるのである。他方、ある快い思考のみが存するとき、私は、そのような場合が常にありうることを認めるが、その場合に欲求の対象であり行動への動機であるのは、その思考の対象——われわれがそれについて考えているもの——なのである。その思考が引き起こす快さは、なるほどわれわれの欲求を引き起こしたり、われわれを行動へと動かしたりするかもしれないが、われわれの目的や対象ではないし、われわれの動機でもないのである。

さて、私は、この区別は十分明らかであると思う。次にそれが倫理学的快楽主義とどのように関係するかを考察してみよう。私は、欲求の対象の観念が常に快楽の観念のみであるとは限らないことはまったく明白であると思う。第一に、われわれは、明らかにわれわれがあるものを欲するとき、常に快楽を期待していることを意識しているとは限らない。われわれは単に自分が欲するものを意識しているだけで、またそれが快楽あるいは苦痛をもたらすかを計算することなく、直ちにそれに向かうように促されることもある。第二に、われわれが快楽を期待するときでさえ、われわれが欲するものが単に快楽のみであるということは、確かにごくまれであろう。たとえば、私が一杯のポートワインを欲するとき、そこから得られると期待している快楽の観念をもつとしても、その快楽は、明らかに私の欲求の唯一の対象ではありえない。ポートワインも私の欲求の対象に含まれていなければならない。そうでなければ、私は自分の欲求によってワインではなく、にがよもぎを飲まされるかもしれないであろう。もし欲求が単に快楽のほうにだけ向けられているならば、欲求は私をワインを飲むほうに導くことはできないだろう。そしてもし欲求が一定の方向を取ろうとするときには、そこから快楽が得られると期待される対象の観念もそこに存し、われわれの活動を規制することが絶対に必要である。そこで欲求されるものは常に快楽であり、しかも快楽だけであるという理論は崩壊しなければならない。この議論の筋道から、快楽のみが善であるということを証明することは不可能である。しかし、もしわれわれがこの理論の代わりに、もう一つの真なる理論、すなわち、快楽は常に欲求の原因であるという説を採るならば、快楽のみが善であるという倫理説のもっともらしさはたちまち消えてしまうことだろう。というのは、この場合、快楽は私が欲求するものではないし、私の欲するものでもなく、私が何ものかを欲するまえに、既にもっているものだからである。私が何か他のものを欲するときに、既に私がもっているものが常にそれだけで善いものである、と誰が主張したいと思うであろうか。

43

しかしわれわれは、今やミルが「幸福は人間行動の唯一の目的である」という彼の立場を擁護するために用いた他の議論を考察してみよう。ミルは、先に述べたように、快楽はわれわれが実際に欲する唯一のものでないことを認めている。「徳への欲求は幸福への欲求ほど普遍的ではないが、しかもそれと同じくらい確かな事実である」(6)と、ミルは言う。さらに、「金銭は多くの場合、それ自体において、かつそれ自体のために欲求される」(7)と言っている。これらのことを承認することは、当然快楽は欲求される唯一のものであるが故に望ましい唯一のものであるという彼の議論にあからさまに矛盾する。それでは、ミルはどのようにしてこの矛盾を避けようとするのか。彼の主な議論は、「徳」や「金銭」や他のそのような対象は、それ自体において、かつそれ自体のために欲求されるときには、「幸福の一部」(8)として欲求される、というものである。それでは、このことはどんなことを意味するのであろうか。先に述べたように、幸福は、ミルにとって「快楽および苦痛の不在」として定義された。ミルは、それ自体において、かつそれ自体のために求められると認めている「金銭」、すなわち、現実の硬貨が快楽および苦痛の不在の一部であると言うつもりなのか。その硬貨そのものが私の心の中にあり、実際に私の快い感情の一部となっていると主張するつもりなのか。もしこのように言うことができるとするならば、すべてのことばが無用となり、あらゆるものが他のものから区別できないことになってしまうであろう。もしこの二つのもの（硬貨と快い感情）が区別できないならば、どういうことになるのであろうか。そこでは、このテーブルは実際にこの部屋と同一のものであるとか、馬車を引く馬は、事実上セントポール寺院と区別できないとか言われるだろう。また私が手にもっているミルのこの著書は、それを書くことがミルの快楽であったが故に、いまこの瞬間、彼がずっと以前に感じ、ずっと以前に消えてしまった幸福の一部であると言われることであろう。どうかしばらくの間、この軽蔑すべきたわごとが、実際にどのようなことを意味するかを考えてほしい。ミルは、「金銭は幸福への手段としてのみ望ましい」と言う。おそらくそうであろう。しかし、それからどうなるか。「ところで、金銭は疑いもなくそれ自体のために求められる」とミルは言う。「なるほど、それから」とわれわれは問う。「そうだね。もし金銭がそれ自体のために求められるならば、それは目的それ自体として望ましいものである。なぜなら、私自身がそのように言ったのであるから」とミルは言う。「なるほど。しかしあなたは、少し前に金銭は手段としてのみ望ましいと言いましたね」とわれわれは言う。「確かに私はそう言ったことを認める。しかし、単に目的への手段にすぎないものは、その目的の一部と同じものであると言うことによって、その問題をとり繕うように努めるだろう。一般の人々はおそらくそれに気づいていないだろう」とミルは言う。一般の人々はそれに気がつかなかった。しかしこのことこそ、確かにミルが行ったことである。彼は手段と目的の区別を踏みにじってしまった。しかも彼の快楽主義は、この区別を厳密に守ることを基礎として成り立っているものである。ミルがこの区別を踏みにじらざるをえなかったのは、望ましいものという意味における「目的」を、欲求されるものという意味での「目的」から区別しなかったからである。それにもかかわらず、この区別は、いま問題にした議論と彼の書物全体がともに前提している区別なのである。このことは、自然主義の誤謬の一つの帰結である。

44

さて、ミルにとって、これ以上彼自身のためにましな言い分はないであろう。彼の二つの基本的命題は、彼自身のことばによると、「ある対象を望ましい（そのもののもたらす結果のためではなく）と考えること、それを快楽と考えることとはまったく同じであること、さらにあるものをその観念が快い度合いに比例することなく欲求することは、物理的にも心理的にもありえない」[9]ということである。われわれは、これらの言明がともに、先に述べたように、誤謬の上に成り立っていることを見てきた。第一の言明は、自然主義の誤謬に基づいているように思われる。第二の言明は、一部はこの自然主義の誤謬に、一部は目的と手段を混同する誤謬に、また一部はある快い思考とある快楽についての思考とを混同する誤謬に基づいている。彼のことばそのものがこのことを示している。というのは、第二の言明の中のあるものの観念が快いということは、明らかに第一の言明の中での「あるものを快いと考える」ことによってあらわすものと同じ事実を意味しているからである。

したがって、快楽が唯一の善であるという命題を擁護するミルの議論と、それらの議論に対するわれわれの反論は、次のように要約することができるであろう。

まず第一にミルは「善なるもの」の同義語として用いている「望ましいもの」が欲求されうるものを意味すると考えている。さらに、どんなものが欲求されうるかの吟味は、彼によると、どんなものが実際に欲求されているかを知ることである。それ故彼によれば、もしわれわれが常にそれだけが欲求される一つのものを見出すならば、そのものは必然的に望ましい唯一のもの、目的として善なる唯一のものであることになる。この議論には明らかに自然主義の誤謬が含まれている。既に説明したように、その誤謬は善が自然的諸性質によって定義されうる、ある単純観念または複合的観念のみを意味しているという主張の中に見出される。ミルの場合、善はこのように単に欲求されるものを意味していると考えられており、しかも欲求されるものは、このように自然的な語で定義できるものである。われわれは、あるものを実際に欲求するが故にそのものを欲求すべきである（これは倫理学的命題である）とミルは語る。しかし、もし「私は欲すべきである」が「私は欲する」という意味にほかならないというミルの主張が真であるとすれば、彼は「われわれはかくかくのものを欲しているが故にそれを欲している」と言いうるのみである。これはなんら倫理学的命題ではなくて、単なる同語反復にすぎない。われわれが何をすべきかを知ることを助けるのがミルの著作の目的である。しかし、実際にはこの「べき」の意味を定義しようと試みることによって、ミルはその目的を達成することに完全に失敗したのである。彼はわれわれが何をしているかを示しているにすぎない。

そこで、ミルの第一の議論は、善は欲求されるを意味するが故に、欲求されるものは善であるというものである。しかし、彼は何らかの倫理学的結論が可能であることを否定することによって、一つの倫理的結論に達したのであるから、その結論を快楽主義の基礎とするためには別の議論が必要となる。すなわち、彼は、われわれが常に快楽および苦痛の不在を欲しており、それ以外のいかなるものも欲していないということを証明しなければならない。それ故私は、シジウィック教授が心理学的快楽主義と呼んでいる第二の説を論じたのである。私は、われわれが快楽以外のいかなるものも欲していないということがいかに明白に真でないかを示し、われわれが何らかのものを欲するときにはいつでも、そのものだけでなく快楽をも欲していると言うべき根拠がまったくないことを指摘した。私はこれらの虚偽を頑固に信じることが、その一部は欲求の原因と欲求の対象との混同によることを明らかにした。私が述べたように、欲求は何らかの現実の快楽によって先行されなければ決して生じない、ということは真であるかもしれない。しかし、たとえこのことが真であるとしても、明らかに欲求の対象は常に将来得られる何らかの快楽であるということの根拠にはならない。欲求の対象とは、その観念がわれわれのうちに欲求を引き起こすものを意味している。われわれが快楽を欲するときはいつでも、欲求の対象となるのは、われわれがまだ得ていない何らかの快楽、われわれが予想する何らかの快楽である。現実の快楽がこの予想された快楽の観念によって引き起こされるとすれば、明らかにそれは、観念のみが現実的である予想された快楽と同じ快楽ではない。この現実の快楽は、われわれの欲するものではない。われわれが欲するのは常にまだ得ていないあるものである。快楽が原因となってわれわれが欲するということは、われわれが欲するのは常に快楽であるということとはまったく異なることである。

最後に、既に述べたように、ミルはこれらのことをすべて認めている。彼は、われわれが現実には快楽以外のものを欲していると主張する。しかもわれわれは、本当は快楽以外他の何ものも欲していないとも述べている。そしてミルは、以前には注意深く区別していた二つの観念——手段と目的の観念——を混同することによって、この矛盾をうまく言い抜けようとする。彼は今や、目的への手段はその目的の一部と同じものであると言う。この最後の誤謬に対しては、特別の注意が払われるべきである。というのは、快楽主義に関するわれわれの最終的な態度の決定が主としてこれに基づいているからである。

45　われわれはこれから、快楽主義についての最終的な態度を決定しなければならない。ここまで私は、快楽主義を支持するミルの自然主義的な議論を論駁することだけに専念してきた。しかし、快楽のみが望ましいという説は、ミルの誤りにより、それが真であることを証明できないけれども、依然として真であるかもしれない。このことこそ、われわれが今直面しなければならない問題である。「快楽のみが善である、または望ましい」という命題は、確かにミルが最初に正しくそれが属すると述べた種類の命題、すなわち、直接の証明ができない第一原理の種類に属している。しかしこの場合、彼が正しく述べているように「知性がこの説を承認するかどうかを決定することができる考察を示すことができるだろう」(七頁)。シジウィック教授が提示するのは、そのような考察であり、私が反対の見解を支持するために提示しようとするのも、そのような考察である。「快楽のみが目的として善である」という命題、すなわち、倫理学的快楽主義の基本命題は、シジウィック教授のことばによると、直覚の対象であるとみえるであろう。彼の直覚がその命題を肯定するのとまったく同様に、私の直覚がそれを否定するのはなぜであるかを、私はあなたがたに示すであろう。とはいえ、その命題は常に真であるかもしれない。どちらの直覚もその命題が真であるかどうかを証明することはできない。もし私がその命題を否定することを「知性が決定できる考察を提示」できるならば、私はそれで満足しなければならない。

さて、これは非常に不満足な事態である、と言われるかもしれない。実際そうである。だが、それが不満足と言うために挙げられる二つの異なる理由を区別することが重要である。それが不満足なのは、われわれの原理が証明されないからなのか、それともその原理について意見の一致をみることができないからなのか。私は、後のほうが主な理由であると考えたい。というのは、通常われわれは、ある場合には証明が不可能であるという事実だけでは少しも不安にならないからである。たとえば、これは私のそばにある椅子である、ということを、誰も証明することができない。しかし私は、その理由のために誰かがひどい不満を抱くとは思わない。われわれはすべて、それが椅子であるということで意見が一致しており、われわれが間違っていることは十分あり得るとしても、それで満足なのである。もちろん一人の狂人が突然入ってきて、それは椅子ではなくて、象であると言うかもしれない。われわれは、彼が間違っていることを証明できないだろう。そこで、彼がわれわれと意見が一致しなかったという事実は、われわれを不安に陥れるかもしれない。さらに狂人ではない誰かとわれわれの意見が一致しないならば、われわれはもっと不安になるであろう。われわれは彼と議論しようとするだろう。もしわれわれが彼をわれわれに同意させるならば、われわれは自らの論点を証明できないけれども、それでおそらく満足するだろう。われわれの見解は、彼が真とみなす他の見解と整合しており、彼の元の見解がそれと矛盾することを示すことによってのみ、彼を説得することができるであろう。しかし、われわれ二人が真であることに同意している他の見解が、本当に真であることを証明することは不可能であろう。われわれが論争中の問題に決着をつけて満足できるのは、その問題では同意に達しているという理由だけであろう。要するに、これらの場合におけるわれわれの不満は、ほとんど常に物語の中のあわれな狂人が感じるたぐいのものである。「ぼくは、世間の人が狂っていると言った。世間の人はぼくが狂っていると言った。ちくしょう！　世間の人はぼくをのけものにしてしまった」と彼は言う。われわれが不満足な事態と呼ぶのは、ほとんど常にそのような意見の不一致であって、証明が不可能だということではない。というのは、実際証明そのものが真理の保証であることを誰が証明できるだろうか。われわれは、論理の諸法則が真であるということで同意しており、それらの法則を用いて証明される帰結を受け入れるのである。しかし、そのような証明がわれわれを満足させるのは、われわれすべてが、そういう証明が真理の保証であることで完全に意見が一致しているからである。だがわれわれは、事柄の性質上、そのように一致していることが正しい、ということを証明することはできないのである。

したがって私は、われわれが快楽のみが善であるかどうかを証明できないことを認めても、大いに悩むにはおよばないと思う。というのは、それが証明できないとしても、意見の一致に達することができるかもしれないからである。もしそうであれば、私はそれで満足するだろうと思う。だが私は、そのような満足が得られる見通しについて楽観的であるわけではない。倫理学と哲学一般は、これまで常に特に不満足な状態にあった。そこでは、椅子や灯火や長椅子の存在についてと同様に、そのような満足が得られることについて、意見の一致はなかった。それ故、今一つの大きな論争点にきっぱりと決着をつけることができると思うならば、私は愚か者であろう。将来私が人を納得させる見込みはきわめて少ない。結局、二、三世紀のちに、快楽が唯一の善ではないということで、意見の一致が得られるであろうと期待することさえ僭越であろう。哲学の問いとは、非常に難しいものであって、それらが提示する諸問題は、非常に複雑なものであるから、過去におけると同様、現在においても、ごく限られた同意以上のものが得られると期待することはできないであろう。けれども、私が今提示しようとしている考察は、絶対に人を納得させるものであるように思われる。それらの考察をうまく伝えることができれば、人は納得するはずである、と私は思う。ともかく、私は試みるだけである。これから、先に述べた不満足な事態を解消することに努めるであろう。そのために快楽主義の基本的原理が明確に熟慮された場合に、何を意味しなければならないかを示し、そこで明確に意味していることが容易に放棄されない他の諸信念と矛盾することを示すことによって、その基本的原理が不合理だ、ということで意見の一致を得るように試みるであろう。

46　さて、これから直覚主義的快楽主義を論ずることにしたい。この議論を始めることは、私の倫理学の方法における一つの転換点になる、ということが留意されなければならない。私がこれまで詳しく述べてきた論点、すなわち、「善は定義不可能」であり、このことの否定は、一つの誤りを伴うということは、厳密に証明できることである。というのは、これを否定することは、諸矛盾を伴うからである。しかし、われわれは今や、倫理学がそれに答えるために存在する問い、すなわち、どのようなもの、またはどのような性質が善であるかという問いに直面している。この問いに対するいかなる解答も、直接の証明が不可能であり、しかも善の意味については、まさに先の解答により、直接の証明が可能であった。われわれが今期待できるのは、ミルが「間接的証明」[訳注1]と呼んでいるもの、すなわち、お互いの知性に限界を設けることである。そして、まさにこの理由からして、われわれがそのようには制約されていない先の問いに関する事柄に、今われわれは制約されるのである。ここにはわれわれの判断にゆだねられる直覚、すなわち「快楽のみが目的として善であり、かつそれ自体において、かつそれ自体のために善である」という直覚がある。

47　ところで、これに関連して、最初にミルの別の説――シジウィック教授が快楽主義のために非常に賢明に退けた説――に言及することが望ましいように思われる。これは「快楽における質（quality）の相違」という説である。ミルは次のように述べている。[10]「もし私が、快楽における質の相違によって何を意味するか、あるいはある快楽が他の快楽よりも、量が多いということを除いて、単に一つの快楽として他の快楽よりも価値が大きいとされるのは何によるのか、と問われるならば、その答えはただ一つしかない。二つの快楽のうちで両方を経験したすべての人、またはほとんどすべての人が、道徳的義務感とは無関係に、決然と選ぶほうがより望ましい快楽である。もし両方の快楽を完全に熟知している人々が、二つの快楽のうちの一方を他方よりもはるかに高く評価して、それが他方よりも大きな不満が伴うことを承知の上で選び、彼らが本性上受け入れられる他方の快楽の量(quantity)をどんなに与えられても、もとの快楽を断念しようとしないならば、われわれは、選ばれた快楽の享受が質において優越し、量を圧倒しているため、比較するとき、量をほとんど問題にしなくてもよいのである」。

ところで、ベンサムが快楽主義の擁護を「快楽の量」だけに基づいて行ったことはよく知られている。彼の格言は、「快楽の量が等しいならば、ピンはじき遊びは詩と同じように善い」(訳注2)というものであった。ミルは、ベンサムはこの格言にもかかわらず、詩はピンはじき遊びよりも善く、それより多くの量の快楽を生み出すことを証明したとみなしていたようだ。けれども、功利主義者たちは、「少しの矛盾もなく、他の根拠を、しかもより高級と言える根拠を採用できたはずである」(一一頁)とミルは言う。さてこのことから、われわれは、ミルが「快楽の質」を、ベンサムの量とは別の、あるいはそれと異なった、快楽を評価する根拠として認めていることがわかる。さらにミルは、後に「よりすぐれた」に言い換えるところの論点先取的な「より高級な」によって、結局、あなたがたが快楽の量を唯一の基準とみなすならば、どこかおかしいところがあり、あなたがたは豚と呼ばれるに値するかもしれない、という不愉快な気持ちを示しているように思われる。そして、その名(豚)にふさわしいことがやがて明らかになるかもしれない。だがそれはそうとして、ミルが快楽の質を承認したことは、彼の快楽主義に矛盾するか、それとも単なる快楽の量によって与えられる根拠以外にいかなる根拠も彼の快楽主義に与えていない、ということを私は示したいだけである。

ミルによれば、ある快楽が他の快楽よりも質の点ですぐれているかどうかを判断する基準は、両方の快楽を経験した大部分の人の選択である。ミルは、このようにして選ばれた快楽がより望ましいと考える。しかし、既に述べたように、彼は「あるものを望ましいと考えることと、そのものを快いと考えることとは同一のことである」（五八頁）と主張している。それ故、経験した人々の選択だけが、ある快楽が他の快楽よりも快いことを示すことができる、とミルは考える。しかしもしそうであれば、ミルは、この基準を快楽の量という基準からどのようにして区別できるのか。ある快楽は、より多くの快楽をもたらすという意味より他に、他の快楽よりも快いということがありうるのか。もしことばが何らかの意味をもつべきであるとすれば、「快い」は快いもののすべてに共通する一つの性質を表示しなければならない。もしそうであれば、あるものが他のものよりも快いのは、この一つの性質の多少に応じてである。ところで、今度は別のやり方を試みてみよう。ミルは、経験した人々の選択が、ある快楽が他の快楽よりもより快いことを示すことができると本気で意味していなかったと想定してみよう。この場合、「選ばれる」は何を意味するか。それは「より一層欲求される」を意味することはできない。というのは、われわれが知っているように、ミルによれば、欲求の程度は常に快さの程度に正確に比例するからである。しかしその場合、ミルの快楽主義の基礎がくずれてしまう。なぜなら、あるものが他のものよりも選ばれることがあり、それはより一層欲求されるものではないけれども、より望ましいことが示される、ということをミルは認めているからである。この場合、彼の選択に関する判断は、まさに直覚的な種類の判断であり、私はこの判断が快楽主義の原理または他のいかなる原理をも確立するのに必要である、と主張してきたものである。それは、あるものが他のものよりも一層望ましい、またはより善いという直接的判断であって、あるものが他のものよりも一層望まれているか、あるいはより快いかどうかに関するあらゆる考察からまったく独立している判断である。このことは善が善であって、定義不可能なことを認めることである。

48

次に、この議論によって明らかになる他の点に注目してみよう。ミルの選択に関する判断は、快楽のみが善であるという原理を確立するどころか、明らかにその原理に矛盾している。ミルは、いろいろな快楽が質において異なるが故に、経験した人々はある快楽が他の快楽よりも一層望ましいかどうかを判断することができるということを認める。しかし、このことは何を意味するか。もしある快楽が質において他の快楽と異なるとすれば、そのことは一つの快楽が複合的なもの、すなわち、実際には快楽および快楽を生み出すものから成るもの、であることを意味している。たとえば、ミルは「感覚的な耽溺」を「低級な快楽」と述べている。だが、感覚的な耽溺とは何であるか。それは確かにある感覚の一定の興奮とその興奮によって生じた快楽とを合わせたものである。それ故ミルは、感覚的な耽溺が同じ程度の快楽を含みうる他の快楽よりも低級であると直ちに判断されることを認めることによって、他のものがそれらに伴う快楽からまったく関係なく、善であったり、あるいは悪でありうることを認めている。事実、一つの快楽とは、人を誤りに導く語であって、今論じているものが、快楽ではなくて別のものであるという事実を隠してしまう。この別のものは、確かに必然的に快楽を生み出すけれども、快楽とはまったく異なるものなのである。

それ故ミルは、快楽の質を評価することが、快楽および苦痛の不在のみが目的として望ましいという自らの快楽主義の原理と完全に両立する、と考えることで、再び目的と手段とを混同する誤謬を犯したのである。なぜなら、彼が意味することをもっとも好意的に想定してみても、そのことがわかるからである。ミルは、快楽によって、彼のことばが含意するものとは違って、快楽を生み出すものや生みだされた快楽を意味していない、と想定してみよう。彼はさまざまな種類の色――青、赤、緑等――があるという意味で、さまざまな種類の快楽があることを言おうとしていると想定してみよう。この場合ですら、もしわれわれの目的が色だけであると言おうとすれば、何らかの特定の色をもつことなく、色をもつことは不可能であるけれども、われわれがもつべき特定の色は、もし色が本当にわれわれの目的であるとすれば、われわれが色をもつことへの手段にすぎないことになろう。もし色がわれわれの唯一の可能な目的であるとすれば、ミルの言う快楽のように、ある色を他の色よりも選ぶこと、たとえば、青より赤を選ぶことの理由は、一方がある色を他方よりも多くもつという以外にありえないであろう。しかし、ミルは、これと反対のことを快楽に関して主張しようとしているのである。

したがって、ある快楽は他の快楽よりも質においてすぐれている、というミルの見解を考察すると、「快楽が唯一の善である」という直覚に関して「知性を決定するのに役立つ」一つの点が明らかになる。というのは、その考察は、もしあなたが「快楽」と言えば、「快楽」を意味しなければならないこと、すなわち、すべての異なる「快楽」に共通する一つのもの、つまり、程度において異なるが、種類において異ならないある一つのものを意味しなければならないことが明らかになるからである。私が既に指摘したように、もしあなたが、ミルのように、快楽の質が考慮されるべきだと言うならば、あなたはもはや快楽のみが目的として善であると主張することができないことになる。なぜなら、あなたは何か他のもの、すなわち、すべての快楽に現れているとは限らない他のものもまた目的として善である、ということを含意しているからである。私の色の例による説明は、この点をもっとも鋭い形であらわしている。もしあなたが「色だけが目的として善である」と言うならば、あなたは一つの色を他の色よりも選ぶためのいかなる理由をも与えることができないことは明らかである。その場合、善悪に関する基準は、「色」となるだろう。しかも赤と青は両方とも等しくこれに合致するから、これが唯一の基準となるのであって、あなたは、赤が青よりも善いかどうかを判断する他の基準をもつことができないのである。もしあなたが個々の色の一つまたはすべてをもっていなければ、あなたは色というものをもつことができないのであり、それ故個々の色は、もし色が目的であれば、すべて手段として善であることになるだろう。しかしそれらはいずれも、手段として別の色よりも善くなく、いわんやそれ自体における目的とはみなされないのである。快楽についても同様である。もしわれわれが「快楽のみが目的として善である」と本当に言おうとするならば、「快楽の量が等しいならば、ピンはじき遊びは詩と同じように善い」というベンサムの見解に同意しなければならない。このように、ミルの快楽の質への言及を片づけたことは、望ましい方向に一歩踏み出したことになる。今や読者は、「快楽のみが目的として善である」という快楽主義の原理が、ある快楽は他の快楽よりもすぐれた質のものでありうるという見解と矛盾しないという考えによって、私に同意するようになるであろう。この二つの見解は、既に述べたように、お互いに矛盾するものである。われわれはそのうちでどれかを選ばなければならない。もし後者を選ぶならば、われわれは快楽主義の原理を放棄しなければならない。

49 しかし、既に述べたように、シジウィック教授は、それらの見解が矛盾しており、いずれかの見解を選ばなければならないと考えた。彼は選んだ。そして快楽の質による吟味を拒否し、快楽主義の原理を受け入れた。彼は依然として「快楽のみが目的として善である」と主張する。それ故私は、彼がわれわれを説得するために提示した諸考察を検討することにしたい。私は、この検討によって、私に同意する妨げとなるかもしれない偏見や誤解のいくつかを取り除くことができると思う。もし私が、シジウィック教授が強調した考察のあるものは、われわれが決して同意する必要のないものであり、他の考察は、実際には彼よりもむしろ私に有利なことを示すことができれば、われわれは再び望んでいる意見の一致に数歩近づいたことになるだろう。

50 私が、『倫理学の方法』の中で、これから注意を喚起する段落は、第一編・第九章・第四節、および第三編・第一四章・第四―第五節の中に見出される。二つの段落のうち最初のものは、次のようになっている。

「もしわれわれが人間の諸性質以外に、普通善であると判断されている不変の諸結果を注意深く考察するならば、人間存在あるいは少なくとも何らかの意識または感情と関係なしに、この善さという性質をもつとみえるものは、よく考えると見出すことはできない、と私は考える」。

「たとえば、普通われわれは、ある生命のない対象や光景などが美を所有するので善であると判断し、他のものは醜いので悪であると判断する。さらに人間による美の観照は別として、誰も外的自然の中に美を生み出すことを目指すのが合理的であるとは考えないだろう。事実、美が客観的であると言われるとき、美はいかなる精神とも無関係に美として存在するということではなく、あらゆる精神に妥当する美の基準があるということだけが通常意味されているのである」。

「しかしながら、われわれは普通善であると判断されている美やその他の諸結果が人間（あるいは少なくともある種の精神）と関係なく存在するとは考えないけれども、それらは、目的として、それらの存在が依存する人間からは非常に離れているので、それらの実現は、おそらく人間の完成や幸福と張り合うようになる、と言うことができるかもしれない。こうして、美しいものは観照できる対象として以外に生み出す価値があるとは思われないけれども、依然として一人の人間がそれらを観照する人々のことを考慮しないで、それらを生み出すことに専念するかもしれない。同様に知識は、精神の中以外では存在できない一つの善なるものである。しかも人間は、何らかの特定の精神による知識の所有よりも知識の発展のほうに一層興味をもち、後者を考慮することなしに前者を究極目的とみなすことがありうるのである」。

「さらに私の考えでは、いろいろな選択肢が明白に理解されるようになるやいなや、美や知識やその他の理想的な善が、外的な事物のすべてと同様に、人々によって合理的に追求されるのは、それらが（一）幸福に貢献するか、あるいは（二）人間という存在（以後、人間存在と訳す）の完成ないし卓越に貢献するかぎりにおいてである、と一般に考えられるであろう。私はここでなぜ『人間』と言うかといえば、たいていの功利主義者は、彼らが行為の正当で固有の目的とみなす幸福の中に、低級な動物の快楽（および苦痛の不在）が含まれると考えているけれども、誰も獣たちをわれわれの目的の手段として、あるいは少なくとも学問的または美的観照の対象として以外に、完成させることを目指すべきだ、と主張することはないように思われるからである。さらにわれわれは、人間を越えた存在者の存在を実践上の目的として含めることもできない。確かにわれわれは、善の観念を神のわざに適用するのと同様に、神の存在にも適用しており、しかも実際には顕著な仕方でそうしているのである。『われわれはすべてのことを神の栄光のためになすべきである』と言われるとき、神の存在は、われわれが神の栄光を讃えることによって一層高められる、ということが示唆されているように思われる。それにもかかわらず、この推論があからさまになされるとき、いくぶん不敬虔なところがあるので、神学者たちは、一般にこの推論を避けて、神の存在の善なることの可能な限りの増加という観念を、人間の義務の根拠として用いないようにしている。またわれわれの行動が神以外の超人間的知性にどのように影響するかということは、現在では学問的な議論の問題とはみなされていない」。

「それ故私は、もし人間が究極の実践目的として追求する善が幸福以外にあるとすれば、それは人間存在の善なること・完成・卓越でしかありえないことを、確信をもって主張するだろう。この観念がどの程度徳以上のものを含んでいるか、この観念の快楽に対する正確な関係はどんなものか、そしてわれわれがこの観念を基本的なものとして受け入れるならば、論理的にはどのような方法に導かれるかといった問いは、快楽と徳（Virtue）という二つの他の観念を詳細に吟味したあとで論じるほうが一層便利であろう。われわれは、次の二つの編では、快楽と徳の吟味に従事するであろう」。

シジウィック教授は、この段落で究極目的が見出される対象の範囲を限定しようとしていることがわかるであろう。彼はその目的が何であるかを述べないで、人間存在のある種の特徴（character）以外のあらゆるものを、その目的から排除している。そしてこのようにして排除された諸目的が再び考慮されることはない。それらの目的は、もちろんこの段落によって、しかもこの段落のみによってきっぱりと無視されている。ところで、この排除は正当であろうか。

私はそれが正当であると考えることはできない。「人間による美の観照を別にすれば、誰も外的自然の中に美を生み出すことを目指すのが合理的であるとは思わないであろう」、とシジウィック教授は言う。ところが私は、直ちに私個人としては、このことが合理的だとみなしていると言うだろう。誰かを私に同意させることができないかどうかを調べてみよう。この承認が本当は何を意味するかを考えてみよう。この承認により、われわれは、次のような場合を考えることができる。一つの世界がきわめて美しいと想像してみよう。その世界を考えうる限り、美しいと想像してみよう。この地上であなたがもっとも賛美するあらゆるもの——山、川、海、樹木、日没、星、月——をその中に移し入れてみよう。これらのものはすべて、もっとも絶妙な割合で結び付いているので、いかなるものも、他のものと衝突することはなく、それぞれが全体の美の増加に貢献している、と想像してみよう。次に、考えられうるもっとも醜い世界を想像してみよう。その世界は一つの汚物の山であって、いかなる理由によるにしろ、ひどく吐き気を催させるあらゆるものを含んでおり、しかもその全体は、どこをみても、それらを償うような特徴を何一つもっていないと想像してみよう。われわれは、そういう一対の世界を比較することができる。それは、シジウィック教授の言明の中に含まれており、その比較は、彼の言おうとすることにきわめてふさわしいものである。われわれが想像できないことといえば、誰かがかつてそのいずれかの世界に生きていたとか、またはいつか生きることができるとか、あるいは一方の世界の美を享受したり、他方の世界の醜さを見て憎んだりすることだけである。さて、そうであるとしても、それらの世界を、人間による観照を別にして、美しい世界のほうが醜い世界よりもより善いと主張することは不合理的であろうか。ともかく、醜い世界よりも美しい世界を生み出すために、われわれはできることをするのはよいことだろうか。確かに私は、そのことはよいと考えざるをえない。そして私は、誰かがこの極端な例についても私に同意してくれるだろうと思う。この例は、極端である。われわれは、眼前にそのような選択を迫られることは、ありえないとは言えないが、きわめてありそうもないことである。現実のいかなる選択においても、われわれは、自らの行為が意識ある存在者にどんな結果をもたらすかを考慮しなければならないだろう。しかもそれらの結果の中には、私の考えでは、単なる美の存在において選ばれるべき結果が常に存在する。けれども、このことは、善なるもののわずかな部分しか獲得できない現在の状態において、美をそれ自体のために追求することは、それと同じく獲得できる何らかのより大きな善の追求のために、常に後回しにされなければならない、ということを意味している。だが、美より善なるものがまったく獲得できないと想定した場合、美はそれ自体としては醜よりもより善なるものとみなされなければならない、ということが認められるならば、私の目的にとって、それで十分である。つまり、その場合に、われわれには、一連の行動を他の行動よりも選ぶための理由が残されており、また何らかの義務が残されており、そのときには、われわれは、どんなに努力しても美以上のものをもたらすことができないのだから、その世界を一層美しくすることがわれわれの積極的な義務となるということが認められるならば、私の目的にとっては、それで十分なのである。もしこのことがひとたび認められるならば、つまり、何らかの想像できる場合に、より美しいものの存在は、それが人間の感情におよぼす結果を別にして、醜いものの存在よりもそれ自体においてより善いことが認められるならば、シジウィック教授の原理は崩れたことになる。その場合われわれは、自らの究極目的の中に、人間存在の限界を超えたあるものを含めなければならない。もちろん私は、もし人間が美しい世界の中でその美を観照し享受するとすれば、その世界は一層善くなるであろうということを認める。しかし、この承認は、私の論点に反するものではない。もし美しい世界は、醜い世界よりもそれ自体において善いということがひとたび認められるならば、いかに多くの人間がどんなに美しい世界を享受しようとも、また彼らの享受がその世界がそれだけで存在することよりもどんなに善いことであっても、その世界が存在するということだけで、全体の善さに何ものかが付加されるのであって、その何ものかは、われわれの目的への手段であるだけでなく、それ自体がわれわれの目的の一部なのである。

51

私が先に引用した第二段落で、シジウィック教授は、そのときまで行ってきた徳と快楽についての議論から転じて、究極目的とみなされている人間存在の諸部分の中でどのようなものが本当にそのような目的として考えられるか、という問いを考察している。もちろん、私がすぐ前で述べたことは、彼の議論のこの部分の説得力を論破するように思われる。私が考えるに、もし人間存在の何らかの部分以外のものがそれ自体における目的であるとすれば、シジウィック教授は、単に人間存在のどの部分がそれ自体において望ましいかを決めただけでは、最高善を見出したと主張することはできない。しかし、この誤りは、われわれがこれから論じようとすることに比べれば、まったく取るに足らないものであることが認められるだろう。シジウィック教授は、次のように述べている（第三編・第一四章・第四―五節）。

「われわれは、真理の認識、美の観照、自由なまたは有徳な行動が、快楽ないし幸福よりもある程度選ばれるものとみなすことができると言えるかもしれない――たとえ幸福が究極善の一部として含まれなければならないことを認めるとしても……。しかしながら、この見解は、反省する人間の冷静な判断では受け入れられるはずがない、と私は思う。このことを示すために、私は読者に対して、先に日常の道徳的教訓の絶対的で独立した正当性を考察したときに、採用するように要求したのと同じ二重の手続きをとるように求めなければならない。私は、第一に、読者の直覚的判断の前に公正に提示された問いを十分に考慮した後になされる直覚的判断に訴える。第二に、人間が通常行っている諸判断の広範囲にわたる比較に訴える。第一の議論に関しては、私には少なくとも反省すれば、次のことが明らかになるように思われる。意識ある主体の客観的諸関係は、その関係に伴い、かつそこから生ずる意識から区別されるときには、究極的にも内在的にも望ましいものではないのであって、それは、物質的対象またはそれ以外の対象が、意識ある存在者とは無関係に考慮されるときには、究極的にも内在的にも望ましいものではない、と言うのと同じである。われわれは、単なる意識ではない何かあるものを究極的対象とするという、すぐ前で述べられたような選択を、現実に経験していることを認めるとしても、(バトラーの語句を用いれば)われわれが『冷静なときに腰をおろす』場合には、これらの対象が何らかの仕方で意識ある存在者の幸福に貢献すると考えて、その対象を重要視することが、正当化できるように思われる」。

「人類の常識に訴える第二の議論は、明らかに完全な説得力をもつとみなすことはできない。なぜなら、先に述べたように、教養のある人々は、知識、芸術など――徳については言うまでもなく――は、それに由来する快楽とは無関係に目的であると習慣的に判断するからである。しかしわれわれは、これらの『理想的善』の要素のすべてがさまざまな仕方で快楽を生み出すと主張できるだけでなく、大ざっぱに言えば、それらの要素は、快楽を生み出す程度に比例して常識(common sense)の賞賛を得ているように思われる、とも主張できるであろう。このことは、明らかに美については真であるように思われるし、またどんな種類の社会的理想に関してもほとんど否定されないであろう。いかなる程度の自由であれ、あるいはいかなる形態の社会秩序であれ、たとえそれが一般的幸福を増進する傾向をもたないことを、われわれが確信しているとしても、依然として通常望ましいものとみなされるであろうと主張することは、逆説的なのである。知識の場合は一層複雑であるけれども、確かに常識は、知識の『有効性』が証明されたときに、知識の価値がもっとも強く印象づけられる。しかしながら、長いこと成果のなかった知識が思いがけず有効になることがあったり、知識の領域の一つの部分に別の部分から光が当てられたりすることは、しばしば経験によって示されてきたことである。そしてたとえ学問研究の特定の分野が、この間接的功利さえ欠くことが示されたとしても、その分野は、功利主義の諸根拠に基づいてある程度尊重されることだろう。それは、その分野が好奇心に由来する洗練された無垢な快楽を研究者に与えるとともに、その分野が提示し確認する知的傾向が全体的にみて有益な知識を生み出しそうだからである。この最後の場合に近いときでも、常識は価値ある努力のまちがった方向に苦情を述べる傾向をいくぶんもっているので、普通学問に与えられる名誉という報償は、おそらく無意識的ではあるが、かなり正確な功利主義的な尺度で測られているように思われる。確かに最近の生体解剖の場合のように、学問研究のどんな分野でも、その合法性が真面目に論じられるやいなや、その論争はどちらの側においても、一般に公認の功利主義の原理に基づいて行われるのである」。

「徳の場合には、特別な考察が必要である。というのは、有徳な衝動と性向とをお互いに奨励することが、日常の道徳上での談話の主な目的であるからである。それ故、この奨励が行き過ぎることがありうるのかという問いを提示することさえ、逆説的にみえるのである。なおかつわれわれの経験は、まれに例外的な場合を含んでおり、その場合には徳の育成に努力を集中することは、道徳的狂信といってよいほど強化されており、幸福についての他の条件を無視することを含んでいるので、一般的幸福に不利な結果をもたらすように思われる。そこで、もしわれわれが徳の育成から生ずる『不幸な』諸結果を現実的または可能的なものとして認めるならば、われわれは、その想定された場合に、一般的幸福への貢献ということが、徳の育成をどこまで行うべきかを決定する基準となることを一般に認めることになるであろうと、私は思う」。

ここまでで、シジウィック教授の議論を終えることにしたい。彼によれば、真理を認識することや美を観照することが、感覚的存在者の快楽を増進するか、または苦痛を減少するのに役立たない限り、われわれは、そのような認識や観照を目指すべきではないのである。快楽のみがそれ自体のために善なのであって、真理の認識は快楽への手段としてのみ善なのである。

52

　このことが何を意味するかを考えてみよう。快楽とは何か。快楽とは、確かにわれわれが意識しうるものであり、それ故、快楽についてのわれわれの意識から区別されるところのあるものである。私が最初に問いたいのは、次のことである。快楽を意識している場合を除いて、われわれは快楽を評価すると本当に言うことができるか。われわれが決して意識しなかったし、決して意識することもできなかった快楽を獲得することがそれ自体のために目指されるべきであった、とわれわれは考えるのだろうか。そのような快楽がいつか存在し、いつかこうして意識から分離されるということは不可能であるかもしれない。たとえそのことが可能であるだけでなく、ごく普通のことであると信じるための大きな理由が確かにあるとしても、不可能であろう。しかし、たとえそのことが不可能であると想定しても、そのことは、今の場合とはまったく無関係である。われわれの問いは、こうである。われわれが価値を認めるのは、快楽についての意識から区別されるものとしての快楽であるのか。われわれは、そういう快楽がそれ自体において価値があると考えるのか。あるいはそういう快楽を善であると考えるならば、われわれは、それについての意識をもっていなければならないと主張しなければならないのか。

　この考察は、プラトンの対話編『ピュレボス』（21A）の中で、ソクラテスによって非常に適切に言いあらわされている。

ソクラテスは言う、「プロタルコスよ、君は全生涯を通じて最大の快楽を享受して生きたいと思っていますか」「もちろん、そう思います」と、プロタルコスは答える。

ソクラテス　それでは、君はこのありがたいもの（最大の快楽）を十分に所有するならば、その上何か他のものが必要であると思いますか。

プロタルコス　確かに、そうは思いません。

ソクラテス　君が何を言っているかを考えてみたまえ。君は、賢明で知的で理性的である必要もないし、またこれに似たものを必要としないだろうか。君は自分の視力を保ちたいとさえ思わないだろうか。

プロタルコス　どうして私にそのような必要があるでしょうか。もし快楽を享受しているならば、私は、自分の欲しいものをすべてもっていると思います。

ソクラテス　それでは、そのように生きるとすれば、君は、生涯を通じて常に最大の快楽を享受していることになりますね。

プロタルコス　もちろん。そうです。

ソクラテス　しかし他方では、君は知性や記憶や知識や真なる意見を所有してい、、、ないことになるのだから、まず第一に、君は必然的に快楽を享受しているかどうかの知識をもつことができないことになります。というのは、君にはどんな種類の知恵も欠けていることになるからです。君はこのことを認めますか。

プロタルコス　認めます。その帰結は絶対に必然的です。

ソクラテス　ところで、これに加えて、君は記憶をもっていないのだから、自分がかつて快楽を享受したことを思い出すことができないに違いない。ちょうど今、君に生ずる快楽の最小の痕跡さえ、あとに残らないに違いない。また君は、真なる意見をもっていないのだから、君が快楽を感じるときに、自分が快楽を享受していると思うこともできないでしょう。そして君は、推理能力を失っているのだから、将来自分が快楽を享受するだろうと推定することもできない。君は牡蠣の生活、あるいはその他の生物、つまり海に住み、その魂が殻の身体の中に隠されているような生き物の生活を送らなければならない。このことはすべてそのとおりですか、それともこれと違った風に考えることもできますか。

プロタルコス　どうしてできるでしょうか。

ソクラテス　それでは、そういう生活を望ましいと考えることができますか。

プロタルコス　ソクラテスよ、あなたの推論によって、私は何も言えなくなりました。

以上の対話でわかるように、ソクラテスはプロタルコスに、快楽主義が不合理であることを説得しようとしている。もしわれわれが、快楽のみが目的として善である、と本当に主張しようとするならば、われわれは、快楽を意識しているといないとにかかわらず、快楽は善である、と主張しなければならない。われわれは、たとえ自分が幸福であることを決して知らず、また決して知ることができないという条件のもとでも、できるだけ幸福であるべきだ、ということがわれわれの理想（それが到達できない理想であろうとも）であるとみなすのが、理にかなっていると言わなければならない。われわれは、単なる幸福と引き換えに、われわれ自身と他人の中にある幸福そのものの知識の痕跡だけでなく、その他のすべての知識の痕跡を売りわたさなければならない。われわれは、本当にまだ意見の一致に達しないのだろうか。誰かが、このことが理にかなっているのは明らかだと断言できるだろうか、また快楽のみが目的として善であると主張できるであろうか。

明らかにこの場合は、色(11)の場合とまったく同じであって、色の場合ほど説得力がないだけである。われわれは、いつか快楽がそこにあるという意識なしにもっとも強烈な快楽を生み出しうるということのほうが、特定の色ではない単なる色を生み出すことよりも、はるかに可能であろう。快楽と意識とを区別することのほうが、色というものを特定の色から区別するよりも、はるかに容易である。それなのに、たとえこのことがそのとおりでないとしても、もし本当に快楽のみがわれわれの究極目的であると言いたいのであれば、快楽と意識を区別しなければならないだろう。たとえ意識が快楽から分離できないもの、すなわち、快楽の存在に不可欠なものであるとしても、快楽が唯一の目的であれば、われわれは、手段という語に与えられるどんな理解可能な意味においても、意識を快楽の単なる手段であると呼ばなければならないだろう。他方、今や明らかだと私は思うのだが、もし快楽がその意識なしでは比較的価値がないのであれば、われわれは、快楽が唯一の目的ではなくて、少なくとも何らかの意識がその目的の真なる部分として、快楽とともに含まれなければならない、と言わなければならないだろう。

というのは、今やわれわれの問いは、目的とは何であるかということであって、その目的がそれだけでどの程度達成されるか、あるいはその達成には他のものの達成がどの程度含まれなければならないかといったことは、まったく別の問いだからである。功利主義者たちが到達している実践上の諸結論と、彼らが論理的に当然到達すべき諸結論は、真理からそれほど遠いものではないと言えよう。しかし、これらの結論を真であるとみなす彼らの理由は、「快楽のみが目的として善である」ということである限り、彼らは絶対に誤っているのである。われわれがどんな学問としての倫理学においても、主として関心をもつのは理由なのである。

53

そこで、快楽主義は、快楽のみが唯一の善であって、快楽の意識はそうではないと主張する限り、それが誤りであることは明らかである。この誤りは、主として私がミルを論じた箇所で指摘した誤謬——手段と目的とを混同する誤謬に基づくように思われる。快楽は常に意識を伴わなければならない(このことはきわめて疑わしい)のだから、快楽または快楽の意識のどちらが唯一の善であるかと言ってみても、どちらでもかまわないと誤って考えられてしまうのである。もちろん、実践的には、他方なしには一方を得られないことが確実であるとすれば、われわれは、どちらを目指してもかまわないであろう。だが、問題は何がそれ自体において善であるかという場合には——われわれが目指すものを得るのは、何のために望ましいかを問う場合には——この区別は、決して取るに足らないことではない。ここでは、われわれは二つの相容れない道を前にしている。快楽はそれだけで（たとえわれわれがそれを得ることができなくとも）望ましいもののすべてであるか、それとも、快楽の意識のほうが一層望ましいものであるか、ということである。この二つの命題は、ともに真であることはできない。後者の命題が真であることは明らかだ、と私は思う。したがって、快楽は唯一の善ではない、ということになる。

なお、たとえ快楽だけでなく快楽の意識が唯一の善であるとしても、前述の結論は、快楽主義に大きな打撃を与えるものではない、と言われるかもしれない。快楽主義者たちは、快楽によって常に快楽の意識を意味してきたと言うことができるかもしれない。だが、彼らは苦労してそのように言おうとしたわけではなかった。そしてこのことは、大体において真である、と私は思う。それ故、この点で彼らの定式を修正することは、もし快楽の意識を生み出すことなしに、快楽を生み出すことが可能であれば、単に実践的に重要な問題でしかありえないであろう。しかし、われわれの結論がもっているこの重要性でさえ比較的にわずかなものであることを、私は認める。私がここで主張したいのは、快楽の意識でさえ唯一の善ではないということであり、実際そのようにみなすのは、不合理だということである。そして、これまで述べてきたことの主な重要性は、快楽の意識が快楽よりも価値があることを示すのと同じ方法が、快楽の意識それ自体が他のものよりもはるかに価値が少ないことを示すように思われるという事実に見出すことができる。快楽の意識が唯一の善であるという想定は、快楽は唯一の善であるという軽率な主張を助長した特徴と同じ特徴を、無視することによるのである。

快楽それ自体が唯一の善ではないことを示すために、私が用いた方法は、もし快楽が完全に孤立して、通常それに随伴するすべてのものを欠いているとすれば、われわれは、快楽に対してどのような価値を与えるかを考える方法であった。事実これは、あるものがそれ自体でどの程度の価値をもつかを知りたいときに、われわれが安全に用いることのできる唯一の方法である。この方法を採る必然性は、先に引用した段落で、シジウィック教授によってなされた諸議論を検討することによって、またそれらの議論がどのように人々を誤りに導いたかを明らかにすることによって、もっともよく示されるであろう。

54 第二の議論に関しては、それが主張しているのは、快楽および快楽以外の善という属性をもつと考えられるもの（諸事物）は、「大ざっぱに言えば、それらが快楽を生み出す程度に比例して常識の賞賛を得ているように思われる」ということに要約できる。常識が賞賛するものと、それが賞賛するものがもつ幸福を生み出す諸結果との間に、大まかな比例が成り立つかどうかを決定することはきわめて困難な問題であり、われわれはここでは、この問題に立ち入るつもりはない。というのは、たとえそのことが真であると仮定しても、また常識の諸判断が全体として正しいとしても、そのことは何を示すのだろうか。確かにそのことは、快楽が正しい行動の善い基準であること——もっとも大きな快楽を生み出す行為がまた全体としてもっとも大きな善を生み出すこと——を示すであろう。しかしこのことから、われわれは最大の快楽が全体として最善であるものを構成すると結論することはできない。つまり、最大量の快楽は、事実上現実の諸条件のもとでは、一般に最大量の他の善なるものを伴うので、それ故最大量の快楽が唯一の善ではない、という別の可能性を未決のままにしておくであろう。なるほど、最大量の快楽と最大量の善がこの世界においては常に相互に比例することは、奇妙な一致であるように思われるかもしれない。しかし、この一致が奇妙であるからといって、確かにわれわれは、直ちにそれが存在しない——それは快楽が本当に唯一の善であるということによる幻想である——と論ずることはできないだろう。それらの一致には、他の説明が可能であるかもしれないし、たとえ直覚が快楽は唯一の善ではないと直接に断言するように思われるとしても、それらの一致を説明なしに受け入れることがわれわれの義務であろう。さらに、そのような一致を仮定する必要性は、幸福を生み出す諸結果がほぼ常識の是認に比例しているというきわめて疑わしい命題に基づくことが想定されなければならない。シジウィック教授は、このことが事実そうであると主張するけれども、彼の詳細な例証が示そうとするのは、あるものは快楽の残量がなければ、善とはみなされない、という非常に異なった命題だけであって、賞賛の程度が快楽の量に比例するという命題ではないことが気づかれなければならない。

55 そこでその判定は、シジウィック教授の第一の議論――われわれの「直覚的判断の前に公正に提示された問題を十分に考慮した後になされる直覚的判断」に「訴える」こと――に基づかなければならない。ここで彼は二つの本質的な点において、彼自身の前でも読者の前でも、その問題を公正に提示していないことは明白である、と私には思われる。

（一）シジウィック教授が示すべきことは、彼自身が言うように、単に「幸福は究極的善の一部として含まれなければならない」ということだけではない。彼によれば、この見解は、「反省する人間の冷静な判断では受け入れられるはずがない」のである。なぜか。なぜなら、「これらの客観的諸関係は、その関係に付随しその関係から生ずる意識から区別されるとき、究極的にも内在的にも、望ましいものではない」からである。ところで、この理由は、幸福を究極的善の単なる一部とみなすことが直覚の示す諸事実に合わないことを示すものとして提起されているが、反対にそれは、幸福が究極的善の一部であることを十分に示している。というのは、それだけで考えると、全体の一部にはどんな価値もないということから、われわれは、その全体に属している価値のすべてが他の部分にある、と推論することはできないからである。たとえわれわれが美の享受には多くの価値があり、その複合的事実の構成要素の一つである単なる美の観照には、何の価値もないことを認めるとしても、すべての価値は、他の構成要素に、すなわち、われわれが美を観照するときに得る快楽に属している、ということにはならない。この構成要素もまたそれ自体においては、何の価値ももっておらず、その価値は、その状態の全体に、しかもそれのみに属しており、その結果、その快楽も快楽の観照もともに善いものの単なる部分にすぎず、ともに等しく必要な部分である、ということは十分にありうることである。要するに、シジウィック教授のここでの議論は、私がこの書の第一章で明らかにしようとした「有機的関係の原理」(12)と呼ぶことにした、あの原理を無視することに基づいているのである。その議論は人を誤らせるものである。なぜなら、それは、もしわれわれがある状態の全体に価値があり、その状態の一要素がそれだけでは何の価値をももたないことを知るならば、他の要素がそれだけでその状態全体に属する価値のすべてをもたなければならない、と想定しているからである。実は反対に、その全体が有機的でありうるので、他の要素はいかなる価値をもつ必要もなく、たとえその要素がいくらかの価値をもつとしても、全体の価値がはるかに大きくなることもありうるのである。手段と目的との混同を避けるためだけでなく、この理由によってそれぞれ区別できる性質が、それぞれいかなる価値をもつかを判定するために、孤立化して考察することが絶対に必要である。それに反して、シジウィック教授は、自ら考察している諸全体のうちの一つの要素にだけこの孤立化の方法を適用している。彼は、快楽の意識がそれだけで絶対的に存在しているとするならば、冷静な判断がそれに大きな価値を帰することができるか、という問いを問うていない。事実、一つの価値ある(あるいはその逆の)全体を取りあげ、それからこの全体はその構成要素のいずれかにその価値または価値のなさ(vileness)を負っているのか、と問うことは常に人を誤らせることである。その全体が価値または価値のなさをどんな構成要素にも負っていないということは十分にありうるだろう。もしも構成要素の一つがそれ自体で何らかの価値をもつように見えるとき、われわれは、全体の価値のすべてがその要素にのみ属している、と想定する大きな誤りを犯すこともあるだろう。この誤りは、快楽に関してはしばしば犯されてきたように私には思われる。快楽はたいていの価値ある全体に欠くことのできない構成要素であるように思われる。われわれがその全体を分析して見出す他の構成要素は、何の価値をももたないように思われやすいので、価値あるものはすべて快楽に属すると想定するのは、自然なことである。この自然な想定がその前提から導かれないことは確実である。反対に、滑稽なことだが、その想定が真理でないことは、私の「反省的判断力」(訳注3)には明白であるようにみえる。もしわれわれが孤立化の方法という唯一の安全な方法を快楽または快楽の意識に適用して、自らに次のように問うとしよう。単なる快楽の意識が最大量において存在し、他の何ものも存在しないことを、われわれは非常に善いこととして受け入れることができるか。われわれは疑いもなく「否」と答えるに違いない、と私は思う。いわんやわれわれは、これを唯一の善なるものとして受け入れることはできない。たとえわれわれが快楽の意識は、それだけで美の観照よりもはるかに大きな価値をもっているというシジウィック教授の含意しているところのもの（だが、これは私にはきわめて疑わしいと思われるが）を受け入れるとしても、美の快い観照は、確かに単なる快楽の意識よりもはかりしれないほど大きな価値をもっているように、私には思われる。この結論を支持するために、私は確信をもって「反省的人間の冷静な判断」に訴えることができる。

56　(二)　ある快い全体の価値は、単にそれが含んでいる快楽だけにあるのではないということは、シジウィック教授の議論が欠陥をもつことを示すもう一つの点を考慮することによって一層明確になるだろう、と私は思う。シジウィック教授は、既に考察したように、あるものの快楽に対する貢献は、そのものが常識によって賞賛されることに大まかに比例するという、疑わしい命題を主張している。しかし彼は、あらゆる状態の快さは、その状態が賞賛されることに比例するという、疑いもなく偽である命題を主張しているわけではない。言い換えれば、どんな状態においても、全体の諸結果が考慮されるときにのみ、彼は快楽の量と常識によって是認される対象との一致を主張することができるのである。もしわれわれがそれぞれの状態をそれだけで考察し、その状態の手段としての善は別にして、目的としての善に関して、常識がどのように判断するかを問うならば、常識は、はるかに快くない多くの状態を、はるかに快い多くの状態よりも善であるとみなすこと、つまり常識が、ミルと同様に、低級な快楽よりも快さは少ないけれども一層価値をもつ高級な快楽があるとみなすことは、疑うことができないであろう。もちろん、シジウィック教授は、この場合、常識は手段と目的を混同しているだけであり、常識が目的としてより善いと主張するものは、本当は手段としてより善いだけであると主張しているのかもしれない。しかし、目的としての善の直覚に関する限り、彼はひどく常識に背いていることを十分に自覚しておらず、直接的な快さと快楽への貢献を十分に強調していない点で、彼の議論には欠陥がある、と私は思う。何が目的として善であるか、という問いを公正に提示するために、われわれは直接的に快い状態を取り上げて、より快い状態のほうが常により善い状態であるのか、快さの少ない状態の中により善い状態とみえるものがあれば、それは、それらがより快い状態の数を増加しそうである、とわれわれが考えることに基づくのか、と問わなければならない。常識はこれら二つの想定を否定するだろうし、そのことが正しいことは、私には疑う余地のないことのように思われる。たとえば、もっとも低級な形態の性的享楽と呼ばれるもののいくつかは、たとえそれがわれわれが経験するもっとも快い状態でない、ということは決して明らかではないとしても、普通積極的に悪いことと考えられている。常識は確かにシジウィック教授が「洗練された快楽」と呼ぶものを、今ここで追求することの十分に正当な理由として、それらの快楽が一つの天国を未来に達成する最善の手段であるという理由が挙げられるとは考えないであろう。その天国とは、それ以上に洗練された快楽がなく――美の観照や人格間の愛情がなく――、最大の快楽が絶えず獣的欲望にふけることによって獲得される場所である。しかしシジウィック教授は、もし最大の快楽がこのようにして獲得され、こうして達成されるとするならば、そのような状態は、一つの天国であり、すべての人間はその実現のために努力しなければならない、と考えざるをえないであろう。この見解は逆説的であるとともに偽である、と私は確信する。

57

そこで、もしわれわれが「快楽の意識は唯一の善であるか」という問いを公正に提示するならば、その答えは「否」でなければならない、と私には思われる。これによって、快楽主義の最後の砦が崩壊したことになる。その問いを正しく提示するためには、われわれは、快楽の意識を孤立化しなければならない。われわれは、次のように問わなければならない。もしわれわれが快楽のみを意識しており、他のいかなるものも意識せず、自らが意識していることさえも意識していないとすれば、その事態は、その量がどんなに大きかろうとも非常に望ましいだろうか。

誰もそうだとは考えない、と私は思う。それに反して、われわれは、快楽の意識が他のものの意識と結び付いているときの心の多くの複雑な状態――われわれがかくかくのもの「の享受」と呼ぶ状態――を非常に望ましいとみなすとはまったく明白であると思われる。もしもこのことが正しいならば、快楽の意識が唯一の善ではなく、それを部分として含む他の多くの状態のほうがそれよりもはるかに善であるということになるだろう。ひとたびわれわれが有機的統一の原理を認めるならば、この結論に対するいかなる反対意見も、そのような他の諸要素はそれ自体においては何の価値ももたないという想定された事実に基づいて消滅しなければならない。私は、快楽主義を論駁するために、これ以上述べる必要はないだろうと思う。

58 快楽主義の説が普通主張される際に採る二つの形態――利己主義と功利主義――について述べることだけが残っている。

快楽主義の一形態としての利己主義（Egoism）とは、われわれは究極目的として自分自身の最大幸福を追求すべきであると主張する説である。もちろんこの説は、ときにはこの目的への最善の手段が他人に快楽を与えることを認めるであろう。たとえば、われわれはそうすることによって共感、干渉からの自由、自尊心という快楽を得ることだろう。これらの快楽は、ときおり他人の幸福を直接に目指すことによって得られるのだが、われわれが他の仕方で得ることができるどんな快楽よりもはるかに大きいこともありうる。それ故、この意味で利己主義は、別の意味での利己主義、すなわち、利他主義（Altruism）をその正反対とするという意味での利己主義から注意深く区別されなければならない。一般に利他主義に対立するものとしての利己主義は、単に自己愛だけを示しがちである。この意味では、ある人の行動のすべてが実際に自分自身のために快楽を得ることを目指しているならば、その人は利己主義者である。その人は、そうすれば全体として可能な限り最大の幸福を自分自身のために得るので、そのように行動すべきであると考えていようがいまいが、利己主義者である。したがって、利己主義とは、われわれは常に自分自身の快楽を得ることを目指すべきであり、その理由は、究極目的が自分自身の最大の快楽であるか否かにかかわらず、そうすることが究極目的への最善の手段だからである、という理論の名称として用いられるだろう。他方、利他主義とは、われわれは常に他の人々の幸福を目指すべきであり、そうすることが、他の人々の幸福だけでなく自分自身の幸福を確保する最善の手段だからである、という理論の名称として用いられるだろう。したがって、私が今述べている意味での利己主義者、つまり自分自身の最大幸福が究極目的であると考える利己主義者は、同時に利他主義者でもありうるのである。彼は自らを幸福にする最善の手段として「隣人を愛す」べきであると考えるかもしれない。逆に別の意味での利己主義者は、同時に功利主義者でありうるのである。彼は自らの努力を常に自分自身の快楽を得ることに向けるべきであり、そうすれば、幸福の総和が増大する見込みがきわめて大きくなると考えるであろう。

59

第二の種類の利己主義とは、この反利他主義的な利己主義のことである。私は、この手段に関する説としての利己主義については、後にもっと述べるつもりである。私が今扱うのは、まったく別の種類の異なった利己主義であって、各人は理性的に次のように考えるべきであると主張する説である。すなわち、私自身の最大幸福が存在する唯一の善なるものであり、私の諸行動は、ただこの幸福を私にもたらす助けとなる限り、手段としての善でありうるという説である。これは今日では著述家たちによってあまり主張されない説である。それは一七世紀、一八世紀にイギリスの快楽主義者たちによって大いに主張された説であって、たとえば、ホッブズの倫理学の根底に見出される。しかしイギリスの学派の人でさえ、今世紀に入って一歩前進したようにみえる。今日ではそれらの学者の大部分が功利主義者である。彼らは、もし私自身の幸福が善であるとすれば、他の人々の幸福が善でないということは、奇妙なことだと認めている。

この種の利己主義の不合理を十分に明らかにするためには、この利己主義のもっともらしさが依存しているいくつかの混同を検討することが必要である。

これらの混同のうち、主なものは、「他の人々の善」から区別されたものとしての「私自身の善」という概念のうちに含まれている混同である。これは、われわれがすべて日常使用している概念である。それは、普通の人が倫理学の何らかの問題を論ずるときに訴えがちな最初の概念の一つである。しかも普通利己主義が提唱されるのは、主としてその意味がはっきりと理解されていないからである。事実「利己主義」という名称は、私自身の快楽が唯一の善であるという説よりも、「私自身の善 (my own good)」が唯一の善であるという説に適用されるほうがふさわしいことは明らかである。人は、快楽主義者ではなくても、利己主義者でありうる。おそらくもっとも密接に利己主義と結び付いている概念は、「私自身の利益」という語によって表示されるものである。利己主義者とは、自分自身の利益を増進する傾向がすべての行動の唯一の可能で十分な正しい理由であると考える人である。しかし、この「私自身の利益」という概念は、一般には私自身の快楽よりもはるかに多くのことを含んでいることは明らかである。実際「私自身の利益」が私自身の快楽の中にのみ存すると考えられてきたという理由で、しかもそう考えられる限り、利己主義者たちは、私自身の快楽が唯一の善であるとみなすようになったのである。彼らが推論する過程は、次のとおりである。「私が確保すべき唯一のものは、私自身の利益である。しかし、私自身の利益は、可能な限り私の最大の快楽に存する。それ故、私が追求すべき唯一のものは、私自身の快楽である」。このように私自身の快楽を私自身の利益と同一視することは、よく考えてみると、ごく自然なことであり、このことは、現代の道徳論者たち (moralists) によって一般になされていることは認められるであろう。しかし、シジウィック教授がこのことを指摘したときに（第三編・第一四章・第五節・第三分節）、彼は、この同一視が日常の思想では決して行われなかったことを指摘すべきであった。普通の人は「私自身の利益」と言うとき、決して「私自身の快楽」を意味しておらず——彼は普通これを含めてさえいない——、私自身の昇進、私自身の名声、より多くの収入を得ることなどを意味している。シジウィック教授がこのことに気づくことなく、古代の道徳論者たちが「私自身の利益」と私自身の快楽とを同一視しなかったという事実を理由として挙げたことは、私がここで指摘しようとしている「私自身の善」の概念におけるあの混同に、彼が気がつかなかったことによると思われる。その混同は、おそらく他の道徳論者たちよりはプラトンによって明瞭に気づかれていた。その混同を指摘するだけで、利己主義が合理的であるというシジウィック教授の見解は十分に論破されるであろう。

それでは、「私自身の善」とは何を意味するのか。あるものは、どのような意味で、私にとって善なのだろうか。よく考えてみると、私に属し、私の所有でありうる唯一のものは、善なるものであって、そのものが善であるという事実ではないことは明らかである。それ故、私が「私自身の善」として手に入れるあるものについて話すとき、私は、手に入れるそのものが善なのか、あるいは私がそれを所有していることが善なのかのいずれかを意味していなければならない。どちらの場合にも、私のものであるのは、そのものまたはそのものの所有だけであって、そのものの善さやそのものの所有の善さではない。この述語に「私の」を付加して、私によるこのものの所有は私の善であると言うことには、もはや何の意味もない。たとえわれわれがこのことを「私がこのものを所有することは、私が善と考えることだ」と解釈したとしても、依然として同じことが当てはまる。というのは、私が考えることは、私がそのものを所有するのは端的に善であるということであって、私が正しく考えているならば、真実は、私がそのものを所有することは、端的に善であるということ――そのことは、どんな意味においても、私の善ではないし、もし私が誤って考えているならば、私がそのものを所有することは、まったく善ではないからである。要するに、私があるものを「私自身の善」として語るとき、私が意味しうることは、私自身の快楽が私のものであるように、もっぱら私のものであるところの(「所有」によって表示されるこの関係の意味がどのようなものであろうとも)あるものが絶対的に善であるということ、あるいは私がそのものを所有することが絶対的に善であるということである。そのものの善は、いかなる可能な意味においても、「私的な」ものではなく、また私に属するということもありえない。それは、あるものが私的に存在したり、またはただ一人の人間のためにのみ存在できないのと同様である。「私自身の善」を目指すことについて、私がもつことができる唯一の理由は、私がそのように呼ぶものが私に属していることが絶対的に善である——他人がもつことができないものを私がもつことが絶対的に善である——ということである。しかし、私がそのものをもつことが、絶対的に善であれば、他のすべての人も、私がそれをもつことを目指すときに、私自身と同じだけの理由があることになろう。それ故、もしもいかなる人の「利益」または「幸福」についても、それがその人の唯一の究極目的であるべきだということが真であるならば、このことは、その人の「利益」または「幸福」が唯一の善、つまり普遍的善であり、誰もが目指すべき唯一のものである、ということだけを意味している。それ故、利己主義が主張するのは、各人の幸福が唯一の善であるということ——多くの異なるものが、各人にとって、存在する唯一の善であるということである——このことは、まったく矛盾している。いかなる学説についても、これ以上完全で徹底した論駁は望むことができないであろう。

60

それにもかかわらず、シジウィック教授は、利己主義が合理的であるとみなしている。そこで彼がこの不合理な結論のためにあげている諸理由を簡単に考察することが有益であろう。彼は（最終章・第一節）で「利己主義者は、自分自身の最大の幸福が彼にとって合理的な究極目的であるだけでなく、普遍的善の一部である、ということを暗黙のうちに」あるいは「明快に断言することを拒否することによって、功利主義の証明を避けることができるだろう」と述べている。彼はここで、このことが「わかった」として、われわれに参照を勧めている段落において「彼自身の幸福と他人の幸福との相違が、彼にとってはそれほど重要ではない、ということを証明できない」（第四編・第二章・第一節）と言っている。シジウィック教授は、「彼自身にとっての合理的な究極目的」や「彼にとってきわめて重要な」という語句によって何を意味しているのだろうか。彼はそれらの語句を定義しようと試みていない。哲学において不合理が生ずる原因は、主としてこのような未定義な語句を使用することによるのである。

あるものがある人にとって合理的な究極目的でありうるが、他の人にとってはそうでないと言うことに何らかの意味があるのか。「究極的」とは、少なくともその目的がそれ自体において善である――定義不可能という意味で善である――という意味でなければならず、「合理的」とは、少なくともその目的が真に善であるという意味でなければならない。そこで、あるものが合理的な究極目的であるということは、そのものが真にそれ自体において善であるということを意味しており、そのものが真にそれ自体で善であるということは、それが普遍的善の一部であることを意味している。そのものが普遍的善の一部であることをやめさせる「彼自身にとって」という限定に、われわれはいかなる意味を与えることができるだろうか。いかなる意味も与えることができない。というのは、利己主義者の幸福は、それ自体において善でなければならず、それ故、普遍的善の一部でなければならないか、それとも、それはそれ自体において善ではありえないか、のいずれかでなければならないからである。このディレンマを避けることはできないからである。もしもその幸福がまったく善ではないとすれば、それを目指すことにどのような理由がありうるのか。どうしてそれが、彼にとって合理的な目的となりうるのか。「彼自身にとって」という限定は、それが「他の人にとってではない」を含意しないならば、何の意味ももたないし、もしそれが「他の人にとってではない」を含意するならば、その目的は、真にそれ自体において善ではありえないので、彼にとって合理的な目的とはなりえない。「彼自身にとっての合理的な究極目的」という語句は、名辞の矛盾でしかない。あるものがある特定の人にとって目的であるとか、あるいはその人にとって善であるということは、次の四つのうちの一つを意味している。（一）それは、問題の目的がもっぱら彼にのみ属する何かあるものであることを意味するかもしれない。しかしその場合、彼が目的を目指すことが合理的であるとするならば、彼だけがそれを所有すべきだ、ということは、普遍的善の一部でなければならない。それとも（二）それは、そのものが彼の目指すべき唯一のものであることを意味するかもしれない。しかし、このことがそうでありうるのは、彼がそうすることによって普遍的善を実現するために、できる限りのことを行うからである。このことは、われわれの場合には、手段としての利己主義を可能にするだけであろう。それとも（三）あるものは、ある人が欲しているか善と考えているものを意味するかもしれない。もし彼の考えが誤っているならば、それはまったく合理的な目的ではないし、もし彼の考えが正しいのであれば、それは普遍的善の一部である。それとも（四）それは、もっぱら彼に属するあるものが、また彼によって是認されるか、または目指されている、ということが奇妙にも適切であるということを意味するかもしれない。しかしこの場合、それが彼に属していることも、彼がそれを目指すことも、ともに普遍的善の一部でなければならない。二つのもののある種の関係が適当であるとか適切であるとか言うことによって、われわれは、そのような関係の存在が絶対にそれ自体において善である（もしそれが手段として善でなければ、そのときには（二）の場合となる）ということだけを意味することができる。こうして、ある人自身の幸福が彼にとって合理的な究極目的であるという語句に与えられるいかなる可能な意味によっても、利己主義者は、自分自身の幸福が絶対に善であるという含意を免れることはできない。そして彼は、それがまさに合理的な究極目的であると言うことによって、それが唯一の善なるもの――普遍的善の全体である――ということを意味しなければならない。さらに、彼が各人の幸福がそれぞれその人にとって合理的な究極目的であると主張するならば、われわれは、利己主義の根本的な矛盾――はかり知れない数の異なるものがそれぞれにとって唯一の善である――に直面することになる。そして、同じ考察が「その人自身の幸福と他の人の幸福との相違は、その人にとってきわめて重要である」という語句にも当てはまることは容易に理解できる。この語句が意味することができるのは、（一）ある人自身の幸福が彼に影響を及ぼす唯一の目的であるか、それとも（二）彼にとって重要な（手段として）唯一のことは、自分自身の幸福に注目することか、それとも（三）彼が関心をもつのは、自分自身の幸福だけであるか、それとも（四）各人の幸福がその人の唯一の関心事となるのは善であるか、のいずれかである。これらの命題のいずれも、たとえ真であるにせよ、自分自身の幸福が望ましいものであれば、それは普遍的善の一部ではないということを示す傾向を少しももっていない。自分自身の幸福は、善であるか善でないかのいずれかである。その幸福が彼にとってどのような意味においてきわめて重要であろうとも、もしそれが善でないならば、彼がそれを追求することは正当化されないし、もしそれが善であるとすれば、他のすべての人は可能な限り、そしてそれを追求しても普遍的善の一層価値ある部分の達成が排除されない限り、それを追求する同等の理由をもっていることは、真でなければならない。要するに、「合理的な究極目的」「善い」「重要な」のような語に「彼にとって」「私にとって」を付加することは、混乱以外の何ものももたらさないことは明らかである。何らかの行動を正当化できる唯一の可能な理由は、その行動によって絶対的に善なるものの可能な限り最大量がもたらされるということである。もし誰かが、自分自身の幸福の達成が自らの行動を正当化すると言うならば、このことは、彼が実現できる普遍的善の可能な限り最大の量であることを意味しなければならない。さらに、このことが真でありうるのは、彼がこれ以上の量を実現する力をもたないか、それとも彼自身の幸福が実現されうる最大量の普遍的善であるか、のいずれかでなければならない。前者の場合には、彼は利己主義を手段の説とみなしているだけであり、後者の場合には、われわれは、本来の利己主義をもつことになり、あらゆる人の幸福は、それだけで実現されうる最大量の普遍的善であるという、悪名高い矛盾が出てくるのである。

61

以上のとおりであるから、シジウィック教授が「倫理学のもっとも深遠な問題」とみなしている「合理的利己主義の合理的仁愛(Rational benevolence)に対する関係」(第三編・第一三章・第五節・注1)は、彼がそれを提示するのとはまったく異なった光の中にあらわれることが注目されなければならない。シジウィック教授は言う。「たとえある人が合理的仁愛の原理の自明性を認めるとしても、彼は、依然として自分自身の幸福がそれ以外の何らかのもののためにも、それを犠牲にすることが非合理的となるような目的であって、道徳が完全に合理的になるならば、思慮の格率と合理的仁愛の格率との調和がなんとかして証明されなければならない、と考えるかもしれない。この後者の見解こそ、私自身が抱くものである」（最終章・第一節）。さらにシジウィック教授は、続けて「功利主義の義務とそれを遵守する個人の最大幸福との不可分な結び付きは、経験的根拠に基づいて十分に証明することはできない」（同章・第三節）ことを指摘している。彼の著書の最後の段落で、「義務と私利との和解は、われわれの思想の一主要部門における一つの根本的な矛盾を避けるために論理的に必要な仮説とみなされるべきである」から、「この必要性がこの仮説を受け入れるのにどの程度十分な理由となるか、を問うことが残っている」（同章・第五節）(13)と語っている。「神学者の合意によって、神のような存在者の存在を仮定すること」は、彼が既に述べたように、要求された和解を保証するであろう。なぜなら、そのような神のもつ神的強制力は「もちろん、彼の知識のおよぶ限り、普遍的幸福を増進することを常にあらゆる人の利益とするのに十分であろう」（同章・第五節）からである。

ところで、神の強制力が保証する「義務と私利の和解」とは何であろうか。それは、最大多数の最大幸福を生み出す行為と同じ行為が、常にまた行為者の最大幸福を生み出すであろうということだけに存するであろう。もしもこれが事実であるとすれば（われわれの経験的知識は、それがこの世界では事実でないことを示しているが）、「道徳」は、シジウィック教授によれば、「完全に合理的なもの」になるだろう。すなわち、われわれは、「行為において何が合理的であるかについての明白な諸直覚によって究極的で根本的な矛盾」を免れることができるであろう。言い換えれば、われわれは、自分自身の最大幸福を確保すること（思慮の格率）が、全体としての最大幸福を確保することと（仁愛の格率）と同じほど明白な義務である、と考える必要を免れるであろう。しかし、われわれがそれを免れないであろう、ということは、まったく明らかである。シジウィック教授は、ここで経験論に特有な誤謬――事実に変更を加えれば、矛盾を矛盾でなくすることができると考える誤謬――を犯している。一人の人間の幸福が唯一の善であるとともに、あらゆる人の幸福も唯一の善であると言うことは、同じ行為が両者を保証するであろうと仮定することによっては、解決することができない矛盾である。それは、その仮定が正当化されることを、われわれがどれほど確信していようとも、やはり等しく矛盾であろう。シジウィック教授は、小事にこだわって大事をゆるがせにしている。彼は、他の人々に快楽を与えるものが、また自分にも快楽を与えることを保証するためには、神の全能が働かなければならないと考える。――そのようにすることによってのみ、倫理学を合理的なものにすることができると考えるのである。他方彼は、この神の全能の行使でさえ倫理学には矛盾が残るであろうという事実を見落としている。その矛盾に比べると、彼の困難は、取るに足らないことである――その矛盾とは、すべての倫理学を無意味にしてしまい、その前では、神の全能が永遠に無力になってしまうものである。われわれが利己主義の原理とみなしてきた、各人の幸福が唯一の善であるべきだということは、それ自体一つの矛盾である。普遍主義的快楽主義の原理であるところの、あらゆる人の幸福が唯一の善であるということが真であるとすれば、そのことは他の矛盾を持ち込むことになるだろう。これらの命題がすべて真であるということは、「倫理学におけるもっとも深遠な問題」と呼ぶことができるかもしれない。そのことは、絶対に解決できない問題であろう。しかし、それらの命題はすべて真ではありえないし、それらの命題がすべて真であると想定することに対しては、混乱以外にどのような理由も挙げることができない。シジウィック教授は、この矛盾を、われわれ自身の最大幸福と万人の最大幸福とは常に同じ手段によって達成できるとは限らないようにみえる、という単なる事実（これにはいかなる矛盾もないが）と混同している。もし幸福が唯一の善なるものであるとすれば、この事実は、ある程度重要なものであろうし、いかなる見解においても、それに似た諸事実は重要なものであろう。しかしその事実は、この世界において達成できる善の量は、想像できる善の量に比べると、途方もなく少ない、という一つの重要な事実の例にすぎない。もし私が全体として可能な限り最大の快楽を生み出す場合には、私が自分自身のために最大の快楽を得ることができないということは、いずれにしろ私が望ましい快楽をそっくり得ることができないのと同様に、まさに倫理学のもっとも深遠な問題であるとは言えない。そのことが述べているのは、達成できる善の量は限定されているのだから、ある場所で可能な限り多くの善を得るならば、われわれは、全体として少ない善しか得ることができないということにすぎない。私が自分自身の善か万人の善かのどちらかを選ばなければならないということは、誤った対立のさせ方である。唯一の合理的な問いは、私自身の善か、他の人の善かを選ぶにあたって、どのように選択すべきかということである。この問いに答える際の原理は、私が他の人に快楽を与える際に選ぶべき原理とまったく同じである。

62 そこで明らかに、利己主義の説は、自己矛盾しており、このことが気づかれない一つの理由は、「私自身の善」という語句の意味を混同しているからである。この混同とこの矛盾を無視することは、通常言われるように、自然主義的快楽主義から功利主義に移行する際に必然的に含まれている、ということが理解されるであろう。たとえば、既にみたように、「各人は自分自身の幸福を、それが達成できると信じている限り欲している」（五三頁）とミルは断言している。そしてこのことを、一般的幸福が望ましいことの一つの理由として提示する。このように理由づけることは、第一に自然主義の誤謬を含むことを、われわれは既に見てきた。しかしさらに、たとえその誤謬が誤謬でないとしても、それは、功利主義の理由ではなくて、利己主義の理由となりうるだけである。ミルの議論は、次のとおりである。「人は自分自身の幸福を欲している。それ故、その人自身の幸福は望ましい」。さらに「人は自分自身の幸福以外のものを望まない。それ故、その人自身の幸福だけが望ましい」ということが導かれる。次に思い起こされねばならないことは、ミルによれば、すべての人は、そのように自分自身の幸福を欲しており、そこからすべての人の幸福のみが望ましいということが導かれる。このことは、単に名辞の矛盾である。そのことが何を意味するかを考えてみよう。各人の幸福は、望ましい唯一のものである。いくつかの異なるものも、各人にとって望ましい唯一のものである。このことが利己主義の根本的な矛盾である。ミルの議論が証明しようとしているのが、利己主義ではなくて、功利主義であることを明らかにするために、彼は、もし「各人の幸福がその人自身の善である」という命題から「万人の幸福が万人の善である」という命題を推論できると考えなければならない。ところが実際には、われわれは、

もし「その人自身の善」が何を意味するかを理解すれば、後者の命題が「万人の幸福が各人の善である」という命題だけからしか推論できないことは明らかである。そこで、自然主義的快楽主義が論理的に到達するのは、利己主義だけである。もちろん、自然主義者は、われわれが目指しているものは、単に「快楽」であって、われわれ自身の快楽ではないと主張するかもしれない。そのことは、常に自然主義の誤謬を仮定しているが、功利主義のための異論の余地がない根拠となるだろう。しかし、もっと普通には、彼が欲しているのは、彼自身の快楽であると主張するか、あるいは少なくともこの快楽を他の快楽と混同するであろう。そうすると彼は、論理的に功利主義ではなくて、利己主義をとらざるをえなくなるのである。

63

なぜ利己主義が合理的であると考えるべきかということに対して、私が挙げる第二の理由は、この利己主義が他の種類の利己主義――手段に関する説としての利己主義――と混同されている、ということである。この第二の利己主義は、「あなたは自分自身の幸福を追求すべきである、ともかくもときには、」と言う権利をもっているし、「常に」とさえ言うかもしれない。われわれは、その利己主義がそのように言うのを知るとき、それが付加する「しかし、何らかの他のものの手段としてだけ」という条件を忘れがちである。事実、われわれは不完全な状態にあり、理想とするものを一度に手に入れることはできない。それ故、しばしばわれわれがなすべき必須の義務は、手段としてのみ善であるか、または主として手段として善なるものをなすことであり、われわれはしばしばそれらのことを絶対にすべき「べき」なのである。つまり、われわれは、自らすることができる最善のことをすべきであり、それは、絶対に善なるものではなくて、絶対に「正しい」ものなのである。このことに関しては、私は、後にもっと述べるつもりであるが、ここでは次のことを言及するにとどめたい。その理由は、私の考えでは、われわれは自分自身の快楽を、手段として追求すべきだと言うほうが、目的として追求すべきだと言うよりも、はるかにもっともらしいからである。またこの第二の利己主義は、そのもっともらしさの一部を、私自身の最大の快楽が唯一の善なるものであるという、それとはまったく異なった本来の利己主義の説との混同に依存しているからである。

64

利己主義については、これで終わることにする。功利主義については、多く述べる必要はないが、二つの点だけは、注目に値するように思われる。

第一の点は、功利主義という名称は、利己主義の名称と同じく、われわれの行動のすべては、それが快楽への手段となる程度に応じて判定されるべきだ、ということを本来示唆するものではない、ということである。この名称の本来の意味とは、行為における正・不正の基準は、その行為が万人の利益を増進する傾向をもつ、ということである。利益とは、普通さまざまな異なる善なるものを意味しており、それらはまとめて同じ類に分類されるが、その理由は、人の欲求が「道徳的」ということによって意味される心理学的な性質をもっていない限り、それらの善なるものは、通常人が自分自身のために欲するものだからである。こうして、「有用な」ものとは、道徳的に善なるもの以外の善なるものを達成する手段となるものを意味し、古代の倫理学では一貫してその意味で用いられた。これらの善なるものは、快楽への手段としてのみ善であるとか、あるいは普通そのようにみなされているというのは、まったく不当な想定である。実際、「功利主義」という名称が採用された主な理由は、単に正しい行為と不正な行為とは、その諸結果によって――行為の正・不正は、その結果に関係なく判定されるという厳密な直覚主義的見解に反対して――手段として判定されなければならないということを強調することにあった。このように功利主義が、正しいものとは可能な限り最善の諸結果をもたらすものという意味でなければならない、と強く主張するのは、まったく正当なことである。しかし、この正当な主張には、歴史的に、またごく自然に二重の誤謬が結び付いている。（一）可能な限り最善の諸結果は、限られた種類の善なるものの中にのみあると仮定され、それらの種類の善なるものは、通俗的にただ「有用な」行動または「利害にかかわる」行動の諸結果として分類されるものとほぼ一致するとみなされた。これらの善なるものは、再び快楽への手段としてのみ善であると性急に考えられた。（二）功利主義者は、あらゆるものを単なる手段とみなす傾向があり、手段として善なるものの中には目的としても善なるものがあるという事実を無視する傾向がある。こうして、たとえば、快楽が一つの善であると考えると、現在の快楽を未来の快楽への手段としてのみ評価してしまい、もし快楽が目的として善であれば絶対に必要なことであるのに、現在の快楽を未来の可能な快楽よりも重んじないという傾向がある。功利主義者の多くの議論は、今この場にあるものはそれ自体では何の価値ももたず、ただその諸結果によってのみ判定されるだけであり、その諸結果もまた、もちろん実現されるときにはそれ自体において何の価値をももたず、さらに、先の未来への手段に過ぎず、こうして無限に進むという論理的な不合理を含んでいる。

功利主義に関して注目に値する第二の点は、その名称がある形態の快楽主義のために使用されるとき、その功利主義は、普通その目的を記述するときでさえ、手段と目的を正確に区別しないということである。そのもっともよく知られた公式は、諸行動を判定する際によりどころとなる結果とは、「最大多数の最大幸福（the greatest happiness of the greatest number)」というものである。しかし明らかに、もし快楽が唯一の善であり、その量が等しい大きさであるとすれば、それを享受する人の多少にかかわらず、あるいは誰もそれを享受しなくても、等しく望ましい結果がもたらされるだろう。明らかに、もしわれわれが最大多数の最大幸福を目指すべきであるとするならば、その理由は、明らかに快楽主義の原理に基づくならば、最大多数の人々における快楽の存在が、最大量の快楽の存在を達成するための最善の手段であるということでしかないと思われるからである。このことは、実際そのとおりであるかもしれない。しかし功利主義者は、快楽主義の原理を採用するときに、快楽または快楽の意識と、それをある人が所有することとを明確に区別しないことによって影響されてきたのではないか、と疑うことは正当である。多数の人々による快楽の所有を唯一の善とみなすほうが、等しく大きな量の快楽の存在を唯一の善とみなすよりもはるかに容易である。実際もしわれわれが功利主義の原理を厳密に解釈し、多数の人々による快楽の所有がそれ自体において善であると言おうとしていると考えるならば、その原理は、快楽主義的なものではなくなってしまう。つまり、それは、究極目的の必要な部分として、多数の人々の存在を含んでおり、このことは、単なる快楽よりもはるかに多くのことを含むであろう。

しかしながら、功利主義は、普通言われているように、快楽の単なる意識か、それとも少なくとも一人の人間の中にそのような意識が存在することによって意味される最小の付加物を合わせた快楽の意識かのいずれかが、唯一の善であると主張する、と解釈されなければならない。これが、一つの倫理学説としての功利主義の意義である。そして、そのようなものとしての功利主義は、私が快楽主義を論駁したときに既に論破されている。その功利主義を弁護して言いうることは、せいぜいそれが、一つの経験的事実として全体として最大の善をもたらす行為の仕方がまた最大の快楽をもたらすという根拠に基づいており、実践上の諸結論においてはひどく人を誤らせるものではないということである。一般に功利主義者は、最大の快楽を生み出す一連の行動が、大体において常識が是認するものであるということを示すことに彼らの議論のほとんどを集中している。われわれは、シジウィック教授が快楽が唯一の善であることを示すのに役立つものとして、この事実に訴えていることを知った。そしてわれわれは、その事実がこのことを示すのに役立たないことを考察してきた。われわれは、この命題を弁護して提出されてきた他の議論がきわめて説得力を欠くものであり、この命題がそれだけで公正に検討されると、まったく滑稽に見えることを考察してきた。さらに、全体として最大の善をもたらす諸行動がまた最大の快楽をもたらすということもきわめて疑わしい。そのことを示そうとする議論はすべて、近い未来に最大の快楽を達成するのに必要な諸条件と思われるものが、常にそういう条件として存続するという仮定によって多かれ少なかれその力を弱められている。しかもこの誤った仮定を用いても、それらの議論が首尾よくこのきわめて疑わしい場合を立証できるかどうかは疑わしい。それ故、この事実が仮に一つの事実であるとしても、どのように説明されるべきかということは、われわれが論ずる必要のないことである。

心の多くの複合的状態は、それらが含む快楽よりもはるかに価値がある、ということを示すことができれば、それで十分である。もしそれがそのとおりであるとすれば、いかなる形態の快楽主義も真ではありえない。一つの基準として快楽が与える実践上の手引きは、計算が正確になるのに比例して弱くなるので、われわれは、その功利が非常に疑わしく、その信憑性を疑う重大な理由があるような手引きを採用する前に、余裕をもって、一層詳しい吟味を待つことができる。

65

私がこの章で確立しようと努めたもっとも重要な論点は、次のとおりである。（一）快楽主義は、厳密には「快楽がそれ自体において善であるところの唯一のものである」という説として定義されなければならない。この見解は、その普及を主として自然主義の誤謬に負っているように思われる。そしてミルの議論は、この点で誤謬を犯している議論の一つの典型とみなすことができる。シジウィックだけが、自然主義の誤謬を犯すことなく快楽主義を擁護している。それ故、快楽主義を最終的に論駁するには、彼の議論におけるいろいろな誤りを指摘しなければならない（第三六―第三八節）。（二）ミルの「功利主義」が批判され、（a）それが、「望ましい」を「欲求される」と同一視する点で、自然主義の誤謬を犯していることが示され、また（b）快楽は欲求の唯一の対象ではないことが示される。快楽主義を擁護する通常の議論は、これら二つの誤謬に基づくように思われる（第三九―第四四節）。（三）快楽主義は、一つの「直覚」とみなされ、次のことが指摘される。（a）ミルがある快楽は質において他の快楽よりも劣ることを容認するのは、それが一つの直覚であり、しかも誤った直覚であることを含意するということ（第四六―第四八節）。（b）シジウィックが「快楽」を「快楽の意識」から区別しておらず、ともかくも快楽を唯一の善なるものとみなすことは、不合理であるということ（第四九―第五二節）。（c）「快楽の意識」を唯一の善とみなすことも、もしそれが唯一の善であるとすれば、その意識以外に何ものも存在していない一つの世界が絶対的に完全なものとなるから等しく不合理と思われるのであって、シジウィックは、この明白で決定的な唯一の問いを自らに問うていないということ（第五三―第五七節）。（四）普通快楽主義の二つの主要な形態とみなされているもの、すなわち、利己主義と功利主義とは、相互に異なっているだけでなく、厳密には互いに矛盾するものである。なぜなら前者は、「私自身の最大の快楽が唯一の善である」と主張し、後者は、「万人の最大の快楽が唯一の善である」と主張するからである。利己主義は、そのもっともらしさを、一部は、この矛盾に気づかなかったこと――この例はシジウィックに見出される――により、一部は、目的に関する説としての利己主義と手段に関する説としての利己主義とを混同することによると思われる。もし快楽主義が真であるとすれば、利己主義は真ではありえないことになるし、もし快楽主義が偽であるとすれば、なおさら利己主義は真ではありえない。他方、功利主義の目的は、もし快楽主義が真であるとすれば、実際には考えうるもっとも善なるものではなくて、われわれがそれを増進することが可能な限りもっとも善なるものであろう。しかしそのことは、快楽主義を論駁することによって論破されている（第五八―第六四節）。

原注

（1）A.E.Taylor's *Problem of Conduct*, p. 120.
（2）私が言及しているのは、第13版（一八九七年）である。
（3）傍点（原文イタリック）はムアによる。
（4）Platon, *Gorgias*, 481C–487B.
（5）F.H.Bradley, *Ethical Studies*, p. 232.
（6）J.S.Mill, *Utilitarianism*, p. 53.
（7）J.S.Mill, op.cit., p. 55.
（8）J.S.Mill, op.cit., pp. 56–7.

(9) J.S.Mill, op.cit., p. 58.
(10) J.S.Mill, op.cit., p. 12.
(11) Platon, *Philebus*, § 48, *sup*.
(12) H.Sidgwick, *The Methods of Ethics*, pp. 27-30, 36.
(13) 傍点（原文イタリック）はムアによる。

訳注

(1) ミルの功利主義によれば、善とは幸福のことであり、したがって幸福は究極目的として望ましいものとなる。しかしこのような第一原理は、われわれの理性によって直接証明することができない。ミルによれば、幸福が望ましいとは、人が実際に幸福を望むことである。これが間接的証明と言われるものである。

(2) ミルは、「ベンサム論」（一八三八年）の中で、ベンサムの詩歌論に言及して「快楽の量が等しいならば、ピンはじき遊びは詩と同じように善い」と述べている。ベンサムは、次の書で、詩とピンはじき遊びとの関係を報酬の点から論じている。*Rationale of Reward* (1825).

(3) 反省的判断力とはカントの用語で、美学においては、合目的性の上から、美的自然や芸術作品を快・不快の感情によって主観的に判断する能力を指す。

第四章　形而上学的倫理学

66

本章では、ストア学派、スピノザ、カントの倫理学説、とりわけ主にヘーゲルの影響下にある現代の多くの学者の倫理学説に示されている倫理学理論の一類型を取り扱う。これらの倫理学理論は、倫理学の基本命題を推論するための根拠として形而上学的命題を用いるという点で共通している。それらはすべて、倫理学的真理が形而上学的真理から論理的に導出されることを、——倫理学は形而上学に基づくべきであることをほのめかしているし、多くははっきりとそう主張している。その結果、これらの倫理学理論はすべて最高善 (the Supreme Good) を形而上学的な用語で記述することになる。

では、「形而上学的 (metaphysical)」という用語をどう理解するべきであろうか。第二章で説明したように、私はこの用語を「自然的 (natural)」の対義語として用いる。存在するものがすべて「自然的対象」であるとは限らないことをもっともはっきりと認める哲学者たちを、私はとくに「形而上学的」と呼ぶ。それ故、「形而上学者たち」には、われわれの知識は触れたり、見たり、感じたりすることができる諸々の事物に限定されないと主張するという大きな取柄がある。彼らは常に、心的事実のうちにある (外的事物とは) 別の種類の自然的対象だけではなく、時間のうちに存在しないことが確かで、したがって自然の部分ではなく、実際まったく存在しないような種類の諸対象もしくは諸性質にも取り組んでいる。既に述べたように、私たちが形容詞「善い (good)」によって意味するものはこの種類に属している。時間のうちに存在することができ——持続することができ、存在することを始めたり止めたりすることができ——、そして、知覚の対象であることができるのは、善さ（goodness）ではなく、善いと形容される諸々の事物もしくは性質だけである。ところで、この種類に属するものの中でもっとも際立ったものはおそらく数である。二つの自然的対象が存在することは確かである。しかし、二それ自体は存在せず、決して存在しえないことも同じく確かである。2＋2＝4である。このことは二もしくは四が存在するということを意味しない。もっとも、確かにそれは何ごとかを意味している。二は存在しないが、とにかくある。この種類に属しているのは、単なる命題の諸項——われわれがそれらについての真理を知っている諸対象——ではない。われわれがそれら［諸対象］についての知っている真理はおそらくなお一層重要な小部門を形成している。実のところ、真理［それ自体］は存在しない。しかも、これは「2＋2＝4である」というような真理に関してとりわけ明らかである。その場合、この真理がそれについての真理であるところの対象もまた存在しない。本来の意味での形而上学は、このような真理——「普遍的」と呼ばれる真理——の認識とともに始まり、それらの真理は触れたり、見たり、感じたりすることのできるものと本質的に類似ではないという認識とともに始まる。このような「普遍的」真理はプラトンの時代から今日に至るまで形而上学者たちの推論において常に大きな役割を果たしてきた。そして、これらの真理といわゆる「自然的対象」との差異に注意を向けてきたことが、彼ら形而上学者たちの知識に対する主要な貢献であり、この点で、たいていのイギリス人がそれに属している他の種類の哲学者たち——「経験論的」哲学者たち——とは区別される。

しかし、もし知識に対して実際に果たした貢献によって「形而上学」を定義しようとすれば、それはまったく存在しない対象の重要性を強調してきたと当然言わなければならないが、形而上学者たち自身はこのことを認めていない。なるほど、彼らは、時間のうちに存在しない、あるいは少なくとも私たちが知覚できない知識の諸対象が存在する、もしくは存在しうることを受け容れているし、またそう主張してもいる。そして、これらの諸対象の可能性を研究の一対象として承認することにおいて、彼らは人類に功績があったということを認めてよい。しかし、彼らは一般に、時間のうちに存在しないものは何であれ、いやしくもそれがあるべきであるならば、少なくともどこかに存在するに違いない——自然のうちに存在しないものは何であれ、それが超時間的であろうとなかろうと、何らかの超感覚的実在 (super sensible reality) として存在するに違いない——と考える。その結果、形而上学者たちは、彼らが関わっている真理は、知覚の対象の彼方へと超え出ており、何らかの点でそのような超感覚的実在についての真理であると考える。それ故、「形而上学」をそれが獲得したものによってではなく、それが企てたものによって定義するならば、存在してはいるが自然の一部ではないものについての知識を推論によって獲得しようとする企てであると言うべきである。形而上学者たちは非-自然的な存在についてのこのような知識を私たちに与えることができると本気で考えている。彼らの考えでは、自分たちの学問は、宗教が理由もなくそれについてより十全な知識を与えると称しているあの超感覚的実在について、根拠によって支持されうるような知識を私たちに提供することにある。したがって、「形而上学的」命題について先に語ったとき、私は超感覚的なもの——知覚の対象ではないもの、それ故また、いわゆる「自然」の過去および未来を推論するのと同一の推論規則によって知覚の対象から導き出すことのできないもの——の存在についての命題を意味していた。そして、「形而上学的」という用語について語ったとき、私はいかなる「自然的」事物にも属さない超感覚的実在の諸性質を言い当てる用語を意味していた。そのような超感覚的実在を信ずるべきどのような根拠がありうるかを「形而上学」が探究するべきだということは認める。というのも、それに固有の領域は自然的対象ではないあらゆる対象についての真理であると考えられるからである。そして、形而上学のもっとも重要な特徴は、それが非-自然的な存在物についての真理を証明すると宣言したことにあると思われる。それ故、私は「形而上学的」を超感覚的実在との関係によって定義する。しかし私は、形而上学がそれについての真理を獲得することに成功したところの非-自然的対象それ自体はまったく存在することのない対象である、と考えている。

以上で、「形而上学的」という用語の意味を説明するのに、そして、それが明確で重要な区別に関連していることを示すのに十分であろうと思う。その定義を完全なものとすること、もしくはそれが本質的な点で確立された用法と合致していることを示すことは、ここでは必要でない。「自然」と超感覚的実在との区別はきわめてよく知られており、しかも非常に重要である。そして、形而上学者は超感覚的実在に関するものごとを証明しようと努力し、そしてまた、単なる自然的事実ではない真理を主に扱っているから、彼らの議論並びに（それがあるとして）その誤りは、私が「自然主義」の名のもとに扱ったものよりも一層とらえにくい種類のものとなる。この二つの理由から、「形而上学的倫理学」をそれだけで取り扱うのが適当であると思われる。

67 既述のように、私が「形而上学的」と呼ぼうと考えている倫理学の諸体系は、最高善を「形而上学的」用語で記述するところに特徴がある。このことは今では、それらの諸体系が、存在するが自然のうちには存在しない（と考えられている）ものによって——超感覚的実在によって——最高善を記述する、ということを意味すると説明される。「形而上学的倫理学」の特色は、完全に善であるものは存在するが自然的なものではない、つまり超感覚的実在がそなえているある特徴をもつ、という主張に示されている。このような主張は、自然に従って生きることが完全であると断言したストア学派の人々によってなされた。彼らの意味する「自然」とは、私の定義する自然ではなく、彼らが存在すると推理し、完全に善と考える超感覚的なものである。同様の主張は、再度神への「知的愛」によって絶対的実体と合一する粗密の度合に応じて、われわれはより多くもしくはより少なく完全であると語るスピノザによってなされた。カントも、彼自身の「目的の王国」が理念的なものであると語るとき、同様の主張をしている。そして、最後に、究極の完全な目的は、われわれの真の自己を、すなわち今ここに存在する自然のうちなる自己の全体ともまたそのいかなる部分とも異なる自己を実現することである、と述べる現代の学者たちも、その種類の主

張をしている。

さて、このような倫理学原理は、完全な善のためには、今ここに存在するものよりも、あるいは将来存在すると推理されうるものよりも、はるかに多くが要求されるということを認めている点で、自然主義にはない長所を明らかにそなえている。その上、実在するものは完全な善に必要なすべての特徴をもっていることを主張していると解しさえすれば、それらの主張が真であることは大いにありうる。だが、これがそれらの主張のすべてではない。既に述べたように、それらの理論はまた、この倫理学的命題が形而上学的命題から帰結すること、すなわち「何が実在するか」という問いが「何が善い」という問いに論理的に関係していることを認めている。これが、第二章で「形而上学的倫理学」が自然主義の誤謬に基づいていると述べた理由である。「実在はこのような本性のものである」と主張する命題から「これはそれ自体において善い」と主張する命題を推論することができる、もしくはそのための確証を得ることができると考えること、これが自然主義の犯す誤謬である。そして、実在するものについての知識はあるものがそれ自体において善いと考えるための理由を与えるということが、最高善を形而上学的用語で定義するすべての人々によって含意されている、もしくははっきりと主張されている。この主張は、倫理学が形而上学に「基づく」べきであるということが意味することの一部である。つまり、超感覚的実在についての知識は存在するべきものについての正しい結論の前提として必要であるということを意味する。この見解は、たとえば、次の言明のうちにはっきりと表現されている。「実際もっとも申し分がないと思われる倫理学理論は形而上学的基礎をもっている。……もしわれわれの倫理学についての見解を理想的自己もしくは合理的宇宙の発展という理念に基づけるならば、このことの意義は、自己の本性を形而上学的に吟味することがなければ十分には明らかにされえない。また、その妥当性は合理的宇宙の実在性についての議論に拠らなければ確定することができない」(1)。ここで主張されているのは、理想の本性についての倫理学的結論の妥当性はそれが実在するかどうかという問いを考察することによってのみ確定されうるということである。だが、そのような主張は自然主義の誤謬を含んでいる。それは、「これはそれ自体において善い」と主張するどのような真理も本質的にまったく独自である――そのような真理が実在についてのどのような主張にも還元されえず、それ故に、実在の本性について達しうるどのような結論によっても影響されないままでなければならない――、ということに気づいていないことに拠る。既に述べたように、倫理学的真理の独自の本性に関するこの混乱は、私が形而上学的と呼んだすべての倫理学理論に認められる。その種の混乱から自由であれば、明らかに誰も最高善を形而上学的用語で記述することに価値があるとは考えないであろう。たとえば、理想は「真の自己」を実現することにあると言われる場合、まさに真の自己ということばそのものが、当の自己が真であるという事実はその自己が善いという事実に対して何らかの関係がある、という想定を示唆している。そのような主張が言い表しうるすべての倫理学的真理は、理想とは実在的かそれとも純粋に想像的かのいずれかの特殊な種類の自己を実現することにある、ということによっても同様に言い表すことができる。その際、「形而上学的倫理学」は、倫理学が形而上学に基づきうるという想定を含んでいる。そして、それらの倫理学に対するわれわれの第一の関心は、この想定が誤謬であるに違いないということを明らかにすることにある。

68

超感覚的実在の本性はどのような仕方で倫理学と関係しうるのであろうか。

私は二種類の倫理学的問いを区別してきたが、この二つの問いは普段あまりにもしばしば混同されている。一般にそう理解されているように、倫理学は「何があるべきか」という問いと「何をなすべきか」という問いの両方に答えなければならない。第二の問いは、われわれの行為がどのような結果をもたらすかを考察することによってのみ答えることができる。それに完全に答えるならば、手段についての学説、もしくは実践倫理学と呼ばれうる倫理学部門が与えられるであろう。そして、倫理学研究のこの部門に対して超感覚的実在の本性がある関係をもちうるということは明らかである。たとえば、もし形而上学が、われわれが不死であることばかりでなく、この世での行為が来世での境遇にどのような結果を及ぼすかということについても、ある程度教示することができるならば、そのような知識は何をなすべきかという問いに対して疑いえない関係をもつ。天国と地獄についてのキリスト教の教説も、このようにして実践倫理学と大いに関係がある。しかし、形而上学のもっとも典型的な学説は、実践倫理学とそのような関係をもたないか、それとも、まったく否定的な関係しかもたないか――およそわれわれがなすべきことは何もないという結論を含んでいるか――、そのいずれかであるということは注目に値する。それらは、未来の実在の本性ではなく永遠の実在の本性を、それ故、われわれのいかなる行為の力も変更することのできない実在の本性を教示すると明言する。なるほど、そのような知識も実践倫理学と関係するであろう。しかし、それはまったく否定的な種類のものに違いない。というのも、その知識が、そのような永遠の実在が存在するということだけでなく、それ以外の何ものも実在しない――時間の上でこれまでも、今も、そしてこれからも実在しない――ということもまた含むならば、われわれのなしうることはいかなる善も実現しないということになるからである。なぜなら、われわれの行為が影響を与えることができるのは未来だけであること、そして、何ものも未来に実在しえないのであれば、善いものを存在させることをまったく望むことができないこと、これは確かなことであるからである。とすれば、われわれのなすべきことは何もありえないことになる。われわれはいかようにも善をなしえない。なぜなら、われわれの努力も、それがもたらすと思われる帰結も、まったく実在性をもたないからである。しかし、この帰結は、厳密に考えれば多くの形而上学説から導出されるにもかかわらず、めったに主張されることがない。形而上学者は、永遠なもの以外何ものも実在的ではないと言いながら、時間的なものにも何らかの実在性があるということを一般に認めている。そして、永遠の実在がいかに善かろうとも、何らかのものが時間のうちに存在するということを、またあるものの存在が他のものの存在よりも善いということを認めるならば、永遠の実在についての教説は実践倫理学に干渉する必要はないことになる。しかし、この点を強調することは、それが十分に理解されることはめったにないから、価値のあることである。

およそ実践倫理学には何らかの正当性がある――「われわれはこれこれのことをなすべきである」と断言する命題が何らかの真理性をもちうる――ということが主張される場合、この主張が永遠の実在についての形而上学と整合的でありうるのは、二つの条件を充たす場合に限られる。その条件の一つは、(一)われわれの導きとなるべき真の永遠の実在は、それを真と呼ぶことによって含意されているものとは違って、唯一の真の実在ではありえないということである。というのも、われわれにある目的を実現することを命ずる道徳規則が正当化されうるのは、その目的がたとえ部分的にではあれ実現されうる場合に限られるからである。われわれの努力が、いかにわずかであれ、何らかの善を現実に存在させることができなければ、われわれには努力する理由などないことは確かである。そして、永遠の実在が唯一の実在であれば、善いものが時間のうちに存在することはありえない。だから、時間のうちに存在するものは真の実在の現象でしかありえないと言われる場合にも、少なくともその現象は別の種類の真の実在であること――われわれが実際に存在させることができるような善なるものであること――、これが認められなくてはならない。というのも、まったく非実在的なものを生み出すことは、たとえそれが可能であっても、合理的な行為目的ではありえないからである。ところが、永遠に存在するものの現象が実在的であるということになれば、永遠に存在するものは唯一の実在ではないということになる。

そして、倫理学の形而上学的原理から帰結する第二の条件は、(二)永遠の実在は完全ではありえない――唯一の善ではありえない――ということである。というのは、合理的な行為規則は実現するように命じられているものが本当に実在しうることを要求するが、それとまったく同様に、この理想の実現は本当に善いことを要求するからである。本当に善いに違いないものは、それがわれわれの努力に値するはずのものであるならば、まさにわれわれの努力によって実現されうるもの――時間のうちでの永遠なるものの現象、もしくは、何であれ達成しうると認められているもの――なのである。永遠の実在が善であるということは、その現象それ自体も善いということを伴わなければ、われわれがその現象を目指すことを決して正当化しないであろう。というのも、現象は実在とは異なるからである。その差異が認められるのは、実在それ自体は不変のまま存在するのに、その現象はわれわれが存在させることができると言われる場合である。そして、この現象の存在こそ唯一われわれが実現することを期待することができるものである。それ故、道徳的格率が正当化されるべきであるならば、本当に善いに違いないものは、それに対応する実在の存在から区別される、この現象の存在である。実在もまた善いであろう。しかし、われわれが何かあるものを生み出すべきだという言明を正当化するためには、その何かあるものと類似の他の何かあるものではなく、まさにその何かあるもの自体が本当に善であるということが主張されなければならない。その現象の存在が宇宙における善の総量になにがしかを加えるということが真でなければ、われわれがそれを存在させることを目指す理由はない。ところが、それが真であれば、永遠なものの存在はそれだけでは完全でありえない――可能な善の全体を包括しえない――ことになる。

　その際、形而上学は、通常の帰納的推理によって確定されうるものを超えて、われわれの行為の未来の諸帰結について何ごとかを語りうるならば、実践倫理学――何をなすべきかという問い――と関係をもつであろう。しかし、未来についてではなく永遠の実在の本性について語ると明言するもっとも典型的な形而上学説は、この実践的な問いと何の関係ももちえないか、それとも、まったく破壊的な関係をもたざるをえないか、そのいずれかである。というのも、永遠に存在するものはわれわれの行為によって影響を及ぼすことができないことは明らかだからである。そして、われわれの行為によって影響を受けるものだけが手段としての行為のもつ価値に関係しうる。しかし、永遠の実在の本性は、それが未来についての知識もまたわれわれに提供しうる場合を除いて（もっとも、どのようにしてこの知識を提供しうるかは定かではないが）、われわれの行為の諸帰結に関するどんな推論も許さないか、それともよくあるように、それが唯一の実在であり、唯一の善であると主張されるならば、われわれの行為の諸帰結はおよそ何の価値ももちえないことを示すか、そのいずれかである。

69 しかし、実践倫理学に対する形而上学のこの関係は、倫理学が形而上学に基づかなければならないと主張されるとき、一般に意味されていることではない。このような関係を主張することが形而上学的倫理学の特徴であると考えられているわけでもない。形而上学者たちは通常、形而上学が行為の帰結をわれわれが決定するのを手助けすることができるだけではなく、可能な諸帰結のうちでどれが善くどれが悪いかをわれわれに教示することができる、ということもまた主張している。彼らが明言するところでは、形而上学は、何をなすべきか、そして何がそれ自体において善いか、という倫理学の根本的な問いに対する答えにとって必須の基礎をなすのである。しかし、実在するものについての真理はこの倫理学的な問いに対する答えと論理的な関係をもちえない。これは第一章で証明済みである。このような関係をもつと想定することは、自然主義の誤謬を含むことになる。それ故、われわれがなおなすべきことは、ひとえに形而上学的な形式をとるこの誤謬にもっともらしさを与えるように思われる主要な誤りを明らかにすることである。もしわれわれが、形而上学は何が善いかという問いとどのような関係をもちうるかと問うとすれば、明らかにしかも絶対的に何の関係ももちえないというのが唯一可能な答えである。われわれは、なぜ形而上学がそのような関係をもつと想定されてきたかという問いに答えることによってのみ、この答えこそが唯一の真の答えであるという確信を強めることを期待することができる。形而上学者たちは何が善であるかという倫理学のこの根本的な問いと他の様々な問いとの区別を混同しているようである、ということをわれわれは発見するであろう。そして、これらの区別の指摘は、倫理学が形而上学に基づくという彼らの宣言がただ混乱によるだけであるという見解を確認するのに役立つであろう。

70

　さてまずは、何が善いかというまさにその問いのうちに曖昧さがあり、その曖昧さが何らかの影響を及ぼしているに違いないと思われる。この問いは、存在するもののうちでどれが善いか、それとも、善いのはどのような種類のものか（つまり、実在するにせよしないにせよ、実在すべきものは何であるか）、のいずれかの問いを意味する。この二つの問いのうち、第一の問いに答えるには、明らかに、第二の問いに対する答えと何が実在するかという問いに対する答えの両方を知っていなければならない。第一の問いはわれわれに宇宙にある善いもののすべてについての目録を要求する。そして、それに答えるには、宇宙にはどんなものが存在するかということと、それらのうちのどれが善いかということとの両方を知っていなければならない。その際、形而上学は、何が実在するかをわれわれに教示することができるならば、この問いと関係をもつであろう。それは、実在的でかつ善いものごとのリストをわれわれが完成するのを手助けするであろう。しかし、そのようなリストを作ることは、倫理学の仕事ではない。何が善いかを探究する倫理学の仕事は、それが存在するしないにかかわらず、存在するべきものごとのリストを完成することで終わる。そして、形而上学が倫理学的な問いのこの部分と何らかの関係をもつとすれば、あるものが実在するという事実が、そのあるものもしくはそれ以外のものが実在するしないにかかわらず、善いと考える理由を与えるからであるに違いない。しかし、そのような事実がこのような理由を与えることはありえない。だが、「この種のものは善い」あるいは「もし存在するならばこれは善いであろう」を意味する場合の「これは善い」という主張と「この存在しているものは善い」という主張との区別を混同することによって、逆の想定が助長されてきたのではないであろうか。後の命題は、このものが存在していなければ明らかに真理ではありえない。だから、このものの存在の証明はそれが善いという証明にとって不可欠の前提となる。しかし、この後の命題と前の命題との間には測り知れないほどの違いがある。それにもかかわらず、通常、この両命題は同じ用語で表現される。われわれは、倫理学的命題を主張する場合、現実に実在する主語についても、単に可能的であると考えられた主語についても、同じ語を用いるのである。

言語のこの曖昧さのうちに、実在を主張する真理と善を主張する真理との関係に関わる誤謬の可能な源泉がある。そして、最高善は永遠の実在に存すると公言する形而上学者たちがこの曖昧さを実際に無視していることを、次の仕方で示すことができる。永遠に存在するものはわれわれの行為の影響を受けることはありえないから、唯一の実在が永遠であるならば、どんな実践的な格率も真ではありえない。形而上学の実践倫理学に対する可能な関係を考察することによって、このことが判明した。しかし、既述のように、形而上学者たちはたいていこの事実を無視している。彼らは矛盾する二つの命題をともに主張する。すなわち、唯一の実在は永遠である、そしてまた、その実在の未来における実現も善い、と。既に見たように、マッケンジー教授は、「真の自己」もしくは「合理的宇宙」の実現を目指すべきであると主張しているが、「真の」という語の含意しているところから明らかなように、「真の自己」と「合理的宇宙」とが永遠に実在すると考えている。ここに認められるように、永遠に実在するものが未来において実現されうるという想定のうちには矛盾がある。この矛盾に永遠が唯一の実在であるという想定に含まれる矛盾をさらに加えるかどうかは、それほど重要ではない。このような矛盾が正当であるという考えは、実在的な主体とその主体が所有する性質との区別を無視することによってのみ説明することができる。永遠に実在するものが実際未来において実現されうるのは、ただそれが永遠に実在するその種類のものを意味する場合だけである。しかし、あるものが善いと主張するとき、われわれの意味しているのは、その存在もしくはその実在性が善いということである。そして、あるものの永遠の存在が、それと同一なものの時間のうちでの存在と同じように善いということはありえない。それ故、真の自己の未来における実現が善いと言われるとき、これはせいぜい、真であり永遠に存在する自己と完全に類似する自己の未来での実現は善い、ということを意味しうるにすぎない。最高善をこれらの形而上学的な用語で定義しうるという見解を支持する人々が、この事実を一貫して無視するのではなく、はっきりと述べるならば、実在についての知識が最高善についての知識に不可欠であるという見解がそのもっともらしさの一部を失うことはありうる。われわれが目指すべきものは、たとえそれに完全に類似していようとも、決して永遠に実在するものではありえない。そして、永遠の実在は唯一の善ではありえない——この二つの命題は、倫理学が形而上学に基づかなければならないという蓋然性をかなりの程度減じるように思われる。一つのものが実在するが故に、実在してはいないがそれに類似するものは善いと主張することは、それほどもっともらしくはない。それ故、形而上学的倫理学のもっともらしさのいくぶんかは、この言語的な曖昧さに気づいていないことに帰されてよい。この曖昧さのせいで、「これは善い」が、「この実在的なものは善い」と「このものの存在は（それが存在するしないにかかわらず）善いであろう」とのいずれをも意味しうるのである。

71　この曖昧さを解明することによって、倫理学は形而上学に基づきうるかという問いが意味するに違いないことを一層はっきりと理解することができる。またそれ故、その正しい答えがより見つけやすくなる。今明らかなのは、「この永遠の実在が最高善である」と述べる倫理学の形而上学的原理は「この永遠の実在に類似する何かあるものであるならばそれは最高善であろう」ということを意味しうるにすぎない、ということである。そのような原理が、一貫して保持しうるただ一つの意味をもっているということ、つまり、未来に存在するべきであり、われわれが生み出すよう努めるべきである、その種類のものを記述しているということを、今では理解することができる。そして、これがはっきりと認められるならば、その種類のものもまた永遠に実在するということを知っても、それはその種類のものの存在は善いかという倫理学に固有の問いに決着をつけるのにまったく役に立たないことがより一層明らかになる。永遠の実在が善いことを認めることができるならば、いったんそのようなものの観念が提示されさえすれば、われわれはそれが善いであろうことを同じように容易に認めることができる。それ故、実在の形而上学的構成は、それが想像上のユートピアの構成に限られるならば、倫理学の目的にとってきわめて有用でもある。提示されたものの種類が同じであれば、それに基づいて価値判断を行う材料をわれわれに与えるから、虚構も真理と同様に有用なのである。それ故、それ以外の仕方ではわれわれの心に浮かばなかったであろうが、それが提示されるときには、われわれが善と認めるものを示唆する点で、形而上学が倫理学の目的に役立つかもしれないということをわれわれは認める。けれども、それがこのような効用をもつのは——何が実在的であるかをわれわれに教示すると公言する——形而上学としてのことではない。実際、真理の探究はこの点での形而上学の有用性を制限しなければならない。形而上学者たちの実在についての主張は、無謀で常軌を逸したものではあるが、真理のみを語るのが自分たちの仕事であるという考えによって、その主張がより無謀になるのを部分的に抑制していると考えるべきである。しかし、その主張は、無謀であればあるほど、そして形而上学にとって有用でなくなればなくなるほど、それだけ一層倫理学にとっては有用になるであろう。というのも、われわれの理想の記述において何ものをも無視してはこなかったということを確信するために、われわれは提示された善のできる限り広範な領域を眼前にもつべきだからである。可能な諸々の理想を提示する形而上学のこの効用が、倫理学は形而上学に基づくべきであるという主張の意味するところだとされることは、ありそうなことである。真理を示唆するものと真理が論理的に依存するところのものとが混同されるのは、まれなことではない。そして、形而上学体系が一般に、最高善を今ここに存在するものとは大いに異なるものと考える点で、自然主義的体系よりもすぐれているということは、既に指摘しておいた。しかし、その意味で倫理学は断固として虚構に基づくべきだということが是認されるならば、形而上学の倫理学への関係に帰されているような重要性は決して正当化されないということを形而上学者たちも認めるであろう。

72 したがって、超感覚的な実在についての知識がそれ自体において善いものの知識にとって必須の前提であるという頑固な偏見の原因は、一つには、(善いという) 後者の判断の主語がそれ自体として実在するものではないことを把握できないことにあり、一つには、われわれの真理認識の原因であるものとそれが真理である理由とを混

同することにある。しかしながら、この二つの説明は、なぜ形而上学が倫理学に対して関係をもつと想定されてきたかを説明するのにはそれほど役に立たない。私の提出した第一の説明は、あるものの実在がそのあるものの善さにとっての必要条件であるという想定だけしか説明しない。実際、この想定はありふれている。すなわち、もしあるものが実在の構成要素であることを示すことができなければ、それが善いということはありえないということが普通には前提とされている。だから、事情がそうではない、つまり、形而上学は倫理学の基礎の一部分を与えるのにさえ必要ではない、と主張することには価値がある。しかし、形而上学者たちが倫理学は形而上学に基づくと語るとき、通常彼らはこれ以上のことを意図している。すなわち、形而上学は倫理学の唯一の基礎である、すなわち、形而上学はあるものが善であるということを証明するための必要条件の一つだけではなく、そのすべてを与える、ということを意図している。一見したところ、この見解は二つの異なる形式によって主張されているように見える。あるものが超感覚的に実在することを証明しさえすれば、それだけでそれが善いことを証明するのに十分である、すなわち、真に実在するものはそれだけの理由で真に善いに違いない、ということが主張される。しかし、普通は、実在するものはある一定の性質をもっているから善いに違いないと考えられている。第一の主張はそれだけのものであると私は思う。実在するものが実在するという理由で善いに違いないと主張されるとき、普通はまた、実在するためにはそれはある一定の種類のものでなければならないという理由によってのみ、そうであると考えられている。形而上学的探究が倫理学的結論を与えうると考えられている推論は、次のような形式のものである。すなわち、実在するとはどういうことかの考察から、実在するものはある超感覚的性質をもつに違いないということが推理されうる。ところで、この性質をもつことが善いことと同じである——これがまさしく善いという語の意味である。それ故、この性質をもつものは善い。そして、実在するとはどういうことかの考察から、再びこの性質をもつものが何であるかが推理されうる。このような推論が正しいとすれば、「何がそれ自体において善いか」という問いに対して与えられうるどのような答えも、まったく形而上学的な議論によって、しかも、それによってのみ得られうる、ということになることは明らかである。ミルが「善いということ」は「望まれること」を意味すると考えたとき、「何が善いか」という問いは、何が望まれるかという問いの経験的な研究によってのみ答えられることができたし、答えられなければならなかった。それとちょうど同じようにここでも、善いということが何らかの超感覚的性質をもつことを意味するとすれば、倫理学の問いは、「何がこの性質をもつか」という問いの形而上学的な探究によって答えられうるし、また答えられなければならない。したがって、形而上学的倫理学のもっともらしさを打破するためになされるべきことは、善いということは何らかの超感覚的性質をもつことを意味すると形而上学者たちに想定させたと思われる主要な誤りを暴くことである。

73

それでは、善いということが、何らかの超感覚的性質をもつ、あるいは何らかの超感覚的実在と関係するということを意味するに違いないという主張をもっともらしく思わせてきた主要な理由は何であろうか。

まず、われわれは、善は何らかの超感覚的性質によって定義されるに違いないという見解を生み出すのに影響を及ぼしたと思われる一つの理由を挙げることができる。もっとも、それは何らかの特定の性質が必要とされる性質であると言っているわけではない。この理由の核心は、「これは善い」もしくは「これはもし存在するならば善い」という命題がある点で他の諸命題と同型であるという想定にある。事実、命題の一つの型は誰にもあまりにもなじみ深く、それ故想像力をあまりにも強くとらえているので、哲学者たちは常に、他のすべての型をこの型に還元することができるに違いないと考えてきた。命題のこの型は、経験の諸対象についての型である――誰かが部屋にいるとか、私がものを書いている、食べている、あるいは話しているとかといった、起きて生活しているほとんどの間われわれの心を占めている真理すべてについての型である。これらの真理はすべて、内容がどれほど異なっていようとも、命題における文法的な主語と文法的な述語とがともに存在する何かあるものを表しているという点で共通している。その際、真理のありふれた型の極め付きは、存在する二つのものの間の関係を主張する真理の型である。もっとも、倫理学的真理はこの型と一致しないことがすぐさま感得される。そして、自然主義の誤謬は、遠まわしな仕方ではあるが、倫理学的真理がこの型の真理と一致することを証明しようとの企てから生じる。しかし、直ちに明らかになるように、あるものが善であると解するとき、そのあるものの善さは、われわれが手に取ったり、もっとも精巧な科学の利器によってであれ、そのあるものから分離したり、別のものに移したりすることのできるような性質ではない。実際、善さは、われわれが事物に帰属させる大方の述語とは異なり、われわれがそれを帰属させる事物の部分であるわけではない。しかし、哲学者たちは、善さを取り上げたり、移動させたりできないのは、善さが移動しうる対象と異なる種類の対象であるからではなく、ただ善さがともに存在するどのようなものとも必ず一緒に存在するからであるとだけ考えている。彼らは倫理学的真理の型をそれが科学法則の型と同じであるという想定によって説明する。そして、本来の自然主義的哲学者たち——彼らは経験論者である——と、私が「形而上学的」と呼んできた哲学者たちとが袂を分かつのは、この説明をする段に及んでのみのことである。確かに、この二つの種類の哲学者たちは、科学法則の本性に関して意見を異にしている。前者の哲学者たちは、「これは常にそれを伴う」と言うとき、それはただ「これはこれらの特殊な事例において、それを伴っていたし、いま伴っているし、これからもまた伴うであろう」ということだけを意味すると考える。つまり、彼らは科学法則をきわめて単純かつ直接的に、私が指摘したよく知られた命題の型に還元する。しかし、形而上学者たちはこれでは満足しない。彼らの理解では、あなたが「もしあのものが存在するならば、このものはそれを伴うであろう」と言うとき、あなたはこのものとあのものが何度も一緒に存在したし、これからも何度も一緒に存在するであろうということだけを意味しているわけではない。あなたの意味していることがあなたの言うことによって尽くされていると、形而上学者たちは信じることができない。どういうわけか、あなたはあるものが存在することを意味していに違いない、というのも、何かを言うときあなたが一般に意味しているのはそのことだからである、と彼らは依然として考えている。彼らは、経験論者たちと同様に、あなたが2+2=4であるということを意味しうるとは考えることができない。経験論者たちが言うには、これが意味しているのは、一対の事物のそのまた一対がどの場合も四つの事物であったということ、したがって、まさにこのような事物が存在しなかったならば、2+2=4にはならないということである。形而上学者たちはこれが誤っていると感じている。しかし、彼ら自身がその意味について与える説明はといえば、神の精神がある一定の状態にあるというライプニッツの説明か、あなたの精神がある一定の状態にあるというカントの説明か、それとも、あるものがある一定の状態にあるというブラッドリーの説明か、というぐらいのものでしかない。というわけで、ここに自然主義の誤謬の根がある。形而上学者たちは、なるほど、あなたが「これはもし存在するならば善い」と言うとき、どれほど頻繁にそれが存在したし望まれたとしても、「これが存在したし望まれた」ということだけを意味するということはありえないことを知っている。彼らは、ある善いものがこの世には存在することがなかったこと、そして、あるものは望まれなかったかもしれないことをさえ認める。しかし、あるものが存在するということ以外には、彼らはあなたの意味しうることを本当には理解することができない。超感覚的実在が存在しなければならないと彼らに考えさせるのとまさに同じ誤りが、「善」の意味に関して彼らに自然主義の誤謬を犯させるのである。あらゆる真理はあるものが存在するということを何はともあれ意味しなければならないと彼らは考える。しかも、経験論者たちとは異なり、あるものが今ここに存在することを意味するわけではないところの真理を認めるから、このような真理はあるものが存在するのは今ここではないということを意味しなければならないと考える。同じ原理にもとづいて、「善い」は存在せず存在しえない述語であるから、「善いということ」とは、「実在のうちに」存在しうるし存在している何か他の特定のものに関係していることを意味すると考えるか、それとも、ただ「実在界に属する」こと――善さは真実在のうちへと超えられている、あるいは吸収されていること——だけを意味すると考えるか、いずれかである。

74

あるものが存在する、あるいは存在するものはある一定の属性をもつ（これは両者がある相互関係のうちにあることを意味する）、と主張する命題の型へとあらゆる命題を還元することは誤っている。これは、特定の種類の倫理学的命題に照らせば、容易に理解することができる。というのも、何であれそれが存在することを証明しようとも、また、何であれ存在する二つのものが相互に必然的に結び付いていることを証明しようとも、このように存在するものが善いかどうか、存在する二つのもののどちらか一方もしくは両方が善いかどうか、また、その二つが一緒に存在することが善いかどうか、という問いは依然として別個の問いとして残るからである。一方を主張することが、他方を主張することにはならないということは明らかである。存在しているもしくは必然的に存在するこのものが結局のところ善いかと問うことによって何を意味するかを、われわれは理解している。また、それがこれまで答えられることのなかった問いであることにわれわれは気づいている。二つの問いが別個であることを、このように直接見て取るならば、それらが同一であるに違いないというどの証明もいささかの価値ももちえなくなる。「これは善い」という命題は他のどの命題とも異なるということは、第一章において証明済みである。そして今や、私はこの事実を、この命題がそれらと同じだとされてきた二つの特殊な命題からいかに区別されるかを示すことによって明らかにすることができる。しかじかのことがなされるべきであるということが普通には道徳法則と呼ばれている。そして、この法則という言い方は当然、この命題が自然法則、法律という意味での法則［法］、あるいはまた両方と何らかの点で類似していることを示唆している。事実、これら三つの法則はすべて、普遍的な命題を含むという点で、しかもこの一点でのみ確かに類似している。道徳法則は「これはあらゆる場合に善い」と、自然法則は「これはあらゆる場合に起こる」と、法は「これはあらゆる場合になせ、もしくは、なすなと命ぜられている」と主張する。しかし、その類推がさらに拡げられ、「これはあらゆる場合に善い」という主張が、「これはあらゆる場合に起こる」、あるいは

「これはあらゆる場合になせと命ぜられている」という主張と等価であるとされるのは、はなはだ自然の成り行きであるから、それらの主張が等価でないということを簡単に示しておくことは有益であろう。

75

行為とは常に必然的になされる行為であるという主張に見られるように、道徳法則が自然法則に類似していると考える誤謬が、カントのもっとも有名な学説の一つに含まれている。カントは、あるべきことを、自由意志もしくは純粋意志がそれに従って行為しなければならない法則――その意志がなしうる唯一の種類の行為――と同一視する。この同一視によって、カントは、自由意志もまたなすべきことをなすという必然性の支配下にあるということだけではなく、自由意志のなすべきことが、それ自身の法則――自由意志がそれに従って行為しなければならない法則――以外の何ものをも意味しないということもまた言おうとしている。自由意志が恣意と異なるのは、まさにわれわれのなすべきこととは自由意志が必然的になすことであるという点にある。自由意志は「自律的」であるが、その意味するところは、自由意志がそれによって判断されうる別個の基準は存在しないということであり、「この意志がそれによって行為する法則は善なる法則であるか」という問いは自由意志の場合には無意味だということである。こうして、この純粋意志によって必然的に意欲されたものは善いということになる。それも、その意志が善いからでも、その他のどんな理由からでもなく、ただそれが純粋意志によって必然的に意欲されたものだからである。

「実践理性の自律」というカントの主張は、こうして、彼が望んだこととは正反対の帰結を生む。すなわち、それが彼の倫理学を最終的にしかも絶望的に「他律的」なものとする。彼の道徳法則が形而上学から「独立して」いるのは、彼によれば、われわれがその法則を独立に知ることができるという意味においてだけのことである。また、自由が存在することを推論することができるのは、道徳法則が真であるという事実からだけであると彼は考えている。そして、この見解に厳密に従う限り、たいていの形而上学者たちの陥る誤り、つまり、実在的なものについての自分の見解が、何が善いかに関する自分の判断に影響することを容認するという誤りを、カントは回避する。しかし、彼の見解によれば、自由が道徳法則に依存するよりもはるかに重要な意味において、道徳法則が自由に依存するが、これをカントは理解していない。自由は道徳法則の存在根拠であるが、道徳法則は自由の認識根拠でしかないことを、彼は認める。そして、このことは、もし実在が彼の言うようなものでなければ、「これは善い」というどんな主張も真ではありえず、実際意味をもちえないということを意味している。こうして、彼は自分の反対者たちに道徳法則の妥当性を攻撃する決定的な手立てを提供する。反対者たちが（カントはありえないとするが、理論的には未決にしておいた）他の手段で実在の本性が彼の言うようなものではないことを示すことさえできれば、自分の倫理学的原理が偽であることを証明したことになるということを、カントは否定することができない。「これはなされるべきである」が「これは自由意志によって意欲されている」を意味する場合、もし何ごとかを意欲する自由意志が存在しないことを示すことができれば、なされるべきことは何一つないことが帰結する。

76　また、カントは「これがあるべきである」が「これが命ぜられている」を意味すると考える誤謬を犯している。彼は道徳法則が命法 (Imperative) であると解している。そして、これはごくありふれた誤りである。「これがあるべきである」は「これが命ぜられている」を意味しなければならないと考えられている。この場合、命ぜられることがなければ、何ものも善くはないということになる。しかも、この世での命令はとかく誤りがちであるから、究極の意味においてあるべきものは「ある実在的な超感覚的権威によって命ぜられるもの」を意味することになる。そこで、この権威について「それは正当であるか」と問おうとしても、それはもはや不可能である。正しいとはその権威が命じることだから、その命令が不正となることはありえない。したがって、ここでは、道徳的な意味での法則は、先の場合とは違って、自然的な意味での法則よりは、むしろ法律的な意味での法則に類似すると受け止められている。道徳的義務は法的責務と類似するが、ただその起源が法的責務の場合は地上的であるが、道徳的義務の場合は天上的であるという点でだけ、両者は相違すると考えられている。しかし、義務の起源があることをするように拘束したり強制したりする力だけを意味するならば、明らかにその力に従うべきなのはそれが拘束したり強制したりするからではない。その力それ自体が善であり、その結果、それが善であるものだけを命じ強いる場合にのみ、それは道徳的義務の起源でありうる。その場合、それが命じ強いるものは、命じられ強いられるか否かにかかわりなく、善である。義務を法的なものとするまさにそのもの、つまり、義務がある種の権威によって命じられるという事実は、道徳的義務とはまったく関係がない。権威がどのように定義されようとも、その命令が道徳的に拘束することになるのは、それが道徳的に拘束している場合だけである――それらの命令があるべきことを、もしくはあるべきことの手段となるものをわれわれに教示する場合だけである。

77

後者の誤り、すなわち「あなたはこれをなすべきである」が「あなたはこれをなすように命じられている」を意味しなければならないという憶測こそ、善がそれに照らして定義されなければならない特定の超感覚的性質は意志であるという想定へと導く理由の一つである。そして、倫理学的結論を本質的に実在的な意志の本性の探究によって獲得しうるというのが、今日の形而上学的倫理学のもっともありふれた前提であると思われる。しかし、この前提は、そのもっともらしさを「べき」は「命令」を表現するという憶測にというよりは、むしろはるかに基本的な誤りに負っていると思われる。この基本的な誤りは、特定の述語をあるものごとに帰属させることはそのあるものごとが特定の種類の心的状態の対象であると言うのと同じことである、と考えることにある。あるものごとが実在するとか、真であるとか言うことは、それがある仕方で知られていると言うのと同じことだと考えられている。そして、あるものごとが善いという主張とあるものごとが実在するという主張との差異――それ故、倫理学の命題と形而上学の命題との差異――は、後者はあるものごとと認識との関係を主張するのに対して、前者はあるものごとと意志との関係を主張するという事実に存すると考えられている。

これが誤りであることは、既に第一章で示されている。「これは善い」という主張が、超感覚的意志によってであれ、それ以外のものによってであれ「これが意欲されている」という主張と同一ではなく、他のいかなる命題とも同一ではない、ということは証明済みである。そして、この証明に付け加えうることは何もない。しかし、この証明に対する二つの反論が予想される。すなわち、(一) それにもかかわらず、それらは実際には同一であると主張しうる。しかも、その同一性を証明すると思われる事実を指摘しうる。それとも、(二) 絶対的な同一性が主張されているのではない。ただ、意志と善さとの間には特別な結び付きがあり、この結び付きによって意志の実在的本性の探究が倫理学的な結論の証明にとっての本質的な一階梯となる、という主張を意味するとだけは言いうる。この二つの可能な反論に対処するために、私はまず、善さと意志との間にはどのような可能な結び付きがあるか、もしくはありうるかということ、しかし、これらの結び付きはいずれも「これは善い」が「これが意欲されている」と同一であるとの主張を正当化しえないということ、これを示そうと思う。他方で、それらの結び付きのあるものは容易にこの同一性の主張と混同されかねないこと、それ故にこの混同がこれまでになされてきたということ、これを明らかにする。したがって、ここでの私の議論は既に第二の反論を反駁することに向かっている。そして、この第二の反論に対して決定的であるに違いないのは、問題の絶対的な同一性以外は、意志と善さとの間にどんな結び付きがありえようとも、意志の探究が倫理学的結論の証明に対して有意な関係をもつには不十分である、ということを示すことである。

78

カントの時代以来、認識 (Cognition)、意欲 (Volition)、そして感情 (Feeling) が実在に対する心の三つの基本的に異なる態度であると断定するのが慣例となっている。それらは経験の三つの異なる仕方であり、それらの各々はそのもとで実在が考察されうる別々の局面をわれわれに示している。形而上学に取り組む「認識論的」方法は、次の仮定に基づいている。すなわち、何が認識の「うちに含意されて」いるか——何が認識の「理念」であるか——を考察することによって、もし世界が真でありうるならば、それはどのような諸性質をもつに違いないかをわれわれは発見することができる、という仮定である。同様に、何が意欲するという事実もしくは感じるという事実の

「うちに含意されて」いるか——何がそれらの事実の前提とする「理想」であるか——を考察することによって、もし世界が善でありうる、もしくは美しくありうるならば、それはどのような諸性質をもつに違いないかをわれわれは発見することができる、と考えられている。正統な観念論的認識論者は、われわれが直接認識するもののすべてが真であるわけでもなければ、全体的な真理であるわけでもないと考える点で、感覚論者あるいは経験論者とは袂を分かつ。彼に言わせれば、虚偽を斥け、それ以上の真理を発見するために、われわれは認識をただ現れるままに受け取るだけではなく、そのうちに含意されているものを発見しなければならない。同様にまた、正統な形而上学的倫理学者は、われわれが現実に意欲するもののすべてが善いわけではないし、たとえ善であっても完全に善いわけではない。つまり、本当に善いものは意志の本質的本性のうちに含意されていると考える点で、単なる自然主義者とは袂を分かつ。また、倫理学にとっての基本的な与件は感情であって、意志ではないと考える人々もいる。しかし、いずれの場合にも、倫理学は、他の研究対象が認識に対してもつ関係を、意志もしくは感情に対してもつという点で一致している。一方で意志もしくは感情が、他方で認識が、ある意味で哲学的知識の相並ぶ源泉——一方が実践哲学の源泉、他方が理論哲学の源泉——であるとみなされている。

ところで、この見解はどのような真理を意味しうるであろうか。

79

まず第一に、知覚的および感覚的経験を反省することによって真理と虚偽の区別に気づくように、われわれが倫理的な区別に気づくのは感情および意志の経験を反省することによってである、ということを意味しうる。われわれの意志もしくは感情のあるものごとへの態度が他のものごとへの態度と違っていなければ、一方を他方より善いと考えることによって何が意味されているかをわれわれは知ることがない。このことはすべて認めてよい。しかし、これはわれわれがものごとを善いと考えるようになるのは、ただわれわれがそれらをある一定の仕方で意欲する、もしくは感じるというだけの理由による、という心理学的事実であるにすぎない。それは、われわれがものごとを真であると考えるようになるのは、ただわれわれがある一定の知覚経験をもっているというだけの理由による、というのとまったく同じである。その際、ここには意欲することと善さとの間の特別の結び付きがあるにはある。しかし、それは因果的結び付きであるにすぎない――すなわち、意欲することは善さの認識にとっての必要条件ではある。

ところが、さらに、意志と感情は善さの認識の起源であるばかりか、あるものごとを意欲すること、あるいはあるものごとに一定の感情を抱くことは、そのあるものごとが善いと考えるのと同じことであると言われる。このことさえも一般的にはある意味で真であると認められるかもしれない。あるものごとに対する感情もしくは意志の特別な態度を同時にもつことがなければ、われわれはあるものごとが善いと考えることはほとんどないし、まったく躊躇することなくそう考えることは決してない、ということは真であるように見える。しかし、これが普遍的に真であるわけではないことは確かである。むしろその逆が普遍的に真であるかもしれない。善さの知覚は、意欲するとかある種類の感情を抱くとかということによってわれわれが意味する、複合的な事実のうちに含まれている、というのが真相かもしれない。そこで、あるものごとが善いと考えていることとそれを意欲することとは、後者が生じるところではどこにおいても前者もその一部として生じるという意味で、同じことであると認めてみよう。しかも、前者が生じるとき、それは一般に後者の一部であるという逆の意味において、二つのことは一般的に同じことであるとさえ認めてみよう。

80

あるものごとが善いと考えることは、選択や是認がある種類の意志もしくは感情を表示するという意味において、それを選択したり是認したりすることである、という一般的な主張をこれらの事実は支持するように見える。このようにわれわれが選択するか是認するかするとき、その事実にはわれわれが善いと考えるという事実が含まれているということは常に真であるように見える。われわれが善いと考えるとき、われわれはまた選択したり是認したりしていることは、多くの場合に確かに真である。したがって、善いと考えることは選択することであると言うことは自然な成り行きである。私があるものごとを善いと言うとき、私はそれを選択することを意味していると付言することと以上に自然なことがあるであろうか。けれども、この自然な付言ははなはだしい混乱を含んでいる。たとえ善いと考えていることが選択することと同じであるということが真であるとしても（それは、既に見たように、それらが絶対的に同一であるという意味では決して真ではないし、それらが一緒に生じるという意味でさえ必ずしも真であるとは限らない）、あることが善いと考えているときその人が考えていることはそれを選択することであるというのは真ではない。たとえその人がそのものごとを善いと考えることがそれを選択することと同じであるとしても、そのものごとの善さ、すなわちその人がそれについて考えているところの善さは、まさにその理由によって、明らかにその人がそれを選択することと同じではない。人がある考えをもっているかいないかという問いと、人が考えていることが真であるかないかという問いは、まったく別個のものである。前者の問いに対する答えは、後者の問いとはまったく関係がない。人があるものごとを選択するという事実は、たとえその人がそれを善いと考えていることを示すにしても、そのものごとが善いということを示すことにはならない。

この混乱のせいで、「何が善いか」という問いが「何が選択されるか」という問いと同じだと見なされているように思われる。あるものごとを知覚することがなければ、それが存在することを決して知ることがないように、あるものごとを選択することがなければ、それが善いということを決して知ることはないと言われるが、これは十分に真理である。しかし、あるものごとを選択することを知ることがなければ、それが善いということを決して知ることがないとか、あるものごとを知覚することを知ることがなければ、それが存在することを決して知ることがないとか付言されるならば、それは虚偽である。最後に、あるものごとが善いという事実とそれを選択するという事実を区別できないとか、あるものごとが存在するという事実とそれを知覚するという事実を区別できないとか付言されるが、これはまったくの虚偽である。もっとも、いつ何時であれ、真であるものごとを真であると考えるものごとから区別することができないとしばしば指摘されるが、これは真である。なるほど真であるものごとを真であると考えているものごとから区別することはできない。けれども、それが真であると言うことによって意味するものを、真であると考えていると言うことによって意味するものから、私は常に区別することができる。というのも、真であると考えているものごとがそれにもかかわらず虚偽であるかもしれないという推測の意味を私は理解しているからである。それ故、それが真であると主張するとき、私が主張しようとしているのは、それが真であると考えているという事実とは違ったことなのである。私が考えているもの、つまり、あるものごとが真であるということは、私がそのことを考えているという事実とは常にまったく別個のことなのである。それが真であるという主張は、私はそれを真であると考えているという主張をすら含んでいない。もとより、私があるものごとが真であると考えているときはいつでも、実際私がそのことを考えていることもまた真ではある。しかしながら、あるものごとが真であると考えられるためには、そのことが考えられていることが必要であるという同語反復的な命題は、普通はあるものごとが真であるためにはそのことが考えられていることが必要であるという命題と同一視される。この同一視が誤りであることを納得するには、ほんの少しの反省で十分である。そして、さらにほんの少し反省すれば、われわれは「真」によって、考えることともあるいは他のどんな心的事実ともまったく関連しないものを意味しなければならない、ということが示される。われわれが意味していることを正確に理解すること――他の諸対象と比較するために当該の対象を眼前に思い浮かべることは、難しいかもしれない。しかし、われわれが別個で独特のものを意味していることは、もはや疑いえないことである。それ故、「真であること」はある仕方で考えられていることを意味するというのは、間違いなく虚偽である。それにもかかわらず、この虚偽の主張がカント哲学の「コペルニクス的転回」においてもっとも本質的な役割を果たしている。それ故、この転回によって生み出された認識論と呼ばれる現代の学問全体は価値のないものである。カントは、思惟の総合作用によってある一定の仕方で統一されているものは事実上真であり、これが真という語のまさに意味であると考えた。ところで、真であることとある一定の仕方で思惟されていることとの間に成立しうる唯一の結び付きは、明らかに、後者が前者の基準もしくは試金石であるということである。ところが、そうであることを立証するためには、真であるものが常にある仕方で思惟されているということを帰納法によって確認することが必要となる。しかし、現代の認識論は、「真理」とその基準がまったく同一であるという自己矛盾的な仮定を立てるという対価を払って、この長くて困難な探究を省いているのである。

81

あるものごとが真であるとはそれがある仕方で知覚もしくは思惟されることであるというのは、まったくの虚偽ではあるが、きわめて自然な想定である。そして、前述の理由から、選択という事実とものごとが善いと考えることとの関係は、大雑把に見れば、知覚という事実とものごとが真であるとか存在するとか考えることとの関係と同じように見えるから、あるものごとが善であることはそれがある仕方で選択されることと同じであると想定されるのはごく自然である。しかも、いったん意志と認識のこの対応関係が受け入れられるとごく自然に、真であることが認識されることと同じであるという結論を支持すると思われるどの事実も、善であることは意欲されることと同じであるというそれに対応する結論を確証することになる。それ故、真であることは認識されることと同じであるという見解を受け入れさせるのに大きく影響したと思われる、もう一つ別の混乱を指摘することが適当であろう。

この混乱は、感覚もしくは知覚しているとか、あるものごとを知っているとか言うとき、ただ単にわれわれの心が認知的であるということばかりか、またそれの認識するものが真であるということをもわれわれが主張しようとしている、ということを見落とすことによる。これらの語の用法が次のようなものであることが見落とされるのである。すなわち、あるものごとが真でないならば、その事実だけで、それを知覚しているとか知っているとか言っている人がそれを知覚していないとか知っていないとわれわれが言うのを正当化するのに十分なのである。その際、彼の心の状態が、彼が知覚していたか知っていたならばそうであったであろう心の状態と何らかの点で異なるかどうかを調べる必要も、あるいは異なると仮定する必要もない。この否定によってわれわれは、内観（introspection）の誤りがあったとしても、それを理由に彼を非難するわけではない。彼がある対象を認知していたことも、彼の心の状態が正確に彼の受け止めたとおりの状態であったことさえも否定しない。われわれはただ、彼が認知していた対象がある性質をもっていたということだけを否定する。しかし普通には、われわれがあるものごとを知覚しているとか知っているとか主張するとき、一つの事実だけを主張していると思われている。しかも、われわれが実際に主張している二つの事実のうち、心の状態の存在ははるかに容易に識別しうるから、これがわれわれの主張する唯一のものであると想定されるのである。こうして、知覚および感覚は、あたかも心のある状態だけを表示するかのように見なされてきた。その対象が真であることを含意しない想像力という名で呼ばれているもっともありふれた心の状態は、その対象がもつ性質という点ばかりか、心の状態としてのその特徴という点でも、感覚や知覚とは異なるともっともらしく思われているから、それだけ一層この誤りは犯されやすいのである。こうして、それによって両者が定義されうる知覚と想像力の間の唯一の差異は、単に心の状態の差異であるに違いないと考えられるようになった。そうであればすぐさま、真であることはある仕方で認知されていることと同じだということになる。あるものが知覚されているという主張は間違いなくそれが真であるという主張を含んでいる。それにもかかわらず、心がそのあるものごとに対してある態度を取るということだけしかそれが意味しないとすれば、その真理はそれがこのような仕方で受け止められているという事実と同じであらねばならないということになる。そこで、真であるとはある仕方で認知されていることを意味するという見解は、部分的には次のことに起因すると考えてよい。すなわち、普通にはある種類の認知状態以外の何ものも表示しないと想定されているある語が、事実上はその認知状態の対象が真であることへの関連もまた含んでいる、ということを察知することができない、ということに起因する。

82

さて、意志と倫理学的命題との間にある見かけ上の関係についてこれまで行った説明を取りまとめよう。この関係は、「これは善い」がどういうわけか「これはある一定の仕方で意欲されている」と同じであるという曖昧な確信を支持するようにみえる。（一）われわれが倫理的確信をもつようになったのは、あるものごとがそもそも意欲されたからであるにすぎないとまことしやかに主張される。そして、あるものの原因が何であったかを示すことはそれ自体が何であるかを示すことと同じである、とあまりにも一般的に考えられている。しかし、ほとんど指摘するまでもないことながら、実はそうではない。（二）さらに、あるものごとが善いと考えることとそれをある一定の仕方で意欲することとはいまや事実上同じである、ともっともらしく主張される。しかし、われわれはこの主張にとって可能な意味を区別しなければならない。あるものごとが善いと考えるときわれわれは一般にある特殊な態度でそれを意欲したり感じたりしていること、そして、そのあるものごとをある一定の仕方で意欲するときわれわれは常にそれが善いと考えていることを認めてよい。しかし、前者は常に後者に伴われているが、後者は必ずしも常に前者に伴われているわけではないのではないかというように、問いを区別しうるというまさにその事実が、二つのものごとが厳密な意味においては同じではないことを示している。実際、意志もしくは意志の形式が何を意味しようとも、われわれが意志によって意味するところの事実は、確かにあるものごとが善いと考えること以外に何か他のことを常に含んでいる。それ故、善を意欲することと善を考えることが同じであると主張するときに意味しうるのは、意志におけるこの他の要素が常に善を考えることを伴うとともにそれに伴われているということである。そして、これが、既に述べられたように、たいそう疑わしい真理なのである。たとえそれが厳密な意味で真理であるとしても、二つのものが区別されうるという事実が、意志と認識との間に想定されている等価性にとって致命的となる。というのも、意欲が認識と異なるのは意志のうちにある他の要素に関してのみのことであるのに、認識が形而上学の命題に対してもつのと同じ関係を意志が倫理学の命題に対してもちうるのは意欲もしくは何らかの形式の意欲が善さについての認識を含んでいるという事実に関してのみのことだからである。したがって、意欲という事実は、全体としては、すなわちそれを意欲となし認識から区別する要素をそれに含めるならば、認識が形而上学の命題に対してもつのと同じ関係を倫理学の命題に対してもってはいないのである。意欲と認識は等価な経験の仕方ではない。というのも、意欲がおよそ経験の一つの仕方であるのは、認識が意味する同一で単純な一つの事実をそのうちに含む複合事実をそれが含意する限りでのみのことだからである。

しかし、(三)「意志」もしくは「意欲」という用語が「善を考える」を含意することを認めるとしても、もっとも普通はそれを含意していないことは確かであるが、この事実は意欲と倫理学との間にどのような関係を打ち立てるだろうかという問いがなお残っている。ところで、何が意欲されるかの探究は、何が善いかの倫理学的探究と同じでありうるであろうか。明らかに同じではありえない。もっとも、なぜ両探究が同じであると考えられているかということもまた明らかである。ところで、「何が善いか」という問いが「何が善いと考えられているか」という問いと混同され、「何が真であるか」という問いが「何が真であると考えられているか」という問いと混同されるのは、主に二つの理由による。(一)その一つは、認識されるものとそれを認識していることとを区別する際に認められる一般的な困難である。それを認識することがなければ、私は真であるどのようなものも確かに認識することができない。そして、私がある真なるものを知っているときにはいつでもそれを認識していることは確かであるから、およそあるものが真であることはそれが認識されていることと同じであると想定されるのである。(二)第二の理由は、特殊な種類の認識だけを表示すると思われている一定の語が実は認識された対象が真であることもまた表示するということに気づいていないことにある。もし「知覚」がある一定の種類の心的事実だけを表示すると解されるならば、そのとき、その対象は常に真であるから、真であることはただこのような種類の心の状態に対する対象であることだけを意味すると容易に考えられる。そして、同じく容易に、真に善いということは誤って善いと考えられていることとは異なると想定される。ただ、（この想定での）知覚が幻覚とは異なるのと同じように、真に善いということは見かけ上の善を対象とする意欲とは異なる意欲の対象であるという点でのみそうなのである。

83

その際、真であることが何らかの仕方で考えられることと同じでないように、善いということが何らかの仕方で意欲されたり感じられたりすることと同じではない。もしこのことが認められるならば、意志あるいは感情の本性の探究が倫理学的結論の証明に不可欠の一階梯である、ということがなおありうるであろうか。もし善いということと意欲されていることとが同じでないならば、善さと意志の結び付きに関して主張されうるのはせいぜい、善いものは常にまたある一定の仕方で意欲されているということ、並びにある一定の仕方で意欲されているものは常にまた善いということぐらいである。これが、倫理学を意志の形而上学に基づけると公言する形而上学者たちが意味することのすべてであると言ってよい。だが、このような想定から何が帰結するというのであろうか。

もしある仕方で意欲されるものが常にまた善いとすれば、あるものごとがそのような仕方で意欲されるという事実がそのあるものごとの善さの基準となることは明らかである。しかし、意志が善さの基準であることを立証するためには、われわれはあらかじめ、しかも別々に、ある種類の意志が見出されるきわめて多数の事例のうちにその意志の対象が善いということもまた認められる、ということを示すことができなくてはならない。そのときには、あるものごとが善いかどうかはっきりしないが、求められている仕方で意欲されることがはっきりしている数少ない事例において、他のあらゆる事例では善さに伴われていると認められてきた性質をもっているが故に、それは本当に善いと推論することができるかもしれない。こうして、意志への言及は、われわれがあらかじめ莫大な数の異なる対象について、それらが実際に善いということを、そしてどの程度善いかを別々に示すことができた場合には、われわれの倫理学的研究の目的にとって有用となる。しかし、このありそうな有用性に対してさえも、次のような反論がなされうる。すなわち、（一）当該のものごとが善いということを証明することが、他のものごとが善いということを証明するときに用いたのと同じ方法によれば（その方が確かにより安全なやり方ではあろうが）、われわれの基準に準拠する場合に比べて容易ではないという、その理由を理解することができない。そして、（二）もしどのようなものごとが善いかを本気になって見つけようとすれば、それらのものは善さ以外にはそれらに共通でかつ特有な性質をまったくもたないと考える――事実善さの基準はないと考える――（第六章で明らかにされる）理由をわれわれは理解するであろう、という反論である。

84 しかし、何らかのかたちの意志が善さの基準であるかないかを考察することは、ここでのわれわれの目的にはまったく不必要である。自分たちの倫理学が意志の研究に基づくと公言する学者の誰一人として、ある一定の仕方で意欲されるものすべてが善いということを直接的にかつそれぞれ独立に証明する必要を認めていないからである。彼らは意志が善さの基準であるということを示そうとしない。意志が善さの基準でありうることさえも彼らは認めていない、ということのこれ以上に強力な証拠はない。つい先ほど指摘したように、もしわれわれがある一定の仕方で意欲されるものごとは何であれまた善いと主張しようとするならば、第一に、あるものごとは「善さ」という一つの性質をもっていることを、かつまた同じものごとがまたある一定の仕方で意欲されるという別の性質をもっていることを示すことができなくてはならない。第二に、もしこれら二つの性質が常に相伴うという命題への同意を求めることができるためには、われわれはこのことをきわめて多くの事例において示すことができなくてはならない。これが示された場合でさえも「一般に」から「常に」への推論が妥当であるかどうかは依然として疑わしい。そして、この疑わしい原理が無益であることはほとんど間違いない。しかし、倫理学が答えるべきまさにその問いとは、どのようなものごとが善いかというこの問いである。そして、現在のように快楽主義がもてはやされる状況では、それはほとんど合意の得られていない問いであり、それ故、もっとも注意深い検討が要求される問いである。このことが認められなくてはならない。倫理学の仕事の最大でもっとも困難な部分は、それ故、われわれが何かあるものごとが善さの基準であると主張しうるに先立って、あらかじめ仕上げられている必要がある。他方、ある一定の仕方で意欲されることが善いということと同じであるならば、われわれは求められている仕方で意欲されるものごとは何であるかを探究することによって倫理学研究を始めることができる。これこそ形而上学者たちが彼らの研究に着手するやり方であるが、このことは彼らが「善さ」は「意欲されること」と同じであるという考えに影響されていることを決定的に示していると思われる。彼らは「何が善いか」という問いが「何がある一定の仕方で意欲されるか」という問いとは異なる問いであることがわかっていない。こうして、グリーンが「善さの唯一の特徴とはそれがある欲求を充たすことである」(2)とはっきりと述べるのに出会うことになる。この言明を厳密に解するならば、それは明らかに、善いものはある欲求を充たすこと以外に何らの特徴も共有してはいない——それ故、それらが善いということさえも共有してはいない——と主張している。これは、善いということが欲求を充たすことと同じである場合にのみ、つまり「善い」が単に「欲求の充足」の別名である場合にのみ当てはまることである。自然主義の誤謬のこれ以上に明白な事例はありえない。われわれはこの言明を、グリーンの主要な議論の妥当性には影響しない単なる言葉上の誤りと見なすことはできない。というのも、善いが——彼が道徳的主体の欲求であることを示そうと試みている——ある特殊な種類の欲求を充たすことであるという説明以外には、どこにも何らかのものごとが何らかの意味で善いと信じるための理由を与えてもいなければ、与えようともしていないからである。われわれの前には、不幸な二者択一がある。そのような推論は、善いということと特定の仕方で欲せられることとが同じである場合、しかもその場合にのみ、彼の結論にとっての正当な理由を与えるであろう。そして、この場合には、第一章で見たように、彼の結論は倫理学的ではない。他方で、その両者が同じではない場合、彼の結論は倫理学的であり、しかも正しくさえもありうる。しかし、彼はそれらの結論を信じるための理由をただの一つもわれわれに提示してはいない。学問としての倫理学が示すよう求められているものを、つまりあるものごとが本当に善いということを彼が最初に受け止めたのは、ある一定の仕方で意欲されるものが常に善いと想定することにおいてであった。それ故、われわれは、自分の倫理学的確信をわれわれに詳述する他のどの人の結論とも同様に、グリーンの結論に対して大いなる敬意を払ってよい。しかし、グリーンの議論が、彼の確信は他のどの人の確信よりも真であるらしいとみなすだけの理由を与えるものであるとは、まったくもって認められない。『倫理学へのプロレゴーメナ』は、スペンサー氏の『倫理学の諸事実』と同様に、倫理学の問題の解決に何ら寄与するものではない。

85　本章の主要な目的は、仮想された超感覚的実在の研究と解されている形而上学が「何がそれ自体において善いか」という根本的に倫理学的な問いに対する答えとは論理的な関係をまったくもちえない、ということを示すことであった。それは、「善い」が究極的でそれ以上分析できない述語を表示しているという第一章の結論から直ちに帰結する。しかし、この真理は一貫して無視されてきたから、形而上学と倫理学との間に成立するとみなされている主要な諸関係を詳細に議論し、識別することが価値のあることに思われた。このために、私は次のことを指摘した――（一）形而上学は、われわれの行為の未来の結果が何であるかを教えることができる限り、実践倫理学――われわれは何をなすべきかという問い――と関係をもちうる。ということは、形而上学がわれわれに教えることができないことは、このような結果がそれ自体において善いか悪いかということである。ごくしばしば思い抱かれている、一つの特殊なタイプの形而上学説は、疑いもなく実践倫理学とそのような関係をもっている。というのも、唯一の実在が永遠で不変の絶対者であることが真であれば、われわれの行為は何ら実在的帰結をもちえず、それ故どんな実践的命題も真ではありえないことになるからである。同じ結論が、この形而上学の命題と普通結び付けられている倫理学の命題――この永遠の実在はまた唯一の善でもあるという命題（第六八節）――から帰結する。（二）形而上学者たちは、実践的命題と永遠の実在は唯一の善であるという主張との間にあるたった今指摘された矛盾に気づいていない。また同様に、存在する一つの特殊なものごとが善いという命題と、それが生じるところでは常にその種のものごとの存在が善いであろうという命題とをしばしば混同している。形而上学は、そのものごとが存在することを示すことによって、前者の命題の証明には関係するかもしれない。しかし、後者の命題の証明にはまったく関係しない。つまり、形而上学は、価値があるかもしれないものを提案するという心理学的機能――純粋な虚構によるならばはるかにうまく遂行される機能――に資することができるだけである（第六九―第七一節）。

しかし、形而上学が倫理学に関連するという想定のもっとも重要な源泉は、「善い」はものごとの実在的な性質を指示するに違いないという仮定であると思われる――ちなみに、この仮定は主として、第一は論理的な、第二は認識論的な二つの謬説による。そこで、（三）私は、あらゆる命題が存在するものごとの間の関係を肯定しているという論理的な説を吟味した。そして、倫理学の諸命題を自然法則もしくは命令になぞらえることは、この論理的な誤謬の事例であることを指摘した（第七二―第七六節）。最後に、（四）善いということはある特定の仕方で意欲されたり感じられたりすることと等しいという認識論的な説を吟味した。これは、カントが彼自身の体系の枢軸と見なし、きわめて広く受容されている論理的誤謬と類似の誤謬――「真」であることもしくは「実在的」であることはある特定の仕方で思惟されていることと等しいという誤った見解――から支持を取り付けている説である。この吟味のための議論において、私が注目したい主要な点は次のことである。（a）意志と感情はここで想定されているような仕方で認識と類似であるわけではない。これらの語が対象に対する心の態度を表示している限り、意志と感情はそれ自体単に認識の事例であるにすぎない。しかし、それらが認識する対象の種類に関してだけは、またそのような認識の他の心的な随伴物に関してだけは、意志と感情は認識と異なっているからである。（b）認識の対象は例外なくそれをその対象とする認識から区別されなくてはならない。こうしていかなる場合にも、対象が真であるかどうかという問いは、いかにしてそれが認識されるか、もしくはそれがそもそも認識されるかどうかという問いと同一ではありえない。したがって、たとえ「これは善い」という命題が、常にある種類の意志もしくは感情の対象であるとしても、この命題の真理性は、いかなる場合にも、それが意志や感情の対象であることを証明することによっては立証されえない。なおのこと、その命題自体が、その主語が意志もしくは感情の対象であるという命題と同一であることなどはありえない（第七七—第八四節）。

原　注

（1）　Prof. J.S.Mackenzie, *A Manual of Ethics*, 4th ed. p. 431. 引用文中、傍点（イタリック）はムアによる。

（2）　T.H. Green, *Prolegomena to Ethics*, p. 178.

第五章　倫理学の行為に対する関係

86

この章において、われわれは再び倫理学の方法における大きな一歩を踏み出さなければならない。私の議論は、これまで二つの主な項目に関して行われてきた。第一の項目のもとで、私は「善」――形容詞の「善い」――が何を意味するかを示そうとしてきた。このことは、倫理学のいかなる取り扱いにおいても、それが体系的であることを目指す限り、最初に解決すべき点であるように思われた。われわれは、さらに続けて、何が善であるか――どのようなもの（ものごと）、あるいはどのような性質が善であるか――を考察する前に、このことを知ること、すなわち、善が何を意味するかを知ることが必要である。われわれは、二つの理由により、それを知ることが必要である。第一の理由は、「善」はすべての倫理学が依存している観念である、ということである。われわれがこれは善いとか、あれは善いとか言うとき、われわれは、「これ」とか「あれ」とかが何であるかということだけでなく（このことは、自然科学や哲学がわれわれに示すことができる）、それらを善と呼ぶことによって何が意味されているかということを明瞭に理解するまでは、自分が何を言おうとしているかを理解していると考えることはできない。そして、この後者の問いは、倫理学だけに属する問題である。われわれがこの点について明瞭に理解しない限り、われわれの倫理的推論は、常に誤ったものになりがちである。われわれは、本当はあるものが何らかの他のものであるということしか証明していないときでも、そのものが「善」であるということを証明していると思ってしまうことであろう。なぜなら、もしわれわれが「善」が何を意味するかを知らないならば、すなわち、他のいかなる観念によって意味されるものとも区別されるものとしての、その観念そのものによって、何が意味されるかを知らないとすれば、われわれがその観念を論じている場合と、おそらくその観念に似ているが、それと同一ではない何か他の観念を論じている場合とを、われわれは区別することができないであろう。われわれが何よりもまず「善が何を意味するか」という問いを解決しようとする第二の理由は、方法上の理由からである。まさにこの理由によって、われわれはある命題を倫理的命題とする観念の本性を知るまでは、その命題がどのような証拠に基づくかを決して知ることができないのである。「これ、またはあれが善い」という一つの判断に賛成したり、「これ、またはあれが悪い」という他の判断に反対する際に、われわれは、そのような命題の本性が常にどのようなものでなければならないかを知るまでは、証拠としてどのようなものが挙げられるかを知ることはできない。事実、善いと悪いの意味から、そのような命題のすべては、カントのことばでは「総合的」であるということになる。それらの命題はすべて、他のいかなる命題からも論理的に演繹されず、端的に承認されたり、または否認されなければならない、何らかの命題に結局は基づかなければならないのである。この結論は、われわれの最初の探究から導かれるのだが、倫理学の基本的な諸原理は自明でなければならない、という別の言い方によって表現できるかもしれない。しかし私は、この表現が誤解されないことを切望している。「自明な」という表現は、本来そう呼ばれる命題がそれ自体によってのみ明らかであるか、それとも真であるかということ、つまり、その命題はそれ自体以外のいかなる命題からも推論できないことを意味している。この表現は、その命題があなたや私や人類全体にとって明白であるが故に、言い換えれば、われわれにとって真であると思われるが故に、それは真であるということを意味するのではない。ある命題が真であるように思われることは、それが本当に真であることを主張する正当な議論となることはできない。ある命題が自明であると言うことによって、われわれは断固として、それがわれわれにそう思われるのは、それが真であるための理由ではないことを意味している。というのは、われわれは、それが絶対にいかなる理由ももたないことを意味しているからである。もしわれわれがその命題について、私は他の仕方で考えることができないので、それが真であると言うならば、それは自明な命題ではないということになるだろう。なぜなら、その場合、その命題の証拠または証明は、それ自体のうちにあるのではなくて、何か他のもの、すなわち、われわれがその命題についてもつ確信のうちにあることになるからである。なるほど、その命題がわれわれにとって真であると思われるということは、われわれがそれを主張する原因（*cause*）、あるいはわれわれがそれを真であると考えたり述べたりする理由（reason）ではある。しかし、この意味での理由は、論理的な理由、またはあるものが真であるための理由とはまったく異なったものである。さらにそれは、明らかに同一のことについての理由でもない。ある命題がわれわれにとって明証性をもつということは、われわれがそれを真であるとみなすための理由であるにすぎない。ところが、論理的な理由、あるいは自明な命題はいかなる理由ももっていないという意味での理由は、その命題自体が真でなければならないための理由であって、われわれがそれを真であるとみなすための理由ではない。さらに、ある命題がわれわれにとって明証的であることは、われわれがそれを考えたり肯定したりする理由であるだけでなく、それを考えたり肯定したりすべき理由でさえありうる。しかし、この意味での理由もまた、その命題を心に抱くことが正しいことの論理的な理由ではあるが、その命題が真であるための論理的な理由ではない。しかしながら、通常の言語では「理由」についてのこの三つの意味は、われわれが「私はそれを真であると考える理由をもっている」と言うときに、いつでも絶えず混同されている。しかし、われわれが倫理学について、あるいは何らかの他の研究部門、とりわけ哲学のどんな研究部門においても、明瞭な観念を得ようとするならば、この三つの意味を区別することが絶対に不可欠である。それ故、私が直覚主義的快楽主義(Intuitionistic Hedonism）について述べるときに、「快楽が唯一の善である」ということを否定するのは、その命題が偽であるという私の直覚に基づいていると、私が言おうとしていると解釈されてはならない。なるほど、その命題が偽であるという私の直覚は、その命題を偽とみなし、偽と断言する私の理由である。なるほど、それが偽であるという私の直覚は、そうするための論理的な理由ではなく、その命題が偽であるための適当な証拠または理由がその命題自体を除いて何一つないからに他ならない。それが偽であるのは、それが偽であるからであり、他の理由はありえない。しかし、私がそれが偽であると断言するのは、それが偽であることが私にとって明証的だからである。私は、そのことが私の主張に対する十分な理由であると思う。それ故、われわれは、直覚をあたかも推論に取って代わるものと考えてはならない。いかなるものも、何らかの命題が真であるための理由に取って代わることはできないのである。直覚は、何らかの命題が真であるとみなすための理由を与えることができるにすぎない。しかしながら、いかなる命題も、それが自明であるとき、つまり、事実上、それが真であることを証明する理由がないときには、直覚がその理由を与えなければならないのである。

87

さて、われわれの倫理学の方法における第一歩、つまり、善いは善いであり、それ以外の何ものでもなく、自然主義は誤謬である、ということを確立した第一歩については、これだけに止めたい。第二歩は、われわれが倫理学の自明の諸原理を考察し始めたときに踏み出された。善は善を意味するという結論に基づく、この第二の区分で、われわれは、これこれのものあるいはこれこれの性質や概念が善である、と主張する命題の検討を始めた。直覚主義的快楽主義あるいは倫理的快楽主義の原理――「快楽のみが善である」という原理は、そのような種類の命題であった。最初の議論によって確立された方法にしたがって、私はこの命題が偽であることは自明であると主張した。私は、それが偽であることを証明することはできなかったが、それが何を意味するか、またそれが等しく真であるようにみえる他の諸命題とどう矛盾するかを、できるだけ明瞭に示すことだけはできた。これらのこと全体を通じての私の唯一の目的は、必然的に人を納得させるということであった。しかし、たとえ私が人を納得させたとしても、そのことは、われわれが正しいということを証明したことにはならない。そのことはわれわれが正しいとみなすのを正当化するが、それにもかかわらず、われわれは間違っているかもしれない。しかしながら、一つのことについては、われわれは自負することができるであろう。それは、ベンサムやミルやシジウィック、あるいはその他われわれに反対する人々よりも、われわれのほうがその問いに正しく答える可能性が高いということである。なぜならわれわれは、これらの人々が自ら答えると称した問いを決して問わなかったことを証明したからである。彼らは、その問いを別の問いと混同したのである。それ故、彼らの答えがわれわれの答えと違ったとしても驚くには及ばない。われわれは、同じ問いが、それに与えられる異なる答えで苦労する前に、提示されたことをしっかりと留意しなければならない。おそらく世間の人々はすべて、ひとたびわれわれが同意してほしいと思っている問いを明瞭に理解できたとしたら、われわれに同意するであろう。確かに、われわれが意見の相違を見出したすべての場合に、その問いが明瞭に理解されていなかったことを見出したのである。それ故われわれは、われわれが正しいことを証明できないけれども、すべての人は自分が考えていることについて誤解していない限り、われわれと同じように考えるであろうと信ずる理由をもっている。それは、数学における和の場合と同じである。もし計算の中に明白なひどい誤りを見出すならば、われわれは、その人がわれわれと異なる結果になったとしても驚いたり困惑したりしないだろう。彼は自分の誤りを指摘されるなら、彼の結果が間違っていることを認めるだろう、とわれわれは思う。たとえば、もし人が5＋7＋9を足さなければならないときに、5＋7＝25とすることで始めるならば、彼がその結果を34としても、われわれは、驚くことはないであろう。そこで、倫理学においても「望ましい」が「欲求される」と混同されること、あるいは「目的」が「手段」と混同されることを見出したのだから、それらの誤りを犯した人々がわれわれに同意しないとしても、われわれは当惑するには及ばない。唯一の相違は、倫理学においては、その主題が複雑なので、どんな人であれ、その人が誤りを犯していること、あるいはその誤りが彼の結果に影響していることを納得させることが、はるかに難しいということである。

私が主題とした第二の区分──「何がそれ自体において善であるか」という問いを扱う区分──において、私はこれまで一つの確実な結果、しかも一つの否定的な結果、すなわち、快楽は唯一の善ではないということを確立しようとしてきただけである。この結果がもし真であるとすれば、従来主張されてきた倫理学の諸理論の半数、あるいは半数以上を論駁することになり、したがって重要性がないわけではない。しかしながら、「どのようなものが善であるか、そしてどの程度善であるか」という問いを肯定的に扱うことがまもなく必要となるだろう。

88 しかし、この議論に進む前に、私はまず倫理学における第三の種類の問い──われわれは何をすべきかという問いを扱うことにしたい。

この問いに答えることは、倫理学研究の第三の大きな区分を成している。その問いの本性は、第一章（第一五─第一七節）で簡単に説明された。そこで指摘されたことだが、その問いは倫理学にまったく新しい問い──それ自体で善であるものに対して、どのようなものがその原因として関係するかという問い──を導入する。そしてこの問いは、まったく新しい方法──経験的研究という方法によってのみ答えられるものであり、これは他の諸学問においては、原因を発見する方法である。われわれがどのような種類の行動を行うべきか、あるいはどのような種類の行動が正しいのかと問うことは、そのような行動や行為がどのような種類の諸結果を生み出すかと問うことである。実践倫理学においては、因果的一般化によらないとただ一つの問いにも答えることもできない。実際そのような問いはすべて、また本来の倫理的判断──ある諸結果はそれ自体において他の諸結果よりも善であるという判断を含んでいる。だが、それらの判断は、これらのより善なるものが諸結果である──が当の行動と因果的に結び付いていると主張する。実践倫理学におけるすべての判断は、これが善なるものの原因であるという形に還元できるであろう。

89 このことがそのとおりだということ、すなわち、何が正しいか、何が私の義務であるか、私は何をなすべきかという問いは、もっぱら倫理学研究の第三の分野に属しているということが、私が注意を喚起したい第一の点である。すべての道徳法則は、ある種の行動が善なる諸結果を生じるという言明に他ならないことを、私は示したい。これと正反対の見解が倫理学においては一般に流布してきた。「正しいもの」と「有用なもの」とは、少なくとも相互に矛盾しうるのであり、ともかく本質的に区別されると考えられてきた。目的は決して手段を正当化しないと断言することが、道徳における常識学派のような、道徳論者の特徴であった。私がまず指摘したいことは、「正しい」は「善なる結果の原因」を意味しており、それ故「有用な」と同一であるということになり、したがって、目的は常に手段を正当化するし、いかなる行動もその結果によって正当化されないならば、正しくないということになる。「目的は手段を正当化しない」という主張によって伝達される真なる命題がありうることを、私は十分に認める。しかし、別の意味で、しかも倫理学理論にとって、より一層基本的な意味で、それが完全に偽であることが最初に示されなければならない。

「私は、この行動をするように道徳的に義務づけられている」という主張と、「この行動は宇宙の中に可能な限り最大量の善を生み出すであろう」という主張とが同一であることは、既に第一章（第一七節）で簡単に示されている。しかし、この基本点は、論証的に確実であることを強調することが重要である。このことは、おそらく次のような仕方でもっとも明らかにされるであろう。ある行動が絶対的に義務であると主張するとき、われわれがそのときその行動をすることは、価値という点で独特なことである、とわれわれが主張していることは明白である。しかし、いかなる義務的行動も、それが世界において価値をもつ唯一のものであるという意味では、決して独特な価値をもつことができない。というのは、その場合、そのようなあらゆる行動が唯一の善なるものであることになり、このことは明白な矛盾だからである。そして同じ理由により、その行動の価値は、それが世界における他のものよりも多くの内在的価値をもつという意味で、独特なものではありえない。なぜなら、そのとき義務からのすべての行動は、世界におけるもっとも善なるものとなり、このこともまた矛盾だからである。それ故、もしその行動が行われるならば、他の可能な行動が行われたときよりも、世界全体がより善くなるだろうという意味においてのみ、独特なものでありうる。このことがそのとおりであるかどうかという問いは、その行動そのものの内在的価値についての問いに依存することはできない。というのは、いかなる行動も、他の行動の結果とは異なった諸結果をもつであろうし、もしこの諸結果の中に、内在的価値をもつ結果があるとすれば、その結果の価値は、それらの原因の価値と同じように宇宙の全体の善に関連をもつからである。事実、ある行動がそれ自体としてどんなに価値あるものであるとしても、それが存在することで、宇宙の善の総量が、それ自体では価値の少ない他の行動がなされた場合よりも、おそらく少なくなるのは明らかである。しかし、このことがそのとおりであると言うことは、その行動が行われなかったほうがよかったであろう、ということであり、それは、その行動は行われるべきでなかった——それは義務が要請したものではなかったという言明と明らかに等しい。「天が崩れようとも正義をせよ」と言うことは、正義をすることにより、天の崩壊によって失うものよりも多くのものを得るという根拠に基づいてのみ正当化される。もちろん、これがそのとおりであることは可能である。しかしともかく、その帰結にもかかわらず、正義が義務であると主張することは、それが事実であると主張することである。

それ故、われわれの「義務」とは、他のいかなる可能な行動よりも宇宙により多くの善を生み出す行動としてのみ定義される。「正しい」ものあるいは「道徳的に許される」ものは、他のいかなる行動よりも少ない善しか生み出さないという点で、義務と異なっている。それ故、倫理学がある種の行動の仕方が「義務」であると主張するときには、そのような仕方で行為することは常に最大量の善を生み出すだろうと主張しているのである。もし「人を殺すな」ということが義務であると言われるとき、どんなものであれ、殺人と呼ばれる行動は、いかなる状況のもとでも、それを避けることによってよりも、より多くの善を宇宙にもたらすものはない、と言われているのである。

90

しかし、もしこのことが認められるならば、倫理学の行為に対する関係について、いくつかのきわめて重要な帰結が出てくる。

（一）道徳論者の中で直覚主義学派によって一般に主張されてきたことだが、どんな道徳規則も自明でないことは明らかである。倫理学における直覚主義の見解は、ある行動が常に行われるべきであるとか、避けられるべきであると述べる、いくつかの規則を自明な前提とみなすことができる、と想定している。私は、何がそれ自体において善であるかの判断に関しては、このことがそのとおりであることを示した。そのような判断に対しては、いかなる理由をも与えることができない。しかし、行動の諸規則――何があるべきかではなくて、われわれは何をすべきかという言明――が同じ意味で直覚的に確かであると考えるのが、直覚主義の本質である。われわれは、ある行動が義務的であるか不正であるかといった直接的判断を疑いもなく行っており、そしてわれわれは、しばしば心理学的な意味において自らの義務を直覚的に確実に知っているという事実によって、この見解にもっともらしさを与えてきた。しかし、それにもかかわらず、これらの判断は自明ではないし、倫理学の前提とみなすことはできない。なぜなら、いま示されたように、それらの判断は原因と結果の研究によって確認したり、あるいは反駁できるからである。なるほど、われわれの直接的直覚の中には真であるものがあるということは可能である。しかし、われわれが直覚すること、良心(conscience) がわれわれに告げることは、ある行動がその状況のもとで可能な限り最大量の善を生み出すだろうということであるから、良心の告げることが真であるか偽であるかを示す理由を与えることができるのは明らかである。

91

（二）どんな行動が義務であるかを示すためには、その行動と結び付いてその諸結果を決定する他の条件にはどのようなものがあるかを知ること、それらの条件の諸結果がどうなるかを正確に知ること、およびわれわれの行動によって無限の未来にわたって何らかの仕方で影響を受けるすべての出来事を知ることが必要である。われわれは、この因果的知識のすべてを知らなければならないし、さらにその行動そのものとそれらの諸結果のすべてがもつ価値の程度を正確に知らなければならない。さらに、これらの結果が宇宙における他の事物と結び付いて、一つの有機的全体としてのその行動の価値にどのような影響を与えるかを決定することができなければならない。またこのことだけではなく、われわれは、選択が可能なすべての行動の諸結果についての知識をすべてもたなければならないし、問題の行動が存在することによって生み出される全体の価値が、他の選択可能な行動によって生み出される全体の価値よりも大きいことを、比較によって知ることができなければならない。しかし、われわれの因果的知識は、あまりにも不完全なので、われわれは、それだけではこの結果を確信することができないことは明らかである。したがってわれわれは、ある行動が義務であると考えるためのいかなる理由ももっておらず、われわれは、どんな行動が可能な限り最大の価値を生み出すかを決して確信することができないのである。

それ故、倫理学は義務の一覧表をわれわれに与えることはできない。しかし、実践倫理学にとって可能である控え目な仕事がまだ残っている。われわれは一定の状況のもとで、可能な行動のうちで最善のものがどれかを見出すことは期待できないけれども、誰にとっても考えうる行動のうちでどれが最大量の善を生み出すかを示すことはできるであろう。この第二の仕事は、確かに倫理学がこれまで行ってきたすべてであり、確かに倫理学が証明するために資料を集めてきたすべてである。というのは、誰もこれまで個々の場合に、選択が可能な行動をすべて検討し尽くそうと試みたことがなかったからである。事実、倫理学者たちは、彼らの注意を非常に限られた種類の行動だけに向けてきた。それらの行動は、選択できる行動として普通に人々によって考えられるものであるが故に、選ばれてきたものである。おそらく彼らは、これらの行動に関して、一つの選ばれた行動が他の選択できる行動よりもはるかに善い、すなわち、より大きな量の価値を生み出す、ということを示しているのかもしれない。しかし、彼らはこの結果によって諸義務を決定したと述べているけれども、それが実際に本当であったことは決してないということを強調するのが望ましいように思われる。なぜなら、確かに義務という語は、もし何らかの可能な行動が、われわれが採用した行動よりもより大きな善を生みだしていたことを、後になって納得するならば、われわれは、自らの義務を果たさなかったことを認めるというように用いられるからである。しかしながら、もし倫理学が考えうる行動のうちで、どれが最大量の価値を生み出すかを決定できるならば、それは有用な仕事であろう。というのは、この行動が可能な限り最善のものであることを証明できないけれども、それは、そういう決定ができない場合に、われわれが採用する一連の行動よりも善いことがありうるからである。

92 倫理学が成功しうると多少期待しておそらく企てる仕事を、諸義務を見出すという絶望的な仕事から区別する際の一つの困難は、「可能な」という語の用法における曖昧さから生ずる。ある行動は、それを行うという考えがわれわれに起こらないという理由により完全に正しい意味で「不可能」であると言われるのであろう。この意味では、実際にある人が考えることのできる行動だけが可能な行動であろう。そして、それらの行動の中で最善のものがその状況における最善の可能な行動であろうし、それ故、われわれの「義務」の定義に完全に合致するであろう。しかし、われわれが義務としての可能な最善の行為について話すとき、その語によって意味されるものは、その観念がわれわれに生ずるとすれば、他のどんな状況も、妨げることができないような任意の行動である。義務という語のこの用法は、一般的用法と一致している。なぜなら、ある人が行うことができたかもしれない行動を考えることを怠ると、その人が義務を果たし損なうことを、われわれは、認めているからである。それ故われわれは、彼が考えもしなかったことを行ったかもしれないと言うのであるから、彼の可能な行動を、彼が考える行動だけに限定していないことは明らかである。われわれは、ある人の義務ということで、彼が考えたかもしれない行動のうちで最善のものだけを意味している、と一層もっともらしく主張できるかもしれない。われわれは、よく言われることだが「彼が考えることが予想できなかった」行動を怠ったことに対して非常に厳しく批判しない、ということは本当である。しかしこの場合でさえ、明らかにわれわれは、彼が行うことができたかもしれないことと、彼が行うことを考えたかもし

れないことの間に区別を認めている。われわれは、彼が他の行動を採用しなかったことを遺憾と思うのである。そして、確かに「義務」という語は、ある人が自らの義務を果たしたのは遺憾であった、と言えば、明確に名辞の矛盾となるような意味で用いられるのである。

それ故われわれは、可能な行動を、考えうることが可能な行動から区別しなければならない。前者によってわれわれは、その観念がわれわれに生ずるとすれば、いかなる周知の原因によっても妨げられないであろう行動を意味している。そのような行動のうちで最大量の善を生み出すものが、われわれが義務によって意味しているものである。確かに、倫理学は、どのような種類の行動が常にこの意味でのわれわれの義務であるかを知ろうと望むことはできない。しかしながら、それは少数の可能な行動のうちでどれが最善であるかを決定しようと望むことはできるであろう。倫理学がこれまで考察してきた行動は、実は人々が行うか、行わないかを熟慮する行動の中でもっとも重要なものなのである。それ故、これらの行動に関する決定は、可能な限り最善の行動に関する決定と容易に混同されるのである。しかし、注意すべきことは、われわれがたとえ考えることができる選択肢の中でどれがより善なるものであるかということに限定して考察したとしても、これらの行動が考えられるかもしれないということは、それらを可能な行動と呼ぶことによって、われわれが意味するものの中には含まれていない、ということである。たとえある特定の場合に、それらの選択肢の観念がある人の念頭に浮かぶことが不可能であったとしても、われわれが関与する問題は、もしその観念が生じたとすれば、どれが最善のものであったか、ということである。もしわれわれが殺人は常に悪い選択肢であると言うならば、たとえ殺人者が他の選択を考えることが不可能であった場合でさえ、殺人は悪い選択であるとわれわれは主張しているのである。

そこで、実践倫理学が見出すことが望みうる最大のことは、ある状況における可能な少数の選択肢のうちで、どれが全体として最善の結果を生み出すであろう、ということである。実践的倫理学は、われわれが熟慮しそうないくつかの選択肢のうちで、この意味で最善なものはどれか、をわれわれに示すことができるかもしれない。そしてたとえ、われわれがそれらのいずれをも選ばないとしても、その場合にわれわれの選択するものは、それらの一つと同じほど善ではありえないことを知っているので、実践倫理学は、われわれが選択できるものの中で、どれを選ぶのが最善であるか、をわれわれに示すことができるかもしれない。もし実践倫理学がこのことをすることができるとすれば、その倫理学は、実践的指針としては、十分なものであろう。

93　しかし（三）明らかにこのことでさえ、きわめて困難な仕事である。われわれは、一つの行動を行うことによって他の行動を行うよりも全体的に善なる結果を得るという見込みさえも、どのようにして確立できるかを知ることが困難である。私は、そのような見込みがあると仮定するとき、どの程度のことが仮定されており、どのような道筋によってこの仮定を正当化することが可能であるか、を指摘しようと努めるであろう。その仮定は、これまで正当化されたことがないということ——ある行動が他の行動よりも正しいとか正しくないと見なすための十分な理由が、まだ見出されていないこと——が明らかになるだろう。

（a）ある一連の行動が他のものよりも全体的に善なる結果をもたらすだろうという見込みを確立しようとする際の最初の困難は、われわれが無限の未来にわたって、両方の行動の諸結果を考慮しなければならないということにある。われわれが確実に知っているのは、もし一つの行動を今行うと、われわれが他の行動を行った場合と何らかの点で異なっているだろう、ということだけである。宇宙は全時間を通じて、われわれの因果的知識はまったく不十分であるから、二つの異なる行動からどのような異なった結果が生ずるかを告げることができるのは、比較的短い間隔の時間内での諸結果についてだけである。確かにわれわれは、「ごく近い」未来と呼ばれる期間に限ってのみ、行動の諸結果を計算できるだけである。どんな人でも、諸結果についての合理的考慮とみなすことに取りかかるとき、その人が彼の選択に関して予想できるのは、長くとも数世紀を越えることはありえないであろう。そして一般には、われわれが数年、あるいは数カ月、あるいは数日の間だけ悪を差し引いた善の残量を確保していると思うならば、われわれは、合理的に行動していると考えるのである。それにもかかわらず、そのような考慮に基づく選択が合理的であるべきだとすれば、われわれは、確かにより遠い未来における行動の諸結果が、一般にわれわれが予想できる未来に生じる悪を差し引いた善の残量を逆転することはない、と確信する何らかの理由をもたなければならない。もしわれわれがある行動の諸結果が、おそらく他の行動の諸結果よりも善であろうと主張するならば、この重要な要請が認められなければならない。われわれが遠い未来については無知であるということは、予想できる範囲内でより大きな善を選択することが、おそらく蓋然的には正しいだろうということを正当化しない。そこで、われわれは、一般に結果というものは、一定の時間が過ぎた後、選択した行動のその時間内での結果の相対的価値を逆転することはありえないと仮定している。そして、われわれが他の仕方で行動するよりも、ある仕方で行動することに対して、何らかの理由を示したと主張する前に、この仮定が正当化されることが示されなければならない。それは、おそらく次のような考慮によって正当化できるだろう。われわれが行動を選択し、先へと進むにつれ、いずれかの行動を部分的な原因とする出来事は、われわれがどの行動を採用しようとも、同じ状態にとどまる他の状況にますます依存するようになる。個々の行動の諸結果は、十分な時間が経過した後には、非常に広範囲に及ぶ小さな変容の中にだけが見出される。他方、その行動の直接の諸結果は、比較的狭い範囲における目立った変容である。しかしながら、善悪にとって大きな重要性をもつものは、たいていこの目立った種類のものであるから、一定の時間が経過した後、個々の行動の諸結果のすべては、ほとんど違いがなくなるので、その行動の結果の価値と他の行動の結果の価値との相違は、その直接の諸結果の価値の間にある明白な相違よりも大きくなることはないように思われる。事実たいていの場合、われわれが今どんな行動を採用するにしても、「それは百年後もまったく同一のものであろう」と言うことは、善悪に大いに関係する時の存在に関しては事実であるように見える。そしてこのことは、おそらく個々の出来事の諸結果が時間の経過によって中性化される仕方を研究することによって真であることを示しうるかもしれない。そのような証明がないときには、われわれは、確かに二つの選択できる行動のうちでおそらく一方が正しく、他方が正しくないと主張するための合理的根拠をもつことができないだろう。もし正・不正に関するわれわれの判断が蓋然性をもつと言おうとするならば、遠い未来における行動の諸結果は、ある一連の結果がごく近い未来において他のものに対してもつ優越性を越えるほどの価値をもたないだろう、と考える理由がわれわれになければならない。

94

（b）そこでわれわれは、ある二つの行動の諸結果について、起こりうる相違を予想できる未来において、一方の行動の諸結果が他方の行動の諸結果よりも一般により善いとすれば、前者の行動が宇宙にもたらす全体の結果もまた、一般により善いと仮定しなければならない。確かにわれわれは、ある限られた未来においてのみ、二つの行動の諸結果を直接的に比較することを期待することができる。そしてこれが従来の倫理学で用いられている議論であり、われわれが日常生活でそれに基づいて行為している議論であって、一連の行動が他のものよりもすぐれていることを示そうとする議論のすべては（神学の教義を別にすれば）、そのような起こりうる目前の利益を指摘することに限られている。そこで、次の問いが残っている。すなわち、われわれは、少数の選択すべき行動のうちの一つがごく近い未来に全体として大きな善をもたらすだろうという趣旨の一般的規則を主張することができるだろうか？

　この問いは限られたものであるが、どんな知識であれ、われわれが現在もっているか、これから長期間もつことになる知識を用いて、実践倫理学が答えを与えうる最大の問いである、ということを強調しなければならない。既に指摘したことであるが、われわれは、いずれかの選択肢が特定の状況において、どれが可能な限り最善の道であるかを見出すことを期待できないが、少数の選択肢の中で、どれが他のものよりも善であるかということだけは見出すことが期待できる。そして、これも既に指摘したことだが、たとえわれわれが直接の諸結果に関してより善いものが、全体としてもより善いであろうと主張できるとしても、それは確かに蓋然性にすぎない。今や残っているのは、これらの直接の諸結果に関してさえ、少数の選択肢のうちで、一般にどれがごく近い未来において、善の最大量をもたらすかを見出すことが期待できるという点を強調することである。われわれは「汝嘘をつくなかれ」あるいは「汝殺すなかれ」というような命令に従うことは、嘘をつくことや殺人を選択することよりも、普遍的により善いことであると主張する何の権利ももっていない。なぜ一般的な知識しか可能ではないのかという理由は、既に第一章で示されている（第一六節）。しかし、それらの理由をここでくり返してもよいであろう。まず第一に、倫理学の議論において、内在的価値をもつものとして、主としてわれわれが関心をもつ諸結果については、われわれは、その原因をほとんど知らないので、ただ一つの結果に関しても、精密科学において得られるような仮言的で普遍的法則を得ていると主張することはほとんどできない。われわれは、もしこの行動がちょうどこのような状況のもとで行われ、かつ他の状況に妨げられないとすれば、この重要な結果が少なくとも常にもたらされるであろう、と言うことさえできないのである。しかし第二に、倫理法則は単に仮言的であるだけではない。われわれがある状況のもとで、ある仕方で行為することが常により善いことを知ろうとすれば、われわれは、他の状況の妨げがないとすれば、その行動がどのような結果をもたらすかを知るだけでなく、他の状況の妨げがないであろう、ということも知らなければならない。そして、このことを、蓋然性以上に知ることは明らかに不可能である。倫理法則は、科学法則のもつ性質ではなく、科学の予測がもつ性質をもっている。そして後者は、蓋然性は非常に大きいかもしれないが、常に蓋然的でしかありえない。技術者は、橋がある仕方で建造されるならば、それは、おそらくある期間、ある輸送の重さに耐えるだろうと主張することができる。しかし彼は、その橋が要求どおりの仕方で建造されていることについて絶対の確信をもつことができないし、たとえ要求どおりに建造されたとしても、何らかの偶然の出来事が介入して彼の予測をくつがえさないという絶対の確信をもつこともできない。いかなる倫理法則についても、同じことが必ず当てはまるのである。倫理法則は、一般化以上のものではありえないし、ここでは、予測が基づくべき正確な仮言的知識が、科学のそれに比べると欠如しているので、その蓋然性は科学より小さいのである。しかし最後に、われわれは、倫理的一般化を行うために、われわれは単にどのような諸結果が生み出されるかを知るだけでなく、それらの結果の相対的価値がどのようなものであるかを知ることが必要である。そして、この問いについてもまた、われわれは、快楽主義が広く流布していることを考えるならば、われわれが非常に誤りやすいことを認めざるをえない。そこでわれわれは、ある種の行動は、一般に他のものよりも善い結果をもたらすだろうということ以上を、すぐには知ることができないこと、およびこれ以上のことは、決して証明されていないということは明らかである。どのような二つの場合にも、いかなる種類の行動であれ、それらの結果のすべてが正確に同じであることはないであろう。なぜなら、それぞれの場合に状況が異なるからである。善悪にとって重要な結果は、一般には同じであるかもしれないけれども、常にそうであるという見込みは、きわめて少ないのである。

95　（c）さて、われわれが一般にどんな可能な選択肢よりも手段としてより善い行動を求めようとすれば、常識によってもっとも普遍的に認められている規則の大部分を擁護して、次のようなことを確立できるように思われる。私は、この擁護を詳細に行おうとしているのではなく、その用法を示すことによりこの擁護を行うことができる明確な主要原理と思われるものを指摘しようとするだけである。

そこで第一に、ある行動が他の行動よりも手段として一般により善いことを、われわれが示すことができるのは、他の状況が与えられる場合だけである。実際のところ、われわれは、ある状況のもとで、その行動の善なる諸結果を観察するだけである。容易にわかることだが、これらの状況に大きな変化があれば、一般的規則の中でもっとも普遍的に確実と思われていたものでさえ、疑わしいものとなるであろう。こうして、殺人の一般的非功利 (general disutility) が証明されるのは、人類の大多数が確かに、その存続をあくまでも主張する場合だけである。もし殺人が人類の急速な絶滅をもたらすほど普遍的に行われるとすれば、殺人が手段として善くないことを証明するためには、われわれは、厭世主義の主要な見解——人間の生命が存在することは、全体的にみて一つの悪である——を論駁しなければならないだろう。しかも厭世主義の見解は、われわれがその真偽についてどれほど強く確信していようとも、決定的な証明もまた反証も決してなされたことのないものである。それ故、殺人が普遍的に行われることは、今この時点では、善なることではないということが証明できないのである。しかし実際のところ、われわれは、たとえ少数の人が殺人を犯すとしても、たいていの人は、殺人をする気にならないだろうと確信をもって想定できるし、また想定しているのである。それ故、われわれが殺人は一般に避けられるべきだと言うとき、人類の大多数が殺人を認めず、あくまで生きることに固執する限りにおいてのみ、われわれは、殺人は避けられるべきだということを、意味しているだけである。このような状況のもとで、誰かが殺人を犯すことが一般に不正であるということは、証明できると思われる。というのは、いずれにせよ、人類を絶滅させるおそれはないのだから、われわれが考慮すべき諸結果は、その行動が人間生活の善を増大し、悪を減少することになるかどうかということだけである。最善の諸結果が得られないところでは（絶滅が最善であると仮定して）、一つの選択肢が別の選択肢よりもより善いことになろう。そして、殺人が一般に生み出す直接の悪を別にしても、もし殺人が普通に行われるならば、このようにして生じた不安感はもっと善い目的のために費やされるかもしれない多くの時間を奪ってしまうことになるだろうということが、おそらく殺人に対する決定的な反論であろう。人々が生きることを強く望む限り、彼らがそのことを望み続けることが確実である限り、彼らが積極的な善の達成に精力を注ぐのを妨害するものは明らかに手段として悪いものである。そして、殺人が一般の慣行になることはきわめて普遍性を欠き、周知の社会状況において、確実に認められないから、それは、確かにこの種の妨害であると思われる。

同じような擁護は、財産の尊重のような法的強制力 (sanction) によって、もっとも普遍的に強制されている規則の大部分に対しても、また勤勉、節制、約束を守ることのような、常識によってもっとも普通に認められている規則のいくつかに対しても、可能であると思われる。人々がある種の財産に対して普遍的だと思われる強い欲求をもっているような、いかなる社会の状況においても、財産を保護するための普通の法的規則は、可能な限り最善の精力の消費を促すのに大いに役立つに違いない。そして同様に勤勉は、それなしでは何らかの大きな積極的善の一層の達成が不可能であるような、いろいろの必要なものを獲得する手段であり、節制は、健康を損なうことによって、人ができる限り必要なものを獲得するのに貢献できなくするので、過度に陥ることを避けるように命ずるものであるし、約束を守ることは、それらの必要なものの獲得において協力を大いに容易にするものである。

ところで、これらの規則はすべて、注目することが望ましい二つの特徴をもつように思われる。（一）それらの規則は、周知のいかなる社会状態において、それらが一般に遵守されるならば、そのことは手段としての善であるようなものと思われる。それらの規則の功利が依存する条件は、すなわち、生を維持し増進しようとする性向と財への欲求とは、非常に普遍的でかつ強力なので、それらを取り除くことは不可能であろう。そして、このことがそのとおりであるとすれば、われわれは、現実に与えられる状況のもとで、それらの規則の一般的遵守は、手段としての善であると言うことができる。というのは、ある社会が、それらの規則を遵守することは、それらが守られない社会よりも、それら悪くなると考える理由もないと思われるし、可能な限り最大の善を達成できるいかなる社会状況にとっても、それらの規則を守ることは、確かに手段として必要だからである。（二）これらの規則は、それ自体としては何らかの大きな善が存在するのに必要な条件にすぎないものに対する手段として勧められるので、何がそれ自体として善であるかという第一次的な倫理の問いについての正しい見解から独立して擁護できる。普通いかなる見解においても、これらの規則を不可欠とする文明社会の維持は、それ自体において善と見なされるものがどんな程度で存在するにしても、その存在に必要な条件であることは確実だと思われる。

96 しかし、普通に認められている規則のすべてが、この二つの特徴を兼ねそなえているわけではない。常識道徳を擁護して提示される議論は、生を維持し財を欲する傾向が普遍的に必要であるとは正当には考えられない諸条件の存在を、非常にしばしば前提にしている。したがって、そういう議論は、変化しうる諸条件が同じものに留まる限りにおいてのみ、規則の功利を証明するのである。このように擁護される規則について、それらは、一般にあらゆる社会状態において手段として善であると主張することはできない。この普遍的な一般的功利を確立するためには、何がそれ自体において善であるか、あるいは悪であるかということに関して、正しい見解をもつことが必要であろう。このことは、たとえば、純潔という名称のもとに包括されている規則の大部分に当てはまると思われる。これらの規則は、普通功利主義の著述家や社会の維持を規則の目的とみなす著述家によって、夫婦間の嫉妬や父性愛のような感情の存在を前提にする議論を用いて、擁護されている。確かにこれらの感情は、その擁護を多くの社会状態に妥当することができるほど、非常に強力であり一般的である。しかし、これらの感情なしに存在する文明社会を想像することは困難ではない。そのような場合に、もし純潔が依然として擁護されるとするならば、その侵犯が悪い諸結果をもたらすこと、またそれらは、その侵犯が社会を崩壊させる傾向による諸結果以外のものである、ということを確立することが必要であろう。そのような擁護は、確かに行うことができるであろう。しかし、そのためには、何がそれ自体で善であるかあるいは悪であるかという第一次的な倫理の問いの吟味、しかも倫理学者がこれまで示した吟味よりもはるかに徹底した吟味が必要であろう。このことが今の場合にそうであるかどうかは別にしても、多少とも変化しそうな状況の存在に依存する社会的功利をもつ規則と、その功利があらゆる可能な条件のもとで確実だと思われる規則との間には、普通には認められていない一つの区別が設けられることは確かである。

97 ほとんどいかなる社会状態においても、有用なものとして、先に列挙したすべての規則はまた、特定の社会状態にしか存在しない条件のもとで、それらが生み出す諸結果によっても擁護されることは明らかである。われわれは、法的刑罰、社会的否認、私的悔恨という諸強制力を、それらが存在する場合には、それらの条件とみなしうることに注意しなければならない。もっとも、これらの強制力が一般に倫理学によって扱われるのは、これらの強制力の存在とは独立にその功利を証明できる行動を行う動機としてのみである。しかも強制力は、それとは独立には正しくないような行動に加えられるべきでないということが認められるだろう。それにもかかわらず、強制力が存在する場合には、明らかにそれは、問題の行動の動機であるだけでなく正当な理由でもある。行動が特定の社会状態において行われるべきでないという主な理由の一つは、その行動が罰せられるだろうということである。というのは、一般に罰そのものは、罰せられた行動が行われなかった場合に生じた悪よりも大きな悪だからである。こうして罰の存在は、ある行動が何らかの他の悪い結果をもたらすことなく、わずかに善い結果をもたらすとしても、その行動を一般に悪とみなすための適切な理由なのである。ある行動が罰せられるということは、多少とも永続的な他の条件とまったく同じ種類の条件であり、その永続的な条件とは、ある特定の社会状態におけるある行動の一般的功利ないし非功利を論じるときに考慮されなければならないものである。

98　そこで、われわれの社会で常識によって普通に認められ、あたかもそれらのすべてが等しく普遍的に正しくて善なるものであるかのように提唱されている規則が、非常に異なる秩序をもっていることは明らかである。手段としてもっとも普遍的に善と思われる諸規則でさえも、それらがそうであると示されるのは、おそらく悪なるものではあるが、必要なものであるとみなされる諸条件が存在するからである。しかもこれらの規則でさえも、それらが他の規則より明白な功利をもつのは、他の諸条件が存在するためである。その条件とは、長短はあっても、歴史上の時代に存在しなければ必要とはみなされず、その多くが悪いものであるような条件である。他の諸規則については、それらが、それ自体単なる手段にすぎない社会の維持のための手段であることを示そうとする試みを、われわれがやめて、直ちにそれ自体で善なるものないし悪なるものへの手段であるが、普通そのようなものとして認められていないものに対する手段であることを確立できない限り、それらの規則は、そのような多少とも時間的な条件の存在によってのみ、正当化されるように思われる。

そこで、もしわれわれが住んでいる社会では、どのような規則を遵守することが有用であるか、それとも有用になるだろうかと問うならば、一般に認められ、実行されている規則の大部分において明確な功利を立証することが可能だと思われる。しかし、通常の道徳的訓戒や社会的議論の多くは、一般に実行されていない諸規則を提示している。そして、これらの規則に関して、それらが一般的功利をもつことを決定的に立証できるかどうかはきわめて疑わしい。そのような提示された規則は、通常三つの主要な欠点をもっている。第一に、(一)それらの規則が提示する行動は、ごく普通に、たいていの個人にとっては、何らかの意志を働かせて行うことが不可能であるようなものである。またその実行の可能性がほとんど誰にも与えられておらず習得することさえできない特殊な性向に依存する他の行動が、もし彼らが意志するならば行うことができるような行動と同じ種類の中に入れられることは、よくあることである。確かにその必要な性向をもつ人が、それらの規則に従うことを指摘することは有用であり、多くの場合、すべての人がこの性向をもつことが望ましいであろう。しかし、われわれがあるものを道徳規則ないし道徳法則とみなすとき、そのものは、その規則が適用されている社会状態において、ほとんどすべての人が意志の努力によって守ることができるものを意味していることが認められなければならない。(二)行動そのものは、可能であるが、それが存在するために必要な諸条件が十分な一般性をもたないが故に、意図された善なる結果が期待できないような行動もしばしば提唱される。もし人間本性が他の諸点で現在と異なるとすれば、それを守ることが善なる諸結果を生み出すような規則は、あたかもその行動が一般に守られると、今直ちに同じ結果を生み出すかのように勧められるのである。しかしながら、実際にはそういう規則の遵守を有用にするのに必要な諸条件が生ずるときまでには、まったく同様にその遵守を不必要とするか、あるいは積極的に有害にする他の諸条件も生じていることだろう。しかも、この事態は、問題の規則が有用であった事態よりも善なるものであるかもしれないのである。（三）ある規則の有用性が変化しうる諸条件に基づくか、あるいはその変化が提示された規則の遵守と同じほど容易であり、それよりも望ましい諸条件に基づく場合も生じる。提示された規則の一般的遵守がそれ自体でその規則の功利が依存する諸条件を無効にするということも起こりうるのである。

これらの反対意見のあるものは、今実際に人々が守っている規則よりも、それを守るほうがより善い規則として提唱されている社会慣習の変化に一般には当てはまるように思われる。この理由により、倫理学が一般に実行されている規則以外の何らかの規則の功利を確立できるかどうかは疑わしいように思われる。しかし、倫理学がそれを行うことができないということは、幸運にも実践的にはほとんど重要ではない。一般に守られていない規則が一般に守られることが望ましいか否かという問題は、個人がいかに行為すべきかという問題に大きな影響を与えることはない。なぜなら、一方では、彼はどうしても規則の一般的遵守ができないという大きな可能性があり、他方では、規則の一般的遵守が有用であるということは、いずれにせよ、そのような一般的遵守がない場合にも、彼自身がその規則を守るべきだと結論する理由とはならないからである。

そこで、普通倫理学において義務、犯罪、あるいは罪として分類される行動に関して、次のような点が注目に値するように思われる。（一）それらの行動をこのように分類することによって、われわれは、個人が意志しさえすれば、行ったり避けたりすることができる行動であること、そしてそれらは、すべての人が必要に応じて行うべき、あるいは避けるべき行動である、ということを意味している。（二）確かにわれわれは、そういう行動に関して、あらゆる状況のもとで行われるべき、あるいは避けるべきだということを証明することはできない。われわれは、その行動の遂行ないし回避が一般に他の行動よりも善なる結果を生み出すだろうということだけを証明することができる。（三）さらにわれわれがこの程度のことを証明できるのは、どのような行動についてであるかを問うならば、われわれの間で一般に実行されている諸行動についてのみ、それを証明することが可能であると思われる。これらの行動の中には、それが一般に行われるならば、どんな社会状態においても有用であるような行動もあるし、その功利が今存在するけれども、多少変化するように思われる諸条件に依存するような行動もある。

99　（d）さて、通常の意味での道徳規則ないし道徳法則——多少とも普通の状況のもとでは、あらゆる人がある種の行動を行ったり避けたりすることが一般に有用であると主張する規則——については、この程度にとどめたい。個人が何をなすべきかを決定する際の原理についていくらか言うことが残っている。それは（α）何らかの一般的規則が確かに真であるような行動に関することと（β）そのような一定の規則を欠いている行動に関することである。

（α）私が既に示したように、いかなる種類の行動であれ、それがあらゆる場合にそれ以外の行動よりも全体としてより善なる結果を生み出すだろう、ということを確立することは不可能なので、ある場合には、確立された規則を無視することが、おそらく可能な限りもっとも善なる一連の行動であろう、ということになる。そのとき、その個人が自分の場合を例外的な場合の一つとみなすことが正当化されるか、という問いが生じる。この問いは、明確に否定的に答えられるように思われる。なぜなら、もしも大多数の場合に、ある規則を守ることが有用であることが確実であるとすれば、個々の場合に、その規則を破ることは不正であるという見込みが大きくなるからであり、また個々の場合に、われわれの知識の不確実性は、その諸結果についても、それらの価値についても非常に大きいので、その諸結果が彼の場合には、おそらく善であろうという個人の判断は、その種の行動は不正であるという一般的な見込みに対抗できるかどうか疑わしく思われる。さらにこの一般的な無知に加えられることとして、その問いが生ずる場合には、一般にわれわれの判断は、その規則を破ることによって獲得される諸結果の一つを強く欲しているという事実によってゆがめられるだろう。そこでわれわれは、一般に有用な規則に関しても、それは常に守られるべきであると主張できるように思われるが、それは、個々のあらゆる場合にそれが有用であるという根拠によってではなく、個々のどの場合にもそれが有用であるという見込みは、われわれがその非功利の一例をもつことを、正しく決定できる見込みよりも大きいという根拠によってである。要するに、われわれは、その規則が破られるべき場合があることを確信できるけれども、それがどんな場合であるかを決して知ることができない。それ故、われわれは、その規則を破るべきではないのである。このことこそ、道徳規則が通常課せられ、強制力を加えられる際の厳格さを正当化し、われわれが「目的は決して手段を正当化しない」とか「われわれは善をもたらそうとして、決して悪をすべきではない」という格言を真なるものとして受け入れることに、ある意味を与えるように思われる。事実これらの格言によって意味されている「手段」や「悪」とは、一般に認められて実行されているが故に、一般に有用とみなされている道徳規則を破ることである。このように解釈すると、これらの格言は、個々の場合には、われわれが規則を守ることによって生み出される悪を差し引いた善の残量を明白に認識できず、規則を破ることによって生ずる悪を差し引いた善の残量のほうを見ているように思われるにしても、やはりその規則は守られるべきである、ということにすぎない。このことがそのとおりであるのは、一般に目的は、問題の手段を正当化するということ、それ故この場合に、われわれは、そうなることを知ることができないけれども、目的が手段を正当化するという見込みが確実であり、このことはほとんど指摘する必要のないことである。

しかしさらに、一般に有用な規則が普遍的に守られるということは、多くの場合、注目に値するような特別な功利をもっている。このことは、われわれの場合には、たとえ規則を破ることが有利なことを明瞭に識別できるときでさえ、この事例が類似の行動を助長する影響を与える限り、それは、確かにその規則を破ることが有利でないことを助長しがちであるという事実から生じる。われわれが確信をもって考えるのは、他人の想像力を刺激するものは、われわれの場合を通常の場合と異なるものとし、例外的な行動を正当化する状況ではなくて、それが本当に犯罪である他の行動に類似している点なのである。そこで事例が何らかの影響力をもつ場合には、一般にある例外的に正しい行動の結果は、不正な行動を助長するだろう。この結果は、多分他人のみならず行為者自身にも及ぶであろう。というのは、誰でもかつて一般に不正な行動を認めたならば、最初にその行動を正当化した状況と異なる状況においても、その行動を認めることがないほど、彼の知性と感情を明晰にしておくことは不可能であるからである。この例外的な場合を識別できないということは、もちろん一般に有用な行動を法的強制力ないし社会的強制力によって普遍的に強制することについて、より一層有力な理由を与える。ある人の場合に正しかったが、一般に不正な行動を行った人を罰することは、たとえ彼の事例が危険な結果を伴いそうでないとしても、明らかに善いことであろう。なぜなら、強制力は、一般に事例よりも行動に対してはるかに大きな影響を及ぼすものであり、したがって、例外的な場合に強制力をゆるめる結果は、ほとんど確実に例外的でない場合に類似の行動を助長することになるからである。

　それ故個人には、一般に有用であるとともに一般に実行されている規則を常に守るように確信をもって勧めることができる。規則の一般的遵守が有用であるが、現存していない規則、あるいは一般に実行されているが有用でない規則の場合には、そのことを普遍的に勧めることができない。多くの場合、それに伴う強制力が現存する慣習に強力に従わせようとするだろう。しかし、これらの強制力を別にすれば、ある行動の一般的功利は、ごく普通には、それが一般に実行されているという事実に基づくことを指摘することは、価値があるだろう。ある種の盗みが普通の規則となっている社会では、一個人がそのような盗みを自制する功利は、たとえ普通の規則が悪いものであるとしても、きわめて疑わしいものとなる。それ故、たとえ現存する慣習が悪いものであるとしても、その慣習に大いに従う蓋然性がありうる。しかしわれわれは、この場合に、この蓋然性は例外が有用であると判断する個人の能力の蓋然性よりも、常に大きい確信をもって主張することはできない。なぜなら、われわれは、ここでそれに関連する一つの事実——すなわち、その個人が従おうとする規則は、もしそれが一般に守られているとすれば、彼が破ろうとする規則よりも善であろうという事実——を想定しているからである。したがって、彼の事例から生じる結果は、それが現存の慣習を破る傾向にある限り、ここでは善なるほうに味方するであろう。しかしながら、先に述べたことによれば、別の規則のほうが一般に守られている規則よりも、確かにより善であると思われる場合は非常にまれであり、この場合には、疑わしいものがあり、しかもその疑問が非常にしばしば生ずるので、われわれはこの主題の次の区分に進むことにしよう。

100 （β）次の主題は、一般的功利を証明できない行動に関して、個人が何をすべきかを決定する方法について論じることである。先述の結論によれば、この議論は、現在の社会状態において一般に実行されている行動を除いて、ほとんどすべての行動に及ぶであろう、ということに留意しなければならない。というのは、一般的功利を証明することは、非常に困難なので、ごくわずかな場合を除いて、ほとんど決定的に述べることができないからである。その証明は、確かに一般に実行されているすべての行動について可能なわけではない。けれども、この場合に、もし強制力が十分に強力であれば、それだけで個人が慣習に従うことの一般的功利を証明するであろう。一般に実行されていない、いくつかの行動の場合に、その一般的功利を証明することが可能であるとしても、その証明は、単に手段にすぎない社会の維持に向かう傾向をそれらの行動のうちに示そうとする通常の方法によってではなく、これから強調するように、いかなる場合にも、個人が自らの判断を導くときに従うべき方法によって——すなわち、それ自体において善なるものを生み出すか、あるいは悪いものを妨げる、それら行動の直接的傾向を示すことによってのみである。

事実、ある行動の功利に関するいかなる一般的規則に関しても、それが正しいことの蓋然性はきわめて小さいということは、個人がいかにして選択するかを論じる際に考慮すべき主要な原理であると思われる。たとえわれわれの間で一般に実行されており、しっかりと裁可されている諸規則を除くとしても、等しく立派な議論がそれらの規則に賛成すると同時に反対することが見出されないような種類の規則は、ほとんどありえないように思われる。一般に異なる学派の道徳論者たちによって、普遍的な義務として勧められている相矛盾する諸原理を擁護してせいぜい言うことができるのは、それらは、特殊な性格をもち特殊な状況にある人にとっては、悪を差し引いた善の残量をもたらすであろうし、また実際にもたらすような諸行動をあげている、ということにすぎない。ある種類の行動を一般に勧める特殊な性向や状況をある程度まで定式化することは確かに可能であろう。しかしこのことは、これまで決して行われなかったということも確かである。留意すべきことは、たとえそのことが行われたとしても、道徳法則が通常意味しているもの――あらゆる人、あるいはたいていの人が守るのが望ましい規則――をわれわれに示さないだろう。道徳論者たちは、普通義務や徳として通常認められている行動または行動の習慣について、すべての人が同じようであることが望ましい、と考えている。ところが、職業に関して認められている特別な能力による分業という原理は、徳についても善い結果をもたらすであろう、ということは、現実の状況においては確実であり、はるかに理想的な事態においてさえ、可能である。

それ故、疑わしい場合には、個人は自分の場合に善なる結果を期待できないような規則に従わないで、むしろ自らの行動が生み出す諸結果の内在的価値、あるいは反価値を直接に考察することによって、選択すべきであるように思われる。内在的価値についての諸判断は、手段の諸判断に対して、前者ではひとたび真であれば常に真であり、後者ではあるよい結果に対する手段であるものが、場合によっては、そうであったりなかったりするという優越性をもっている。この理由により、実践的指針を詳しく研究するのにもっとも役立つ倫理学の部門は、どのようなものがどの程度内在的価値をもっているかを論じる部門である。しかもこの部門は、行為の諸規則を定式化する試みを重視するために、いつでももっとも一様に無視されてきた部門である。

しかしながら、われわれは、異なる諸結果の相対的善さだけでなく、それらが獲得される相対的蓋然性をも考慮しなければならない。もし蓋然性の相違が善さの相違よりも優るならば、二つの善なるもののうち、善さは劣るが獲得される蓋然性の大きいものが、善さは優るが獲得される蓋然性の小さいものよりも、選ばれるべきである。このことによって、われわれは、日常の道徳規則が無視しがちな三つの原理が一般に真であることを主張できるように思われる。（一）善は劣るが、個人が強い選好をもつもの（それが悪いものでなく善なるものであれば）は、善は優るが彼が評価できないものよりも、彼が目指す正しい目的となりうる。というのは、自然的傾向は、そのような傾向が感じられるものの獲得をはるかに容易にするからである。（二）ほとんどすべての人は、自分自身に密接に関係するものに強い選好をもっているので、人は一層広範囲にわたる善行を試みるより、むしろ自分自身に影響するもので、しかも個人的関心をもっている善なるものを目指すことが一般には正しいだろう。利己主義は、疑いもなく手段の学説としては、利他主義よりもすぐれている。つまり、大多数の場合には、われわれがなしうる最善のことは、われわれが関心をもつ何らかの善なるものを確保することを目指す、ということである。なぜなら、われわれは、関心をもつという理由によって、その善なるものを確保する可能性がはるかに大きいからである。（三）「現在」と呼びうるほど近い未来において確保できる善なるものは、遠い未来にあるために獲得される確実性のはるかに少ない善なるものよりも一般に選ばれるべきである。もしわれわれが行うすべてをその正しさという観点からみるならば、言い換えれば、善への単なる手段としてみるならば、われわれは、少なくとも一つの確実な事実を無視する可能性が強くなる。それは、本当にそれ自体で善なるものは、それが今存在するならば、未来に存在するであろう同種のものと正確に同じ価値をもっている。さらに、既に述べたように、一般に道徳規則は、直ちに積極的に善なるものへの手段であるだけではなくて、積極的に善なるものが存在するために必要なものへの手段なのである。われわれの努力の非常に多くは、いずれにせよ、このように単なる手段であるものの存続を確保するために向けられなければならないので――勤勉や健康への注意という要求がわれわれの時間の大部分を費やすように決めているので、選択が自由な場合には、現在の善なるものを確実に獲得することが、一般にわれわれにとってもっとも強い要求となるであろう。もしそうでないとしたら、人生のすべては、単にそれの存続を確実にすることに費やされることだろう。そして、同じ規則が未来においても継続される限り、それ自体のために価値をもつものは、決して存在しないだろう。

101

（四）「正しい」もの、あるいは「義務」であるものは、いずれにせよ善への手段として定義されなければならないということから導かれる第四の結論は、先に（第八九節で）指摘されたように、これらのものと「便宜」なもの、あるいは「有用な」ものとの通常の区別が消滅する、ということである。われわれの言う「義務」とは、単に可能な限り最善なものへの手段となるものであり、便宜なものとは、もしそれが本当に便宜であるならば、義務とまったく同じものでなければならない。われわれは、義務とはわれわれがすべきものであるが、便宜なものとは、す「べき」ものであると言えないものだ、と言うことによって両者を区別することはできない。要するに、この二つの概念は、功利主義の道徳論者以外のすべての道徳論者によって普通想定されているような、究極的に区別される単純な概念ではないのである。倫理学には、そのような区別は存在しない。唯一の根本的区別は、それ自体で善であるものと手段として善であるものであって、後者は前者を含意する。しかし、「義務」と「便宜」との区別が、この区別に対応しないことは、既に示されている。両者は、ともにそれ自体における目的でもありうるが、善への手段として定義されなければならない。そこで、問いは、義務と便宜との区別とは、どのようなものか、ということになる。

これらの異なる語が指示する一つの区別は、きわめて明らかである。普通ある種類の行動は、特に道徳感情を生ずるが、他の種類の行動は、そうではない。普通「義務」という語は、道徳的是認を促すような種類の行動か、あるいはそれを回避することが道徳的否認を促すような種類の行動に対してのみ——特に後者に対して、適用される。この道徳感情が、なぜある種類の行動に伴い、他の種類の行動には伴わないのかという問いは、確かにいまだ答えられていない。しかし、道徳感情が伴う行動は、すべての場合にある人種の存続を助けたものであったか、現に助けているものとなっているとわれわれが考える理由をもたないことが判明するであろう。そのような道徳感情は、おそらく本来はこの点では最少の功利さえもたなかった多くの宗教上の儀式や祭典に伴っていたのであろう。しかしながら、われわれの間では、道徳感情を伴う種類の行動は、「義務」と「便宜」という語の意味に影響を与えてきた多くの場合に、他の二つの特徴をもっているようにみえる。それらの特徴の一つは、「義務」は一般にかなり多くの個人が強く回避したいと思っている行動だということである。第二は、一般に「義務」の回避は、他の人に著しく不快な結果をもたらす、ということである。第一の特徴は、第二のものよりも普遍的である。なぜなら、思慮や節制といった「自己に関わる義務」が他の人々に及ぼす不快な結果は、行為者自身の未来に及ぼす結果ほど著しくないが、他方、無思慮や不節制への誘惑は非常に強力だからである。それにもかかわらず、全体としては、義務と呼ばれる種類の行動は、両方の特徴を示している。つまり、義務とは、その遂行に反対する強力な自然的傾向のある行動であるだけでなく、普通善なるものと見なされているもっとも明白な諸結果が他の人々の結果となる行動である。他方、便宜な行動とは、強い自然的傾向がほとんど普遍的にわれわれをそれに向かわせ、普通善とみなされているもっとも明白な諸結果が行為者の結果となる行動である。そこでわれわれは、「義務」を便宜な行動から大まかに区別して、義務とは、道徳感情を含む行動であり、われわれがしばしばそれを回避したいという誘惑に駆られる行動であって、もっとも明白な結果が、行為者よりも他の人々に及ぶ行動である、と言うことができるであろう。

しかし、「義務」を便宜的な行動から区別するこれらの特徴はいずれも、前者の種類の行動が後者の種類の行動よりも有用である――より大きな、悪を差し引いた善の残量を生み出す傾向がある、とわれわれが推論する何らかの理由を与えないことが留意されるべきである。われわれが「これは私の義務であるか」と問うとき、問題の行動がこれらの特徴をもっているかを問おうとしているのではなくて、単にその行動が全体として可能な限り最善の結果を生み出すかどうかを問うているのである。われわれがこの問いを便宜な行動に関して問うならば、「義務」の三つの特徴をもつ行動に関して問うたときとまったく同様に、しばしば肯定的に答えなければならないだろう。なるほど、われわれが「これは便宜であるか」と問うとき、われわれは別の問い——すなわち、それが善か悪かを問うているのではなくて、それがある種の結果を生み出すかどうかを問うているのである。それにもかかわらず、もし特定の場合に、それらの結果が善かどうかが疑われるとすれば、この疑いは、行動の便宜さに疑いを投げかけるものとして理解される。もし行動の便宜さを証明するように要求されるとすれば、われわれがその証明を行うことができるのは、その行動が義務であることを証明するのと正確に同じ問いを問うことによってのみ——すなわち、「それは全体として可能な限り最善の諸結果をもつか」と問うことによってのみ——である。

したがって、ある行動が義務であるか、それとも単に便宜であるかという問いは、われわれは、その行動をすべきかという倫理的問いとは、何の関係ももっていない。義務あるいは便宜のどちらかがある行動の究極的な理由とみなされるという意味では、義務も便宜も正確に同じ意味とみなされている。もし私がある行動が本当に私の義務なのか、あるいは本当に便宜なのかと問うならば、私が問題の行動に適用できるかどうかを問うている述語は、正確に同一のものである。どちらの場合にも、私は、「この出来事は、全体として私がもたらしうる最善のものであるか」と問うているのである。問題の出来事が私のものである出来事に及ぼす何らかの結果であれ（われわれが便宜について語るときは通常そうである）、あるいは何らかの他の出来事への結果であれ（われわれが義務について語るときは通常そうである）、この区別は、私に対する二つの異なる結果の間の区別、あるいは他の人々に対する二つの異なった結果の間の区別と同様に、私の答えには何の関連ももっていない。義務と便宜な行動との真の区別は、義務がそれを遂行するほうが何らかの意味においてより有用な、あるいはより義務的な、あるいはより善い行動であるということではなく、義務とは、回避したいという誘惑に駆られる行動であるが故に、賞賛し強制力によって強要するのがより有用となる行動である、ということである。

102

「自分の利害にかかわる」行動に関しては、事情はいくぶん異なっている。われわれが「これは本当に私の利害になるのか」と問うとき、われわれは、もっぱらその行動の私に与える諸結果が可能な限り最善であるかどうかを問うているようにみえる。しかも本当に可能な限り最善であるという仕方で私に影響を及ぼすものは、全体として可能な限り最善のものをもたらさない、ということも起こりうるだろう。したがって、私にとって真の利害とは、本当に便宜であり、しかも義務である一連の行動とは異なっているかもしれない。ある行動が「私の利害になる」と主張することは、第三章で指摘したように（第五九―第六一節）、その諸結果が本当に善であると主張することである。「私自身の善」は、私に影響を及ぼすある出来事を示しているにすぎず、その出来事は、絶対的かつ客観的に善なのである。私のものであるのは、その出来事であって、その出来事の善さではない。あらゆるものは、「普遍的善の一部」であるか、それともまったく善でないかのいずれかでなければならない。「私にとっての善」に対しては、それに代わる第三の概念はない。しかし、「私の利害」は本当に善なるものでなければならないが、単に可能な善なる諸結果の一つであるにすぎない。したがってわれわれは、その利害をもたらすことによって、いくらか善なることを行うけれども、もしわれわれが他の行動をしたときよりも、全体として善さの劣ることを行っているのかもしれない。自己犠牲は、真の義務であるかもしれない。それは、ちょうど一つの善なるものを犠牲にすることが、われわれ自身に、あるいは他の人々に影響するとしても、全体としてより善い結果を得るために必要であるかもしれないのと同様である。したがって、ある行動が本当に私の利害になるということは、その行動を行う十分な理由とは決してなりえないのである。われわれは、その行動が可能な限り最善なものへの手段ではないことを示すことによって、その行動が私の利害にならないことを示すことはできないのであって、それが私の便宜ではないことを示すようにはいかないのである。それにもかかわらず、義務と利害との間には、何ら必然的な衝突はないのである。また私の利害になるものが、可能な限り最善のものを実現する手段でもありうるのである。異なる語である「義務」と「利害」とによって示される主な区別は、この起こりうる衝突の源ではなくして、「義務」と「便宜」との対照によって示される区別と同じものである。「利害にかかわる」行動によって主として意味されるのは、可能な限り最善なものに到る手段であろうとなかろうと、行為者にもっとも明白な結果をもたらす行動であり、行為者は一般にそれを回避したいという誘惑にかられず、その行動について、われわれが何の道徳感情も感じない行動なのである。すなわち、その区別は、第一義的に倫理的なものではない。ここでもまた「義務」は一般には利害関係のある行動よりも、一層有用であったり義務であったりするのではなくして、それを賞賛するのが一層有用な行動にすぎないのである。

103　（五）実践倫理学に関連して、多少とも重要な第五の結論は、「いろいろな徳」はいかにして判定されるべきかという方法に関係するものである。あるものを「徳（virtue）」と呼ぶことによって何が意味されているのか。アリストテレスが、徳とはある行動を行う「習慣的性向（habitual disposition）」であると述べている限り、彼の定義が大体において正しいことは疑いようがない。これは、われわれが徳を他のものから区別する指標の一つである。しかし、「徳」と「悪徳」とはまた倫理的用語である。すなわち、われわれがそれらの語を厳密な意味で用いるとき、前者によって賞賛を、後者によって非難をあらわすことを意味している。そして、あるものを賞賛することは、それがそれ自体において善であると主張するか、あるいは善への手段であると主張しているのである。それではわれわれは、徳の定義において、徳とはそれ自体において善なるものでなければならない、ということを含意するのだろうか。

ところで、いろいろな徳は普通それ自体において善なるものとみなされていることは確かである。われわれが一般に徳を考えるときに抱く道徳的是認の感情は、部分的には徳に内在的価値を帰することに存する。快楽主義者でさえ、徳に対して道徳感情を抱くとき、徳をそれ自体において善なるものとみなしている。そして、徳は、唯一の善という地位をめぐって、快楽の主要な競争相手であった。それにもかかわらず私は、徳がそれ自体において善であるということを、われわれが徳の定義の一部とみなすことができるとは考えないのである。なぜなら、ある特定の場合に、普通徳とみなされている性向がそれ自体において善でないことが証明されたとしても、われわれは、そのことは徳ではなくて単に徳と思われるにすぎないと言うための十分な理由と考える限り、徳という名称は、独立の意味をもっているからである。徳の倫理的内包を吟味することは、義務のそれを吟味することと同じであって、われわれは、ある特定の事例について、その名称が誤ってそれに適用されていると言うためには、どのようなことを証明することが必要であろうか、と問うことである。このようにして、徳と義務の両方に適用され、しかも最終的とみなされる吟味は、それは善への手段であるか、という問いである。もし普通徳とみなされている特定の性向について、それが一般に有害であることが示されるならば、われわれは、直ちにそれは本当は有徳ではないと言うであろう。したがって、徳とは一般に可能な限り最善の諸結果を生み出す行動を行う習慣的性向として定義できるであろう。またそれを習慣的に行うことが「有徳」な行動の種類になることについては、いかなる疑いもない。それらの行動は、一般に義務である行動であって、もし人々がそれを行うことが可能でさえあれば、義務となるであろう行動をもその中に含意しているという修正を伴うだけである。したがって、徳に関しては、義務に関するのと同じ結論を述べることができる。もしいろいろな徳が本当に徳であるとすれば、それらは、一般に手段として善でなければならない。また大多数の徳は、大多数の義務と同様に、実際には善への手段であると普通考えられているが、このことに反論しようとも思わない。しかし、それらの徳は、利害にかかわる行動を行わせる性向や傾向性よりもわずかばかり有用であるということにはならない。義務が便宜な行動から区別されるように、徳が他の有用な性向から区別されるのは、何らかのすぐれた功利によってではなく、徳が導く行動を無視したいという強力で一般的な誘惑があるので、徳は、それを賞賛し裁可することが特に有用な性向であるということによってである。

それ故、徳とは、義務である行動を行う習慣的性向であるか、あるいは意志の働きが大多数の人々にそれを確実に行わせるほど十分であるならば、義務となるであろう行動を行う習慣的性向である。義務とは、一般にその遂行が少なくともその回避よりも全体として善なる結果を生じるところの特定の種類の行動である。言い換えれば、義務とは、一般に手段として善なる行動であるが、しかし、そのような行動がすべて義務であるわけではない。義務という名称は、その行動に反対するのに強い誘惑があるので、その遂行がしばしば困難となるような種類の行動に限って用いられる。何らかの特定の性向ないし行動が徳であるか義務であるかを決定するためには、われわれは、本章の（三）の部分であげた諸困難のすべてに直面しなければならない。われわれは、そこで述べたような論究の成果に基づいてのみ、ある性向ないし行動が徳であるとか義務であるとか主張することができるであろう。われわれは、問題の性向ないし行動が一般に可能であって起こりうる他のものよりもより善いということを証明できなければならない。われわれは、このことを特定の社会状態についてしか証明できないであろう。ある社会状態において徳または義務であるものが、他の社会状態ではそうではないかもしれないのである。

104 しかし、徳と義務に関しては、直覚だけによって――快楽主義を論じた際に説明したところの正当に擁護された方法によって――解決されなければならない別の問いがある。この問いとは、普通徳または義務とみなされている（それが正しいかどうかは別にして）いろいろな性向や行動がそれ自体において善であるか、言い換えれば、それらは内在的価値をもっているかどうかという問いである。徳または徳の行使は、唯一の善である、あるいは少なくとも善なるもののうちで最善のものである、と道徳論者たちによってごく普通に主張されてきた。実際、道徳論者たちがどのようなものがそれ自体において善であるかという問いを論じた限りにおいては、彼らは、一般にそれは徳または快楽のいずれかでなければならない、と考えてきた。もしその問いの意味が明瞭に理解されていたならば、そのようなひどい意見の相違が存在することも、あるいはその議論をそのような二つの選択肢に限定しなければならないと考えることも、ほとんどありえなかったであろう。既に考察してきたように、その問いの意味は、これまでほとんど明瞭に理解されることはなかった。ほとんどすべての倫理学者は、自然主義の誤謬を犯してきた——彼らは、内在的価値の観念が単純で独特なものであることを理解できず、その結果、手段と目的を明確に区別することに失敗した——彼らは、あるものがなされたり存在したりする理由が、そのもの自体が内在的価値を所有しているか、あるいは内在的価値をもつものへの手段であるかを区別することなしに、「われわれは何をすべきか」あるいは「今何が存在すべきか」という問いを、あたかも単純で明瞭な問いであるかのように論じてきたのである。それ故われわれは、徳が快楽と同じく、唯一の善または主要な善とみなされる資格をほとんどもっていないことを進んで認めるであろう。特にわれわれが定義に関する限り、あるものを徳と呼ぶことは、単にそれが善への手段であるということにすぎないと知ってからは、なおさらそうである。徳の信奉者たちは、後にわかるように、次の点で快楽主義者に優っている。すなわち、いろいろな徳は非常に複合的な心的事実なので、それらのうちにはそれ自体において善で、しかも快楽よりもはるかに高度に善なるものが多く含まれているという点である。他方、快楽主義の信奉者たちは、彼らの方法が手段と目的との区別を強調しているというすぐれた点をもっている。もっとも彼らは、単なる手段でないものとして快楽に帰している特別な倫理的述語が、他の多くのものに適用されなければならない、ということを十分に認めるほど明確にこの区別を理解していないのである。

105

そこで、徳の内在的価値に関しては、おおよそ次のように述べることができる。(一) われわれが徳という名称で呼んでおり、本当にその定義に合致する性向の大多数は、それらが一般に手段としての価値をもつ性向である限り、少なくともわれわれの社会にとっては、何ら内在的価値をもっていない、ということ。(二) その性向の少数のものに含まれる要素は、どれ一つとっても、またその異なる要素をすべて一緒にしても、ひどい背理に陥ることなしには唯一の善とみなすことはできない、ということ。この第二の点に関して、唯一の善が徳のうちに見出されると主張する人々でさえ、ほとんど常に主として倫理的概念の意味を分析しないために、これと矛盾する他の諸見解を抱いている、ということが認められるだろう。この矛盾のもっとも著しい例は、徳は唯一の善であるが、徳以外の他のものによって贖うというキリスト教の普通の考えのうちに見出される。普通天国は徳の報償と考えられている。そのような報償が存在するためには、徳は、幸福と呼ばれる要素を含まなければならず、それは確かに徳の単なる行使とは完全に同一のものではない、と普通考えられている。しかし、もしそうであるならば、徳でないあるものがそれ自体において善なるものであるか、あるいはきわめて多くの内在的価値をもつものの一要素かのいずれかでなければならない。もしあるものが本当に報償であるはずだとすれば、それは、それ自体において善なるものでなければならないということが、普通気づかれていないのである。ある人が既に保持しているものよりも価値の少ないもの、あるいはまったく価値のないものを与えることによって、その人に贖うと語ることは背理なのである。こうして徳は、われわれを幸福に値するものとするというカントの見解は、善意志こそ内在的価値をもつ唯一のものである、という彼が含意し彼の名前で知られている見解と著しく矛盾している。そうはいってもわれわれは、カントは首尾一貫してはいないが幸福主義者または快楽主義者であるという、ときおりなされる非難を行うことはできない。というのは、そのことは、幸福が唯一の善であることを含意しないからである。しかしそのことは、善意志が唯一の善ではないこと、つまり、われわれが有徳であるとともに幸福でもある状態のほうが、幸福が欠けている状態よりもそれ自体において善いことを含意するからである。

106　しかしながら、徳が内在的価値をもつという主張を正しく考察するためには、いくつかの非常に異なった心的状態を区別することが必要である。それらの心の状態はすべて、諸義務を果たす習慣的性向であるという一般的定義の中に含まれるものである。こうしてわれわれは、非常に異なった三つの心の状態を区別するであろう。それらはすべて、相互に混同されやすく、また異なる道徳体系がこれらのそれぞれを非常に強調してきた状態である。しかも、そのそれぞれを対して、それだけが徳であるという主張がなされ、また暗黙のうちにそれが唯一の善であるという主張がなされてきた。われわれは、まず第一に、(a)義務の遂行は、衣服を着るときの多くの動作と同様に、厳密な意味で習慣となっている、という事実における心の永続的な特徴と、(b)善い動機と呼ばれるものが習慣的に義務の遂行を助ける、という事実における心の永続的特徴とを区別するだろう。さらに第二の区分として、われわれは、一つの動機によって駆り立てられる習慣的性向、すなわち、義務のために義務を果たそうという欲求と、愛や仁愛などのような他のすべての動機とを区別できる。こうしてわれわれは、三種類の徳をもつことになる。これからそれぞれの内在的価値を考察してみよう。

(a)ある人の性格が次のようなものでありうることに疑いはない。その人がいくつかの義務を意志するとき、それらが義務であるとか、あるいは何らかの善がそれらから生ずるかを考えることなく、習慣的に義務を果たすといった性格である。われわれは、そのような人について、彼はそれらの義務を果たす性向をもっているので、徳をもつと言うことを拒否できないし、また拒否することもない。たとえば、法的に盗みとみなされる諸行動について、たとえ他の人が盗みたいという誘惑に強くかられる場合でも、私は、それらのいずれをも習慣的に自制するという意味において正直である。この理由により、私が本当に正直という徳をもっていることを否定するとすれば、それは普通の用法に著しく反することであろう。私が義務を果たす習慣的性向をもっていることは、まったく確実なことである。そして、できるだけ多くの人が同じような性向をもつことは、疑いもなく大きな功利をもつであろうが、その性向は、手段として善である。それにもかかわらず私は、この義務をさまざまに果たすということも、それらの義務を果たす私の性向も、最少の内在的価値すらもっていないと主張しても差し支えないだろう。われわれが徳は一般にいかなる内在的価値ももっていないと主張できるのは、徳の大多数の例がこのような本性のものだからである。徳がこの本性をより一般的にもつようになればなるほど、それだけ一層有用になると考えるのには、十分な理由があるように思われる。なぜなら、有用な行動が習慣的または本能的なものになるとき、労働を大いに節約できるようになるからである。しかし、これ以上のものを含まない徳が、それ自体において善であると主張することは、ひどい背理である。そして、アリストテレスの倫理学は、このひどい背理を犯していることがわかるであろう。というのは、彼の徳の定義は、このような仕方で諸行動を行う性向を排除していないが、彼の個別的な徳についての記述は、明らかにそのような行動を含んでいるからである。つまり、ある行動が徳を示すためには、それは善なるもののためになされなければならないということは、彼がしばしば見落としている条件だからである。他方、アリストテレスは、確かにあらゆる徳の行使をそれ自体における目的とみなしているように思われる。実際彼の倫理学の取り扱いは、倫理学を自然主義の誤りに基づけようとする試みの故に、もっとも重要な諸点において、きわめて非体系的であり、混乱している。というのは、彼のことばによれば、われわれは、厳密には観照をそれ自体における唯一の善なるものとみなすことを余儀なくされ、その場合、彼が実践的な諸徳に帰属させる善は、内在的価値ではありえない。他方で彼は、実践的な諸徳が観照への手段であることを示す何の試みもしていないので、その善を単に功利とだけみなしているとは思われないからである。しかし、全体的にみて、アリストテレスが実践的な徳の行使を程度において劣るけれども、観照と同じ種類の（すなわち、内在的価値をもつ）善とみなしていることは疑いがない。その結果、彼は、われわれが今論じている徳の行使の例――現代の表現では、単に「外的な正しさ」しかもたない行動を行う性向の例――を内在的な価値をもつものとして勧めている、という非難を免れることはできない。彼がそのような性向に「徳」という語を適用するのが正しいことは、疑うことができない。しかし、「外的な正しさ」が「義務」ないし「徳」のいずれかとなるのに十分である、という見解に対する抗議――普通いくぶんかの正当性をもってキリスト教道徳の功績とみなされている抗議――は、概してある重要な真理を指摘する誤った仕方であると思われる。すなわち、その真理とは、「外的な正しさ」しかないところでは、確かに何の内在的価値もないということである。普通あるものを徳と呼ぶことは、それが内在的価値をもつことを意味すると考えられている（誤ってではあるが）。そしてこの仮定によると、徳は、外的に正しい諸行動を行う単なる性向ではないという見解は、本当に倫理的真理においてアリストテレスの倫理学を越えた一つの進歩である。もし徳がその意味の中に「それ自体において善」を含んでいるならば、アリストテレスの徳の定義が十分ではなく偽なる判断を含んでいるという推論は、まったく正しい。ここでは徳がその意味の中にそれ自体において善を含むという前提が誤っているのである。

107 （b）ある人の性格は、次のようなものであることもありうる。すなわち、その人が習慣的にある特定の義務を果たすとき、それぞれの場合に、彼の行動によってもたらされることが期待できる何らかの内在的に善なる結果への愛、あるいは彼の行動によって妨げることが期待できる何らかの内在的に悪なる結果への憎しみが、彼の心の中に現存している、という性格である。そのような場合に、この愛または憎しみは一般に、彼の行動の部分原因であり、われわれは、その原因を彼の動機の一つと呼ぶことができるであろう。そのような感情が義務の遂行において習慣的にみられるところでは、その人の心の状態が義務を果たすときに何らかの内在的に善なるものを含んでいることは否定できない。また義務を果たそうとする性向が、そのような感情によって義務へと動かされる性向に他ならない場合にも、われわれは、その性向を徳と呼ぶことも否定できない。それ故ここには、その徳の行使がそれ自体において善なるものを本当に含んでいる徳の諸例がある。一般にわれわれは、一つの徳がいくつかの動機をもつ性向に存する場合には、その徳の行使は内在的に善であるかもしれないと言ってよいであろう。もっとも、その善の程度は、いろいろな動機とそれらの対象との正確な本性にしたがって、不確定的に変わるかもしれない。そこでわれわれは、キリスト教が動機の重要性、すなわち、正しい行動を行う「内面的」性向の重要性を強調する限り、それは、倫理学に対して一つの貢献をしてきたと言ってよいだろう。しかし、新約聖書によって代表されるような、キリスト教倫理(Christian Ethics)が、このことのために賞賛されるとき、その倫理がまったく無視している二つのきわめて重要な区別が、ごく普通に見過ごされていることに注意すべきである。まず第一に、新約聖書は、単なる儀式の遵守に反対

して、「正義」と「慈愛」のような徳を勧めることによって、ヘブライの預言者たちの伝統を持続させることに大いに専念している。そして新約聖書は、このことを行っている限り、アリストテレスの諸徳とまったく同様に、単に手段として善であるだけかもしれない諸徳を勧めているのである。それ故、新約聖書の教えのこの特徴は、原因なしに怒ることが、現実に殺人を犯すことと同じほど悪いというような見解を強制することにみられる特徴とは、厳しく区別されなければならない。第二に、新約聖書は、単に手段として善であるものも賞賛し、またそれ自体において善であるものも賞賛するが、この二つの区別をまったく認めていない。怒っている人間の状態は、本当にそれ自体において殺人者の状態と同じほど悪いかもしれず、その限りキリストは正しいかもしれないが、彼のことばは、怒っている人間の状態はまたあらゆる点で、殺人者の状態と同じほど悪く、また同じほどの害悪をもたらす、とわれわれが想定するように導くだろう。このことは、まったく誤っている。要するに、キリスト教倫理は、是認するとき、その是認が「これは善への手段である」と主張するのか、それとも「これはそれ自体において善である」と主張するのか、を区別していないのである。したがって、その倫理は、単に手段としての善なるものを、あたかもそれ自体において善なるものであるかのように賞賛するとともに、それ自体において善なるものを、あたかも手段として善なるものであるかのように賞賛するのである。さらに、もしキリスト教倫理が徳の中でそれ自体において善である諸要素に注目するならば、その倫理は、この点では決して唯一のものでないことが留意されるべきであろう。プラトンの倫理学は、内在的価値が善なるものへの愛と悪なるものへの憎しみに他ならないとする心の状態にのみ属するという見解を抱いているが、この見解を一層明瞭にしかも整合的にかかげることによって、他のいかなる体系よりも、きわだっているのである。

108 しかし、(c)キリスト教倫理は、ある特定の動機の価値を強調することによって、プラトンの倫理学から区別される——その動機とは、問題の行動の内在的に善なる諸結果の観念ではなく、またその行動そのものの観念でさえなく、その行動の正しさという観念によって引き起こされる情感(emotion)にある。この抽象的な「正しさ」という観念とそれによって引き起こされるさまざまな程度の特殊な情感が、特に「道徳感情」ないし「良心」を構成するものである。ある行動がもっとも適切に「内的に正しい」(1)と呼ばれるのは、その行為者があらかじめその行動を正しいとみなしていたという事実のみによると思われる。「正しさ」という観念は、彼の心に現れていたに違いないけれども、必ずしも彼の動機の一つである必要はなかったのである。われわれが「良心的な」人ということで意味するのは、彼が熟慮するときには常にこの観念をもっており、自分の行動が正しいと確信するまでは行為しない人のことである。

この観念の現存と動機としてのその働きは、確かにキリスト教の影響によって一層よく注目され推奨される対象となったように思われる。しかし、この観念こそ、新約聖書が内在的に価値あるものとみなす唯一の動機であるという、カントが言おうとしている見解には、何の根拠もないことに気づくことが重要である。キリストがわれわれに「自分を愛するように隣人を愛しなさい」と言うとき、彼は単に、カントが「実践的愛」と呼ぶものを意味していたのではない――その唯一の動機がその正しさの観念、またはその観念によって生じた情感である仁愛を意味していたのではない、ということはほとんど疑いがないように思われる。新約聖書がその価値を説いている「内的諸性向」の中には、確かに憐れみなどのような「自然的傾向」と呼ぶものも含まれている。

しかし、徳とは、この観念によって義務の遂行へと動かされる性向に他ならないとするとき、われわれは徳について何を言うべきであろうか。正しさによって引き起こされた情感が何らかの内在的価値をもつことを否定するのは困難であり、その情感の現存が、その情感を一部とする全体の価値を高めることを否定するのは、さらに困難であると思われる。しかし他方において、その情感は、確かにわれわれが前節でとりあげた多くの動機――真にそれ自体において善なるものへの愛という情感――に優る価値をもってはいないだろう。その情感が唯一の善であるというカントの含意(2)について言えば、これは、彼自身の見解が他で含意することと矛盾している。なぜなら、彼は確かにその情感がわれわれを促すと主張する諸行動──すなわち、「一重要な」諸義務──を行うほうが、それらを回避することよりも善であるとみなしているからである。しかし、もし行うほうが善とすれば、これらの行動は、それ自体において善であるかあるいは手段として善であるかのいずれかでなければならない。前者の仮説は、この動機が唯一の善であるという言明にまともに矛盾するし、そして後者の仮説は、いかなる行動もこの動機が存在することの原因となることはできない、とカントは主張するのであるから、彼自身によって排除されている。彼がその情感のために行う他の主張、すなわち、それは常に手段として善であるという主張もまた維持できないことがわかるであろう。非常に有害な諸行動が良心的な諸動機からなされるということ、そして良心は必ずしもどのような行動が正しいかについての真理をわれわれに教えるとは限らないということは、どのようなことにも劣らず確実である。また良心は、他の多くの動機よりも、一層有用であるということさえ主張することはできない。認めることができるのは、良心は一般に有用なものの一つであるということだけである。

いくつかの徳の中で、それ自体において善である諸要素に関して、またそれらの相対的卓越性の程度に関して、並びにそれらすべてを一緒にしても、唯一の善とはなりえないということの証明に関して、私が言うべきことは、次の章まで延ばしてもよいであろう。

109 本章で、私が注意を促したいと思う主要な点は、次のように要約することができるであろう。(一)私は、最初に本章が扱う主題、すなわち、行為に関する倫理的判断が、先に論じた二つの問いとはまったく種類を異にする問いを含んでいることを指摘した。先の二つの問いとは、(a)倫理学に特有の述語の本性は何であるか、および(b)どのような種類のものがそれ自体でこの述語を所有しているか、ということである。実践倫理学は、「何があるべきか」ではなくて、「われわれは何をすべきか」を問うている。それは、どのような行動が義務であるか、ど

のような行動が正しいか、どのような行動が不正であるかを問うのであって、これらの問いのすべては、問題の行動が原因あるいは必要条件として、それ自体において善なるものへの関係を示すことによってのみ答えることができる。こうして実践倫理学の研究は、倫理問題の第三の区分に含まれる――この問いは「何が手段として善であるか」を問うもので、これは「何が善への手段であるのか――何がそれ自体において善なるものの原因あるいは必要条件であるのか」という問いと等しい（第八六―第八八節）のである。しかし、（二）実践的倫理学がこの問いを問うのは、ほとんど例外なく、大多数の人が意志しさえすれば、行うことができる行動に関してである。これらの行動に関して、実践倫理学は、それらのうちでどれがある善なる結果をもたらすかあるいは悪なる結果をもたらすかと問うだけでなく、いつでも意志することが可能な行動のうちで、どれが最善の全体的結果を生み出すかとも問うているのである。ある行動が義務であると主張することは、それがある既知の状況において、他のどの行動よりも善なる結果を常に生み出すことが可能な一つの行動である、と主張することである。したがって、義務を述語とするいろいろな普遍的命題は、自明であるどころか、常に証明を必要としており、その証明を与えることは、われわれが現在もっている知識では決してできないことである（第八九節―第九二節）。しかし、（三）倫理学がこれまで試みてきたか試みることのできることは、意志を働かせることによって可能となる行動は、一般には他の選ぶことができるどんな行動よりも善なるまたは悪なる全体的諸結果を生み出す、ということを示すだけである。だが、このことは、比較的近い未来における全体的結果に関してさえも、明らかに示すことが非常に困難であるに違いない。ところが、そのような近い未来において最善の諸結果をもつものが、また全体的として最善の諸結果をもつということは、これまで行われなかった研究を必要とする点である。もしこのことが真であり、もしわれわれが近い未来において、一般に他の選びうるどの行動よりも全体として善なる諸結果を生み出す行動に「義務」という名称を与えるならば、義務についてのもっとも普通の規則の中で、少数のものについては、それが真であることを証明することは可能であろう。しかし、それが真であるのは、歴史において多少とも普遍的に見出される一定の社会状態においてだけである。しかもそのような証明が可能なのは、どのようなものがそれ自体において善または悪であるかについての正しい判断――これまで倫理学者によって決して提示されたことのない判断――がなければ、あるいくつかの場合においてのみである。一般的功利がこのようにして証明される諸行動に関して、個人は常にそれらの行動を行うべきである。しかし、普通諸規則が与えられている他の場合には、個人はむしろ、どのようなものが内在的に善であるかまたは悪であるかに関する正しい考えに導かれて、特定の場合の蓋然的諸結果について判断すべきである（第九三―第一〇〇節）。（四）いかなる行動が義務であるかを示すためには、それが前述の諸条件を充たすことが示されなければならない。しかし、普通「義務」と呼ばれている諸行動は、「便宜な」あるいは「自分の利害にかかわる」行動よりも、これらの条件を充たしていない。それらの行動を「義務」と呼ぶことによって、われわれは、それらの行動が他のものに加えて、いくつかの非倫理的述語をもっていることを意味しているにすぎない。同様にして「徳」によって、われわれは、主としてこの制限された意味で、「義務」を果たす永続的な性向のことを意味している。したがって、徳は、もしそれが本当に徳であるならば、前述の諸条件を充たしているという意味で、手段として善でなければならない。しかしそれは、手段としては徳ではない諸性向よりも善であるわけではない。それは、一般にはそれ自体においては何ら価値をもっていない。しかも価値をもつ場合でも、徳は決して唯一の善、あるいはいろいろな善のうちで最善のものではありえない。したがって、「徳」は、普通含意されているような、独特の倫理的述語ではないのである（第一〇一―第一〇九節）。

原注

（1）この語の意味は、その人の意図した結果の正しいことが、可能性としてもっとも高かった場合にのみ、行為者の意図が正しいと言うことができるという意味から注意深く区別されなければならない。

（2）私の知る限り、カントはこのような見解を決して明確には述べていない。しかしこのことはたとえば他律に対するカントの反論の中に含意されている。

第六章　理想

110

本章の表題は曖昧である。ある事態を「理想的」と呼ぶとき、われわれは三つの別個のことがらを意味している。ただし、当の事態について、それ自体において善いということだけではなく、それ自体が他の多くのものごとよりもきわめて高度に善いということも、常に主張しようとしていることだけは共通である。「理想的」のこれらの意味の第一のものは、(一)「理想 (ideal)」という語がそれに限って用いられるのがもっとも適正な意味である。これは、考えうる最善の事態、最高善 (summum bonum) もしくは絶対的善 (absolute good) を意味する。天国という概念が理想という概念に正確に対応するとすれば、この意味においてである。われわれは理想によって、絶対的に完全であるような事態を意味する。しかしこの概念は、第二の概念、(二) この世で可能な最善の事態という概念とははっきりと区別されうる。第二の概念は、「人間的善」もしくはわれわれの行為が向けられるべき究極目的として、しばしば哲学において取り上げられてきた。ユートピアが理想と言われるのはこの意味においてである。ユートピアを構想する人は、実際には不可能な多くのことが可能であると考えているが、少なくとも自然法則が許容しない不可能事があることは常にわきまえている。だから、彼のユートピア構想は、どれほど堅固に構築されていようとも自然法則をすべて無視するような構成とは本質的に異なっている。いずれにせよ、「われわれが可能な限り生み出すことのできる最善の事態は何であるか」という問いは、「考えうる最善の事態は何であろうか」という問いとはまったく別個である。しかし第三に、ある事態を「理想的」と呼ぶことによって意味するのは、（三）それ自体が高度に善いという、ただそれだけのことである。そして明らかに、この意味においてどのようなものが「理想的」であるかという問いには、何が絶対的善であるか、何が人間的善であるかを決定する前に、答えておかなければならない。この章で主に取り扱うのは、この第三の意味における理想である。その主要な目的は、倫理学の根本的な問い、――「それ自体において善いもの、もしくはそれ自体において目的であるものとはどのようなものであるか」という問いに対する、何らかの積極的な答えに辿り着くことである。この問いに対して、われわれはこれまでのところ消極的な答え、つまり、快楽は確かに唯一の善ではないという答えしか手にしていない。

111 何が絶対的善であるか、そして、何が人間的善であるか、という二つの問いに対する答えは、どのようなものが「理想的」であるか、という問いに対する答えに依存するに違いないとたった今述べた。そこでまず、この問いの他の二つの問いに対する関係を見ておくのがよいであろう。

（一）絶対的善が、想像することすらできない諸性質から全面的に組み立てられているということはありうる。というのも、それ自体において善いというもの、そして高度に善いというものをわれわれは多く知ってはいるが、最善のものが必ずしも存在するすべての善いものを含んでいるとは限らないからである。これは、第一章（第一八―第二二節）で説明した原理から導出される。そこでは、「有機的統一体の原理」という名称が、ある一つの全体の内在的価値はその部分の価値の総量と等しくもなければ、それに比例するのでもないという、この原理に限って用いられるべきことを提案しておいた。その原理からの帰結は、諸部分における価値の総量を最大限獲得するために、理想は内在的価値を何らかの程度においてもつすべての部分を必ず含むであろうが、これらの部分すべてを含む全体はある積極的な善を欠いている他の全体に比べて価値がないということがありうる、ということである。しかし、積極的な善のすべてを含まない全体が、それらすべてを含む全体よりも善いということがありうるならば、最善の全体はわれわれがよく知っている積極的に善なるものを何ひとつ含まない全体であるかもしれない、ということになる。したがって、理想が何であるかを発見することができないということがありうる。この可能性は否定できない。しかし、その可能性が現実のものとなる――理想が想像を絶したものである――と主張する権利を誰一人もつことができないことは明らかである。判断するものごとが心に浮かぶことがなければ、われわれはものごとの価値を比較することができない。それ故、想像できないものごとは想像できるものごとよりも善いと主張することはできない。ところが、その可能性を否定することもできない。したがって、理想へ向けての探究は、われわれに知られている諸要素から構成されている全体すべての中で、その以外のどれよりも善いと思われる、そのような理想の探究に制限されなければならない。われわれは、この全体が完全無欠であると主張することはできないが、それに対抗しうる他のどれよりも善いと主張することはできる。

だが、われわれが理想的と考える何らかの理由をもちうるものはどれも、われわれに知られているものから構成されなければならないから、明らかにこれらの構成要素の比較、評価は何が理想的であるかを決定するための主要な手段であるには違いない。われわれが構成しうる最善の理想は、積極的価値をもつものの最大数を含み、悪いものあるいは善くも悪くもないものを含まない、そういう事態である。――このような善いものの不在が、もしくは、悪いものあるいは善くも悪くもないものの存在が全体の価値を減ずるように見えるという条件のもとでは、そうである。実際、哲学者によってこれまでなされてきた理想を構成する――天上の国を記述する――ための試みの主要な欠陥は、大きな積極的価値をもつ多くのものを除外するという事実にあると思われる。この除外が全体の価値を高めることはないということは明らかである。こういう事情であるから、提案されている理想は理想的ではないと自信をもって主張しうる。そして、私が着手しようとしている積極的に善いものについての再検討は、これまで提案されたどの理想も満足のいくものではないということを示すことになる。これから明らかになるように、大きな積極的善は非常に多数であるから、それらのすべてを含む全体はどれもきわめて複雑であるに違いない。この事実が、何が理想的なものであるか、何が想像しうる絶対的に最善の事態であるかを決定することを難しくするが、あるいは人間的見地から言えば不可能にするが、［大きな積極的善を］除外することによって目に見える成果を上げることもなく形成されたこれらの理想を批判するには、これで十分である。哲学者は通常個々のものごとのうちの最善のものだけを探し求めてきたように思われる。しかし彼らは、二つの大きな善いものから構成される全体は、それら二つの善いものには優劣があるにしても、しばしば認められるようにそのいずれか一方の善いものだけよりも決定的に優っているという事実を無視している。

（二）他方で、ユートピア——地上に天国を描こうとする試み——は一般に、この欠陥だけでなく、それと正反対の欠陥もそなえている。これらのユートピアは、普通現に存在している大きな積極的に悪いものを、それらが保有しているものの善さをまったく正当に評価することもなく、ただ除外するという原理に基づいて構成されている。それらのユートピアが関係するいわゆる善いものは、たいていは、せいぜい善の手段にすぎないものである。——たとえば自由がそうであるように、それを欠くならばこの世に善いものはまったく存在することができないが、それだけでは価値のないものであり、必ず何らかの価値を生み出すわけでもない。もっとも、この世で可能な最善のものを構成することだけを目論むユートピアの著者たちの目的に必要なことは、彼らが記述する事態のうちに、それ自体は善くも悪くもないが、自然法則のもとではどの善いものの存在にとっても絶対に必要だと思われる多くのものを取り込むことである。しかし実際は、その必要性が明らかではない多くのものを、善に対する当面の手段であるばかりでなく、善いものそれ自体でもあるという誤った考えのもとに取り込む傾向がある。その一方で、彼らは、自分たちが推奨する多くの改変が可能であるのと同じぐらいその達成が可能だと思われる大きな積極的に善いものを彼らの記述から除外しもする。つまり、人間的善という概念は一般的に、絶対的善の概念同様に、大きな善いものを除外するという点でばかりか、どうでもよいものを取り込むという点でもまた誤っている。人間的善の概念は、自然必然性の諸制限を考慮すべき点で絶対的善の概念から適正に区別されるが、この諸制限が除外や取り込みを正当化しない場合であっても、除外しかつまた取り込むのである。しかし明らかに、どの事態を目指すべきであるかを正しく決定するためには、どのような結果を手に入れることができるかを考慮するだけでなく、等しく可能な諸結果の中でどれが最大の価値をもつかをも考慮しなければならない。そして、知られている善いものを比較し評価することは、絶対的善の研究にとってと同様、この第二の探究にとってもきわめて重要である。

112

「どのようなものごとが内在的価値をもっているか、しかもどの程度もっているか」という問題を解決するに当たって採用されなければならない方法については、既に第三章（第五五節、第五七節）で説明済みである。この問いの前半部に関する正答に行き着くためには、絶対的に分離（孤立化）されてそれだけで存在するとしても、その存在が善いと判断されるものはどのようなものであるかを考察する必要がある。そして、異なったものの相対的価値の評価内容を決めるために、どのような価値が分離された各存在に属しているように見えるかを、同じように考察しなければならない。この方法を採用することによって、この主題に関するこれまでの（私の）結論を無効にする主要な原因であったと思われる、二つの誤りを回避することができる。第一の誤りは、（一）何らかの善いものの存在にとって今ここで絶対的に必要であると思われるもの――それなしですますことのできないもの――は、それを理由としてそれ自体において善いと考えることのうちにある誤りである。善に対する手段でしかないこのようなものを分離し、それだけが存在しそれ以外の何ものも存在しない世界を想定すれば、それが内在的な価値をもたないことが明らかになる。第二に、（二）有機的統一体の原理を無視することのうちにある、より一層とらえにくい誤りである。この誤りは、ある全体の一部分が内在的価値をもたないとすれば、その全体の価値はもっぱら他の諸部分のうちにあるに違いないと考える場合に犯される。このように、価値ある全体がすべて一つの、しかもただ一つの共通の性質をもっと見なすことができれば、それらの全体はこの性質を所有するという理由だけで価値があるに違いない、と一般に考えられている。この共通の性質が、それだけで考察された場合、それらの全体の他の諸部分がそれだけで考察された場合よりもより価値があるように見えるならば、この思い違いはさらに強められる。しかし、当該の性質を分離して、次にその性質をそれが部分をなす全体と比較するならば、それだけで存在する場合にそれがもつ価値はそれが属する全体がもつ価値にはとうてい及ばないことが容易に明らかとなる。だから、絶対的にそれだけで存在している一定量の快楽の価値を、同量の快楽を含む「享楽 (enjoyment)」の価値と比較するならば、この「享楽」の方がその快楽よりもずっと善い、場合によってはずっと悪い、ということが明白となる。その場合明らかに、「享楽」はその価値をそれが含む快楽にのみ負うわけではない。もっとも、享楽の他の構成要素だけを考察し、この快楽がなければそれらの構成要素は価値をもたないと思い込んでいる場合であれば、享楽はその価値を快楽に負うというように思われるかもしれない。反対に、たとえ快楽がそれだけで価値をもつ唯一の構成要素であるということが真であるとしても、「享楽」の全体がその価値をまったく同じように他の構成要素の存在に負っていることはいまや明らかである。同様に、あらゆるものはその価値を「真の自己の実現」という事実にのみ負っていると言明される場合、「真の自己を実現する」という述語はそれだけで存在しうるとの想定のもとでも何らかの価値をもっているかと問うことによって、われわれはこの言明を容易に論駁することができる。「真の自己を実現する」ところのものは、内在的価値をもつか、それとももたないかのいずれかである。もつ場合であっても確かに、それはその価値をそれが真の自己を実現するという事実にのみ負っているわけではない。

113 さて、われわれがこの絶対的分離（孤立化）という方法を用いて以上のような誤りを犯さないように用心するならば、われわれの答えなければならない［どのようなものごとが内在的価値をもっているかという］問いは、倫理学についての諸論争からわれわれが予想していたよりも、はるかに難しくないということが明らかになる。

実際、この問いの意味がはっきりと理解されるならば、それに対する答えは大筋では陳腐なものとみえるほど明白であるように思われる。われわれが知っている、あるいは想像することができる、もっとも価値のあるものは、たいていは人格間の交わりからくる喜びや美的対象の享受として記述されうる、ある一定の意識の状態である。おそらく、この問いを自問する人は誰でも、人格間の愛情および芸術または自然における美しいものの鑑賞はそれ自体において善いということを決して疑わない。また、どのようなものが純粋にそれ自体のためにもつ価値があるかを厳密に考察するならば、他のものがこの二項目に含まれるものほどに大きな価値をもつとは誰も考えそうにない。私自身第三章（第五〇節）で、美しいものがただ存在することが何らかの内在的価値をもつと思われることを力説しておいた。しかし、美しいものの単なる存在は美の意識に属しているものと比較すれば無視してもよいほどの価値しかもたないというそこで議論された見解に関しては、シジウィック教授が正しいということに疑いの余地がないと考える。実際、この単純な真理は一般的に認められていると言ってよい。これまで認められてこなかったことは、それが道徳哲学の究極的で根本的な真理でもあるということである。人が公的もしくは私的義務を遂行することが正しいとされうるのは、ただ人格間の愛情と美の享受のため――いつかそれらができるだけ多く存在するようになるため――だけであること、人格間の愛情と美の享受が徳の存在理由であること、人間の行為についての合理的な究極目的と社会の進歩についての唯一の基準とを形成するのは人格間の愛情と美の享受の複合的全体そのものであって、それらのどの構成要素でもどの特徴でもないこと、これらのことはこれまで一般に見逃されてきた真理であると思われる。

それらが真理であるということ――人格間の愛情と美の享受がわれわれの想像しうる限り最善のものをすべて含んでおり、しかも並外れて最善のものを含んでいるということは、それらを分析する過程でより明らかになると思われる。そこで、私はこの分析にこれから取りかかる。私が右の記述に含ませようと意図したすべてのものごとは、高度に複合的な有機的統一体である。そして、この事実から生じる諸帰結と、それらの諸帰結を構成する諸要素を吟味することによって、私は自分の立場を強めもすればまた明確にしもすることを望みうるであろう。

114

I　人格間の愛情の場合は複雑な要素が加わるから、私が美の享受と呼んだものを吟味することから始めよう。ある美的対象の適正な鑑賞はそれ自体において善いものであると一般に認められていると思う。そこで私の問いは、そのような鑑賞に含まれている主要な要素は何であるかである。

（一）われわれがもっとも価値があると考える美の鑑賞の事例には、対象における美しいものについての認識ばかりではなく、ある種類の感情あるいは情感もまた含まれている。ある人の心の状態に最高の価値を与えるためには、その人がある絵に美しい諸性質を見て取り、それらが美しいことを知るだけでは十分ではない。彼が見て美しいと知る絵の美をまた味わうべきであること――その美を見て感じるべきであること――をわれわれは要求する。この表現で、われわれは確かに彼が認識している美的な諸性質に対して適切な情感をもつべきだということを意味している。すべての美的情感がある共通の性質をもっているということはおそらくそのとおりである。しかし、情感における差異が、知覚された美の種類における差異に適合しているように見えることも確かである。さまざまな情感がさまざまな種類の美に適合しているということの意味は、ある種類の美についての意識がそれに適合する情感と一緒になって形成する全体が、その美的対象を熟視するときに他の情感が感じられたとする場合よりも善いということである。したがって、われわれは多様な異なる情感をもっているが、その各々はわれわれが善いと判断する意識状態に必須の構成要素となっている。これらの情感のすべてが積極的な善における本質的な要素である。すなわち、それらの情感は内在的価値をもつ有機的全体の部分である。しかし、これらの全体が有機的であること、それ故、情感がそれだけでは何の価値ももたないこと、いやもしそれが他の対象に向けられる場合、そこで形成される全体が積極的な悪でもありうること、これを理解することが重要である。そして、どのような美的鑑賞においても、情感的要素をそれと相伴う情感の一部と一般的に見なされている認識的要素から区別するならば、そして、この情感的要素がそれだけで存在するときにどのような価値をもつかを考察するならば、たとえそれが何らかの価値をもっているとしても、大きな価値をもっているとは到底考えることができない。しかも、同じ情感がある異なった対象に向けられる場合、たとえば、それがはっきりと醜い対象に対して感じられる場合、その意識の全状態は確かにしばしば甚だしく積極的に悪である。

115 (二) 前節で私が指摘したのは二つの事実である。情感の存在が美的鑑賞という状態にきわめて高い価値を与えるために必要であるということ、そして他方で、この同じ情感がそれ自体ではほとんどあるいはまったく価値をもちえないということである。とすれば、これらの情感はそれらを部分とする全体に、それだけで所有しているよりもはるかに大きな価値を与えることになる。これらの高い価値ある全体を形成するために、これらの情感と結合されなければならない認識の要素についても、明らかに同じことが言える。この節では、生じうる誤解を避けるために、この認識の要素の意味を定義しようと思う。美的対象を見ることについて、あるいはもっと一般的に、美的対象についての認識または意識について語るとき、このような表現によってわれわれは価値ある全体の部分を形成するわけではない何かあるものを意味している。しかし、「対象」という用語の用い方にはある曖昧さがある。おそらく、哲学並びに心理学における多くの大きな誤りに対して責任が帰せられるのは、他のどんな単独の原因よりもこの曖昧さである。この曖昧さは、用語の上では矛盾しているが明らかに真である命題、すなわち、ある人が美しい絵を見るとき、その人は美しいものをまったく見ることができない、という命題を考察するならば、容易に認められる。曖昧さは、視覚(あるいは認識)の「対象」によって、実際に見られた諸性質を意味することもあれば、見られたものによって所有されるすべての諸性質を意味することもある、という事実に存している。この場合、その絵が美しいと言うとき、それが美しい諸性質を含んでいるということを意味する。その人がその絵を見ると言うとき、彼がその絵に含まれるきわめて多くの諸性質を見るということを意味する。それにもかかわらず、その人が美しいものをまっ

たく見ないと言うとき、彼がその絵の美しい諸性質を見ないということを意味する。それ故、美的対象の認識が価値ある美的鑑賞の本質的な要素であると語るとき、その対象によって所有される美しい諸性質の認識だけを意味するのであって、それらを所有する対象のそれ以外の諸性質の認識を意味するのではないと解されなければならない。しかも、この区別そのものは、「あるものごとの美を見る」ことと「そのあるものごとの美的諸性質を見る」ことという別々の言い方によって表現される、それとは別の区別から注意深く識別されなくてはならない。普通われわれは、「あるものごとの美を見る」という言い方によって、そのあるものごとの美的な諸性質に向けてある情感を抱くことを意味する。ところが、われわれは「あるものごとの美的な諸性質を見ること」という言い方のうちには情感を含ませない。価値ある鑑賞の存在にとって情感と等しく必須である認識の要素によって私が意味するのは、ある対象の美的な諸性質のすべてもしくは任意のもの——換言すれば、対象において積極的な美を所有するそのような諸要素のすべてもしくは任意のもの——についての実際の認識もしくは意識だけである。そのような認識の要素が価値ある全体にとって本質的であることは、次のように問うことによって容易に理解することができる。すなわち、ベートーベンの第五交響曲を聞くことによって引き起こされる適正な情感が、音程についての意識にも、それら音程間の旋律並びに和声の諸関係についての意識にもまったく伴われていないとすれば、われわれはその情感にどのような価値を帰属させるべきであろうか。たとえ適切な情感に伴われていようとも、ただその交響曲を聞くということだけでは十分ではない。もしすべての音を聞きはしたが、その交響曲の中の美しい諸要素の最小限を構成するのに不可欠な、旋律並びに和声の諸関係をまったく知らない人の状態がどういうものであるかを考察すれば、このことは容易に理解される。

116 (三) 心に現前する諸性質という意味での「対象」と心に現前する諸性質をもつ全体的なものという意味での「対象」との間でたった今なされた区別には、価値のある全体にとって不可欠な構成要素の正しい分析にとっ

て、この上なく重要なもう一つの区別が関係している。美をもたないものごとのうちに美を見ることは、実際に美をもつものごとのうちに美を見ることよりも何らかの点で劣っていると普通には見られている。そして、それは正当である。しかし、「美をもたないものごとのうちに美を見る」というこの記述には、二つのきわめて異なる事実が、しかもきわめて異なる価値についての事実が含まれている。二つの事実とは、ある対象が所有しない本当に美しい諸性質をその対象に帰属させることか、それとも、その対象が所有するが本当のところ美しくない諸性質に対して本当に美しい諸性質にのみふさわしい情感を感じることか、このいずれかを意味する。このことはどちらもきわめてしばしば起こる。そして、たいていの事例では両者は疑いもなく一緒に生じるのである。しかし、両者は明らかにまったく別個のことであり、この区別は諸価値の正しい評価にとってこの上なく重要である。前者は判断の誤りと呼ぶことができるし、後者は趣味の誤りと呼ぶことができる。そのさい、「趣味の誤り」は普通価値についての誤った判断を含むのに対して、「判断の誤り」は事実についての誤った判断であるということを理解することが重要である。

私が趣味の誤りと呼ぶ事例、すなわち（「対象」によって所有されていようといまいと）われわれが高く評価する現実の諸性質が醜いという事例は、情感それ自体に属しうるような価値以外の価値をもつことはありえない。そして、すべての場合ではないにせよ、たいていの場合、それはかなり積極的な悪である。このような意味で美をもたないものごとのうちに美を見ることは、美が本当に存在するところで美を見ることよりも価値の上で劣ると考えるのは、間違いなく正しい。しかし、他方の判断の誤りの事例はこれよりはるかに扱いが厄介である。この事例には、私がこれまでに大きな積極的善を構成するのに不可欠だとして挙げたすべてのものが揃っている。つまり、本当に美しい諸性質についての認識と、この諸性質に対する適切な情感とがともにある。したがって、われわれがここで大きな積極的善をもっていることに何の疑いもありえない。しかし、他の要素もまた現にある。すなわち、これらの美しい諸性質が存在する、そして、それらの諸性質は他のもの——すなわちわれわれがこれらの諸性質を帰属させる対象のいくつかの諸性質――との一定の関係のうちに存在する、という信念がそれである。しかも、この信念の対象が虚偽である。そこで、われわれは、このように構成された全体に関して、その信念の現存、および信じられているものが虚偽であるという事実は、全体の価値に対して何らかの違いを生むかどうかと問うことができる。こうして、三つの異なった事例を手に入れることになるが、それらの価値を比較し、決定することがきわめて重要である。美しい諸性質の認識と適切な情感がともに現存する場合、われわれは次のいずれかをまたもちうる。すなわち、（一）美しい諸性質が存在することが真であるときのそれらが存在するという信念、（二）認識の対象である美しい諸性質が存在することが（a）真であるとき（b）偽であるときの信念を欠くただの認識、（三）美しい諸性質が存在しないときのそれらが存在するという信念、この三つのうちのいずれかである。この三つの場合の重要さは次の事実による。すなわち、第二の場合は表現的である芸術作品の鑑賞の大きな部分を含む想像力のもつ快を定義するが、第一の場合は自然のうちなる美の鑑賞と人間の愛情とを作品鑑賞に対比させる。他方、第三の場合はそれが方向を誤った情愛と呼ばれるものにおいて主に示されるという点で両者と対比される。そして、神への愛が信者にあってはこの第三の項目に該当することもまたありうる。

117

さて、既に述べたように、これら三つの場合すべてに共通することがある。すなわち、それらすべてにおいてわれわれは本当に美しい諸性質の認識をそれらの諸性質に向かう適切な情感とともにもつ。それ故、三つの場合がすべて大きな積極的に善いものを含んでいることは疑いようがない（また、普通にも疑われていない）と私は思う。それらはそれら自体のためにもつに値するとわれわれが確信を抱くもののすべてである。そして、第二の場合の価値は、その二つの部分のいずれにおいても、三つの場合すべてに共通な構成要素がもつ価値と正確に同じである。言い換えれば、純粋に想像的な鑑賞の場合には、適切な感情を伴う本当に美しい諸性質の認識だけをもっている。そして認識対象が存在するか否かという問題は、その存在を信じることもその非存在を信じることもないこの場合においては、全体状況の価値には何の違いももたらさないと思われる。しかしながら、たとえ認識対象と適切な情感とが三つの場合すべてにおいて同じであるとしても、他の二つの場合は、内在的価値の点でこの第二の場合とは異なり、相互に異なっていると私には思われる。対象が実在するという信念が加わると、それによってその信念が真であれば全体状況はより善くなり、偽であればより悪くなると私は考える。要するに、自然や馬の存在を信じるが、理想的な景色や一角獣の存在を信じないという信念が存在するところでは、信じられているものが真であることは有機的全体の価値に大きな違いをもたらすのである。そうであれば、通常の意味での知識は、偽なるものへの信念とも真なるものの単なる認知とも異なり、内在的価値に貢献するという信念――少なくともいくつかの場合には、部分としての知識の存在がそれなしでありえたであろうよりも全体をより一層価値あるものにするという信念――を、われわれは擁護したことになる。

さて、当該の三つの場合の間には、私が指摘したような価値の差異があるとわれわれが判断していることは疑いようがない。自然の景色の情感的な観照（contemplation）は、その諸性質が同じように美しいとすれば、絵に描かれた景色の観照よりもある点で善い事態であるとわれわれは考える。もし表現芸術の最良の作品の代わりに同じように美しい実在の対象を用いることができれば、世界はより善くなるであろうとわれわれは考える。同様に、われわれは、方向の誤った愛情あるいは感嘆は、含まれる誤りが単なる判断の誤りであって趣味の誤りではない場合であっても、ある点で不適切であると見なす。さらに、少なくとも真理に強い尊敬を抱く人々は、もし天国が実在せず将来も実在しないであろうということが真実であるとすれば、天国の単なる詩的観照のほうが宗教的信者の観照よりもすぐれているであろうと考える。たいていの人は、冷静で反省的な判断を行う場合、詩人が理想世界を想像する状態、もしくは、現に存在し将来も存在するであろう取るに足らない善を自分たち自身が楽しみ、鑑賞する状態よりも、世界が理想的であると確信する狂人の幸福を選択することに、何らかの躊躇を覚えるであろう。しかし、これらの判断が本当に当面の問いの内在的価値についての判断であることを確信し、それらが正しいということを納得するために、われわれの問いをここでの判断全体にきわめて重要な関係をもつ他の二つの問いからはっきりと区別する必要がある。

118 第一に、（a）われわれが信念を抱いている場合、信じているものが真であるか偽であるかという問いが、一般に手段としてのわれわれの信念の価値にきわめて重要な関係をもつということは明らかである。信念を抱いている場合、われわれは虚構の中の出来事の認識に基づくのとは違った仕方で、つまり信念に基づいて行動する傾向がある。それ故、信じていることが真理であることは失望の苦痛とか一層深刻な諸帰結とかを回避する上できわめて重要である。そして、方向を誤った傾倒はこの理由からだけでも不幸である。また、この方向を誤った傾倒によってわれわれはその対象の実在的本性が保証するはずもない種類の諸結果を当てにするとも考えられる。それ故また、この世においてであれあの世においてであれ、神が自然の成り行きからは予想もつかない諸帰結をある行為に結び付けているという信念が抱かれている場合には、神を信じる者は神への愛から、そのような神が存在しないとすれば神が存在する場合よりもはるかに悪い諸帰結をもつ、そういう行為を行うかもしれない。このことこそ、神が存在する証拠のない場合に、われわれが神への愛を勧めるのを躊躇する（十分であるが故に）唯一の理由であると考えられる。同様に、自然のうちなる美が同じように美しい風景画や想像よりも優ると見なされるべき唯一の理由は、その美の存在がそれの情感的な観照においてより大きな永続性と高い頻度を保証することにあると考えられる。実際、たいていの知識――われわれが信じているたいていのものについての真理――の主要な重要性は、この世界にあってはその外在的な優越性にあることは確かである。つまり、それは手段として測り知れない価値をもつ。

第二に、（b）観照対象の存在がそれ自体で大きな積極的善であるという場合がありうる。したがって、この理由だけによっても、感情の対象が本当に存在しているということによって記述される事態は対象が存在していない事態よりも内在的に優越している。この優越理由は、尊敬の対象が尊敬に値する人の心的諸性質である愛情の場合には疑いもなくきわめて重要である。というのも、そのような尊敬に値する人が二人存在することは、ただ一人しか存在しないことよりもはるかに善いからである。また、美的対象の存在にわずかでも内在的価値を認める限り、この優越理由によって物的自然への感嘆はそれの芸術表現への感嘆から区別される。しかし、この理由は真理が信じられている場合と真理がただ認識されている場合との間の価値的な差異を説明するわけではないということが銘記されるべきである。換言すれば、この理由による限り、第二の種類（想像的観照）の二つの部分間の差異は、第一の種類と第二の種類の第二の部分との間の差異と同じ程度である。つまり、この計算では対象が存在する場合の存在しない場合に対する対象認識の優越は、対象についての知識の想像に対する優越と同じ程度である。

119

われわれが考察している三つの場合の価値を見分けるためのこれら二つの理由［(a)、(b)］は、私が今その妥当性を問うている理由とは注意深く区別されなくてはならない。私が提起している問いは次の問いである。存在すると信じられ、かつまた実在的に存在する美的対象を情感的に観照しているという事実から構成される全体は、その価値のいくらかをその対象が実在的に存在するという事実から引き出してはいないか、という問いである。この全体の価値が一つの全体として、真理を伴わないにかかわらず信念の不在の場合と信念は現存するが真理の不在の場合とのいずれかによってそれとは異なる全体の価値よりも優っているのではないか、と私は問うているのである。その全体が手段としてそれらに優っているかいないか（確かに優っている）を問うているのでも、その全体がより価値ある部分つまり当該対象の存在を含んでいるかどうかを問うているのでもない。私の問いはもっぱら、観照の対象が存在することが、この全体が価値ある部分を含んでいるという事実によるのとはまったく別個に、全体の価値を増やすことはないかというものである。

この問いには肯定的な答えが与えられるべきであると私は考えざるをえない。われわれはこの問いを分離（孤立化）という方法によって明確に提示することができる。そのさい、唯一の答えはその問いについてのわれわれの反省的判断力しだいであるに違いない。われわれは、この世では決してありえないほどに完全で恒久的な幻想の事例を想定することによって、手段としての価値を考察するさいに生み出される偏見を防ぐことができる。われわれは、想像しうる限り美しい景色の観照と想像しうる限り尊敬に値する人々との交わりを永遠に享受する一人の人物の場合を想像することができる。もっとも、彼の認識対象の全体は徹底して非実在的である。このような人物だけからなる世界は、諸対象が彼の信じているとおりに実在的にそこに存在する世界よりも価値の点で大いに劣っている、とわれわれははっきりと断言するべきである。そして、このように劣っているのは、その世界が当該諸対象の存在に存する諸々の善を欠いているからだけではなく、またもっぱら彼の信念が誤っているからでもある。もしわれわれが、当該の美的対象が実在するにもかかわらず、それらを信じることなくただ想像するだけの人の場合が、それらの存在を信じている人の場合よりも劣るということを認めるならば、その世界はこの理由だけで劣ることになる。というのも、この場合には諸対象の存在に存する追加的な善がすべて現にあるわけであるが、依然としてこの場合とそれらの存在が信じられている場合との間には価値において大きな違いがあるように思われるからである。しかし、私の結論は次の二つの考察によっておそらくより納得のいく形で示されうると思われる。（一）美的諸対象の存在にわれわれが認めうるわずかな程度の価値は、実在的に存在する諸対象の（信念を伴う）観照と実在的に存在しない諸対象の純粋に想像的な観照との間にあると感じられる価値の差と量的にほとんど同じであるとは思われない。この違いは対象が尊敬に値する人である場合には、大きな価値を彼の存在に認めなければならないから一層確かめるのが難しくなる。しかし、両方の対象がともに価値があり、ともに存在する場合の相互的な愛情が、両方ともに価値があるが、一方が存在しない場合の非相互的な愛情に対して優っているのは、前者の場合には善が一つではなく二つあるという事実にのみよるのではなくて、各々が相手の信じるとおりの人物であるという事実にもよると主張することは逆説的ではないと思う。（二）真実の信念の価値に対する重要な貢献は、次の場合にははっきりと認めることができると思われる。価値ある愛情の対象が本当に実在しており実在すると信じられている、しかしその場合、愛される諸性質が似てはいるが本当に存在する諸性質と同一のものではないという、事実についての誤りが入り込むと想定してみよう。このような事態は容易に想像することができる。そして、ここには二人ともに存在するけれども、それは愛され存在すると信じられている当の人が現実に存在する人でもある場合ほどには満足のいくものではないと断言せざるをえない。

120

すべてが以上のような事情であれば、第三セクション［第一一六―第一一九節］において、対象の実在性への真実の信念が価値ある多くの全体の価値を大いに増すという第三の帰結を以前の二つの帰結に付け加えたことになる。第一セクション［第一一四節］、第二セクション［第一一五節］において、美的で情愛的な情感は適切な諸対象の認識と切り離されるならばほとんどあるいはまったく価値をもたないということ、また、これらの諸対象の認識は適切な情感と切り離されるならばほとんどあるいはまったく価値をもたないということ、その結果、そこで両者が結合されている全体はその諸部分の価値の総量を大きく超える価値をもつということが主張された。同様に、この第三セクションによれば、この全体に対象の実在性を真に信じることが加えられるならば、こうして形作られた新しい全体は、それだけで考察された真実の信念の価値をもとの全体に加えることによって得られる総量を大きく超える価値をもつのである。この新しい場合が前者の場合と異なるのはただ次の点においてである。すなわち、真実の信念はそれだけでは、単独で取り上げられた他の二つの構成要素のいずれともまったく同じように、ほとんど価値をもたないにもかかわらず、一緒に合わせられるとそれらは非常に大きな価値をもつ一つの全体を形成するように思われる。ところが、このことは、他の構成要素のいずれか一方に真実の信念を加えることによって形成されうる二つの全体については当てはまらない。

この［第三］セクションの成果の重要さは、主として次の二つの帰結にあると思われる。（一）それは、普通は真理についての単なる知識に帰せられるように見えはするが、プラトンとアリストテレスによってはっきりとある種類の知識に帰せられた内在的価値に対する正当化をなしうるということである。実際、理想という地位をめざして完全な知識は完全な愛と競い合ってきた。このセクションの諸成果が正しいとすれば、知識はそれだけではほとんどもしくはまったく価値をもたないにもかかわらず、最高善の絶対的に本質的な構成要素であり、それらの価値に計り知れないまでに貢献するように見える。そして、この役割は、われわれが主に考察してきた知識、すなわち認識される美的対象の実在性の知識によって果たされうるだけではなく、この対象と実在する対象との数的同一性の知識並びにその対象の存在が本当に善いという知識によってもまた果たされうるように見える。実際、美的対象の構成要素の本性と直接関係しているすべての知識は、それだけではまったく価値をもたないが、美的対象の観照という価値に多くを加えることができるように思われる。――そして、(二) このセクションの第二の重要な帰結は、真実の信念の現存が、真実の信念が欠けているかあるいは誤った信念が現存するところの全体に対して、情感並びにその対象の美的価値という点ではその全体に劣っているにもかかわらず、価値の点で同等かそれに優る一つの全体を情感や美とともに構成するということである。こうして、想像力の創造物である卓越した対象の鑑賞と比べて劣る実在的対象の鑑賞に、同等かそれに優る価値を帰することを正当化しうる。こうして、自然と実在する人物の正当な鑑賞［理解］は、芸術家の想像力の産物の等しく正当な鑑賞との［価値の］同等性を、後者にはるかに多くの美があるにせよ、主張することができる。そして同様に、神はいかなる現実の人間よりも完全な対象であることが認められているが、もし神が存在しないならば、神への愛は人間への愛よりも劣るかもしれない。

121 (四) この第一の種類の善いもの――美的対象と本質的な関連をもつ善いもの――についての議論を完成するには、美のさまざまな諸形式のすべてを分類し、比較考量すること、つまり美学と呼ばれる研究に属する仕事を試みることが必要である。しかし、私はそのつもりはまったくない。ただ、私が議論している善いものの本質的な構成要素に、それが真に美しくありさえすれば、美的対象のあらゆる形態と多様性を含ませようと私が意図している

ことは理解されるに違いない。そして、もしこれが理解されるならば、次のことも理解されうると思う。すなわち、積極的に美しいものや醜いものに関して意見の一致が見られ、美の度合いの大きな違いに関してさえも意見の一致が見られるならば、それは善・悪に関する判断においてわれわれが大きく誤ることはないという希望を抱かせるのに十分である、ということである。かなり多くの人々によって美しいと考えられているもののうちには、多分何らかの美しい性質がある。そして意見の相違は、醜い性質を本当に美しいと考える積極的な誤りによるよりも、はるかにしばしば様々な人々が同一の対象の様々な諸性質にもっぱら注意を向けることによると思われる。ある人々が美しいと考える対象が他の人々からそうでないとされるとき、その対象が、他の人々がもっぱら注意を向ける、ある美しい性質を欠いているか、それともある醜い性質によって醜くされているか、そのいずれかであるというのが大方の真相である。

しかしながら、私は本章の結論と密接に関係する二つの一般原理を述べることができる。この一般原理を承認することは、どのようなものが真に美しいかについての研究にとってきわめて重要であると思われる。第一原理は、(一)あるものが真に美しいと言うことによって意味されるもの、つまり美の定義である。自然主義の誤謬は、善に関してと同様に美に関しても当たり前のように犯されている。その習性が多くの誤りを倫理学にと同様に美学にも持ち込んだ。一般に、美はわれわれの感情に一定の効果を生み出すものである、と定義しうると考えられている。そして、この定義から帰結する結論——すなわち、趣味判断は主観的でしかないこと、同じものがまさしく状況次第で美しくもあり、また美しくなくもあること——が、きわめて頻繁に引き合いに出される。この章の結論では美の定義が提起されるが、それはこの自然主義の誤謬へと導いた諸々の問題点を洗い出し、それらを完全に取り除くことができるであろう。おそらく、美とはそれに感嘆する観照が善それ自体であるところのそれであると定義されるべきである。言い換えれば、あるものが美しいと主張することは、あるものの認識がわれわれの議論している内在的価値をもつ諸々の全体の一つにおける本質的な要素であると主張することである。したがって、あるものが真に美しいかどうかという問いは、当該の全体が真に善いかどうかという客観的な問いに依存するのであって、それが特定の感情を特定の人々のうちに引き起こすであろうかどうかという問いには依存しない。この定義には、善と美との間の明らかな結び付きを説明し、かつまたこれら二つの概念の間の同じく明らかな違いを説明するという、二重の長所がある。「善い」と「美しい」という価値についての二つの異なる客観的述語がある。しかし両者は、美しいものは何であれまた善くもあるというほどまでに相互に関連し合っている。これは一見奇妙な符合に見える。しかし、われわれの定義が正しければ、その奇妙さは消える。なぜなら、その定義は分析不可能な価値述語をただ一つ、つまり「善い」を残しているだけであり、これに対して「美しい」は「善い」と同一ではないが、これに照らして定義されうるからである。こうして、「美しい」は「善い」と異なると同時に、それと必然的に結び付いている。要するに、この見解によれば、あるものごとが美しいと言うことは、なるほどそれがそれ自体において善いと言うことではないが、善なるものにおける不可欠の要素であると言うことではある。あるものごとが真に美しいということを証明することは、それが部分として特定の関係をもつある全体が真に善いということを証明することである。そして、このような仕方で、われわれは、一般に美しいと考えられている諸対象の中で、物質的諸対象——外感の諸対象——のもつ計り知れない優越を説明するべきである。既に述べたように、これらの諸対象はそれ自体ではほとんどあるいはまったく内在的価値をもたないが、内在的価値をもつ諸々の全体の最大の群における本質的な構成要素であるからである。これらの全体そのものは美しいかもしれないし、実際にまた美しくもある。もっとも、それらを観照の対象そのものと見なすことは比較的まれであるが、その比較的まれなことが美と外的対象との結び付きを十分に説明すると思われる。

第二に、(二) 部分の観照はそれだけでは価値をもちえないが、全体の観照はその部分の観照を含んでいなければ価値を失うというような、複雑極まる全体であるという意味で、美的対象はそれ自体において大部分が有機的統一体である、ということが認められるべきである。このことから、美についての単一の基準は存在しえないことが帰結する。美的対象はその美をただこの性質の存在にのみ負っているということも、またこの性質が存在するところではいつでもその対象は美しいに違いないということも決して真ではない。真でありうるのはただ、ある諸性質をもっているからある対象が美しいというのは、もしそれらをもっていなければそれは美しくないであろうという意味においてである、ということだけである。ある諸性質がすべての美的対象のうちにある程度普遍的に存在するということ、そして、この諸性質がその意味で美の重要な条件であることを認めることはできるかもしれない。しかし肝心なのは、他の一つの美しい対象を他のすべての対象から区別するまさにその諸性質がその対象の美にとって本質的であるのは、他の多くの対象と共有する諸性質が本質的であるのと同じであるということ、これを認めることである。その対象はそれに特有の諸性質を欠くならばそれがもつ美をもたないであろうが、それは一般的な諸性質を欠くならばそれがもつ美をもたないであろうということと同様である。そして、一般的な諸性質も、それだけでは特有の諸性質と同様にまったく美を与えることはできないであろう。

122 Ⅱ 混ざりもののない善なるものについての概観を始めるにあたり、われわれの知っている最大の善なるものをすべて、一方では美の享受、他方では人との交わりもしくは人格間の愛情からくる喜びという二種類に分類したことが思い起こされる。私が後者の考察を先に延ばしたのは、それが特別の複雑さを呈しているという理由からである。この特別の複雑さが何に存するかは今では明らかである。そして、価値に対する真実の信念の寄与を議論したとき、既にそのことを考慮することが余儀なくされていた。特別の複雑さは愛情の場合、その対象それ自体が内在的価値をもたずただ単に美しいというのではなく、少なくとも部分的には大きな内在的価値をもつという事実に存している。もっとも価値ある美の享受にとって不可欠であることが判明した構成要素のすべて、すなわち、適切な情感、真に美しい性質の認識、そして真実の信念がここでも同じく必要である。しかしここには、その対象が真に美しいだけではなく、また真に高度に善くなければならないという事実が付け加わる。

この特別の複雑さは、愛情が向けられる人格の心的諸性質のいくらかがその人格間の愛情の対象に含まれる場合にかぎって生じるということは明らかである。そして、愛情がきわめて価値のある場合にはいつでも、心的諸性質の理解がその愛情の大きな部分を形成するに違いないこと、並びにこの部分の存在が全体をそれなしでありえたよりもはるかに価値あるものとすることが認められうると思う。しかし、当該の心的な諸性質の適切な身体的表現の理解が、それが結び付いている全体と比べた場合、それだけで全体と同じ程度の価値をもちうるかどうかは非常に疑わしい。愛情の現実的な場面ではすべて、外見によるものであれ、言葉によるものであれ、行為によるものであれ、性格の身体的表現が愛情の向けられる対象の一部を形成するということ、そして身体的表現を含む事実が状態全体の価値を高めるようであるということは確かである。実際、どんな身体的表現も伴わない心的諸性質だけの認識がどのようなものであろうかを想像することは大変難しい。もしこの抽象物をうまく作成できたとしても、それはより少ない価値しかもたないと思われる。それ故、賞賛に値する心的諸性質の理解の重要性は主として、その理解を欠く全体に対して、それがその一部を成す全体が測り知れないほど優越しているということに存するのであって、それがそれだけで所有する高い度合いの内在的価値に存するのではない、というのが私の結論である。心的諸性質の理解がそれだけで、単なる身体的美の鑑賞［理解］が疑いもなく所有しているほどの価値をもつかどうかさえ疑わしい。言い換えれば、大きな内在的価値をもっているものの理解が単に美しいものの鑑賞［理解］ほどに価値があるかどうかさえ疑わしい。

しかしさらに、賞賛に値する心的諸性質の本性をそれだけで考察するならば、それらの適正な理解はなお別の仕方で純粋に物質的な美への関連を含んでいると思われる。先ほどの結論が正しければ、賞賛に値する心的諸性質は大部分が美的諸対象の情感的な観照に存する。こうして、心的諸性質の理解は本質的にそのような観照の観照に存する。

諸人格についてのもっとも価値ある理解はその人々の他の諸人格についての理解の理解に存する理解であると思われるということは真である。しかし、ここにおいてさえ、物質的美への関連が含まれていると思われる。それは、最後に理解されるものがただ美しいだけのものの観照であるという事実に関しても、ある人格のもっとも価値ある理解が彼の身体的表現の理解を含むように見えるという事実に関しても、どちらの場合にもそうなのである。それ故、ある人格の他の人格に対する態度の理解、一例を挙げれば、愛することを愛することは、われわれが知っているもっとも価値ある善であり、美を単に愛することよりもはるかに価値があるということを認めてよいが、これを認めることができるのは前者が様々な程度の直接さにおいて後者を含むと解される場合に限られる。

その認識が人との交わりという価値にとって本質的であるところの心的諸性質とは何であるかという問いに関して言えば、まずその諸性質がわれわれの第一の種類の善を形成していた多様な美的理解をすべて含んでいるということは明らかである。したがって、心的諸性質はきわめて多様な情感を含んでいるが、それら情感の各々は異なる種類の美に適合的である。しかし、いまやこれらの情感に、人格に適合的であり、単なる身体的美に適合的であるのとは異なる情感の全領域を付け加えなければならない。また、これらの情感はそれ自体ではほとんど価値をもたないということが、想起されなくてはならない。そして、情感に伴う認識が適切であるか不適切であるかに応じて、それらがそのうちに存在する心の状態は、その価値が大いに高められるかもしれないし、それとも、まったくその価値を失って、積極的に大いに悪くなるかもしれない。まったく同様に、これらの情感の理解も、それ自体でいくらかの価値をもっているとしても、その理解が情感の対象に対する適切さの知覚を伴っているかどうかに応じて、はるかに大きな価値をもつ全体の部分を形成するかもしれないし、それとも、まったく価値をもたない全体の部分を形成するかもしれない。それ故、人との交わりにおいて価値あるものの研究は計り知れないほど複雑なものの研究であることは明らかであり、価値をほとんどあるいはまったくもたない、あるいは積極的に悪い、人との交わりが多くありうるということも明らかである。しかし、ここでもまた反省的判断力が、何が美しいかという問いに関してと同様に、積極的に善いものに関しても、また、これらの善いものの間の価値における大きな差異に関してさえも、概して正しく決定するであろうことを疑う理由はないと思われる。とりわけ注目されてよいのは、それを観照することが最大の価値にとって本質的であり、またそのような観照によって適切に引き起こされるところの情感が一般に愛情の名のもとにもっとも高く評価されている情感であると思われることである。

123

さて、それ自体において善くも悪くもない多くのものを含んではいるが、その構成要素のうちに積極的に悪いものもしくは醜いものを含んでいるとは思われない、これらの大きな積極的善の本性を吟味し終えた。そこで、最高善の本性、すなわち、われわれが想像しうるもっとも完全であろう事態の本性に関して帰結すると思われる一定の結論を示しておきたい。快楽が唯一の善であることを否認し、完全に善いところのものが何らかの複雑さをもつものであると考える点で、ここにおいて擁護された見解にもっともぴったりと一致する見解を抱く理想主義的な哲学者たちは、通常純粋に精神的なあり方を理想と言い表してきた。物質がたとえ積極的に悪くはないにせよ本質的に不完全であると見なすことによって、彼らはすべての物質的性質のまったくの不在こそが完全という状態にとって不可欠であると結論付けている。ところで、これまで述べられたことによれば、大きな善は心的でなければならない、そして、純粋に物質的な存在はそれだけでは価値をほとんどあるいはまったくもちえないと主張する限りでは、この見解は正しいであろう。精神の物質に対する優越性はある意味で十分に証明されている。しかし、この優越性からは、完全な事態は物質的な性質がすべて厳格に排除された状態でなければならない、ということは帰結しない。反対にわれわれの結論が正しければ、物質的諸性質が含まれている事態はそれらを欠いている想像上のどの状態よりもはなはだしく善いに違いないというのが真実であると思われる。これを確認するために考察する必要のあることは、主として、芸術や自然における美の鑑賞が善いとわれわれが明言するとき、善いとされているものが正確には何であるかということである。この鑑賞することが善いということを、大部分の理想主義的な哲学者たちも否定しない。しかし、それを認めるならば、そのときバトラーの格言「すべてのものはそれがあるところのものであり、他のいかなるものでもない」を想起するべきである。そのような鑑賞することが有機的統一体すなわち複合的全体であること、そして、たいていの疑いのない例において、この全体に含まれるものの部分は物質的諸性質の認識、とりわけ第二次性質と呼ばれるはなはだ多様なものの認識であるということを私は示そうとしたが、これはあまりにも明白であるので論駁できないと思う。そこで、われわれが善いと知っているものがこの全体であって他のいかなるものでもないならば、物質的諸性質はそれ自体においては完全に無価値ではあっても、およそ価値がないとは言えないものの本質的な構成要素であるということをわれわれは知っているわけである。価値があるとわれわれの知っているところのものは、まさにこれらの性質の把握であって他のいかなるものの把握でもない。そして、もしこれらの性質を価値があると認めているところのものから取り除くならば、そのとき残ったものは価値があるとわれわれが認めているところのものではなく、まったく別のものである。これらの性質の存在を心底信じることがそれらの存在を含む全体の価値を増大するという私の主張がたとえ論駁されようとも、この結論は妥当することに注目しなければならない。その場合にもなるほど、物質的世界の存在は完全さにとってはまったく取るに足らないと主張する権利がわれわれにはある。しかし、われわれが善いと認めているところのものは（純粋に想像上のものではあっても）物質的な諸性質の認識であるという事実は依然として残るであろう。そこで――ものごとがそれらのあるところのものではなくて、それ以外のものであると考える――という自己矛盾を覚悟の上で、物質的諸性質がすっかり払い除けられた世界は、われわれが大きな善であるともっとも確実に知っているところのもののすべてではないとしても、多くを欠く世界であろう、ということを認めなくてはならない。それにもかかわらず、その世界がこれらの善を保持する世界よりもはるかに善い世界であるかもしれないということを、私は既に認めている（第一一一節（一））。しかし、そのような世界がそのようにより善いであろうことを示すためには、それ自体は善であっても、物質的諸性質を保持することがそれらの帰属しうる全体の価値をより一層損なうということを示す必要があろう。そして、これを示す作業は確かに手つかずのままである。それがなされるまで、物質的諸性質は理想の不可欠の構成要素であると主張する権利がわれわれにはある。また、まったく知られていない何かあるものが、物質的諸性質か、われわれの知っている他の善か、そのどちらかを含むどの世界よりもより善いということがあるかもしれない。しかし、何であれそのようなものがこれらを含む事態よりも善いであろうと考える理由はないと主張する権利がある。物質を否定し排除することは、われわれの知っている最良のものを否定し排除することである。あるものがその諸性質のいくらかを失いながらもなおその価値を保持しうるということは、まったく真ではない。真であるのは、その諸性質を失って変化したものはそれらを失ってしまう以前のもの以上の価値か、それとも同等の価値をもつかもしれないということだけである。これに対して私が主張しているのは、われわれが善であると知っていて物資的諸性質をまったく含まないものは、それだけでは物質的諸性質の理解がそれに加わることによって形成される全体よりもすぐれていると明言しうるほど大きな価値をもたない、ということである。純粋に精神的な善が最善のものであるかもしれないということを論駁することに、私はそれほど関心があるわけではないが、愛情の本性に関して述べたことのうちで、それを疑う理由を挙げておいた。しかし、おそらくそれだけでは劣っているが大きな積極的善であることが確かな物質的諸性質についての理解を純粋に精神的な善に加えることによってより多くの価値を獲得するということ、それに伴う価値の量的減少が全体としては価値の量的増加と釣り合うものではありえないということ——これを疑う理由がないことは確かである、と私は主張しているのである。

124　内在的価値の確定に必要とされる主要原理についての考察を完成するためには、なお二つの主題を取り扱う必要があると思われる。その第一は、混成悪 (*mixed* evil) と呼びうるものを含む、すなわち、積極的に善いものか美しいものかを本質的要素ともする悪い全体を含む、大きな内在的悪の本性である。そして第二は、同様に混成善(*mixed* good)と呼びうるものの本性、すなわち、全体としては内在的に善でありながらも、積極的に悪いものか醜いものかを本質的要素ともする全体の本性である。もし「美しい」並びに「醜い」という用語を、その例としてもっとも自然に思い付くその種のものごとに関して必ずしも用いているのではなく、私自身が提唱した美の定義にしたがって用いていると一貫して理解するならば、この議論はきわめて容易なものとなる。そこで私は、それの感嘆を伴う観照がそれ自体として善いところのものを表示するのに「美しい」という語を用い、それの感嘆を伴う観照がそれ自体として悪いところのものを意味するのに「醜い」という語を用いることにする。

I　大きな積極的悪に関しては、絶対的にそれだけで存在するならばその存在が大きな悪であると判断されるものが何であるかを注意深く正確に突き止めるならば、それらの大部分が最大の積極的善とまったく同じ本性をもつ有機的統一体であるということが明らかとなる。すなわち、積極的悪は何らかの情感を伴う何らかの対象の認識である。しかし、認識も情感も、それだけでは大きな善であることができなかったように(一つの例外はあるが)、それだけでは大きな悪であることはできない。そして、認識と情感の両者から形成される全体は、他の要素が加わらずとも疑いもなく大きな善であることができたように、それだけで大きな悪であることができる。善の価値を大いに増加することができると論じられた第三の要素、つまり、真実の信念に関して言えば、それは様々な種類の悪に応じて様々な関係をもつように思われる。積極的悪に真実の信念が加われば、はるかに悪い悪を構成するように見える場合もあるが、それが何らかの違いを生み出すことが明らかではない場合もある。

最大の積極的悪は次の三つに分類されうる。

125　(一)第一の種類は、それ自体として悪いか醜いものの享受もしくは感嘆を伴う観照を常に含んでいると思われる諸悪からなる。つまり、これらの悪は、最大の純粋に善いものにとっても本質的である、まさしくその同じ情感を含んでいるという事実によって特徴づけられるが、この情感が不適切な対象に向けられているという事実によって最大の純粋に善いものとは区別される。したがって、この情感がわずかでも善それ自体であるか、わずかでも美しい対象である限り、これらの悪は私が「混成」悪と呼ぶ事例であろう。しかし、既に述べたように、その対象から完全に分離されるならば、情感が価値もしくは美をもっているかどうかはきわめて疑わしいと思われる。確かに、その情感は価値もしくは美のいずれも多くもつわけではない。しかしながら、しばしば漠然と最大の善いもの、あるいは唯一の善いものとして語られるまさにその同じ情感が最悪の全体の本質的な構成要素であるかもしれないということ、すなわち、それらの情感に伴う認識の本性に応じて、それらの情感は最大の善の条件でもあれば、最大の悪の条件でもあるかもしれないということ、これに気づくことが肝要である。

この種類の悪の本性を説明するために、二つの例——残忍さと好色を取り上げるのがよかろう。これらが大きな内在的悪であることは、これらの情念のいずれかによって最悪のかたちでその心がすっかり占められている人の状態を想像することによって容易に確かめることができると思う。そのとき、このような心だけからなる世界について、しかもこれらの情念に固有の対象以外の対象を、もしくは固有の対象以外の対象に向けられる感情をいささかでも意識することをまったく期待せずに、どういう判断を下すかを考察するならば、そのような世界が存在することはまったく何も存在しないことよりもはるかに悪いであろうという結論を避けることができないと思う。だがそうであれば、この二つの邪悪な状態は、普通に認められているように手段として悪いばかりではなく、それ自体においてもまた悪いということになる。——そして、それらがその本性のうちに、悪いものもしくは醜いものへの愛と私が呼ぶ諸要素のあの錯綜を含むことはそれに劣らず明らかであると思う。情欲の快楽に関して言えば、その現存によってその快楽が定義されうるところの認識の本性は、いくぶん分析するのが難しい。しかし、その認識はそれを享受することが確かにそれ自体において悪いところの有機的感覚の認識と身体状態の知覚とをともに含んでいるように思われる。こうした認識や知覚に関する限り、好色はその本質のうちに醜いものの感嘆を伴う観照を含む。だが、好色のもっとも一般的な構成要素の一つは、その最悪の形態においては他の人々の同じ心の状態を楽しむことであるということは確かである。それ故この場合には、悪いものへの愛をも含むであろう。残忍さに関して言えば、他の人々の苦痛を楽しむことがそれに本質的であることは容易にわかる。苦痛を考察するとわかるように、残忍さは確かに悪への愛である。同時に、残忍さが苦悩の身体的なしるしを喜ぶことをも含む限り、それは醜いものへの愛をもまた含むであろう。これら両者の場合、状態の悪が対象の悪もしくは醜さの増大によってばかりではなく、享楽の増加によってもまた高められるが、これに気付くべきである。

残忍さの場合には、次のような異議申し立てがなされるかもしれない。すなわち、その悪を手段として考察することが影響を及ぼしえない想定上の分離（孤立化）においてさえも、われわれが残忍さを非難するとすれば、残忍さがそれを観照することに喜びを感じるところの人々の苦痛に、それは本当のところ向けられているのではないか、というものである。この異議にはまず、観照される苦痛の量が同じであっても、それを観照する喜びが大きくなればなるほど事態はますます悪くなる、という少し反省すれば誰でも思い付きうると考えられる判断をそれはまったく説明することができない、ということを指摘すればそれで対処できる。しかし、それはまた一つの事実に注目することによっても対処できると思う。その一つの事実とは、善に関する類似の可能性——実在する人格に対する価値ある愛情により大きな価値を帰するのはその人格の存在に存する付加的な善を考慮に入れるからであるという可能性——を考察したときに、われわれが主張することのできなかった事実である。しかし、残忍さの場合には、観照される苦痛が実在していようが純粋に想像上のものであろうが、その内在的な不快は等しく大きいと主張することができると考えられる。少なくともこの場合、真実の信念の存在が、考察された全体の手段としての価値に大きな違いを生み出すことは疑いがないとしても、その全体の内在的価値に違いを生み出すということを私は認めることができない。それ故また、この種類の他の悪に関しても、悪の諸対象が存在することへの真実の信念がその積極的な反価値の程度に違いを生むということを認めることができない。他方で、もう一つの種類の信念の存在はかなりの違いを生むと思われる。悪いものもしくは醜いものをそうであることを知りながら楽しむとき、その対象の価値に関してまったく判断をしない場合よりも、事態は相当悪いと思われる。しかも奇妙なことに、価値について誤った判断をする場合にも、事情は同じであると思われる。悪いものもしくは醜いものを、それが美しくかつ善いと信じて賞賛するとき、この信念もまたわれわれの性質の内在的な下劣さを増大すると思われる。もとより、これら二つの場合、当の判断は私が趣味判断と呼んでいるものにすぎないということが理解されなくてはならない。つまり、その判断は現実に認知された諸性質の価値に関わるのであって、それらの諸性質が正しくか誤ってか帰属するとされる対象の価値に関わるのではない。

最後に言及しておくべきことは、この種類の悪は、混ざりもののない大きな善と共有する情感的要素（つまり、喜びと感嘆）に加えて、それと同じ仕方で善を構成することはない特殊な情感も常に含んでいるように見えるということである。この特殊な情感の存在は、それだけで悪いもしくは醜いということがはっきりしないが、確かにその全体の悪を高めると思われる。

126

（二）大きな悪の第二の種類は疑いもなく混成悪であるが、ある点で直前の（一）で考察された種類のものとは逆のものであると思われるので、それを次に取り扱う。善いものあるいは美しいものの認識にとって適切である情感が不適当な対象に向けられていることが第一の種類の悪にとって本質的であった。が、この第二の種類の悪にとっては、善いものか美しいものの認識を含むが、それが不適切な情感に伴われているということが本質的である。要するに、第一の種類のものが悪いものか醜いものを愛する場合として記述されるのに対して、第二の種類のものは善いものか美しいものを憎悪する場合として記述される。

第二の種類の悪に関して注目されるべきことの第一は、憎悪、嫉妬および侮辱などの悪徳がそれ自体において悪である場合には、この種類の悪の具体例であると思われるということ、そして、たとえば善人の苦痛に喜びを感じるような場合にはしばしば第一の種類の悪を伴っているということである。第一の種類の悪を伴う場合、このようにして形成された全体は疑いもなくいずれかが単独で存在する場合よりもより悪い。

そして第二は、これらの場合、憎悪されている善いか美しい対象の存在に対する真実の信念は、それがそのうちに存在するところの全体の悪を高めると思われることである。また疑いもなく、第一の種類におけるように、観照される対象の価値に関する真の信念の存在は悪を増大する。だが、第一の種類における事実とは逆に、誤った価値判断は悪を軽減すると思われる。

127 （三）大きな積極的悪の第三の種類は苦痛であると思われる。

この苦痛に関しては、快楽の場合と同様に、われわれの価値判断が向けられるのは苦痛それ自体ではなくただ苦痛の意識だけであるということが、第一に注目されるべきである。第三章でどれほど激しくとも誰も感じないような快楽はまったく善ではないであろうと言われたように、苦痛もどれほど激しくとも意識されることがなければまったく悪ではないであろうと思われる。

それ故、大きな悪であると主張されうるのは、激しい苦痛についての意識だけである。しかも、この苦痛の意識がそれだけで大きな悪でありうると考えざるをえない。だから、苦痛の場合は快楽の場合とは異なると思われる。というのも、たとえ内在的価値をもっていようとも、快楽を単に意識することは、どれほど激しくともそれだけでは大きな善であるとは考えられないからである。要するに、苦痛は（この表現で苦痛の意識と解するとすれば）、快楽が善であるよりもはるかに悪であると思われる。しかし、もしそうであれば、苦痛は他のすべての大きな悪とすべての大きな善の両方に当てはまると思われる規則の例外であることが認められなくてはならない。つまり、対象の認識とその対象に向けられる情感の両方がそれにとって本質的であるところの有機的な統一体であるという規則の例外である。苦痛の場合に限って、単なる認識がそれだけで大きな悪であるということが真であるように思われる。なるほど、諸々の苦痛は、どれもそれだけでは価値も反価値ももたない認識と対象の両方を含んでいるから、一つの有機的統一体である。しかし、それは他のどの大きな悪よりも、またどの大きな善よりも、より単純な有機的統一体である。苦痛が認識に加えてその対象に向けられる情感を含んでいないという点でも、またたいていの場合対象それ自体が大いに複雑であるのにその対象がここではきわめて単純であるという点でも、そうなのである。

苦痛の内在的悪に対する関係と快楽の内在的善に対する関係との間に類比がこのように欠けているということは、次の第二の点でもまた示されるように思われる。激しい快楽の意識がそれだけでは大きな善でないにもかかわらず、激しい苦痛の意識がそれだけで大きな悪であるというだけではない。また、それらがそれぞれ別の大きな悪か大きな善に結び付けられるとき、全体の価値に対してなされる寄与についても、違いのもたらし方が逆転しているように思われる。換言すれば、快楽の存在が（その強度には比例しないが）、そこにおいて快楽が大きな純粋善のいずれかと結び付いているところの全体の価値を高めるように思われる。何らかの大きな価値を所有しているのは、ある快楽をその中に含む全体だけであるとさえ主張してよいであろう。ともあれ、快楽の存在がそれ自身の内在的価値以上に善なる全体の価値に寄与することは確かである。逆に、苦痛の感情がいま考察している悪しき心の状態のいずれかと結び付くならば、その存在が一つの全体としての全体の価値に対して違いをもたらすのは、より悪いものよりはむしろより善いものに対してであるように思われる。いずれにせよ、苦痛の感情が生み出す唯一の付加的な悪は、それがそれだけで内在的に構成するところの悪である。こうして、苦痛は、それ自体大きな悪であるが、それ自身の内在的悪に存する悪以外に、そこにおいて他の悪なるものと結び付いている全体の悪を増すことはない。これとは反対に、快楽はそれ自体大きな善ではないが、それ自身の内在的価値とはまったく別個に、そこにおいて善なるものと結び付いているところの全体の善を大いに増大するのである。

128 しかし最後に、快楽の存在が常にある事態を全体的に見てより善くするとも、あるいは苦痛の存在が常にそれをより悪くするとも決めつけることができないという点では、快楽と苦痛はまったく類比的であるということが強調されなくてはならない。これは快苦に関してもっとも見過ごされがちな真理である。この点を見過ごすからこそ、快楽が唯一の善であり、苦痛が唯一の悪であるというありがちな理論は価値判断を誤り、その最悪の帰結にいたるのである。ある状態の快楽は、その内在的価値に比例しないばかりでなく、その卑劣さを積極的に増大しさえすることがある。われわれは、悪者がそれをもっとも熱心に喜ぶからという理由で、悪者の憎悪がうまくいけばいくほど、それだけ一層卑劣さや不快が軽減されるとは考えない。また、快楽に肩入れする非知性的な偏見を別にすれば、われわれがなぜそのように考えるかと問うことは、論理的にまったく不要である。実際、快楽が最初の二種類［残忍さと好色］のいずれか一方の悪い状態に付け加えられる場合、このようにして形成される全体は快楽が存在しなかったであろう場合よりも常により悪いというのが真相であると思われる。そして、苦痛に関しても同様である。苦痛が最初の二種類のいずれか一方の悪い状態に加えられるならば、このようにして形成される全体は、苦痛が存在しなかったであろう場合よりも常に全体としてより善い。もっとも、ここで苦痛が余りにも強ければそれは大きな悪であるから、その状態は全体的に見てより善くないかもしれない。応報罰という理論が擁護されうるのはこのようにしてである。その心の状態が悪い人に苦痛を課すことは、その苦痛が強すぎなければ、悪い心の状態が罰せられなかった場合よりも、全体的に見てより善い事態を作り出すことができる。そのような事態がはたして積極的な善を構成しうるかどうかは、別の問題である。

129 Ⅱ　この別の問題の考察は、正確には、議論のために保留しておいた第二の主題——すなわち「混成」善という主題に属している。「混成」善とは、全体としては積極的に善であるが、しかし本質的な要素として内在的に悪いものか醜いものを含んでいるものであると、先には定義された。そして、確かにそのような諸々の善があると思われる。しかし、それを正しく考察するために、新しい区別——あるものが「全体として」所有する価値とそれが「全体的に見て」所有する価値との間に存在するたった今言い表された区別——を考慮することが必要である。

諸々の「混成」善が全体として積極的に善であると定義されたとき、その表現は曖昧であった。それらは全体的に見て積極的に善であると言うつもりであった。しかしいま認められなければならないのは、あるものが全体的に見て所有する価値は、その部分のすべてに属する内在的価値を合計し、それが全体として所有する価値の総量と等しいと言ってよいということである。実際、「あるものが全体として所有する価値」は、二つのまったく異なるものを意味しうる。それは、(一) 二つもしくはそれ以上のものの組み合わせからのみ生じてくる価値か、(二) 組み合わされたものに属しうる内在的価値を (一) に加算することによって形成される価値全体か、そのいずれかである。この区別の意味は、おそらく応報罰の場合を想定してみれば、きわめて容易に理解することができる。もし二つの悪が組み合わさった存在が、そのいずれか一方の単独での存在よりも少ない悪しか構成しないということが真であるならば、それはただ二つの悪の総量といずれか一方の単独の反価値との間にある差よりも大きな積極的善がその組み合わせから生じているからである、ということは明らかである。この積極的善は (一) の意味における全体としての全体の価値であろう。しかし、二つの悪の総量が悪であるほどにはこの全体としての価値が大きな善であるのでないならば、事態全体の価値は積極的悪となるということは明らかである。そして、この価値は (二) の意味における全体としての全体の価値である。応報罰の特定の場合に関してどんな見解が採られようとも、ここには異なる二つのものごとがあり、有機的統一体の場合にはそのいずれに関しても問われうるのは明らかである。これら二つのうちの第一のものは、ものごと全体の価値とその諸部分の価値の総量との間にある差として表現されうる。そして、諸部分が内在的価値をほとんどかまったくもたない場合には (第一の種類の善いものにおけるように、第一一四節、第一一五節)、この差はそのものごと全体の価値とほとんどかあるいはまったく同じである、ということは明らかである。それ故、この区別が重要となるのは、その一つあるいはそれ以上の部分が積極的であれ消極的であれ大きな内在的価値をもつ、そういう全体の場合だけである。これらの第一の場合、すなわちそこで一つの部分が大きな積極的価値をもっているところの全体の場合は、大きな純粋善の第二、第三の種類において例証されている（第一二〇節、第一二二節）。同じく、最高善はその多くの部分が大きな積極的価値をもっているところの一つの全体である。その場合はまた、美的判断のきわめてよくある対象であり、しかもきわめて重要な対象である。というのも、「古典主義的」様式と「ロマン主義的」様式との間の本質的な区別は、前者が（一）の意味における全体としての全体のために可能な最大の価値を獲得することを目指しているのに、後者はある部分（それはそれで一つの有機的全体であるが）のために可能な最大の価値を獲得するために全体の価値を犠牲にする、という事実にあるからである。したがって、われわれはいずれかの様式が確実にすぐれていると断言することはできない。というのも、全体的に見て、あるいは（二）の意味における「全体として」、等しく善なる帰結がどちらの方法によっても獲得されうるからである。しかし、きわだって美的である気質は、古典主義的方法によって獲得される善い結果を、ロマン主義的方法によって獲得される等しく善い結果よりも選好するという傾向によって、特徴づけられるように思われる。

130 しかし、われわれが今考察しなければならないのは、そこで一つあるいはそれ以上の部分が大きな否定的価値をもつもの――大きな積極的悪――であるところの全体の場合である。そして、第一に、応報罰の場合のようなもっとも顕著な場合を取り上げることができる。そこでは、もっぱら二つの大きな積極的悪――邪悪さと苦痛とから構成される一つの全体をわれわれはもつ。そのような全体が全体的に見て積極的に善であるということはありうるであろうか。

（一）そのような全体が全体的に見て積極的に善であると考えるべき理由を私は認めることができない。しかし、それにもかかわらず、そのいずれの部分よりも悪くはないという事実から、それらの全体が実践的問題の正しい決定にとってきわめて重要な性質をもつことになる。したがって、ある悪が単なる手段としてもつかもしれない諸帰結もしくは価値はまったく別として、一つの悪が既に存在すると想定される場合には、もう一つ別の悪を作り出す価値がありうる。この第二の悪を作り出すだけで、全体は最初の悪がそれだけで存在するまま放置された場合よりもより悪くならないように構成されうるからである。そして同様に、私が考察しようとしているすべての全体に関して、次のことが銘記されなければならない。すなわち、たとえそれらが全体的に見て善ではないにせよ、この世界には悪が存在するものであるが、一つの悪が既に存在するところでは、これらの全体の他の部分の存在がそれ自体として望ましいものを構成するであろう——単に将来の善の手段をではなく、あの可能な限り最善の事態が何であるかを評価するにあたり考慮されなければならない諸目的の一つを、あらゆる正しい行為がその手段でなくてはならない諸目的の一つを構成するであろう。

131 (二) しかし実のところ、積極的に悪く醜いものを含んでいながらも、全体的に見れば大きな積極的善であるところの全体があると私は考えざるをえない。実際、内在的に善いものを含むあの徳の事例が主として属しているのはこの種類であると思われる。もとより、時として有徳な性向のうちに、最初に論じられたあの純粋善——善いものか美しいものへの本当の愛——が多少とも含まれていることは否定する必要もない。しかし、典型的で特徴的な徳の諸性向は、単なる手段ではない限り、むしろ混成善の例であるように思われる。われわれは実例として、(a)勇気と同情、とりわけ(b)「道徳的な」感情を取り上げることができる。前者は前章で分類された三種類の徳の第二のものに属していると思われる(第一〇七節)。後者はそれに照らして三種類の徳の第三のものが定義された(第一〇八節)。

勇気と同情は、内在的に望ましい心的状態を含む限り、悪いものか醜いものの認識を本質的に含んでいると思われる。勇気の場合、認識の対象は三種類のいずれの種類の悪でもありうる。同情の場合、固有の対象は苦痛である。したがって、これらの徳は両方とも、種類（一）の悪にとって本質的であるのとまさに同じ認識要素を含んでいるに違いない。そして、これらの徳が種類（一）の悪と区別されるのは、これらの対象に向けられる情感が種類（二）の悪にとって本質的であったのと同じ種類の感情であるという事実によってである。要するに、種類（二）の悪は善いものか美しいものを憎悪することに、そして種類（一）の悪は悪いものか醜いものを愛することに存すると思われるが、それとまったく同様に勇気と同情は悪いものか醜いものを憎悪することを含んでいる。疑いもなく、これらの徳は両方ともに他の諸要素を含んでおり、とりわけ各々がそれ特有の情感を含んでいる。しかし、それらの価値がこのような他の諸要素にだけ依存しているわけではないことは、辛抱という態度または内在的に善いか美しい対象を傲然と侮る態度に関して、あるいは、賞賛に値する幸福に対して憐れみの心で充たされている人の状態に関してわれわれが考えていることに思い至れば、容易に確認することができる。けれども、他人の不当な苦難に同情すること、われわれ自身に対する苦に耐えること、そして自他における邪悪な性向を冷淡に憎悪することは、疑いもなくそれ自体において賞賛に値すると思われる。そしてもしそうであれば、悪の認識が存在しないと失われるに違いない賞賛すべきものごとがあるということなのである。

同様に、とりわけ「道徳的な」感情は、それがかなりの内在的価値をもっている場合にはいつも、第一および第二の種類の悪への憎悪を含んでいると思われる。ここではその情感がある行為の正・不正の観念によって引き起こされている、ということは本当である。したがって、一般的にその情感を引き起こす観念の対象が内在的悪であるわけではない。しかし、私の知りうる限り、良心的な人が想像上か実在上の正しい行為を見るときに抱く情感は、不正な行為を見るときに抱くのと同じ情感を本質的要素として含んでいる。実際、この要素は彼の情感をとりわけ道徳的なものとするのに不可欠であると思われる。そして、不正な行為の観念によって引き起こされる特殊な道徳的情感は、通常は不正な行為によって引き起こされるその種の内在的悪についてのやや漠然とした認識を本質的に含んでいる、と私には思われる。事実、それが激しい場合には、正や不正の観念によって引き起こされる道徳感情を、内在的悪の認識と憎悪の情感が一緒になって構成する全体的状態から、その主要な特徴に関して区別することができない。もっとも、きわめて普通に義務と認められている行為の本性を反省するならば、この精神状態が主として正しさの観念と結び付いた状態であるということにも驚く必要はない。というのも、われわれが普通義務と考える行為の圧倒的に大きな部分は否定的であるからである。つまり、われわれが自分の義務であると感じるものは強力な自然衝動がわれわれをそれへと促す行為を控えることである。それを回避することが義務であるところの不正行為は、通常きわめて直接的に、苦痛という点で悪い帰結を他人に対してもたらす行為である。それに対して、多くの顕著な事例では、われわれをそれへと駆り立てる傾向性は、それ自体において内在的悪であり、その衝動が情欲または残忍である場合のように、悪いものか醜いものについての先行的享受を含んでいる。このように正しい行為が非常にしばしば悪い衝動の抑制を必然的に伴うということは、徳が理性による感情の制御にあるという見解のもっともらしさを説明するには不可欠である。したがって、強力な道徳的情感が正しさの観念によって引き起こされるときにはいつでも、義務の事例としてもっとも頻繁に思い浮かぶところの行為によって通常は抑制、回避される、そのような種類の悪に関する漠然とした認識がこの情感に伴っているということが、真理であると思われる。しかも、この情動はこの悪い性質に向けられている。そこで次の結論を下すことができる。すなわち、とりわけ道徳的な情感は、そのほとんどすべての内在的価値を、それが憎悪を伴う悪の認識を含んでいるという事実に負っている。つまり、正しさだけでは、ある行為に属するとされるのが真であれ非真であれ、何らかの大きな善である情感的な観照の対象を形成することができないと思われる。

132 もしそうであれば、徳の多くの顕著な事例のうちに、それ自体としては大いに善であるが、その存在が大きな悪となるものの認識を含むところの一つの全体という事例をもつことになる。つまり、大きな善は、その価値を悪いものか醜いものを包含することに絶対的に依存している。もっとも、その価値をこの要素にだけ負っているわけではない。徳の場合には一般に、この悪い対象が現実に存在する。だが、それが存在するとき、このようにして構成された事態の全体は、それ故に、全体的に見て一層より善いと考えるべき理由はないと思われる。疑う余地がないと思われるのはただ、その存在が大きな悪となるであろう対象か醜い対象についての感情を伴う観照が、価値ある全体にとって本質的でありうるということである。悲劇の鑑賞は、これについての疑うことのできないもう一つ別の事例である。もっとも、悲劇におけるリアの苦悩とイアーゴの悪徳（訳注1）は純粋に想像上のものである。また、もし本当に存在するとすれば、このように存在する悪は、それらへの適正な感情のうちに存する善を減じるに違いないが、その減少を埋め合わすに足るだけの積極的価値をその善に付加するわけではない。これは確かだと思われる。ところが、これらの混成善の対象への真実の信念の存在は、そこでこの信念がそれらの混成善と結び付いているところの全体に対して何らかの価値を付加するように思われる。つまり、現実の苦悩に対する意識的な同情は、全体として、単なる想像上の苦悩に対する同情よりも善いと思われる。そして、たとえ実際の苦悩に含まれる悪が全体的に見て事態の全体を悪くするとしても、このことは事実であると言ってよい。また、その対象が実際に存在すると間違って信じるならば、純粋な虚構を見るときの標準的な心的状態の場合よりも混成善がより悪くなるということも、確かに真であると思われる。したがって、全体的に見て積極的に善であるところの混成善だけが、存在するとすれば大きな悪となるであろうものか醜悪であるものをその対象とすると結論してよいであろう。

133 これらの混成善は、悪いものか醜いものに対する心の適切な態度のうちに存しており、何であれ内在的価値をもつ諸徳の比較的大きな部分を包含している。しかし、これらの混成善に関しては、次の三つの結論が主として強調する必要のある結論であると思われる。

（一）その対象がそれ自体として悪いものであり、しかも実在するものである場合には、事態の全体が全体的に見て積極的に善であると考えるべき理由はないと思われる。もとより、実在する悪に対する適切な精神的態度は、純粋に想像上の同じ悪に対する同じ態度と絶対的に同一の要素を含んでいる。そして、二つの場合に共通なこの要素は、全体的に見て大きな積極的善でありうる。しかし、悪が実在する場合、この実在する悪の総量が常に価値の総量をマイナスに減ずるに十分であるということを疑うべき理由はないように思われる。したがって、理想の世界は、悪徳や苦難に対する適切な情感のうちに存する善いものをそれが含むために、悪徳や苦難がそこに存在するに違いない世界であろう、という逆説を主張するべき理由はない。苦難がそれに同情するために、あるいは、邪悪がそれを憎悪するために存在するということは、積極的な善であるわけではない。何であれ現実の悪が理想に含まれるであろうと考えるべき理由はない。したがって、弁神論で普通に用いられているどの議論もその実際の妥当性を認めることができない。そのような議論は、この世界が含む多くの悪のうち最小のものが存在するという事実でさえ、その正当化に成功していない。そのような議論のために言いうることはせいぜい、それらが有機的統一体という原理に訴えるとき、その訴えは原理的に正当であるということだけである。悪の存在が最大の善の存在にとって必然なのは、単に手段としてではなく、分析的にであるというのが真相であるのかもしれない。しかし、どんな事例においてであれ、これが本当であると考えるべき理由はない。

しかし、（二）純粋に想像上の悪いものか醜いものの認識が理想にとって本質的であると考えるべき理由はある。この場合、立証責任は反対する側にある。悲劇の鑑賞が大きな積極的善であることは疑いえない。また、同情、勇気並びに自制の諸徳がそのような善を含むこともほとんど同じように確かだと思われる。そして、存在すれば悪であろうものの認識が、このような善すべてにとって分析的には不可欠である。そのとき、ここには、それを含むどの全体に対してもそれが存在することによって価値を付加するに違いない、そのようなものごとがあることになる。また、もしそのようなものごとが除外されるならば、どの全体であれ、全体としてそれによる損失以上の価値を獲得するであろうことを確信することはできない。そのようなものを含まない全体が、全体的に見て、それを含む全体と同じ程度に善いであろうと考えるべき理由はない。そのようなものを理想のうちに含めようとの言い分は、物質的諸性質を含めようとの言い分と同様に強力である（第一二三節）。これらの善を含めることに反対してもち出されうるのは、ただの可能性だけである。

（三）既に述べたように、これらの混成徳は、それ自体で所有するか、あるいは単なる手段として所有する価値に加えて、大きな実践的価値をもっている。最後にこれを強調しておくことが肝要である。この世界のように悪が存在するところでは、それらが知られ正しく理解されているという事実が、純粋に想像的な悪の同様な理解よりも、全体としてはより大きな価値をもつ事態を構成することになる。既に述べたように、この事態は全体的に見て決して積極的に善であるわけではない。しかし、その価値の全体をマイナスにまで減ずる悪が既に避けがたく存在しているところでは、全体としてのその事態に属している内在的価値を獲得することが、そのうちにある想像上の悪の理解と同一である善の要素を別にすれば、また、その存在が引き起こしうる先々のどんな諸帰結をも別にすれば、明らかに悪がそれだけで存在していた場合よりもより善い事態を生み出すであろう。ここでの事情は、応報罰の場合と同じである。悪が既に存在するところでは、その本性に従ってそれが憐れまれ、憎まれ、あるいは、耐えられるべきだということは、ちょうど悪が罰せられるべきだということと同じように、善いことである。もとより、すべての実践的な場合がそうであるように、この善の獲得が他の善やより大きな善の獲得と両立しえないことがしばしば起こる。しかし、それを生み出すことが常にわれわれの義務であるところの内在的価値の可能な最大限の差し引き残量を計算するにあたり考慮しなければならないところの、実在的な内在的価値をわれわれがここで手にしている、ということを強調しておくことは重要である。

134 今や私は、内在的価値に関してもっとも言う必要があると思われる見解を述べ終えた。内在的価値という倫理学の根本問題に適正に答えるには、前章での実践倫理学に当てられたのと同じほど広範でしかも困難な研究領域が残されていることは明らかである。どの結果がしかもどの程度に内在的に善いかに関しては、どの結果をわれわれがもたらしうるかに関してと同じほど多く語るべきことがある。これらの問いは両方ともに、等しく気長な探究を要求し、またそれに報いるであろう。本章での私の判断の多くは、疑いもなくはなはだ恣意的に見えることであろう。すなわち、内在的価値の諸属性のいくつかは、私には真だと思われるが、哲学者に要求されるのが常である調和と体系性を示していないと認めねばならない。しかし、もしこれが反論として持ち出されるならば、それは反論にならないと丁寧に指摘しうる。何らかの主題についての真理が、われわれの見たいと望むような調和を示すであろう――もしくは（普通の漠然とした言い回しを使えば）、それが「統一」の何らかの特定の形式を所有するであろう――と想定するどのような権利もわれわれはもっていない。真理を犠牲にして「統一」や「体系」を求めることは、それがいかに普遍的に哲学者たちの慣例であったにせよ、哲学固有の仕事ではないと考える。そして、「統一」が宇宙についてのすべての真理が相互にあらゆる多様な諸関係を所有し合っているということを意味するとしても、そのことを正当に主張することができるのは、これら多様な諸関係を注意深く区別し、それらの真理が何であるかを発見する場合に限られる。とりわけ、私が用い説明しようと努力した方法に導かれた探究によらなければ、倫理学的な諸々の真理が特定の仕方で「統一されて」いると主張する権利をわれわれはもたない。たとえば、苦痛は快楽が善であるのと正確に同じ大きさの悪であるとすれば、倫理学研究は確かにはるかに単純であろうし、その結果ははるかに「体系的」であろう。だが、宇宙とはこのように調和的なものであるから、倫理学的な諸々の真理もこの種の調和を示すに違いない、と考えるどのような理由もない。つまり、快楽と苦痛がこのように対応してはいないという私の結論に対するどの反論も、その結論へと私を導いた事例の注意深い吟味を怠っているから、まったく取るに足らない。それにもかかわらず、本章の諸帰結が、倫理学の根本問題に対する正解を与えるというよりも、それに答えるにあたり従われなければならない方法と遵守されなければならない諸原理とを例示するものと受け取られるべきである、ということで私は満足している。内在的に善いものあるいは悪いものは多くしかも多種多様であるということ、それらのほとんどがその語の限定された特殊で明確な意味において「有機的統一体」であるということ、そして、それらの内在的価値とその程度を決定する唯一の手段は、われわれがそれについて問うものが何であるかを注意深く正確に見分け、次にその程度は様々であれ「善い」という独自の述語をもっているか否かを知るために注視することであるということ、これこそが真理であると私が力説したい結論なのである。同じく前章では、「われわれは何をなすべきか?」という問いに関して、何らかの特定の答えが真であると証明することよりも、むしろその問いの意味が何であるか、そしてその結果、それに答えるときどういう困難に直面しなければならないかを正確に提示することに力を注いだ。この二つの問いは、私がそれらに割り当てたとおりの本性をもっているので、それに答えることが倫理学の目的である、まさにそのような問いである。そして、これがこれまでの章の主要な結論であると見なされてよい。この二つの問いこそ、自分たちの問いが何であるか——諸々のものに帰属すると自分たちが主張しているのがどのような述語であるのか——を認知していなかったにせよ、倫理学者たちが常に主として答えようと努めてきた問いなのである。どのようなものが徳または義務であるかを、それらの用語が意味することを見分けることなく問うという慣行、何が今ここにあるべきなのか、手段としてかそれとも目的としてか——それ自身のためかそれともその結果のためか——を区別することなく問うという慣行、基準を発見するためにはどんなものが正でありか不正であるかをまず知らなければならないことを承知することなく正・不正のただ一つの基準を探し求めること、そして、「有機的統一体」の原理を無視すること、——誤りのこのような諸源泉がこれまで倫理学ではほとんど一般的に流布してきたのである。誤りのこれらの諸源泉をすべて回避して、倫理学的判断の通常の対象のすべてに対して、それは内在的価値をもつか、そして、それは可能な限り最善のものにとっての手段であるか、という二つの問いをしかもそれだけを適用しようとする意識的努力、――この試みこそ、私の知る限りまったく新しいものである。そして、その諸帰結は、道徳哲学者にとって習性となっている諸帰結と比較してみると、確かに十分に驚異的なものである。これら諸帰結が常識にとってもそれほど奇妙に見えないということを、私はあえて望みかつ信じる。ある一定の諸「目的」が多かれ少なかれ「包括的」であるか、または多かれ少なかれ相互に「整合的」であるかというような問い――たとえ正確な意味がそれらに与えられても、どんな倫理学的結論の証明にとってもまったく不適切な問い、――このような問いに答えるために普通当てられている労力は、先の二つの明瞭な問題の別々の探究に転ぜられるべきだということが、大いに望まれるべきであると思う。

135

本章の主要な目的は、そこにおいて大きな内在的善もしくは内在的悪を見出すことを期待することができる、その種類のものを大雑把に定義することであった。とりわけ、その種類のものはきわめて多種多様であって、一つの例外を除いて、それらのうちのもっとも単純なものでさえ、それ自体ではほとんどあるいはまったく価値をもたない諸部分からなるきわめて複合的な全体である、ということを提示することであった。これらはすべてがそれ自体で通常きわめて複合的な、ある対象の意識を含んでおり、そしてまた、ほとんどすべてがこの対象に対する情感的な態度を含んでいる。しかし、このようにそれらは一定の特徴を共有してはいるが、それらがその点で相互に異なるきわめて多様な諸性質もそれらの価値にとって等しく本質的である。すなわち、それらのものすべての一般的特徴も、それぞれの特殊な特徴もともに、それだけではたいした善でもなければ、悪でもない。それらのものは、それぞれの場合に、その価値もしくは反価値を一般的特徴と特殊な特徴の両方の存在に負うている。私の議論は三つの主要な部門に分かれ、（一）純粋善、（二）悪、そして（三）混成善を別々に取り扱っている。（一）純粋善はすべて美しいものか善い人への愛に存すると言ってよい。しかし、この種類の相異なる諸々の善の数は美しい諸対象の数と同じぐらい多く、それらの諸々の善はまた様々な対象に適合的な様々な情感によって相互に区別されている。このような善いものは、愛される事物または人が想像上のものである場合でさえ、疑いもなく善である。しかし、愛される事物または人が実在し、実在すると信じられている場合には、この二つの事実が一緒になって当の諸性質に対する愛と結び付くと、その愛だけの場合よりも大いに善である一つの全体を構成するということが、しかも、その対象が善い人である場合、その対象の存在に属する価値とはまったく異なる価値が加わるということが強調された。最後に、心的諸性質に対する愛は、それだけでは心的諸性質と物質的諸性質とが一緒になったものに対する愛ほどには大きな善であるとは思われないということが、いずれにしても、莫大な数の最善のものが物質的諸性質に対する愛である、もしくは、それらを含んでいるということが指摘された（第一一三—第一二三節）。（二）大きな悪は、（a）悪いものか醜いものを愛することに存するか、（b）善いものか美しいものを憎むことに存するか、それとも、（c）苦痛の意識に存すると言ってよい。こうして、苦痛の意識は、それが大きな悪であるならば、あらゆる大きな善並びに大きな悪がその対象に向けられた認識と情感の両方を含むという規則の唯一の例外となる（第一二四—第一二八節）。（三）混成善は、悪いか醜い何らかの要素を含む善である。それらは、醜いものへの憎しみか、（a）と（b）の種類の悪への憎しみか、それとも、苦痛への同情かに存すると言ってよい。しかし、混成善が実在する悪を含む場合には、その悪という反価値は常に混成善が所有する積極的価値を上回るに十分なまでに大きいと思われる（第一二九—第一三三節）。

訳注

（1）リアはシェークスピアの四大悲劇の一つ『リア王』（一六〇五年頃の作）における主人公リア王のことである。リア王は純情な三女コーデリアを追放したが、長女と次女に虐待され、コーデリアの救いも及ばず、苦悩のあまり悶死する。イアーゴは同じくシェークスピアの四大悲劇の一つ『オセロ』（一六〇四年頃の作）の登場人物イアーゴのことである。虚偽、利己、冷酷、嫉妬など悪徳の権化として描かれている。

付録

内在的価値の概念（編者注）

本論文での私の主要な目的は、もっとも重要な問題をより正確に定義してみることである。私が理解しうる限り、もっとも重要な問題とは、価値述語について、それが「主観的」述語であるかないかが論じられるとき、実際に争点となる問題である。この論争が起こりがちなのは主として三つの場合である。第一に、「正しい (right)」と「不正だ (wrong)」という概念、並びに、それと密接に関連する「義務」または「なされるべきこと」という概念に関してである。第二に、「善い (good)」と「悪い (evil)」に関してである。それも、それらの語の表す概念が「正しい」と「不正だ」という概念とは異なることが確かであるにもかかわらず、倫理学がそれらを扱わざるをえない、そのような意味においてのことである。最後に、「美しい (beautiful)」と「醜い (ugly)」、あるいは「良い (good)」と「悪い (bad)」という審美的な概念に関してである。もっとも、これらの語が芸術作品に適用され、それ故、何が良いとか悪いとかという問いが倫理学の問いではなく、美学の問いであるという意味においてのことである。

　これら三つの場合のすべてにおいて、問題となっている述語は純粋に「主観的」であると主張する人々がいるが、その意味はかなり容易に定義しうると私は考える。ここで問題となっている意味を完全に正確に定義するつもりはない。しかし、「主観的」という用語があまりにも曖昧であるから、私が考えている意味をおおよそ述べておくのがよいであろう。たとえば、「美しい」という語を取り上げてみる。「美しい」が「主観的」述語であるということは、

「これは美しい」という形式の言明はどれも次のような心理学的主張を表現するにすぎない、ということをおおよそ意味している。それは、ある特定の個人または集団が当該のものに対してある種の心的態度を実際に取っているか、それとも、ある状況のもとでならば取るであろう、というものである。そして、あるものに対して「ある心的態度を取る」の意味は、次のように言えばもっともよく説明することができる。すなわち、あるものを望むとはそれに対してある一つの心的態度を取ることであり、それを快く思うことも、それを意欲することも、もう一つ別の心的態度を取ることである。要するに、あるものに対して何らかの種類の感情または情感をもつことは、それに対してある心的態度を取るということなのである。――もっとも、各々の場合にそれぞれ取る態度は違ってはいる。こうして、あるものが美しいと言うときわれわれが意味しているのは、われわれ自身かある特定の集団の人々が、当該のものに対してある一定の感情を現に抱いている、あるいは、ある状況のもとでならば抱くであろう、もしくは、ずっと抱くであろうということだけである、と考える人は誰であれ美についての「主観的」見解を採用している。

しかし、三つの場合のすべてにおいて、当該の述語がこのような意味において「主観的」ではないと考える人々もまた相当数いる。そして、こう考える人々は、主観的見解に反対して自分たちが主張したいと思っているのは、単純にただその正反対の見解を抱くこと――すなわち、当該の述語が「客観的」であると考えることであるかのように語る傾向がある。この場合、「客観的」とは単純に「主観的でない」と同じことを意味する。しかし、本当はそうなってはいないと思う。善と美の場合、そのような人々が本当に主張したいと思っているのは、これらの概念が決して単に「客観的」であるということだけではなく、それに加えて、私が説明しようとしている意味において「内在的(intrinsic)」な種類の価値でもあるということである。彼らが主観的見解に反対するもっとも強力な根拠は、善や美は内在的な種類の価値であるという確信である。そして、実際、これらの概念の「客観性」について語るとき、彼らが心に抱いているのは常に「客観性」と呼ばれるべき固有の権利をもっていない概念である、と私は考えている。というのも、その概念は、私が「内在的」な種類の価値であると呼ぼうと提案している、この特別の特徴を本質的な部分として含んでいるからである。

私の考えるところでは、ある特定の種類の価値が「内在的」であるという命題から、それが「客観的」であるに違いないということは帰結するが、換位［逆の推論］は決して成り立たない。だから、善さはもっとも厳密な意味で「客観的」であるが、「内在的」ではないという、「善さ」の理論を思い描くことはまったく容易である。したがって、「客観性」という概念と私が「内在性」と呼ぼうとしている概念との間には、きわめて重要な違いがある。けれども、私が間違っていなければ、どのような種類の価値であれ、その「客観性」について語るとき、人々はほとんど常に二つの概念を混同している。その混同は、ある与えられた種類の価値がもつ「内在性」を否定するたいていの人々がまたその「主観性」を主張するという事実による。両概念の違いがいかに大きいかということ、並びに、善さの「客観性」を主張する人々が概してこれによって単に「客観性」だけでなく「内在性」も意味しているのが事実だということ、このことは、それによれば善さは客観的であるが内在的ではないという理論の一例を考察すれば、もっともよく明らかにすることができる、と私は思う。

たとえば、人間のある類型Ａが別の類型Ｂよりも「より善い」と言うことが意味するのは、進化の過程が類型Ａの数を増やし、類型Ｂの数を減らす傾向があるということだけである、と考えられているとしよう。このような見解は、これほど正確な形式では考えられてこなかったが、事実たびたび提案されている。それは要するに、「より善い」は「生き残るのによりよく適している」を意味するというおなじみの提案でしかない。「より善い」は、このように解釈すれば、明らかにいかなる意味においても「主観的」概念ではない。別の類型よりも生存競争に有利な傾向をもつ類型に属すという概念は、どの概念にも劣らず「客観的」である。しかし、私が間違っていなければ、「善さ」の主観的見解に反対してその「客観性」を力説するすべての人々は、善さの意味のこのような解釈に対して、「主観的」解釈に対するのとまったく同様に、強く反対するであろう。ここで彼らは「客観的」理論に反対するのであるから、彼らが論争することを本当に望んでいるのは、明らかに、単に善が「客観的」であることを主張するためではなく、何か別のことを主張するためである。この何か別のこととは、まさしく善さが「内在的」である――これはおよそどの主観的解釈ともまた客観的な進化論的解釈とも両立しない特徴である――ということである、と私は考える。というのも、類型Ａを類型Ｂより「より善い」と称することがただ類型Ａが生存競争においてより有利であるということだけを意味すると言うならば、「より善い」はＡとＢのそれぞれの内在的本性にだけ依存するわけではない述語であるということになるからである。それどころか、今ここではＡはＢよりも有利であるかもしれないが、他の環境あるいは異なった自然法則のもとでは、まさに同じ類型ＢがＡよりも有利であるかもしれず、その結果、ある環境のもとではＢよりも善くなるのとまさに同じ類型が別の環境のもとではより悪くなるであろうことは明らかである。というわけで、ここにわれわれは「善さ」を「客観的」なものとする解釈が、「善さ」が「内在的」であることと両立しない場合を手にしている。しかも、私が理解しうる限り、「主観的」解釈のすべてに対する基本的な反論は、まさにこの同じ事実――「主観的」解釈に基づくならば、ある環境のもとで別の種類のものよりも善いのとまさに同じ種類のものが他の環境のもとではそれよりも悪いであろうという事実――によって構成される。それ故、明らかに、善さが「客観的」であるということによって「主観的」解釈に対する反論を表現するのは、きわめて不適切だということになる。善さは「客観的」であるかもしれないが、善さがもっていると主張したいまさにその特徴を、「客観的」な善さは所有していないかもしれないからである。

したがって、倫理的および美的な「善さ」の場合には、これらの概念の「客観性」を主張する人々が本当に主張したいのは、単なる「客観性」ではなく、主にそして本質的にそれらが内在的な種類の価値であるということである。しかし、「正」、「不正」や「義務」の場合には、事情が異なる。これらの概念が「主観的」であるという見解に反対する多くの人々が、それにもかかわらず、それらが「内在的」であるとは考えていないからである。それ故、正と不正の「客観性」を主張する人々が本当に意味しているのは常に主としてこれらの概念が内在的であるということである、とは断言することができない。しかし、先の場合と同様にこの場合も、彼らが意味しているのは確かに「客観性」ではないと言うことができるように思う。というのも、ここでも同じように、あらゆる意味において「客観的」であり、しかも主観的見解に対するのと同様に彼らが強く反対する、ある見解を認めることが可能であろうからである。この場合、「客観性」が意味しているのは、「正」と「不正」がそれ自体「内在的」であるということではない。しかし、ここでも、それらが「内在的」であるところのある種類の価値に対して固定的な関係をもっているということが意味されている。私が理解しうる限り、内在的な種類の価値に対するこの固定的な関係が、正と不正にそれらが実際に所有していると感じられている種類および程度の固定性と不偏性とを与えるのであり、それらの「客観性」についてで語るとき人々が考えているものなのである。それ故に、ここでもまた、その特徴が「客観性」を意味すると語ることは、他の場合とちょうど同じように大きな誤りである。というのも、それはどの種類の「主観性」とも両立しない特徴であるが、同じ理由で多くの種類の「客観性」とも両立しないからである。

このような理由から、ある種類の価値の「客観性」もしくは価値判断の「客観性」を主張する人々が普通に心に抱いているのは、本当は「客観性」ではまったくなく、当の種類の価値がそれ自体「内在的」であるということか、内在的であるようなその種類の価値にそれらが固定的な関係をもっているということか、そのいずれかであると私は思う。彼らが本当に強調したい概念は、「客観的価値」という概念ではなく、「内在的価値」という概念である。もっとも、彼らは両者を混同している。そして、このことが、いわゆる「客観性」の擁護者ばかりか、その反対者にもかなりの程度当てはまると思う。あらゆる種類の価値が「主観的」であると（多くの人々がそうするように）強く主張する人々の多くが、確かにいわゆる「客観的」見解に反対するのであるが、それは、その見解が客観的であるからというよりは自然主義的または実証主義的ではないからである。――この自然主義的または実証主義的ではないという特徴は、価値が「内在的」であるという論点から自ずと引き出されるが、価値が「客観的」であるという論点だけからは引き出されない。「自然主義的」または「実証主義的」であると同時にまた「客観的」でもある、たった今素描したばかりの進化論のような見解に対して、彼らは、いわゆる「客観的」見解に対するのと同じ種類または同じ程度の反発をまったく覚えない。いわゆる「客観的」見解に関しては、彼らはそれらが偽であるばかりか、とりわけ有害な種類の虚偽を含んでいる、すなわち、実際には単純に自然主義的に説明できるものを「形而上学的」な実体としているると受け止めがちである。彼らは、客観的見解を抱くことは、ただ誤りを犯すばかりか、迷信による誤りをも犯すことになると受け止めている。そのような見解を抱く人々に対して彼らが覚える軽蔑は、われわれがひどく迷信的だとみなす人々に対して覚えがちなのと同じ種類の軽蔑であり、ある人々が「形而上学」と呼ぶものに対して覚えるのと同じ種類の軽蔑である。明らかに、それ故、彼らが本当に反対しているのは、単にこれらの述語が「客観的」であるという見解でなく、何か別のもの、すなわち、それらの述語が「客観的」であるという論点から帰結せず、それらが「内在的」であるという論点から帰結する何かあるものである。

それ故、特定の種類の価値が「主観的」であるかどうかについての論争において、一方の側からはほとんど常に、また両方の側からもしばしば本当に重要だと受け止められている問題は、実は「主観的」か「非主観的」かの問題ではなく、「内在的」か「非内在的」かの問題であると思う。しかも、これがより重要な問題であると受け止められているばかりでなく、私の考えでは、本当に重要な問題である。というのも、ある種類の価値が「内在的」であると考えるか、それとも、どれも「内在的」ではないと考えるか、に応じて生じるに違いないわれわれの世界観の相違は、ある種類の価値が「非主観的」であるか、それとも、すべてが例外なく「主観的」であるか、に関する単なる意見の違いから生じるどれよりもはるかに大きいからである。何らかの種類の価値が「内在的」であると考えることは、通常識別しなければならないはずのどのような述語ともきわめて異なる種類の述語を、しかもおそらく独自の種類の述語を識別することを必要とする。だが、「主観的」述語と同様に「客観的」述語もまた存在するということはどんな場合でも確かなことである。

しかし、私がこれまでそれについて語ってきたこの「内在性(internality)」とは何であるか、ある種類の価値に関してそれが「内在的」であると言うことは何を意味するか、それを大雑把に言い表すことは、実に簡単であると思う。そして、誰もがそれはいつも人々の頭の中にある観念であることをすぐさま察知するであろう。しかし、私はそれについて相当詳しく考察してみたい。なぜなら、私の知る限り、それはどこにおいてもはっきりと説明され定義されてはいないからであり、また、それはきわめて単純で基本的であると思われるが、しかし、それを正確に定義するという課題は決して容易ではないし、私自身解き方が分からないと白状しなければならない難問をいくつか含んでいるからである。

善さは「客観的」であるが「内在的」ではないという、「善さ」の進化論的解釈について言及したときに、私は折りにふれて主要な考えを述べておいた。そこでは、進化論の定義によれば「より善い」は「内在的」ではないという主張と等価なものとして、Aという一つの類型が別の類型Bよりもより善いかどうかという問いは、AとBの内在的本性にのみ依存するのではなく、環境や自然法則に依存するという主張を用いた。そして、この言い回しが、私が「内在的」価値によって意味することがまさに何であるかを実際にあらゆる人々に対して示唆するであろうと思う。事実、われわれは次のように定義することができる。すなわち、ある種類の価値が「内在的」であると言うことが意味するのは、あるものがそれを所有しているかどうか、また、どれだけそれを所有しているか、という問いは当のものの内在的本性にのみ依存するということだけである。

この定義は私の言おうとすることを正確に伝えていると思うが、その意味をもう少し詳しく論じたい。なぜなら、一つには、私が基本的に重要であると信じる「内在的本性の点で異なる」という考え方は他の考え方と混同されやすいからであり、またもう一つには、この定義は私が正確に定義する仕方を知らない観念を含んでいるからである。

何らかの特定の価値について、あるものがそれを所有しているかどうか、またどの程度それを所有しているか、という問いは当のものの内在的本性にのみ依存すると言うとき、私は二つの相異なることを同時に言おうとしている。私が言いたいのは、次のことである。（一）厳密に同一のものが、その種類の価値を、ある時にある状況で所有していて、しかも別の時に別の状況では所有していないということは不可能である。また、ある時にある状況である一定程度のそれを所有していて、しかも別の時に別の状況ではそれと異なる程度のそれを所有しているということは同じく不可能である。このことは、明らかに、あるものが当の種類の価値を所有しているかどうか、また、どれだけ所有しているかという問いが、常にそのものの内在的本性にのみ存すると言うことがおのずから言い表していることの一部であると思う。というのも、もしxとyが異なる内在的本性をもつならば、xはyと厳密には同一のものではありえないということが帰結し、それ故、もしxとyが異なる内在的価値をもちうるのはそれらの内在的本性が異なる場合だけであるならば、同一のものは常に必ず同じ内在的価値をもつということが帰結するからである。これが私の言いたいことの第一の部分である。これについては、次に見るように、第二の部分にも含まれ、いずれの場合にも同じ困難を引き込む概念、つまり「不可能」という語によって表現される概念をそれが含んでいるという事実に注意を促すこと以外には、これ以上何も言う必要はないと考える。（二）言いたいことの第二の部分は、もしあるものが何らかの種類の内在的価値を一定程度所有しているならば、その同じものがあらゆる状況のもとで同程度のそれを必ず所有しているだけでなく、それと完全に類似のものは何であれ、あらゆる状況のもとでまさしく同程度のそれを必ず所有している、ということである。これを否定形で言い換えるならば、完全に類似の二つのもののうち、一方がその価値を所有していて、他方が所有していないということ、もしくは、一方がある一定程度のそれを所有していて、他方が異なった程度のそれを所有している、ということは不可能である。

この第二の命題も、当該の種類の価値はそれを所有しているものの内在的本性にのみ依存すると言うことによっておのずから言い表されていると思う。というのも、内在的に完全に類似のものについて、二つであるにもかかわらず、それらが同一の内在的本性を所有していると当然言うべきだからである。しかし、「異なる内在的本性をもつ」という表現で私の意味することが「完全に類似ではない」に等しいという事実に対してはっきりと注意を促しておくことが肝要である。なぜなら、ここには、この概念をそれと異なる概念と混同するという現実的な危険があるからである。それは次のようにして起こる。「異なる内在的本性をもつ」という語句が「内在的に異なっている」とか「異なる内在的性質をもつ」という語句と等しいと考えるのは当然である。しかし、このような同一視には、混同の危険がある。というのも、ある意味で、ものごとどうしが完全に類似である場合でも、それらは、二つであるという理由だけで、必ず「内在的に異なって」おり、必ず異なる内在的性質をもつ、ということは明らかであるからである。たとえば、二つの色の斑点は、それら二つの構成要素が完全に類似であれば、各々が他方のもたない構成要素を所有していようとも、完全に類似であるかもしれない。けれども、ある意味で、各々が他方のもっていない構成要素をもっているという事実は、それらの間の内在的差異を構成し、各々が他方のもっていない内在的性質をもっているということを含意することは明らかである。しかも、その二つのものごとが単純である場合であっても、それらが数の上で異なるという事実だけで、ある意味においてそれらの間の内在的差異を構成する。そして、各々は他方のもっていない内在的性質を少なくとも一つ、すなわち、自己自身と同一であるという性質をもっているであろう。それ故、明らかに、「内在的に異なる」と「異なる内在的性質をもつ」という語句は曖昧である。これらの語句は、二つのものごとが内在的に異なっているとか、異なる内在的性質をもつとか言うことは、それらが完全に類似ではないということではなく、ただ数の上で異なっているということだけを含意する、というような意味で用いられているのかもしれない。それとも、二つのものごとは、完全に類似ではない場合に限って、内在的に異なり、異なる内在的性質をもっているといいうる、というような意味で用いられているのかもしれない。それ故、二つのものごとが内在的価値において異なりうるのは、ただそれらが異なる内在的本性をもっているときに限られると言うとき、私は「異なる内在的本性をもっている」という表現を後者の意味で用いているのであって、前者の意味で用いているのではないことを、強調しておくことがきわめて重要である。すなわち、二つのものごとが二つである、あるいは数の上で異なるという単なる事実は、それらが異なる内在的本性をもっていることを含意しない。ただ数の上で異なるのみならず、また完全に類似ではない場合に限って、それらが異なる内在的本性をもっていると言うことができる。

しかし、このように説明するとすぐさま、混同のもう一つの危険が生じる。それは、単なる数の上での差異を単に数的ではないある種類の内在的差異と対比するとき、人々が後者を質的な差異と同一視しがちであるという事実による。それ故、私が「内在的本性における差異」でもって「質における差異」を意味していると安易に受け止められるかもしれない。しかし、質における差異をこのように内在的本性における差異と同一視することもまた誤りである。なるほど普通、質の差異が厳密な意味では常に内在的本性の差異を意味するということは真である。二つのものごとが質において異なれば、必ず内在的本性においても異なる。しかも、この事実が質的な差異についてのもっとも重要な事実の一つである。しかし、換位［逆の推理］もまた真であるわけでは断じてない。二つのものごとが質において異なれば、必ず内在的本性においても異なるが、内在的本性において異なれば、必ず質においても異なるというわけではない。別の言い方をすれば、質における差異は内在的本性における差異の単に一つの種であるにすぎない。既に説明したように、私が「内在的本性において異なる」という語句を「完全に類似ではない」と同等なものとして用いているという事実から、そういうことになる。というのも、質において異なっていないのに、二つのものが完全に類似ではないという場合がありうることは、たとえば、それらの唯一の差異が何らかの質を所有しているその程度に関してである場合があるように、まったく明らかだからである。たとえ質において完全に類似であっても、非常に大きな音が非常に小さな音に完全に類似であるとは、誰も言わないであろう。それにもかかわらず、それらの内在的本性が異なっていることに、一つの意味があるのは明らかである。この理由だけによっても、質的差異は内在的本性における差異と同一視されえない。さらになお、他のいくつかの理由がある。たとえば、大きさにおける差異は、私の言う意味で内在的本性における差異でありうるが、質における差異と呼ぶことはまずできない。あるいは、一方が中央に赤い点のある黄色い円であり、他方が中央に青い点のある黄色い円であるという事実に存する、二つの図案の間の差異を取り上げてみよう。この差異は、大雑把に取れば、おそらく質の差異と呼ばれるであろう。しかし明らかに、その差異を、一方の図案が他方の図案のどの構成要素とも質的に異なる構成要素をもつという事実に存する差異と呼ぶならば、その方が一層正確であろう。そして、質的に異なることと質的に異なる構成要素をもつこととの差異は重要である。なぜなら、後者は前者によってのみ定義されうるからであり、また、単純なものが相互に異なりうるのは前者の仕方においてであるが、複合的なものが異なりうるのは後者の仕方においてのみだからである。

「内在的本性において異なる」という語句によって私が言い表している概念が正確に何であるかを明らかにするにはこれで十分であると思う。要点は、(一) この概念は、二つのものごとがただ単に数の上で異なる場合にではなく、数的に異なることに加えて、さらにまた完全に類似ではない場合にのみそれらのものの間で成立するような種類の差異であるということであり、(二) その差異は、質的差異をその特殊な種とはするが、質的差異と同一ではないということである。この概念は、私が理解しうる限り、ごく単純で明瞭な名称をもってはいないが、きわめて重要で基本的な概念であると私には思われる。だからこそ、私はそれについてこのように詳しく論じてきたのである。「完全に類似ではない」というのが、それのもっとも曖昧でない表現の仕方である。しかし、この言い方には、完全な類似という観念がそれの拠って立つ基本観念であるかのように思わせるという欠陥がある。私はその逆が真だと思っている。この理由で、「内在的本性において異なる」という紛らわしい言い方に固執するほうが、おそらくよりよい。

二つのものごとが「内在的本性において異なる」と言うことが何を意味するか、という問いについてはこれだけにしておこう。今度は、次の言明において「不可能」および「必然的」という語が何を意味するかに関する一層困難な問いに向かわなければならない。その言明とは、ある種類の価値が内在的であるのは、xとyが内在的本性において異なっていないならば、種類の異なる価値をもつことが不可能である場合、かつその場合に限られる、という言明である。そして、ある種類の価値が内在的であるのは、何かあるものごとがその価値を所有しているとき、それと同じもの、またはそれと完全に類似であるものが、あらゆる状況のもとで正確に同じ程度だけ、必然的にその価値を所有しているであろう場合、あるいは、常に所有しているに違いない場合、かつその場合に限られる、というそれと等価な言明である。

この必然性と不可能性の意味に関して、二つの点を明らかにすることから始めてよいであろう。

（一）ある述語Fを所有しているものがもう一つ別の述語Gを所有していることが可能であると言うことの意味は、Fを所有しているものが現実にまたGをも所有していることにすぎないと時折主張されるが、それにはもっともらしいところがある。もし「可能」にこの意味を与えるならば、Fを所有しているものがGを所有していることは不可能であるという言明に対応する意味は、Fを所有しているものは決して現実にはGを所有していないというだけのことになる。そこで、「不可能」をこの意味に解するならば、ある種類の価値が「内在的」であるとすれば、相互に完全に類似である二つのものごとがその価値を異なる程度だけ所有していることは不可能でなければならないと言うことによって表明された、ある種類の価値の内在性のための条件は、相互に完全に類似である二つのものが現実にその価値を異なる程度だけ所有してはいないというだけのことになる。したがって、これが「不可能」の意味することのすべてであるとすれば、もしある特定の種類の内在的価値を所有しているすべてのものごとについて、それらのどれとも完全に類似であるものがこの世界にたまたま存在しないということが真でありさえすれば（私の知っている限り、多分そうだが）、この条件は充たされることになろう。というのも、これが真であれば、完全に類似である二つのものごとが現実に当該の種類の価値を異なる程度だけ所有していることはないということは当然だろうからである。それは、いやしくもその種類の価値を所有しているものごとはどれも、それに完全に類似である他のものが存在しないという意味で唯一無二であるという単純な理由による。それ故、「不可能」の意味がこれに尽きるのであれば、その価値を所有しているものごとのどれとも完全に類似であるものが現実に存在しなかったし、これからも存在しないということを立証するだけで、どの特定の種類の価値もこの条件を充たすことを証明することができるであろう。その際、これでこの条件が充たされるというわれわれの主張は、単に経験的な一般化にすぎないであろう。さらに、「不可能」の意味がこれだけのことならば、純粋に主観的な述語が当該の条件を充たしえないということは決して確かではないことになろう。なぜなら、それを所有しているあらゆるものごとが現実に唯一無二であることが、すなわち、それと完全に類似であるものが存在しないことがそれについてたまたま真であるような、どの主観的な述語によっても、その条件は充たされるであろうからである。そして、私の知る限り、これが真であるような主観的述語が多くありうる。それ故、私が「不可能」をこの意味で用いていないということは、ほとんど言うまでもあるまい。ある種類の価値は、内在的であるために、完全に類似の二つのものごとがその価値を異なる程度だけ所有することは不可能でなければならないという条件を充たさなければならない。そのとき、この条件は、その価値を所有するものごとのどれとも完全に類似であるものが他に存在しないという単なる経験的事実によって充たされうるような条件ではない。完全に類似の二つのものごとが現実にその価値を異なる程度だけ所有することはない、と言うことができなければならないだけではない。もしそれを所有するものごとに完全に類似のものごとがあったとするならば、またはは、もしこれからあるとするならば、たとえ現実にはそのようなものごとはなかったし、これからもないとしても、それは当該の種類の価値を正確に同一の程度だけ所有していたであろう、または、所有するであろうとも言うことができなければならない。もとより、これが私の意味することの本質的な部分である。この「不可能性」の意味にとって本質的なのは、これまで実現されることがなかったし、これからも実現されることがないという（仮想的）条件のもとで事情がどうであろうかを、それによって主張しうるということである。これに対して、単なる経験的な一般化によっては、このような主張をなしえないことは明らかであると思われる。

（二）しかし、「必然性」をこの第一の意味で用いてはいないと言うだけでは、私の意味することを説明するのに十分ではない。というのも、確かに、単なる経験的一般化によってはなしえない、まさにそのような種類の主張を、因果法則によればわれわれはなしうる（これには異論がある）かのように見えるからである。あるものが、これまでにもっていなかったか、これからももたない性質Fを、仮にもっていたか、もつことになると仮定すれば、それは他の性質Gをもっていたか、もつことになるであろうということを、因果法則によってわれわれは主張することができるように見える。それ故、私の語っているような種類の「必然性」や「不可能性」がこの種類の因果的な「必然性」や「不可能性」であると受け取られることがありうる。だからこそ、私がこの種類の因果的な「必然性」や「不可能性」も意味してはいないということを強調しておくことは重要である。もしこれだけが私の意味することであるとすれば、純粋に主観的な述語が第二の条件を充たすことができないということが再びはっきりしなくなるであろう。たとえば、どの「美しい」ものごとの場合にも、それに完全に類似なものであれば、この世界では、どの人にも特定の仕方で提示され、特定の種類の感情を引き起こすであろうことを保証する因果法則が存在することはおそらく真である。そうであれば、あるものごとがその述語を所有しているとき、それに完全に類似のものごとがその述語を所有していないことは（因果的意味において）不可能であるという条件を充たす主観的な述語があることになる。それ故、私の語っている種類の必然性は、単なる因果的必然性ではない。ある所与のものごとがある一定程度の内在的価値を所有しているならば、それと完全に類似なものごとは必然的にその価値を正確に同じ程度だけ所有していたであろうと言うとき、私が意味するのは、この世界にあるのとはまったく異なる因果法則の成立する世界にそれが存在していたとしても、そうであったであろうということである。要するに、完全に類似のものごとが異なる価値を所有していることは不可能であるということである。それは、因果法則が現在あるのとは違っていたということが不可能ではないことが一般に認められている、そのような意味において不可能であるということである――それ故、因果法則にだけ依存するのではないことが確かな不可能性の意味においてである。

必然性の意味――因果法則が現在あるのとはまったく違っていようとも、Fをもつものは G をもつであろうと言う権利をわれわれに与える意味――が存在することは、次に示すような事例からまったく明らかである。特定の色の斑点、たとえば、黄色の斑点を取り上げてみよう。私の考えでは、それと完全に類似の斑点はどれも、この世界にあるのとはまったく異なる因果法則の成立する世界にそれが存在するとしても、やはり黄色であろう、とわれわれは確実に言うことができる。そのような斑点はどれも、状況がどうであれ、因果法則がどうであれ、まったく無条件的に黄色であらざるをえないとわれわれは言うことができる。そして、ある種類の価値が「内在的」であるならば、その価値を一定程度所有していると想定されるものごとと完全に類似なものは、それを正確に同じ程度だけ所有していざるをえないと言うとき、この「(どうしてもそう) あらざるをえない (must)」が理解されるべきなのは、経験的でも因果的でもないという点で、この事例と類似の意味においてである、と私は言いたいのである。「美」または「善」について「内在的」であると言うことは、それ故、「黄」や「青」や「赤」について明らかに真であるこのことが美や善についても真であると言うことにすぎない。そして、この意味をわれわれの定義する「あらざるをえない」に与えるならば、ある種類の価値が内在的であると言うことはそれが「主観的」であることと矛盾しているのは明らかである。というのも、あるものごとがその述語を所有するならば、それと完全に類似なものごとは、いかなる状況、いかなる因果法則のもとでも、それをまた所有するであろう、と無条件的に言いうるような主観的述語が存在しないことは明らかだからである。たとえば、どんな種類の感情を取り上げるにせよ、私があるものごとAに対してその感情を抱くならば、いかなる状況のもとでも、私は完全にAに類似のものごとに対してはその感情を必然的に抱くはずである、ということは明らかに真ではない。Aに完全に類似のものごとが私のまったく存在しない世界に存在するかもしれないという単純な理由でそうなのである。同様にして、どんな感情についても、誰かある人があるものごとAに対してその感情を抱くならば、Aと完全に類似のものごとが存在するどの世界においても、その誰かある人はその類似のものごとに対してその感情を抱くであろう、ということは真ではない。最後に、ある所与のものごとAについて、現実の因果法則のもとでならばAが一定の仕方で提示される誰もがそれに対して一定の感情を抱くであろうことが真であるならば、どの世界においても、同一の仮説的な述語がAと完全に類似であるどのものごとにも帰属するであろう、ということもまた真ではない。いずれの場合にも、そこでは因果法則がその命題を真とはしないそのような法則となっている世界があるかもしれないということはありうると思われる。

「内在的」価値の定義において「あらざるをえない」がこの無条件的な意味で理解されるべきであるからこそ、ある種類の価値が「内在的」であるという命題はそれが主観的であるということと矛盾すると私は考える。しかも、このように矛盾すると主張するとき、私は多くの哲学者に支持されていると思われるある学説に反駁していることが認められるべきである。ご存知のように、どんな関係も純粋に外在的ではないと言い表される学説を強く主張する哲学者がいる。私が理解することができる限りでは、彼らがこれで意味していることの一つは、xがyのもたない何らかの関係をもつときにはいつも、xとyが完全に類似ではありえないということである。つまり、関係における差異は必然的に内在的本性における差異を伴うということである。哲学者たちがこれを言うとき、「ありえない」や「必然的」が意味するのは無条件的な「ありえない」や「あらざるをえない」であることは疑いえないと私は思う。そのことから、たとえば、あるものごとAが今私に快楽を与えるならば、完全にAと類似である他のものごとBも、どんな状況のもとでも、またどんな世界においても、私に快楽を与えざるをえないと彼らが考えていることになる。なぜなら、もしBが私に快楽を与えないとすれば、それはAの所有している関係を所有していないことになり、それ故、彼らの原理によれば、BがAと完全に類似であることはありえず――Aとは内在的本性において異ならざるをえないのである。しかし、私にはこの原理が誤っているのは明らかであると思われる。それが真であれば、人に見えて私には見えない色の斑点が、私には見えて人には見えないどの斑点とも完全に類似ではないということを、あるいは、赤い輪に囲まれている色の斑点がそれに囲まれていない色の斑点と決して完全に類似ではないということを、私はア・プリオリに知りうるということになろう。しかし、それが真であれ、偽であれ、それらのことを私がア・プリオリには知りえないことは、確かに明らかである。Aに見えてBには見えない色の斑点がBに見えてAには見えない色の斑点と完全に類似ではないということ、そして、赤い輪によって囲まれている色の斑点がそれに囲まれていない色の斑点と完全に類似ではないということ、これはア・プリオリにはまったく明らかではない。この例証によって、「美しい」という述語が「内在的」であると言うことによって何が意味されているかということも、それが内在的であればなぜ主観的ではありえないかということも、きわめて明らかとなる。その意味は、まさしく、Aが美しくてBがそうでないならば、AとBが完全に類似ではないということをア・プリオリに知りうるであろうということである。ところが、私のうちにある特定の感情を引き起こすというような、または、観察者のうちにそのような感情を引き起こすであろうものがあるというような主観的述語のどれについても、その述語を所有しているものごとAと所有していないものごとBが完全に類似であることはありえないということを、ア・プリオリに知ることはできないのである。

それ故、どんな関係も純粋に外在的ではないという教説にもかかわらず、次のことは私にはきわめて確実であると思われる。すなわち、たとえば（すべてではないにせよ）たいていの主観的述語、または、赤い輪で囲まれているという客観的述語のように、それらの述語を所有するものの内在的本性にのみ依存するわけではない述語が数多くある。換言すれば、xがそれらの述語を所有していてyが所有していないならば、xとyは内在的本性において異ならざるをえないということが真でない述語が数多くある。しかし、この無条件的な「あらざるをえない」が正確に何を意味するか、私は知らないと告白せねばならない。はっきりと提言すべきことは、それが論理的な「あらざるをえない」であるということである。それは、たとえば、直角三角形であるものは何であれ三角形であらざるをえない、あるいは、黄色いものは何であれ黄色か青色であらざるをえないと言うとき、心に抱いているとわれわれが主張するその種類の必然性であって、まさにこの意味において無条件的である。しかし、無条件的必然性がすべてこのような本性をもつということを私は知ることができないと言わなければならない。ある色の斑点が黄色であれば、それと完全に類似であるどの斑点もまた黄色であろうということが、何らかの論理法則からいかにして導き出されうるのかを、私は知らない。同様に、この「内在的」価値の場合も、たとえば、美が「内在的」であることは真だと思うが、もしAが美しいならば、Aと完全に類似なものごともまた正確に同じ程度だけ美しいであろうということが、いかにして何らかの論理法則から導出されうるのか、私には分からない。

　さらに、（感覚与件に適用される意味における）「黄色い」も「美しい」も両方ともに、この無条件的な意味で、それらを所有しているものの内在的本性にのみ依存する述語であると私は確信しているが、両者の間にはきわめて重要な差異があり、それによって「あらざるをえない」のこの無条件的な意味が何であるかの解明の妨げとなる、さらなる困難が生じると私には思われる。私の意味する差異とは、黄色も美も両方ともにそれらを所有しているものごとの内在的本性にのみ依存する述語であるが、しかし、黄色はそれ自体内在的述語であるが、美はそうではないと言うことによって表現したいと思う差異である。実際、次のことは価値述語に関するもっとも重要な真理の一つであると私には思われる。すなわち、価値述語の多くは私の定義する意味において内在的な種類の価値であるが、「黄色い」というような性質、あるいは「快の状態である」、「苦に余りある快を含む事態である」という性質が内在的性質であるという意味では、それら価値述語のどれ一つとして内在的性質ではないということである。たとえば、もし自然主義的な価値理論をすべて拒否しようとするならば、われわれはそれによればいかなる種類の価値も内在的ではなくなるような理論を拒否しなければならないだけではない。たとえば、心の状態が善いと言うことはそれが快いという状態であると言うことであるとか、事態が善いと言うことはそれが苦に余りある快を含むと言うことであるとかと主張するような理論をもまた拒否しなければならない。これは明らかである。要するに、自然主義的理論にはまったく異なる二つの類型があり、それらの差異は、「Aは善い」は「Aは快い」を意味するという主張と、「Aは善い」が「Aは快の状態である」を意味するという主張との差異によって明らかにされる。前者の類型の理論が善さは内在的な種類の価値ではないことを含意するのに対して、後者の類型の理論は善さが内在的な種類の価値であることを同じように強く含意する。というのも、明らかに、「快の状態である」とか「苦に余りある快を含む」とかの述語は、もしあるものがそれらを所有しているならば、当該のものに完全に類似のものはどれもそれらを所有しているに違いないという点で、「黄色い」と似た述語であるからである。私には、両類型の理論がともに誤っていることも同様に明らかであると思われる。しかし、次の相異なる二つの命題がともに善さについて真であると言うことによって以外には、両者を排除する手だてを私は知らない。すなわち、(一)善さはそれを所有しているものごとの内在的本性にのみ依存する——これは第一の類型の理論を排除する。そして、(二)そうではあるが、善さそれ自体は内在的性質ではない——これは第二の類型の理論を排除する。もし内在的な種類の価値があるならば、それらはおそらく独自の述語の集まりを構成するであろうと先に述べたのは、この理由からである。というのも、それ自体は内在的ではないが、それを所有しているものごとの内在的本性にのみ依存するという特徴を内在的性質と共有するという点で、これらの述語と似ている述語を私は他に考えることができないからである。私の知る限り、ある価値述語は、それらを所有しているものごとの内在的本性にのみ依存するというこの特徴を内在的性質と共有するところの、唯一の非内在的な性質である。

しかしながら、このように、価値述語が内在的性質にのみ依存するが、それ自体は内在的性質ではないと言いうるならば、内在的性質には価値述語が決して所有してはいない何らかの特徴が属していざるをえない。そして、このような特徴があるということはまったく明らかだと私には思われる。ただそれが何であるかが私には分からないだけである。ある事態について、それが苦に余りある快を含むと主張するならば、その事態が「善い」と言う場合とは異なる述語を断言しているばかりでなく、まったく種類を異にする述語を断言してもいるのだということは、私にはまったく明らかだと思われる。色の斑点についてもまた、それが「黄色い」と主張するとき、その述語は前の例と同じように「美しい」と異なるばかりでなくまったく種類を異にするということも、明らかだと思われる。もとより、多くの人々が善と美は主観的であると考えてきたという単なる事実だけでも、黄色いとか苦に余りある快を含むとかの述語とそれらとの間には、種類の上での何らかのある大きな差異があることの証拠となる――しかし、私のように、善と美が主観的ではなくて、「黄色」や「快を含むこと」と同様に、それらを所有するものの内在的本性にのみ依存するという性質をもつと考えるならば、その差異は何であろうか。私はそれに答えることができない。内在的性質が、それを所有しているものの内在的本性を価値述語が決して記述することのない意味において、記述するように思われると言うことによって、そこにあると感じられるその種類の差異を曖昧に言い表すことしか、私にはできない。もしあるものごとが所有している内在的性質のすべてを数え上げることができるとすれば、それについての完全な記述をなし遂げたことになり、それが所有している価値述語に言及するには及ばないであろう。だが、あるものの記述が、内在的性質のどれかを省略するようなことがあれば、完全ではありえないだろう。しかし、いずれの場合も、内在的価値の述語それ自体は内在的性質ではないという事実のせいで、一見して明らかに正しいと思われる仕方で「内在的性質」を定義することはできない。内在的性質とは、あるものごとがそれを所有していて他のものごとがそれを所有していないならば、その二つのものごとの内在的本性は異ならざるをえないというような性質のことである、と言うことはできない。というのも、このことはわれわれが内在的価値の述語について真であると主張しているまさにそのことであるのに、他方で同時にそれらの述語は内在的性質ではないとわれわれは言っているからである。それ故、「内在的性質」のこのような定義が可能であるのは、もしxとyが異なる内在的性質を所有しているならばそれらの本性は異ならざるをえないという必然性は、もしxとyが内在的価値を異にするならばそれらの本性は異ならざるをえないという必然性とは、両方ともに無条件的ではあるが、種類を異にする必然性である、と言いうる場合に限られるであろう。そして、私には、これが真なる説明だということはありうると思われる。しかし、もしそうであるならば、明らかにそれは無条件的な「あらざるをえない」の意味の説明を一層困難にする。というのも、この場合、「あらざるをえない」には、ともに無条件的ではあるが、いずれも見たところ論理的な「あらざるをえない」とは一致しない、二つの相異なる意味があることになろうからである。

編者ボールドウィンによる注

この論文は、ムアが『哲学研究（*Philosophical Studies*, Kegan Paul, Trench, Trubner & Co., London）』として出版した、彼の哲学論文集からの選集のうちの第八章（二五三―二七五頁）として、一九九二年に最初に発表された。この本は、C・K・オグデンがその設立者であり総編集者である「哲学、心理学、並びに科学的方法の国際ライブラリー」に寄せるものとして刊行された。『哲学研究』の序文で、ムアはこの論文が一九二二年以前のいつか、すなわち、一九一四年から一七年の間に執筆されたことをほのめかしている。ルートリッジ社とティモシー・ムアの許可を得てここに再録した。

自由意志（編者注）

すぐ前の三章（訳注1）を通じて、われわれは、第一章と第二章で述べられた理論に反対して主張されたと思われる、いろいろな反論を考察してきた。そしてわれわれが最後に考察した反論は、ある行動が正であるか不正であるかという問いは、その現実の諸結果に依存しないとするものである。なぜなら、行為者が予見できる限り諸結果が可能な最善のものであるらしいときにはいつでも、その行動は、たとえそれらの諸結果が現実には可能な最善のものではないとしても、常に正しいと主張するものだからである。言い換えると、この反論は、ある意味では正と不正は行為者が知ることができることに依存するという見解に基づいていたのである。本章では、私は、この反論の代わりに、正と不正が行為者がすることのできることに依存しているという見解に基づく諸反論を考察することにしたい。

さて読者は、ある意味においてわれわれの元の理論は、このことがそのとおりであると考え、また強調している、ということを思い出さなければならない。たとえばわれわれは、ある行動はそれが可能な最善の諸結果を生じるときにのみ正しいという理論については、すぐ前の章でしばしば言及してきた。そして「可能な最善の諸結果」とは、「行為者がその代わりにすることができたであろういかなる行動から生ずるであろう諸結果と少なくとも同じほど善なる諸結果」を意味した。それ故この理論は、ある行動が正であるか不正であるかという問いは、常にその行動の諸結果と行為者が、その代わりになすことができたであろう他の行動の諸結果との比較に依存すると考えられる。したがってこの理論では、随意的行動（voluntary action）が正あるいは不正であるところではどこでも（われわれは随意的行動についてのみ述べている）、行為者はある意味ではその代わりに何か他のことをすることができたであろうということは真である、と仮定している。このことはこの理論の絶対に本質的な部分である。

しかし読者は今、われわれは、はじめから「できる」「できた」「可能な」という語を特別な意味で用いているということを、思い起こさなければならない。単に簡潔にするために、行為者が選んだとすれば、一定の行動をすることができたであろうことが真であるところではどこでも、彼はしなかった一定の行為をすることもできたであろう、とわれわれが主張するつもりであったことは、第一章（二九—三二頁）(1)で説明された。同様に、行為者がすることができること、またすることが可能であることについて、われわれは、常に彼が選ぶならば、可能であることだけを意味してきた。それ故われわれの理論は結局のところ、正と不正とは、行為者が間違いなくすることができることに、しかし彼が選ぶならば、することができることにのみ依存する、と主張してきたのではない。そしてこのことは大変な相違をもたらす。というのは、このように範囲を限定することによって、われわれの理論は、正と不正は行為者が間違いなくすることができることに依存すると主張する人々が直面せざるをえない論争を、避けることができるからである。われわれは、もし選んだとすれば、現実にしたものとは異なることを何回となくすることができたであろう、ということをはっきりと否定する人は、たとえいるとしてもごくわずかであろう。しかし誰かが、彼がしたこと以外の他のことをいつでも間違いなくすることができたであろう、と主張するや否や、前述のことを否定するようになる人は多い。それ故、われわれが本章で考察しようとする見解——正と不正は行為者が間違いなくすることができるものに依存するという見解——は、直ちにわれわれをきわめて困難な論争——自由意志（Free Will）に関する論争——に巻き込むのである。ある人が、彼が現実にしたこと以外の他のことをいつかすることができたであろうとか、あるいは彼がするであろうと思われること以外の他のことをいつかすることができるであろうということを、多くの人は強く否定する。そしてこれと反対のことを、同じように強く主張する他の人々もいる。いずれの見解を採用するとしても、それが正と不正は行為者が間違いなくすることができることに依存するという見解と結び付くと、われわれの理論と非常に厳しく対立することになる。誰も自分がしたこと以外の他のことをこれまですることができた者はいないと考える人々は、もしまた正と不正がわれわれのすることができるものに依存すると考えるならば、論理的には、われわれのしたどの行為も決して正しいことはないし、またどの行為も不正なこともないと考えざるをえないだろう。そしてこのことは、しばしば現実に主張されている見解であり、それは当然われわれの理論に対してきわめて重大で基本的な反論になる、と私は思う。というのは、われわれの理論は逆に、われわれが決してまったく正しく行為しないとしても、われわれは非常にしばしば不正に行為する、ということを含意しているからである。他方、われわれはしていないところのいろいろなことを間違いなくすることができると考え、そして正と不正がこのようにすることができることに依存すると考える人々もまた、他の理由からくるのであるが、われわれの理論に反対することになりやすい。われわれの理論は、人が選んだとすれば、何か他のことをすることができたであろうという条件のもとで、彼の行動が実際に正しいとか不正であるとか言う資格がわれわれに十分にある、ということである。しかし、われわれが考察している見解を採用する人々は、このことが決して十分ではない。すなわち、その見解で十分であると言うことは、正と不正の本性を完全に誤解している、と答えることになりがちである。彼らは、ある行動が実際に正または不正であるためには、行為者が実際に異なった行動をすることができる、つまり、彼が選んでいたとすれば、単に可能であるという意味とはまったく別の意味で行動できるということが、絶対に必要であると言うだろう。もしこれまでわれわれにとって、実際に真であったことのすべてが、単にわれわれが選んでいたとすれば、異なった行動をすることができたであろう、ということだけであるならば、彼らは、われわれのどの行動も決して正しくないし、また決して不正でもありえないことが実際には真となるだろう、と言うであろう。それ故彼らは、われわれの理論は、正と不正の絶対に本質的な条件——ある行動が正または不正であるためには、その行動が自由になされなければならないという条件——を完全に見落としていると言うだろう。さらに彼らの多くは、われわれが間違いなくすることができる行動の種類は、われわれが選ぶとすれば、することができる行動の種類と同じではないことがしばしばあると考えるだろう。それにもかかわらず彼らは、たとえばわれわれが選んだとすればすることができたであろう行動は、われわれがその代わりにすることができなかった行動であることはよく見られることであり、そしてまたある行動は、われわれがその代わりにすることができたであろう他の行動と同じほど善なる諸結果を生ずるならば、常に正しいと言うかもしれない。このことから、われわれの理論上不正であると言われる行動の多くが、彼らによれば、正となるであろう。なぜなら、これらの行動はもしわれわれが選んだとすれば、することができたであろうすべての行動のうちで、最善ではないけれども、われわれが実際にすることができたであろう行動のうちで、最善のものだからである。

ところで、これらの反論は、われわれがさらに考察しなければならないもっとも重大なものと、私には思われる。これらの反論が重大と思われるのは、(一)彼らが主張しているように、正と不正とは実際にはわれわれがすることができることに依存するのではなく、またわれわれが選ぶとすれば、することができることにのみ依存するのでもない、ということを確かめるのは非常に困難だからであり、そして(二)われわれが現実にしたこととは異なる他のことをこれまですることができたということが、どのような意味で真であるかを確かめることが非常に困難だからである。私はこれらの点のいずれについても確かであると公言するつもりはない。私がしたいと思っていることは、私には明白と思われる確かな諸事実を指摘することだけである。もっともこれらの事実はしばしば見落とされるけれども。こうして、実際には疑わしく、しかも困難であると思われるそれらの問題を、読者が解決するのに役立つようにはっきりと目立たせることである。

最初に、人は実際にしたこと以外の他のことをすることができたということは、いったい真であるか、という問いから始めよう。まず第一に、この問いが自由意志の問いとどのように関係すると思われるかを、正確に説明したほうがよいと思う。というのは、自由意志に関する多くの議論において、この問いはまったく言及されておらず、それ故この二つの問いは、実際には相互に何の関係ももっていないと考えられるかもしれないからである。実際ある哲学者たちは、この二つの問いが相互に何の関係ももっていないことを明確に含意していると、私は思う。つまり彼らは、たとえわれわれが結局実際にすること以外の他のことをいかなる意味においても決してすることができないとしても、われわれの意志は自由である、ということを正当性をもって言うことができると考えているようである。しかしこの見解は、もしそれが採用されたとしても、私には明らかに単なる言語の乱用であるように思われる。われわれが自由意志をもっているという言明は、確かに普通にはわれわれがときには実際に行為する仕方と異なって行為する能力をもつことを含意すると理解されている。それ故、誰かがわれわれは自由意志をもっていると言いながら、同時に彼がそのような能力をもつことを否定しようとするならば、彼は単純にわれわれを欺いているのである。確かにわれわれがいかなる意味においても、したこと以外の他のことを決して実際にはすることができなかったとすれば、われわれは自由意志をその語の通常の意味ではもっていないことになる。それ故この点で、この二つの問いは確かに関係している。しかし他方、われわれがしていないことをときには何らかの意味ですることができるという単なる事実（それが事実であれば）は、必ずしもわれわれが自由意志をもっていると言う資格をわれわれに与えるものではない。確かにわれわれは、もしすることができないならば、自由意志をもっていない。たとえすることができるとしても、われわれが自由意志をもっているということにはならない。われわれが自由意志をもっているかどうかは、われわれがすることができることが真であると言う場合の正確な意味に依存するであろう。その結果、何らかの意味で、たとえわれわれがしていないことを、実際にしばしばすることができることを決めるとしても、この決定はそれだけでは、われわれが自由意志をもっていると言う資格をわれわれに与えるものではない。

われわれがそれについてまったく明晰でありうるし、また明晰であるべき第一の点は、われわれは、確かにしていないことを、何らかの意味でしばしばすることができるということであると、私は思う。これが事実であることはまったく明白であり、しかもそれが事実であるということを、われわれが理解することは非常に重要である、と私は思う。というのは、多くの人はまったく無条件に、いかなる場合にも、人は実際にした以外の他のことを、決してすることができないと主張しがちだからである。このことをまったく無条件に主張することによって、彼らはもちろん（たとえ含意するつもりがなくても）、人が異なって行為できたということが真であるところの「できた」という語に固有の意味がないことを含意している。そしてこの含意こそ、確かに絶対に偽なるものだ、と私は思う。この理由からして、無条件に「実際に生起したもの以外に他のいかなるものも生起したものはない」と主張する人は、まったく筋が通らないし、また彼自身絶えず否認せざるをえない主張を行っているのである。このことを強調することが大切なのは、多くの人がこの主張は、彼ら自身とわれわれすべてが普段信じており、かつ正しく信じていることと、いかにひどく矛盾しているかを知らないで、この不当な主張を行うからである。もし彼らが一つの条件を挿入するならば――彼らが「『できた』という語の一つの意味で生起したもの以外に他のいかなるものも生起したものはない」とだけ言うのであれば――、そのときには彼らは多分完全に正しいだろう。われわれは、彼らが正しいということに反論しているのではない。われわれが主張しているのは、「できた」という語の一つのまったく正当な意味で、しかもその語が用いられるもっとも普通の意味の一つは、生起しなかった他のものが生起することができたであろう、ということである。そしてこれが事実であると言う証拠は、以下のとおりである。

われわれの誰もが、いずれも生起しなかった二つの事柄の間の区別――われわれが一方は生起することができたのに、他方は生起することができなかったと言うことによって表現する区別――を繰り返し行うことをいくら誇張しても誇張しすぎることはない。これほど当たり前の区別は他にない。われわれが区別する諸事例を公平に検討する人は誰でも、次の三つの事柄に関して疑うことはできない、と私は思う。この三つの事柄とは、(一) われわれが用いる言語に対応する、二つの事柄の間に非常にしばしば実際には何らかの区別があるということ、(二) これらの事柄の間に実際に存在する区別は、われわれが一方は可能であったが、他方は不可能であったと言うことによって表現しようとする区別に他ならないということ、(三) その区別を表現する仕方はまったく正当な仕方である、ということである。しかし、もしそうであるとすれば、絶対に「できた」と「できなかった」という語句のもっとも普通で、もっとも正当な用法の一つは、そのいずれもが現実に生起しなかった二つの事柄の間で実際しばしば成り立つ区別を表現することである。二、三の事例だけを挙げることにしよう。私は今朝二〇分で一マイル歩くことができたであろうが、私は確かに五分で二マイルを走ることはできなかったであろう。私は実際にはこの二つのいずれをも行わなかったし、私が行わなかったという単なる事実が、一方は私の能力のうちにあったが、他方はなかったということによって、私が表現しようとする二つの事柄の区別がなくなると言うのはまったく無意味なことである。私は、たとえ二つの事柄のいずれも行わなかったとしても、確かに一方は、他方がまったく不可能であったという意味で、私には可能であったのである。また他の事例を挙げてみよう。一般に猫は木に登ることができるが犬はできないということは真である。ある日の午後、Aの猫もBの犬もともに木に登らないと想定しよう。この単なる事実は、もしわれわれが猫は木に登らなかったけれども、登ることができたであろうが、犬はできなかったであろうと言うならば (確かにわれわれはしばしばそう言う)、われわれが正しくないに違いないことを証明する、と言うことはまったく不合理である。さらに生命のない事物に関する事例を挙げてみよう。ある船は二〇ノットで進むことができるが、他の船は一五ノット以上では進むことができない。二〇ノットで進める蒸気船が、ある場合に現実にはこのスピードで走らなかったという単なる事実は、確かに一五ノット以上で進めない船が走ることができなかったという意味で、走ることができなかったであろう、とわれわれに言わせることはできない。逆にわれわれは誰でも、その船はそのスピードで走ることができなかったので、走らなかった（たとえば、船の推進器の事故のために）という事例と、その船はそのスピードで走ることができたが走らなかったという事例を区別できるし、区別すべきである。このような事例は数限りなく挙げることができるだろう。しかもわれわれは誰でも、このような言語を絶えず用いているということは確かにまったく明らかである。われわれは、そのいずれもが生起しなかった二つの出来事を考察するときには、一方はそれが可能であったのに生起しなかったが、他方はそれが不可能であったと言うことによって、二つの出来事を絶えず区別している。われわれがこのこと（それがどのようなものであろうとも）で意味するのは、しばしば完全に真なるものである、ということは、まったく明白である。しかし、もしそうであるとするならば、「生起したもの以外に他のいかなるものも生起したものはない」と無条件に主張する人は誰でも、単に偽であることを主張しているにすぎないのである。

それ故、われわれは、しばしば（何らかの意味で）しなかったことをすることができたであろうということは、まったく確実である。そこで今この事実が事実でないことを、人々がわれわれに説得しようとして用いる議論と、どのように関係しているかを見てみよう。

この議論は、よく知られており、それは単に次のようなものにすぎない。すなわち、その議論は、生起するものはすべて、絶対にそれに先行するものに原因をもつと仮定するのである（私が論ずる必要のない諸理由のために）。しかし、このように言うことは、そのものは、それに先行するあるものから必然的に生ずるということである。言い換えると、それの原因である先行の出来事がひとたび生起すると、それは絶対に必ず生起したということである。しかし、それが必ず生起したと言うことは、他のいかなるものもその代わりに生起することができなかったであろう、ということである。それ故、あらゆるものが原因をもつとすれば、生起したもの以外に他のいかなるものも決して生起することができなかったのである。

さて、この議論の前提は正しい、すなわち、あらゆるものが実際に原因をもつと仮定してみよう。実際そのことから何が帰結するか。明らかに帰結するのは、「できた」という語の一つの意味で、生起したもの以外に他のいかなるものも決して生起しなかったであろう、ということである。実際にこのことが帰結する。しかし、もし「できた」という語が曖昧であれば——すなわち、その語が異なる場合にいろいろな意味で用いられるならば——、一つの意味では、生起したもの以外に他のいかなるものも生起しなかったけれども、別の意味では、生起しなかった何らかのものが生起できたであろうということが、完全に真であることは明らかに可能であろう。そして誰かが「できた」という語は曖昧ではなく、その語は一つの正当な意味しかもたないと確実に主張できるであろうか。ことによると、その語は曖昧ではないだろう。もし曖昧でないとすれば、生起しなかった何らかの事柄が生起できたであろうという事実は、あらゆるものが原因をもつという原理に矛盾することになる。その場合われわれは、この原理を放棄しなければならない、と私は思う。なぜなら、われわれがすることができなかったことをしばしばすることができたであろう、という事実は、きわめて確かだからである。しかし、「できた」という語が曖昧でないという仮定は、確かにもっとも明白な証拠なしにしてはならない仮定である。しかもその仮定は、何の証拠もなしにしばしばなされている、と私は思う。その理由は、いろいろな語が曖昧であることに人々が気づいていないからである。たとえば、自由意志論争についても、問題になっているのは、あらゆるものが原因によって生ずるか、あるいは意志の働きがときおり原因なしに生ずるか否か、ということである。われわれが自由意志をもっていると考える人々は、意志の働きは、原因をもたないこともあると主張せざるをえないし、あらゆるものが原因によって生ずると考える人々は、そのことはわれわれが自由意志をもっていないことを完全に証明すると思っている。しかし実のところ、自由意志があらゆるものは原因によって生ずるという原理と両立しないかどうかはきわめて疑わしい。それが両立するかしないかは、「できた」という語の意味に関する非常に困難な問いに依存している。この問題に関して確かなことは、(一)もしわれわれが自由意志をもっているならば、われわれがしなかったことをときにはすることができたであろうということは、何らかの意味で真でなければならないということ、そして(二)もしあらゆるものが原因によって生ずるならば、われわれがしなかったことは決してすることができなかったであろうということは、何らかの意味で真でなければならない、ということである。きわめて不確実で究明される必要のあることは、「できた」という語の二つの意味が同一であるかどうかということである。

次のように問うことから始めよう。しなかったことをしばしばすることができたであろうということが、非常に確実なときの「できた」という語の意味は何であるか。たとえば、私は歩きはしなかったけれども、今朝二〇分で一マイルを歩くことができたであろう、と言うときの意味は、何であるか。そこには非常に明白な一つの示唆がある。すなわち、私が意味するのは、結局もし私が選んでいたとすれば、できたであろうということである。あるいは(混乱を避けるために)われわれは、多分私がもし選んでいたとすれば、できたであろう、ということだけである。あるいは(起こりうる紛糾を避けるために)多分われわれは、「もし選んでいたとすれば、私はそのようにしていたであろう」と言ったほうがよいのかもしれない。言い換えれば、その示唆は、「私にはできたであろう」という句を「もし選んでいたとすれば、私はそうしていたであろう」と言うことの簡潔な言い方として用いている、ということである。われわれがしなかったことをすることができたであろう、ということが確実に真であるすべての場合、このこと(または何か同じようなこと)は、われわれが「できた」という語によって意味するものでないということがまったく確実であると言い切ることは、きわめてむずかしい、と私は思う。先の船の事例は、もしその船が選んでいたとすれば、二〇ノットで進んだであろうということは確かに真ではないので、例外であるように見える。しかしこの場合でさえ、われわれが意味しているのは、その船は、その乗組員が選んでいたとすれば、二〇ノットで進んだであろうということだけである。われわれが、非常にしばしば「できた」によって「もしかくかくの人が選んでいたとすれば、することができたであろう」を意味すると考えるための確かに十分な理由がある。もしそうであれば、「できた」という語のある意味では、われわれがしばしばしなかったことをすることができたであろうという事実は、あらゆるものが原因によって生ずるという原理と完全に両立できるのである。というのは、もし私がある意志の働きを遂行したとすれば、私はしなかったことをすることができたであろう、と言うことは、この原理と何ら矛盾しないからである。

そして右に述べたことが、われわれがしばしば「できた」という語によって意味するものであると考えるもう一つの理由、しかもわれわれが別のことを意志したとすれば、実際に非常にしばしば別の行動ができたであろう、という明白な事実を強調することがなぜ重要であるかという理由は、次のことを意味している。すなわち、われわれがしなかったことをすることができたであろうということを否定する人々は、あたかもこのことが、たとえわれわれが別のことを意志したとしても、決して別の行動をしなかったであろうという結論を、実際に含んでいるかのようにしばしば話したり考えたりするということである。私が思うには、このことは、二つの主な事例において――一方は未来に関連して、他方は過去に関連して――生ずる。第一の事例は、人々は生起するであろうもの以外にいかなることも生起しえないと考えるが故に、宿命論（Fatalism）と呼ばれる見解――われわれがいかなるものを意志するとしても、その結果は常に同じであるという見解、それ故、あることを他のことよりも選んだとしても、何の役にも立たないという見解を受け入れるときに生ずる。もしわれわれが「できる」によって「たとえわれわれがそれを意志するとしても生起するであろう」を意味する場合には、この結論は実際に生ずるだろう。しかし、それは確かに真ではなく、因果性の原理からは決して帰結しない。逆に、あらゆるものは原因をもつと、われわれに想定させる諸理由と正確に同じ種類で、かつ同じほど強力な諸理由は、もしわれわれが一つの進路を選ぶとすれば、その結果は常に、もしわれわれが他の進路を選んだとすれば生じたであろうものと、何らかの点で異なっているだろう、という結論に至る。われわれは、またその相違は、ときにはわれわれが選ぶものが起こるだろうという事実にあるということも知っている。それ故、われわれが選ぶことになるかもしれない二つの行動のいずれも、現実になされるであろうということは、未来に関しては確かに真であることがしばしばある。だが、二つの行動のうちで一つだけがなされるだろうということは、まったく確かである。

第二の事例は、誰も彼がしたこと以外に他のいかなることもすることができなかったので、たとえ彼が選んだとしても、することができなかったであろうとなるかのように、人々が話したり考えたりする事例は、次のとおりである。多くの人々は実のところ、この二つの命題のうちの最初の命題から直接次のように結論しがちである。すなわち、われわれは、ある人が行うことに対して、一方では正・不正であることと他方では運・不運であることとを区別することで、彼を賞賛したりあるいは非難したりすることは決して正当化できないのである。たとえば、彼らは随意的に犯罪を犯すことを、不随意的に病気にかかるのを論じたり考察したりする仕方から、それとは別の仕方で論じたり考察したりする理由はまったくないと結論する。犯罪を犯した人は、他の人が病気にかかることを避けることができなかったのと同じように、避けることができなかった。つまり、この二つの出来事はともに等しく不可避である、と彼らは言う。この二つの出来事は、もちろん大変な不幸なことであり、非常に悪い帰結および等しく悪い帰結を生ずるのであるが――われわれが両者を区別するために、犯罪を犯したのは不正であったとか、その人はこのことのために道徳的に非難されたけれども、それに反して病気にかかった人は、不正ではなかったし、そのことのために非難されなかったと言うとき、いかなる正当性もないと彼らは言う。このような結論は、もしわれわれが「できなかった」によって「たとえ彼がそれを避けようと意志したとしても、避けることができなかったであろう」を意味するときに、再び出てくるだろう。しかし、私が指摘したい点は、われわれがこの仮定をするときにのみ、このような結論が出てくるということである。言い換えると、その人はもし選んでいたとすれば、その犯罪を避けることができたであろう(それは確かにしばしば真であるが)と思われるが、他方の人は、たとえ彼が選んだとしても、なお病気を避けることができなかったであろう(このことも確かにしばしば真であるが)という単なる事実は、この二つの事例を異なって考察したり論じたりすることに十分な正当性を与えるのである。それがこのような正当性を与えるのは、ある出来事の生起が意志に依存していたところでは、意志に基づいて行為することによって(われわれが非難や処罰によって行為するように)、われわれは同じような出来事が未来も繰り返されないようにする合理的な機会をしばしばもつのに、ある出来事の生起が意志に依存していなかったところでは、そのような機会がないからである。それ故、われわれは次のように言うことが適切であろう。すなわち、不幸を随意的に生じさせる人が、それと同じ大きさの不幸を不随意的に生じさせる人と正確に同じ仕方で論じたり考察されるべきであるかのように話したり考えたりする人々は、われわれがたとえそのようにすることを欲したとしても、常に異なって行為したであろうということが真でないかのように話したり考えたりしている、ということである。そして、このことこそ、われわれは別のことを意志したとすれば、実際にしばしば異なって行動したであろう、という事実の絶対確実性を主張することが、なぜきわめて重要であるかの理由なのである。

したがって、われわれがしなかったことをすることができたであろうと言うとき、われわれは、しばしばもし選んだとすれば、それをすることができたであろうということだけを意味している、と考えなければならない理由が大いにある。そしてもしそうであるならば、われわれはこの意味でしなかったことを、実際にはしばしばすることができたであろうということ、そしてこの事実があらゆるものは原因をもつという原理と決して矛盾しないということは、まったく確かである。私としては、このことがわれわれが自由意志をもっていると主張することによって、通常意味し理解しているすべてなのではないと確言できるかというと、そう思うことができないことを告白しなければならない。それ故、われわれが自由意志をもっていることを否認する人々は、もしわれわれが異なったことを意志したならば、異なって行動することができたであろう、ということを実際に否定している（明らかにしばしば無意識にではあるが）のである。このことが、われわれが意味していることであると、ときおり考えられている。そして私は、その反論にいかなる決定的議論を見出すこともできない。もしそのことがわれわれの意味することであれば、絶対にわれわれは実際に自由意志をもっていることになる。そしてこの事実は、あらゆるものは原因をもつという原理と完全に両立することになり、しかもわれわれの理論は、正と不正を、われわれが選んだとすれば、することができたであろうことに依存しているときには、完全に正しい、ということになる。

しかしこのことは、疑いもなく、われわれが自由意志をもっていると言うには十分でないと主張する人が多い。彼らは、確かにこのことをもっともらしい理由で主張するであろう。ただし、私は、それが決定的であると確信できないけれども。もしわれわれが異なったように選んでいたとすれば、しばしば異なったように行為できたであろうと仮定しても、そのような場合に、われわれが異なったことを選ぶことができたということがまたしばしば真でないとすれば、われわれが自由意志をもつことは真でないことになる、と彼らは主張するであろう。自由意志の問いは、このようにわれわれが選ばなかったことを選ぶこともできたか、それとも事実われわれが選ばないであろうことを選ぶことができたかどうかの問いにすぎないとして表明されてきた。この主張にはいくらかもっともらしい点があるので、ここで再び、少なくとも二つの意味で、われわれは事実選ばなかったことをしばしば選ぶことができたということが絶対に確実であり、しかもどちらの意味においても、この事実は因果性の原理に矛盾しないということを指摘するのは価値がある、と私は思う。

最初の方の意味は、単に古い意味を繰り返しているにすぎない。もしわれわれがしなかったことをすることもできたであろうと言うことによって、もしわれわれがしばしばそれをすることを選んだとすれば、それをすることもできたであろうということだけを意味するのであれば、明らかにわれわれは、それを選んですることができたであろうと言うことによって、そのように選択することを選んでいたとすれば、そのように選んでいたであろうということだけを意味することができる。そして私は、われわれがその選択を選んでいたとすれば、ある特定の事柄をすることを選んでいただろうと言うことは、疑いもなくしばしば真であると思う。しかもこのことは、選択することがしばしば選択するわれわれの力量のうちにあるということの非常に重要な意味である。確かにわれわれ自身が特定の進路を選ぶように努めるということもある。もしわれわれがそのように努めていたとすれば、われわれは、しばしば実際にはしなかった選択をしていたであろうということは確かであると私は思う。

この他に、われわれがいくつかの異なった行動の進路を目指しているときにはいつでも、われわれは、それらの進路のどれかを選ぶことができるということには、別の意味がある。その意味は確かに、たとえわれわれが自由意志をもっていると言うことによって、われわれを少しも正当化しないとしても、ある程度実践的には重要なものである。この意味は、このような場合に、われわれが実際にどのような選択をするであろうかを前以て確実に知ることがほとんどできないという事実から出てくる。そして「可能な」という語のもっとも普通の意味の一つは、誰もある出来事が生起しないだろうということを確実に知ることができないとき、その出来事を「可能な」と呼ぶときの意味である。われわれが他の選択をも考慮した後に一つの選択をするとき、まったく常にというわけではないが、ほとんど常に、実際に選択しなかったこれらの選ぶべきものの一つを、選択することができたであろうということは可能であったし、そしてもちろん、われわれがそのようにしたであろうということはしばしば可能であるだけでなく、高度に蓋然的でもある。そしてこの事実は、確かに実践的に重要なものである。なぜなら、多くの人々は、もし可能であれば、すべきことを知っている一定の選択をしないであろうということは、まったく確かであるとあまりにも安易に仮定しがちであるからである。そして彼らがその選択をしないだろうという彼らの信念は、もちろん彼らがその選択をしないようにしがちである。この理由で、彼らがしないであろう一定の選択に関して、確実にはほとんど知ることがができないということを強調することが重要である。

したがって、(一) もしわれわれが異なって行為することを選んでいたとすれば、われわれはしばしば異なって行為したであろうということ、(二) 同様にわれわれは、そのように選択することを選んでいたとすれば、しばしば異なって選択したであろうということ、そして (三) 誰も、われわれがそのように選択しないだろうということを確実に知ることができないという意味で、われわれは異なった選択したであろうということが、ほとんど常に可能であるということは、まったく確かなことである。これら三つのことはすべて事実であり、因果性の原理と完全に両立する。これら三つの事実のどれ一つとして、それらのどんな組み合わせも、われわれが自由意志をもっていると言うのを正当化しないだろう、ということを誰が確実に主張することができるであろうか。それともわれわれが選択しなかったことを選ぶことができたであろうということがしばしば真ではないとして、われわれは自由意志をもたないと想定するならば――自由意志の擁護者の誰か、または自由意志に反対する誰かが、この命題における「選ぶことができたであろう」によって、彼が意味していることは、私が (二) と (三) という番号をつけた二つの確かな事実、あるいは二つの事実の何らかの組み合わせとは異なるものである、ということを決定的に示すことができるであろうか。確かに多くの人々は、この二つの事実だけではわれわれが自由意志をもっているということ、すなわち、何らかのまったく他の意味で、われわれが選ぶことができたということが真でなければならないと主張するのは、決して十分でないことを強調するであろう。しかし、私が知る限り、誰もその意味が何であるかを、正確にわれわれに告げることができなかった。私としては、「できる」について何らかの他の意味が必要であるかないかを示すための決定的論証を見出すことができない。それ故、この章は、一つの疑問を残して終わらなければならない。われわれの理論が述べたように、ある行動は、その行為者が選んでいたとすれば、していたであろう他の行動から生ずるであろうどんな結果にも劣らないほど善なる諸結果をもたらすときのみ、正しいと言う代わりに、ある行動は、その行為者がより善なる諸結果をもたらしたであろうと思われる何らかのことをすることができなかったときにはいつでも、しかもそのときにのみ正しいということ、そしてこの「することができなかった」は、「もし彼が選んでいたとしても、することができなかったであろう」と等しくはなく、われわれが自由意志をもっているとわれわれに言わせるのに十分であるという意味が、どのようなものであれ、その意味において理解されるべきである、と言わせることはありうると私は思う。もしそうであれば、われわれの理論は、ちょうどこの程度まで誤りであるということになるであろう。

編者ボールドウィンによる注

「自由意志」は、一九一二年にHome University Library of Modern Knowledge (Williams and Norgate, London) から出版された『倫理学』では、第六章として掲載された（一九六―二二二頁）。本書の第二版は、一九六六年にOxford Paperbacks University Series (Oxford University Press, London) に所収された。オックスフォード大学出版会とティモシー・ムアの許可を得て、ここに再掲載した。

原　注

（1）　これは初版のＨＵＬ版を参照している。後のＯＰＵＳ版では一一二―一一三頁を参照。

訳注

（1）この論文が収録されているムアの『倫理学』の章は、次のようになっている。

第一章　功利主義
第二章　功利主義（続き）
第三章　道徳的判断の客観性
第四章　道徳的判断の客観性（続き）
第五章　正・不正の吟味の結論
第六章　自由意志
第七章　内在的価値

『倫理学原理』と『倫理学の基礎原理』との関係

編者が序論で説明したように、『倫理学原理』は、ムアの一八九八年の講義である『倫理学の基礎原理』のテキストを改訂した結果生まれたものである。次の表は、程度の差があれ、『倫理学原理』のどの部分が、『倫理学の基礎原理』に逐語的に対応しているかを示している。その結果として、『倫理学原理』のどの部分がムアの新しい思想を含んでいるかを確定できるし、またいかにしてムアが、『倫理学原理』の最初の三章で、もともとは異なった講義においてなされた章句を一つにまとめているかを見ることができる。

『倫理学原理』への言及は節による。『倫理学の基礎原理』への言及は、トム・レーガン版(Temple University Press, Philadelphia:1991)における講義と頁による。

『倫理学の基礎原理』 講義		『倫理学原理』 第一章
I　七―八頁	――改　訂→	一節
I　八―一一頁	――変更なし→	二―四節
I　一二頁	――改　訂→	五節

Ⅰ　一二—一四頁　——変更なし→　六—七節

Ⅱ　二二—二三頁　——変更なし→　八—九節

——新　稿→　一〇節パラグラフ1

Ⅰ　一四—一六頁　——変更なし→　一〇節残り—一一節

Ⅲ　四四—四七頁　——変更なし→　一二節

——新　稿→　一三節

Ⅱ　二五—二九頁　——変更なし→　一四節

——新　稿→　一五—二三節

講義　第二章

——新　稿→　二四—二五節

Ⅱ　三〇頁　——変更なし→　二六節パラグラフ1

Ⅱ　九九—一〇〇頁　——変更なし→　二六節残り

Ⅱ　三一—三七頁　——改　訂→　二七—三〇節

——新　稿→　三一—三五節

講義　第三章

——新　稿→　三六—三七節パラグラフ1

Ⅴ　八七頁　——変更なし→　三七節残り

Ⅲ　四八―五九頁　―変更なし→　三八―四四節パラグラフ1

Ⅳ　六五―六七頁　―変更なし→　四四節残り

Ⅲ　五九―六〇頁　―変更なし→　四五節パラグラフ1

Ⅳ　六七―六九頁　―変更なし→　四五節残り

Ⅲ　六〇―六三頁　―変更なし→　四六―八節パラグラフ2

Ⅳ　六九―七八頁　―変更なし→　四八節残り―五二節

―新　稿→　五三―七節

Ⅳ　七九―八〇頁　―変更なし→　五八―九節パラグラフ1

―大部分新稿→　五九節残り―六五節

第四章

本章は大部分が新稿

講義

第五章

Ⅳ　一〇五―八頁　―変更なし→　八六―八七節

―新　稿→　八八―一〇九節

第六章

本章は完全に新稿

訳者あとがき

本書は凡例にも書かれているように、G.E.Moore, *Principia Ethica, revised edition, with the Preface to the Second Edition, and other Papers, edited and with an introduction by Thomas Baldwin*, Cambridge University Press, 2000. の全訳である。本書には、同書の初版には含まれていない、「第二版序文」(未完・未公刊) およびムアの「内在的価値の概念」と「自由意志」の二論文と、本書の編者であり、また現代におけるムア研究の第一人者であるT・ボールドウィンによる編者序文が収録されている。

G・E・ムア(一八七三—一九五八)は、二十世紀を代表するイギリスの哲学者、倫理学者であり、日常言語学派と称されるイギリスの分析哲学の創始者である。多くの哲学・倫理学上の著作があるが、ここに訳出した本書は、分析哲学からする倫理学の代表的な著作、二十世紀における倫理学上の古典と位置付けることができる。

ムアの生涯や倫理学上の思想は、ボールドウィンの序文に述べられているので、ここでは本書に見られるムアの倫理思想の内容について簡単に触れることにとどめる。ムアの倫理思想は、「善は定義できない」、「自然主義の誤謬」等のことでよく知られている。学問としての倫理学の中心課題が、善とは何かという問いに対する答え、ムア流に言えば、善の定義を求めるものであることは言うまでもない。しかしある立場からすれば善は「快楽」であるとされ、また別の立場からすれば善は「禁欲」であるとされ、善の内容について一致が得られていないことは、倫理学史の示すところである。

ムアは、概念や議論の意味を明晰にする（意味分析）という分析哲学の立場から、初版の序文において、「倫理学においても、哲学研究における他のあらゆる分野にみられるように、その歴史上充ちみちている難問や意見の不一致は、主として同じ単純な原因によるものと私には思われる。つまり答えようと望んでいる問いがいかなるものであるかを最初にはっきりと捉えないで、その問題に答えようとすることである」（七七頁）と述べて、この問題に向かう。倫理学で問題とすべき善(good)は、善という語の辞書的な意味や用法ではなく、また善と言われるものではなく、善そのもの、善それ自体である。その結果、たとえば善を「快楽」のような自然的なもので捉える立場を、自然主義と呼び、そのような立場を自然主義の誤謬に陥っているとする。さらにムアは、形而上学的なものによって善を定義する立場もこの自然主義の立場に含ませており、そこからこれまでの多くの倫理学は、ムアによって自然主義の誤謬に陥っていると断罪されたことになり、このムアの立場が大きな議論を巻き起こしたのは当然である。

ムア自身は、善とは何かという問いに対して、善は定義できない、つまり善とは定義不可能であり、善とは何かと問われれば、「善とは善である」としか言えないと結論付ける。ムアによれば、定義できるのは、複合されたものであって、もっとも単純なものは、定義できないものであり、それは直覚（直観）によってのみ知られるとされる。ここから善は価値概念として、単純で独特で、直観によって知られる内在的価値であると言うのである。これらの問題について、ムアは本書の第一章「倫理学の主題」で善の定義不可能性と自然主義の誤謬について基本的な考え方を展開し、次いでより具体的な形で、善を自然的なものによって定義しようとする立場を、第二章「自然主義的倫理学」、第三章「快楽主義」、第四章「形而上学的倫理学」で批判する。しかし倫理は、言うまでもなくわれわれの行為に関わるのであり、これに関しては主として第五章「行為の倫理学に対する関係」で論じられ、善は「目的としての善」であり、「手段としての善」ではないことが明らかにされ、このことと関連し「義務（責務）」や「べし」、「自由意志」等の倫理学上の重要概念についても言及される。また第六章「理想」では、それ自体において高度に善なるものが論究され、人格間の愛情と美の享受に最高に善なるものが含まれていることが明らかにされる。以上のようなムアの主張をより深く理解するために、編者ボールドウィンの意向により、本書にはムアの「第二版序文」および、「内在的価値の概念」、「自由意志」の二つの論文が収録されていると言える。

これまでの倫理学では、いかに行為すべきかという実践的、内容的な倫理的問題に関わってきたが、それを超えた(meta＝メタ)次元から善について意味分析をしているところから、そこではメタ的な考察が行われていると言え、ここにメタ倫理学(metaethics)が成立する。なおこのメタ倫理学という用語はムア自身にはなく、後になって生まれた、倫理学上の用語である。

以上がきわめて簡単に述べた『倫理学原理』の内容であるが、その内容について、本書に訳出した未発表の『第二版序文』をみると、その内容は大部分が真であるとしながらも、ムア自身その議論内容に混乱があったことを認めている。この第二版序文、さらにはこの新版に収められている「内在的価値の概念」、および「自由意志」の論文、さらにはボールドウィンの序文を見ることによって、ムアの理解が深まることが期待される。

本書の分担は次の通りである。

編者序文	寺中　平治
第二版序文	寺中　平治
初版序文	寺中　平治
第一章　倫理学の主題	寺中　平治
第二章　自然主義的倫理学	星野　勉
第三章　快楽主義	泉谷周三郎

翻訳に当たっては、各自分担のところを訳した後に、全体の統一をはかった。

なお本書には三和書籍の前身である三和書房から、深谷昭三氏による翻訳がある。一九七七年の出版で、『倫理学原理』の初版と「内在的価値の概念」の論文が訳出されている。また同氏には、ムア『倫理学』（法政大学出版局）の翻訳もある。さらに『倫理学原理』の第一章「倫理学の主題」については、岩崎武雄氏による訳が『現代英米の倫理学Ｉ』（福村書店）に収録されている。これらの書物には、翻訳上大変教えられることが多く、ここで厚くお礼を申し上げる。また扉のラテン語の部分については、東洋大学名誉教授の平野耿氏にご教授いただいた。ここに厚くお礼を申し上げる次第である。

本書は、三和書籍社長の高橋考氏の熱意と、編集部員小川敬司氏の高い編集能力によって生まれたものである。諸般の事情により、訳校ができるのがすっかり遅れてしまったが、両氏には深く謝意を申し上げる。この改訂新版が、深谷昭三氏訳の『倫理学原理』の跡を継ぐものとして、広く受け入れられれば幸いである。

平成二十二年二月

訳者を代表して　寺中　平治

【訳者紹介（五十音順）】

泉谷　周三郎（いずみや　しゅうざぶろう）
横浜国立大学名誉教授、聖学院大学客員教授
共編著『ヨーロッパの文化と思想』木鐸社（1989）、著書『ヒューム』研究社（1996）、共著『地球環境と倫理学』木鐸社（1998）、翻訳『ミル「自由論」再読』木鐸社（2000）、共編著『崩壊の時代に』同時代社（2002）ほか。

寺中　平治（てらなか　へいじ）
聖心女子大学長
翻訳『ウィーン楽団』勁草書房（1990）、共著『論理学』三和書籍（1997）、共編著『イギリス哲学の基本問題』研究社（2005）、共編著『イギリス哲学・思想事典』研究社（2007）ほか。

星野　勉（ほしの　つとむ）
法政大学文学部教授
共著『現代哲学への招待』有斐閣（1995）、共編著『倫理思想事典』山川出版社（1997）、編著『外から見た〈日本文化〉』法政大学出版局（2008）、編著『内と外からのまなざし――国際日本学とは何か？――』三和書籍（2008）ほか。

倫理学原理
付録：内在的価値の概念／自由意志

2010年3月15日　第1版第1刷発行
2010年9月 1日　第1版第2刷発行
2014年4月 7日　第1版第3刷発行

著　者　G・E・ムア
訳　者　泉谷周三郎／寺中平治／星野勉
発行者　高橋　考
発　行　三和書籍

〒112-0013　東京都文京区音羽2-2-2
電話 03-5395-4630　FAX 03-5395-4632
sanwa@sanwa-co.com
http://www.sanwa-co.com/
印刷／製本　日本ハイコム株式会社

ISBN978-4-86251-076-1　C3012

索　引

カ 行

古典主義的様式［Classical style］ 357

サ行

最高善［Summum bonum］ 158, 240-2, 248-50, 323, 346
財産の尊重［Property, respect of］ 292-3
殺人［Murder］ 282, 286, 290, 292, 316
残忍［Cruelty］ 350-2, 360
慈愛［Mercy］ 316
自己犠牲［Self-sacrifice］ 307
自己実現［Self-realisation］ 240, 248, 328
シジウィック［Sidgwick, Henry］ 6-7, 32-3, 279, 329
自然［Nature］ 153, 239-40
自然主義［Naturalism］ 126, 152, 173, 175, 278
自然主義的［Naturalistic］
——快楽主義［Hedonism］ 159-60, 164, 167, 186, 229-30
——倫理学［Ethics］ 151-4, 173, 175
——の誤謬［Fallacy］ 4, 6-9, 13, 57-62, 115, 117-8, 124, 150-1, 162, 172, 180, 183-9, 187, 191, 229-30, 234, 241, 246, 253-4, 270, 310, 341
自然的＝正常な［Natural = normal］ 155-6, 173
自然的＝必然的［Natural = necessary］ 157-8, 173
自然的［Natural］
自然的対象と性質［Objects and properties］ 119, 151-4, 173, 237-8
自然法則［Natural law］ 133, 137, 171-2, 256, 323, 326
自然淘汰［Natural selection］ 160
自然に従う生活［ Life according to nature］ 154, 240
自然の価値［Value of Nature］ 330, 331-2, 335-6, 342, 346-8
実証科学［Positive science］ 151
実践［Practice］ 104, 126
実践的［Practical］ 363
——哲学［Practical Philosophy］104
——倫理学［Practical Ethics］ 242-6, 271, 280, 284, 286, 289, 318
嫉妬［Envy］ 353
使徒会［The Apostels］ 23, 36
自明［Self-evidence］ 276-7, 283, 319
邪悪［Wickedness］ 362
自由［Freedom］の価値 206-7 326
シューメーカー［Schoemaker, S.］ 34
自由意志（意志の自由）［Free Will, Freedom of Will］ 256-7, 394, 397-8, 401, 405-6, 408
習慣［Habit］ 308-9, 312-3, 315
宿命論［Fatalism］ 403
手段＝因果条件あるいは必要条件 ［Means = cause or necessary

condition］　124, 128, 212, 318
内在的価値と区別された、手段としての善　124-5, 128-31, 133-5, 137, 199-200, 211-3, 217, 232, 242, 245, 311, 316, 327, 336, 338, 358, 365
「目的によって正当化されない」——　282, 299
「有機的全体の部分」と区別された——　136, 138-9, 212, 318
趣味の誤り［Taste, error of］　333, 352
純潔［Chastity］　294
情感［Emotion］
——の価値　330-2, 339, 343, 345, 351, 354, 359, 366-7
美的——　330
賞賛［Praise］　309
常識［Common sense］　368
快楽の価値についての——　209, 214, 217-8
正直［Honesty］　313
証明する［Prove］　115, 125-6, 182, 192-5, 223, 239, 268-9, 272, 277-9, 306, 308, 319
情欲［Lust］　350, 360
自律［Autonomy］　256
思慮［Prudence］　305
——の確率　226-7
シルプ［Schilpp, P.A.］　32, 35
仁愛［Benevolence］シジウィックの合理的仁愛の原理　226-7
人格間の愛情と美の享受［Personal affections and aesthetic enjoyments ］　29, 329
進化［Evolution］　159-63, 169-72
進化論的［Evolutionistic］　159, 164, 166, 173, 374
身体的美［Corporeal beauty］　344
心的［Mental］
——なものの価値　346-8
——なものの美　344-5, 367
信念の価値［Belief, value of］　333-40, 349, 351-3, 361, 367
新約聖書［New Testament］　315-7
真理［Truth］
知識　266-8, 334-5
——の価値　137, 334-40, 348-53
——の存在との関係　239, 252-4
——のタイプ　239-42, 252-4
——の認識　259-60, 262-4, 267-8, 272-3, 334-5
心理学的［Psychological］　115, 261, 272, 283
——快楽主義　123, 186-7, 189, 192
随意的行動［voluntary behavior］　394
スティーブンソン［Stevenson, C.L.］　33
ストア学派［Stoics］　154, 240, 237
ストレイチー、リットン［Strachey, Lytton］　3, 32, 36
スピノザ［Spinoza, B.］　237, 240
スペンサー、ハーバート　［Spencer, Herbert］　159, 161-73
正（正しい）［Right］　10, 124, 131,

230-1, 281, 318, 358-9, 365
――の便宜への関係　304-5
外的に――　314
内的に――　317, 321
「義務」と区別された――　282
生（生活、生命）［Life］　120, 157-9, 164-6, 292-4
正義［Justice］　315
精神的（なものの）価値［Spiritual, value of］　346-8
正当化する［Justify］　221, 226, 282, 299-300
責務（義務）［Obligation］
道徳的――　10, 20, 257-8
責務的な（義務的な）［Obligatory］　132-3, 283, 306
節制［Temperance］　294, 305
是認［Approbation］　308
是認［Approval］　261-2
是認する［Approve］　176
善（い）［Good］
＝善への手段　128-9, 131
――意志　312-4, 321
――なるもの　49, 112-3, 124
――は定義不可能である　40, 42-5, 109-23, 153, 198, 238
――は分析不可能である　9-11, 16, 36, 43-5, 47-8, 51, 53-6, 58-60, 127, 149, 172, 342
――は単純である　43, 59, 110, 113-4, 120, 127, 146, 172
――は独特である　54-5, 127-8, 175
混成――、純粋――　349, 355-6, 358, 361, 366-7
「私的」――　222
絶対的――　323, 324, 326-7
人間的――　323, 324, 326-7
「普遍的」――　224-6
私自身の――　221-2, 225-6, 307
全体［Whole］
――的に見た善　355, 361-3
――としての善　349, 356, 361, 363
有機的――については「有機的」を見よ
選択［Preference］　197-8, 261-2,
憎悪［Hatred］　352, 354
悪と醜に対する――　316, 359, 362-3, 367
善と美に対する――　352, 359, 367
総合的［Synthetic］　44, 49, 110, 173, 276
想像の価値［Imagination, value of］　334-9, 351, 361-3, 367
存在［Existence］
ある［Being］から区別された――　237-9
――についての判断　252-4
――の価値への関係　242-50, 255, 334-9, 346-7, 351, 358, 361-3, 367

タ行

対象［Object］
自然的――　118-9, 152-4, 173, 237-8

認識の――　272, 331, 332, 334, 348-53
欲求の――　186-8
第二次性質［Secondary qualities］ 347
ダーウィン［Darwin, C.］　160-1
他律的［Heteronomous］　256
知覚［Perception］　186-7, 239, 264-5,
チザム［Chisholm, R. M.］　34
知識［Knowledge］
――の価値　202, 207, 334-40, 352-3, 363
――は信念を含む　335
――は対象の真理を含む　261-6
直覚［Intuition］＝証明不可能な命題　175, 196, 234
心理学的な意味における――　194, 198-200, 205-6, 214-5, 234, 278, 283
直覚主義［Intuitionism］
シジウィックの意味における――　194, 277-8
本来の意味における――　231, 283
罪［Sins］　297
定義［Definition］の本質　109-14, 124-7
テイラー［Taylor, A. E.］　176
ティンダル［Tyndall］　152
適切な（適正な、ふさわしい）［Appropriate］・不適切な（不適当な）［inappropriate］　333, 339, 345, 350, 352, 362
定義された――　330
できた［could］　394, 397-403, 405
天国［Heaven］　26, 311, 323, 325, 335
地上の――　326
統一［Unity］　364
有機的統一については、「有機的」を見よ
動機［Motive］　184, 188, 315, 316-7
同情［Compassion］　358, 361
道徳［Moral］
――感情　304-5
――的格率　245
――的義務　257-8
――的是認　308
――法則　256-8, 280, 283, 296, 298-9, 302-3
徳［Virtue］
――の価値　203, 207-8, 310-2, 320, 360, 362-3
――の「義務への関係」　310
――の三種類　313
――の定義　308-9, 320, 365
混合――　363
特殊な［Particular］　106-7

ナ 行

内在的　372-7
――悪　349, 354, 359-60, 366
――価値　122, 132-8, 281, 311-4, 327, 329, 335, 342 348, 353-9, 364-6, 373, 375, 378, 380, 384, 386, 388, 390-1

——性質　38, 56, 64-6, 69, 379-80, 389-91
——本性　16-7, 43, 63, 65-6, 70, 374, 377-82, 386-90
ニュートン［Newton, I.］　19, 36
認識［Cognition］
——の意志と感情との関係　259, 264, 267, 272-3
——の価値　330-2, 335, 339-40, 350-2, 366
悪の——　358-9
知識と区別された——　335
認識論［Epistemology］　264, 272
ネーゲル［Nagel, T.］　34
望ましい［Desirable］、—の意味　181-5, 190-1

ハ行

罰［Punishment］　300
応報的あるいは報復的——　355, 363
バトラー主教［Butler, Bishop］　207, 347
犯罪［Crimes］　297
判断［Judgment］
——の誤り　212, 214, 333
倫理的——二つのタイプの　127-8, 131-2, 242, 280, 283 365-6
反因果主義　17
美［Beauty］
身体的——　344
——の価値　136, 201-2, 204-6, 217, 329, 340-2, 350, 352, 364
——の基準はない　343
——の定義　340-2, 349
——を「見ること」　329-32
心的——　343-6
美学［Aesthetics］　340
悲劇［Tragedy］　361-2
必然性［Necessity］　384-91
因果的あるいは自然的——　137, 139, 143-4, 327
分析的——　142-3, 362
美的［Aesthetic］
——気質　357
——享受　330-43
——判断　357
美の価値［Value of beauty］　201-2, 204-8
ヒューム［Hume, D.］　11
表現的芸術［Representative art］　334
フォースター［Forster, E, M.］　27
侮辱［Contempt］　353, 359
不正［Wrong］　318, 359-60, 365
物質の価値［Matter, value of］　346-8
物質的諸性質の価値　290-3, 309,
普遍的［Universal］
——真理　129-30, 134-5, 238, 290-1, 319
——自然法則　171
——善　223-4
——的命題　255
プライス、リチャード［Price, Richard］

33
ブラッドリー［Bradley, F, H.］
——の快楽と欲求　188-9
——の判断論　254
プラトン［Platon］　7, 27
快楽主義について　198-211
善なるものについて　316
知識の価値について　340
普遍的真理について　238
利己主義について　222
プラトン主義　8, 14, 17-8
ブルームズベリー・グループ
［Bloomsbury Group］　26-8, 36
フランクフルト［Frankfurt, H.］　25, 34-5
分析判断［Analytic judgments］
110, 142-4, 362
ヘア［Hare, R. M.］　33-4
ペアーズ［Pears. D.］　35
ヘーゲル［Hegel, G. W. F.］　139, 143, 237
べし［ought to］
「ある」と「べし」　11
すべき　133, 230, 242-3, 245-6, 257-8, 271, 280, 283, 311, 318, 365
であるべき または 存在すべき
123, 242, 247, 257-8, 283, 311, 318, 365
目指すべき　131, 133, 224
ベル［Bell,C.］　35
便宜［Expediency］　304-6, 320
ベンサム［Bentham, J.］　279
快楽の量　197-8
自然主義の誤謬　124-126
弁神論［Theodicies］　362
報償［Reward］　311-2
法則［Law］
科学——　128-9, 253, 290
仮言——　129, 290
自然——　133, 137, 171-2, 255, 323, 326
道徳——　255-8, 281, 283, 296-9, 302-3
倫理——　289-90
方法［Method］
手段としての価値を発見する——
129, 281, 283-290, 310
内在的価値を発見する——　175-6, 180, 211-8, 275-9, 310, 324, 336-7, 349-50, 365
法律［Legal law］　255, 257
法律的［Legal］　255, 257
ボーザンケト［Bosanquet, B.］　33
ホッブズ［Hobbes, T.］　220-1
ボールドウィン、トーマス［Baldwin, Thomas］　33-5
本質主義［Essentialism］　17-9

マ行

マクタガート［McTaggart, J. M. E.］
27
マッケンジー教授［Mackenzie, Prof. J. S.］

248
未決問題［Open question］ 5, 127, 156-7
醜（い）［Ugly］ 349, 351, 356, 358-62
ミル［Mill, J. S.］ 27, 29, 34-5, 152, 279, 252
快楽主義 178-201, 234-5
快楽の質 196-201, 234
功利主義 229-31
自然主義の誤謬 150-1, 185-7, 191, 229-30, 235
心理学的快楽主義 186, 192
ムア、ティモシー［Moore, Timothy］ 1, 37
命題のタイプ［Types of Propositions］ 252-6
命法［Imperative］ 257
命令、道徳法則と混同された［Commands, confused with moral law］ 258
目的＝結果［End = effect］ 140
目的＝善それ自体［End = good in itself］ 125, 131, 180-2, 191-2, 199-200, 203-7, 205-6, 217, 324, 365
「究極的」—— 165-6, 203, 205, 220, 223-6, 323, 329
「手段としての善」から区別された—— 131, 191-3, 199-200, 212-3, 217, 232, 310-1, 316, 358, 365
——は「決して手段を正当化しない」 281, 299-300
目的＝欲求の対象［End=object of desire］ 186, 188-9, 191
「基づく」［'Based on'］ 163, 168, 237, 241-2, 246, 249-50, 278

ヤ行

約束［Promises］ 272-3
勇気［Courage］ 358-9
有機的関係、有機的統一（体）、有機的全体［Organic relation, unity, whole］
普通の用法 139-46
ムア自身の用法 136-9, 142, 146, 216, 283, 324, 327, 329, 342, 347, 349, 354, 356, 362, 365
有用な［Useful］ 231, 281, 303-4
ユートピア［Utopias］ 323, 326
欲求［Desire］の原因と対象 181-5, 191-2
より高次な、より高級な［Higher］ 160-2, 197-8

ラ行

ライプニッツ［Leibniz, G. W.］ 254
ラッシュダール［Rashdall, Haistings］ 33
ラッセル［Russell, B.］ 20, 22, 31, 36
ラングフォード［Langford, C. H.］ 33
利益（利害）［Interest］ 227
——の意味 221, 231, 308
「義務」と区別された—— 307, 320
利己主義［Egoism］

――の快楽主義への関係　220-1
――の自然主義的利己主義への関係　230-1
――の矛盾　222-3, 228, 235
シジウィックの「合理的」――　223, 228
目的の理論としての――　123, 220-30, 235
利己主義、手段の理論（説）としての利己主義　220, 230, 303-4
利己主義的快楽主義［Egoistic Hedonism］　123
理性［Reason］　276-7
理想［Ideal］
――的なもの　323, 325-6, 346, 362-3
――の三つの意味　323-4
理想主義的［Idealistic］　198, 346-7
理想主義的功利主義　6
利他主義［Altruism］　220, 303
良心［Conscience］
――は誤らない　283, 318
定義された――　316
良心的であること［Conscientiousness］　359
定義された――　317
――の統一　318
倫理学［Ethics］
――の領域　103-9, 126-8, 134-7, 195-6, 242, 246, 275-81, 364-6
形而上学的――　151, 173, 240-2
自然主義的――　151-4, 173, 175
実践――　158, 229, 242-6, 271, 280, 284, 286, 289, 318, 364
進化論的――　159, 169-70, 173
ルキアノス［Lucianos］　158
ルソー［Rousseau, J. J.］　154
レヴィー［Lewy, C.］　1
レヴィー、ポール［Levy, Paul］　35
レーガン、トム［Regan, T.］　21, 32, 34
ロス卿［Ross, Sir W. D.］　34
ロマン主義様式［Romantic style］　27-8, 357
論理的［Logical］
――依存　177, 237, 246, 251, 271
――誤謬　272

ワ行

ワトソン［Watson, G.］　34